KB249887

현대자본주의와 한국의 사회복지

현대자본주의와 한국의 사회복지

유 문 무 著

KSI 한국학술정보[주]

머 리 말

자본주의 사회는 적자생존의 사회이다. 기회평등을 기초로 하여 끊임없이 경쟁을 되풀이하는 사회이다. 그러기에 사회현장에는 승자와 패자가 존재한다. 사회경제적으로 성공한 사람이 있는가 하면 그렇지 못한 사람도 있다. 자본주의 사회에서의 승자는 높은 지위와 소득에 의해 넉넉한 삶을 향수하지만, 패자는 노동시장에서 배제되거나 변방에 위치하게 된다. 자본주의 경제체제에서의 패자는 산업구조의 최저변에 위치하여 빈곤에 허덕이는 생활을 면하기가 어렵다.

진화론의 적자생존원리에 기반을 둔 현대자본주의 체제에서 경쟁에 진 패자에게 패자부활의 장을 마련해주고 사회적 약자에게 사회안전망에 의한 복지서비스를 제공해주는 것이 사회복지의 출발이다. 물론 현대 자본주의 사회에서의 생활원리는 자립과 자활이다. 그러나 자본주의 경제체제의 구조적 모순에 의해 노동자는 스스로의 힘과 노력으로 자립하는데 한계가 있기 마련이다. 즉 자본주의의 사회적 모순으로 인해 개인책임하의 행복추구에는 한계가 있기 때문에 사회보험이나 제도적인 장치로서의 사회복지가 필요한 것이다. 더 나아가 시장에서 화폐소득을 얻기 어려운 아동, 장애인 그리고 노인의 생활을 유지시키기 위해서도 복지제도는 필수적이다. 바로 제도적인 복지를 실현함으로써 시혜가 아닌 권리로서의 복지가, 자본주의 사회에서 사회적 약자에게는 그 의미가 실로 큰 것이다.

본서는 이와 같은 문제인식하에 필자가 그동안 기고했던 논문들을 묶은 것이다. 1부는 조절이론과 신자유주의 그리고 세계화를 중심으로 현대자본주의의 구조를 이념과 운동논리에 기초하여 분석하고자 하는 글들이다. 2

부는 사회복지실천의 주요영역 중 노인과 청소년 그리고 지역사회를 중심으로 한국 사회복지의 현황과 과제를 살펴보기 위한 논문들이다. 각기 다른 시기에 발표된 논문들이라 통일적 문제제기에 따라 논의의 일관성이 부족한 것을 인정하고, 이 점은 추후 보완의 과제로 남는다. 향후 배전의 노력을 통해 더욱 풍부한 시각과 냉정한 분석으로 한국 사회복지 연구에 동참한다는 다짐으로 머리말을 대신한다.

2006년 4월

유 문 무

본서에 실린 논문들의 출처는 다음과 같다.

1장 세계화와 신자유주의 그리고 한국 자본주의
: 『통일문제와 국제관계』, 인천대 평화통일연구소, 1998.
2장 현대자본주의 분석시론
: 『Max Weber와 사회학 연구』, 고려대출판부, 1997.
3장 하버마스의 현대사회 분석론
: 『행정대학원 논문집』 제1집, 인천대학교, 1997.
4장 현대사회에서의 이데올로기론
: 『교육대학원 논문집』 제2집, 인천대학교, 1998.
5장 국민의 정부 사회정책에 대한 비판적 연구
: 『공공정책연구』 제5호, 한국공공정책학회, 2000.
6장 일본의 실버산업과 한국의 고령친화산업의 전망과 과제
: 『아시아연구』 제8권 2호, 한국아시아학회, 2006.
7장 고령화시대 노인주거복지의 전망과 과제 : 새글, 2005.
8장 정보화시대 노인교육을 통한 정보격차해소방안
: 『세방화시대의 인천언론』, 인천대 지역사회연구소, 2003.
9장 청소년 성매매 현상의 원인과 대책
: 『한국공공관리학보』 제19권 2호, 한국공공관리학회, 2005.
10장 사이버공동체내 청소년의 일탈문화와 대응방안 : 새글, 2005.
11장 청소년문화정책의 현황 및 대안모색
: 『한국공안행정학회보』 제10호, 한국공안행정학회, 2000.
12장 위험사회와 한국사회 그리고 안전사회
: 『경호경비연구』 제8호, 한국경호경비학회, 2004.
13장 지방화시대 도시정체성정립에 관한 연구
: 『인천학의 원근법』, 인천학연구원, 2003.
14장 지역사회복지운동의 현황과 과제
: 『교수논총』 제3권 1호, 인천학연구원, 2004.
15장 정보격차해소와 정보복지
: 『인천대학교 논문집』 제30집, 인천대학교, 2004.

차 례

제1부 현대자본주의: 이념과 논리 / 15

제 1 부

현대자본주의: 이념과 논리

제1장 세계화와 신자유주의 그리고 한국 자본주의

Ⅰ. 머리말

지금 한국이 맞고 있는 경제위기는 실로 한국사회 전반에 걸쳐 새로운 전환기적 기회를 제공해주고 있다. 이 경제위기는 그동안 문민정부를 통해 최고의 정책적 구호로 자리했던 '세계화'의 본질적 속성으로 인한 당연한 결과이기도 했다. 그러므로 세계화를 향하다 만나게 된 'IMF 관리체제'는 결국 21세기라는 새로운 천년을 준비하는 우리에게 있어 사회곳곳마다 '중첩적 개혁'이 절실함을 의미하기도 한다. 이를 위해 경제위기 현상과 방향에 대한 여러 가지 진단 및 처방이 나오고 있다. 그러나 근본적인 물음은 결국 한 가지로 귀결될 수밖에 없다. 경제위기와 IMF 관리경제에서 우리는 과연 무엇을 배워야 할 것인가? 이 위기를 타개할 올바른 개혁정책은 무엇이고 우리가 지향해야 할 새로운 경제 및 사회질서는 무엇인가? 이것이 곧 우리가 현재 직면한 최고의 화두이자 우리가 해결해야 할 최대의 도전이 아닐 수 없다.

이 글은 이런 문제의식에서 우선 세계화와 신자유주의의 운동논리를 살펴본 후 그동안 우리사회가 추구해온 '세계화'의 본질과 현상, 그리고 이를 뒷받침해주고 있는 신자유주의의 논리적 상황을 통해 IMF 경제관리체제가 어떻게 초래되었는가를 알아보고, 신자유주의에 입각한 현 정권의 대응 논리가 궁극적으로 어떤 한계를 갖게 되는가 그리고 그 대안은 어떠해야 하는가를 모색해보고자 하는 데 목표를 두고 있다.

Ⅱ. 세계화와 신자유주의

1. 세계자본주의의 구조적 위기

세계자본주의는 60년대 미국의 헤게모니에 기초한 자유주의적 국제경제 질서의 붕괴, 70년대 중반 오일쇼크 및 그에 따른 스태그플레이션의 세계적 확산, 일본을 필두로 한 신흥공업국들의 급속한 성장에 따른 세계적 분업구조의 재편 및 국제경쟁의 격화 등으로 인해 그 구조적 위기를 맞게 된다. 그 결과 이들 국가는 경제성장의 둔화, 실업률과 물가의 동반상승, 국제경쟁력의 급속한 악화, 재정적자의 격증 및 그에 따른 복지국가의 위기 등으로 요약되는 총체적인 경제위기상황에 직면한다.

이를 좀더 자세히 살펴보면 다음과 같다. 첫째 미국 헤게모니의 쇠퇴가 세계자본주의 위기의 일차적 원인이다. 미국의 헤게모니는 선진자본주의 국가의 자본주의를 안정화시키는 데 큰 기여를 했으나 60년대 월남전을 치르면서 막대한 군사비에 치여 68년에 드디어 무역적자를 기록했다. 이에 따라 물가가 앙등하고 달러의 가치하락에 직면한다. 이후 달러의 과잉발행이 유럽의 통화공급을 촉발시켜 결국 미국과 유럽은 인플레이션에 휩싸인다. 그리고 이러한 인플레이션은 2차대전 이후 케인즈주의와 포드주의의 결합에 의한 조직자본주의하에서의 높은 임금인상 압력에 의해 더욱 가중되었다. 한편 미국 헤게모니의 쇠퇴는 일본과 유럽의 부상으로 이어져 그

동안 미국에 의해 유지되어 왔던 고정환율제를 붕괴시키고 변동환율제로 바꿈으로써 각국은 국제시장에서의 시장점유율을 높이기 위한 경쟁에 돌입하였다.

둘째, 70년대 오일쇼크 및 그에 따른 스태그플레이션의 세계적 확산이다. 1974년의 유가폭등은 구매력 삭감과 소비 위축을 불러 투자의 감소와 실업률 증가를 가져왔다. 이에 따라 수요를 조정하고 완전고용을 유지하기 위해 국가개입이 필요하다는 케인즈주의는 불신을 받게 되었다. 곧 경제침체 속에서의 계속적인 복지지출은 재정 부담을 가중시키는 결과를 초래했다. 이는 바로 국내차원에서 안정적 총수요를 관리하여 경제성장을 도모하려는 케인즈주의적 처방이 신뢰를 상실했음을 의미하며, 케인즈주의의 실패는 바로 복지국가의 정당성을 약화시켰던 것이다.

셋째, 독일과 일본을 위시한 신흥공업국들의 빠른 성장과 이에 따른 세계적 분업구조의 재편 및 국제경쟁의 격화이다. 전후 급속히 생산력을 회복한 독일·일본의 세계시장 잠식과 신흥공업국의 가세로 세계 시장에서의 경쟁은 이미 치열해져 가는 추세에 있었고, 이에 따라 국제경쟁은 더욱 격화되었다.

그러나 이러한 세계자본주의의 위기적 상황에는 좀더 본질적인 측면이 살펴져야 한다. 그것은 바로 케인즈주의적 복지국가를 가능하게 했던 자본주의적 생산방식으로서의 포드주의적 위기에 대한 고찰이다. 즉 케인즈주의적 복지국가를 위기에 빠뜨린 가장 본질적인 위기 내용은 바로 조직자본주의 황금기의 물적 기반을 제공했던 포드주의적 생산방식의 성장잠재력의 소진에서 찾아져야 한다.

포드주의의 위기는 다음의 몇 가지로 구분하여 살펴볼 수 있다. 첫째, 포드주의적 생산방식의 비효율성의 증대이다. 확대되는 생산규모에 비해 포드주의가 갖는 기술적 경직성으로 작업공정간 원활한 통제가 어려워 지속적인 생산성 증가가 어렵다. 또한 노동계급의 저항이 60년대 말부터 격렬해지면서 결근과 파업의 연속으로 생산성의 정체와 이윤율 하락을 초래했다. 둘째, 소비자들의 욕구의 변화이다. 60년대 말 이후 내수가 포화되면서 소비자들의 욕구는 더욱 세분화되었고 다품종 소량생산의 방식이 요구되었다. 그러나 표준화에 입각해 제품을 생산하는 포드주의적 대량생산방식은 이를 충족시킬 수가 없었다. 결국 이러한 성장생산성의 저하와 이윤율의 하락은 세수감소와 실업증대를 가져왔고 실업증대에 따른 복지지출의 증대와 더불어 세수감소는 공공적자를 더욱 가중시켰다. 이러한 경제위기에 의한 재정위기로 인해 복지국가는 위기에 직면하게 되었다.

2. 세계자본주의의 신자유주의의적 구조개편

신자유주의는 케인즈주의에 입각한 복지국가의 위기와 이 위기의 극복형태로 나타난 다양한 사회적 변화라는 맥락을 통해 나타났다. 그 핵심사항은 시장과 이윤운동을 제한하는 국가의 개입을 철폐하고 사적자본과 시장에 자본주의 재생산의 조절을 위임해야 한다는 것이다. 그리고 그 구조적 개편의 모습은 '포디즘적-케인즈주의적 자본주의 체제'에서 '포스트 포디즘적-신자유주의적 자본주의 체제'로의 이행으로 나타난다(Jessop, 1991;Boyer, 1991). 자본주의의 신자유주의적 개편은 포스트포디즘적 유연생산체제의 수립과 지구적 자본주의 체제로의 성립에 의해 뒷받침되고 그 기본적인 힘은 독점자본과 자유주의적 보수세력 일반이다. 포디즘과 포스트포디즘의 차이는 〈도표 1〉에 잘 나타난다.

신자유주의의 가시적 모습은 각국마다 다양하게 나타났다. 미국은 레이건식 경제정책이라 할 '레이거노믹스'를 시행하여 기업의 투자의욕을 회복시켰다. 레이건은 정부지출의 삭감, 개인 소득세 및 법인세의 인하, 정부규제의 철폐, 통화공급량의 억제 등을 정책목표로 하였다. 이렇게 함으로써 결과적으로 투자의욕의 증가와 생산성의 증대를 가져와 전체적인 부를 증가시켰다.

영국에서의 신자유주의는 1979년 대처 여사가 이끄는 보수당이 승리함으로써 '영국병'을 치유하기 위한 처방으로 나타났다. 자본가는 투자의욕을 회복해야 하고, 노동자와 일반대중은 국가에 대한 의존을 줄여야 하며 노동조합에 대한 규제를 주장하였다. 국유기업이 해체되어 기업가의 이윤추구에 투자동기를 부여해야 하며 사회복지에 대한 의존을 대폭 줄여야 한다는 것이다. 서독에서의 신자유주의는 사회민주주의적 위기관리의 실패에 대한 대응임과 동시에 녹색당의 대안적인 도전을 받으면서 성장하였다. 시장경제적 수단에 의해 서독경제를 현대화하고 '새로운 공동체감'의 조성을 통한 서독사회의 현대화를 꾀하며 민족의식을 통해 집단의식을 고양하려 한다. 포드주의의 위기와 그것의 대응형태는 이렇게 나라마다 상이한 양상을 띠었다. 미국이 전형적인 포드주의 양식을 가졌다면, 영국은 결함있는 포드주의로 그리고 서독은 수출주도형 포드주의로 명명된다(Jessop, 1990). 신자유주의국가로의 이행은 구조적 불황의 심도가 크고 노동자계급의 힘이 상대적으로 약했던 영국과 미국 같은 나라에서 우선적으로 이루어지고, 이후 다른 나라로 확산되었다. 그러나 노동자들의 저항이 강했던 나라에서는 상대적으로 신자유주의적 개편의 강도가 약했다.

신자유주의 전략적 특성 중 가장 중요한 것 하나가 '유연화'이다. 포드주의 체계는 대량생산 대량소비를 지향하며 경제위기가 발생하면 주로 국가가 주도하는 수요창출조치를 극복하려는 정책적 경향을 갖는다. 그러나 70년대 들어와서는 그와 같은 방식이 더 이상 효력을 발휘하지 못하였다. 이 결과 현실사회주의 국가들의 구사회주의 세력은 거의 궤멸하였고 자본주의 진영에서는 유연적 축적전략을 채택하여 포드주의전략에 대한 대대적인 수정을 시도하였다. 이에 따라 테일러리즘의 수정이라는 노동과정의 변화와 다품종소량생산이라는 생산규모의 조절 등을 통해 포드주의가 지녔던 경직된 조직을 재구조화하여 유연화시키고 있는 것이다 (Jessop, 1993).

〈도표 1〉 포드주의와 포스트포드주의 생산양식과 조절양식의 이념형적 분류

포드주의	포스트-포드주의
낮은 기술적 혁신	가속적인 혁신
고정생산라인	고도로 다양한 생산방식
장기 주기의 대량판매	보다 짧은 판매 주기로 인한 다양화와 적절화
가파른(steep) 위계	편평한(flat) 위계
수직적인 명령체계	보다 수평적인 의사소통
기계적 조직	유기적 조직
수직적이며 수평적인 통합	자율적인 이윤중심; 네트워크 시스템; 기업 내의 내부시장;
중앙집중적 계획	외부자원화(out-sourcing)
관료제	전문가정신, 기업가정신
대중적 노동조합, 집중화된 단체교섭	분권화된 교섭; 중심과 주변; 노동력 분할; 조합주의 부재
통일된 계급형성; 양당정치체계	다원주의적 계급형성; 복수정당체제
제도화된 계급 화해	분절된 정치시장
표준화된 복지형태	복지에 있어서의 소비자 선택
교육에 있어서의 규정된 '코스'	신용이전, 자기조절(Modularity), 자기주도의 지도(instruc-tion), '독립된' 학습
표준화된 평가(O Level)	교육자에 기반한 평가(GCSE) 혹은 자기평가
계급정당, 전국적 범위	사회운동; 복수정당; 지역적 다양화

이러한 자본의 이해가 정치적으로 표현된 것이 '작은 정부'이다. 국가의 기능은 크게 축소하고 있다. 국가의 기능을 축소하고 최소화하려 함은 '보수적 자유주의'로의 회귀를 통해 자유방임적 경제정책을 추구하기 위하여, 자본의 운동에 가해지는 개입과 간섭을 최대한 방지하고, 자본의 증식운동과 자본의 경쟁논리에 사회전체를 종속시키기 위함이다. 즉 경제적 위기의 원인을 정부의 개입에서 찾으면서 공공부문의 민영화, 복지지출의 삭감 등을 추진했다. 그러나 민중부문에 대해서는 강한 정부의 면모를 과시했다. 경제위기를 노조의 탓으로 돌리고 동시에 노동자 민중의 저항에 대한 물리적 압력을 강화하기 위해 경찰 군대 등에 대한 지출은 늘렸다.

결국 포드주의 생산양식은 우선 극소전자기술의 발전으로 대표되는 과학기술혁명의 성과로 나타난 '하이테크 자본주의'로 변화함과 동시에 다품

종 소량생산체제로 특징지워지는 포스트포디즘적 생산체제로 변화한다. 또한 불황을 탈피하기 위한 자본의 노력은 자본운동의 세계화 즉 '지구적 자본주의 체제'와 성립을 촉진시켰다. 이러한 과정들은 세계경제 전체를 제국주의적 초국적 독점자본들의 전일적 지배체제로 만들고, 세계시장에서 작동하는 가치법칙과 경쟁논리에 모든 국민경제들을 종속시키는 과정을 동반하는 것이다.

3. '자본의 세계화' 현상과 논리

세계화의 가장 중심된 내용은 자본과 재화, 그리고 정보의 흐름에 있어서 시간과 공간의 압축이다. 곧 재화와 정보의 이동이 세계적 규모로 이루어지고 있으며 이러한 세계적 거래에 있어 어떤 영토적, 시간적, 정치적 장애가 사라지고 세계적 단일규모의 자유시장경쟁체제가 구축되어 간다는 것이다. 문제는 바로 이러한 세계적 시장경쟁체제에서 유리한 쪽은 자본과 기술에서 우위를 점하는 선진산업국이며 개발도상국이나 저발전국은 이전의 국제경쟁 상태에서보다 더욱 열악한 처지에 놓이게 된다는 것이다. 즉 세계화시대의 국가경제 특징은 금융자본에 의한 세계자본주의의 지배 형식이 된다.

이는 바로 자본주의 세계경제에 있어 상호의존성이 심화되는 것으로써 자본, 기술, 상품, 서비스가 개별국가의 영토적 국경을 넘어 자유롭게 이동하면서 치열하게 경쟁함을 의미한다. 이에 따라 전 지구적 차원의 경제적 교환관계가 더욱 심화되고 경제활동의 주체는 물론 규모에 있어서도 영토적 제약을 넘어서고 시장활동에 대한 국가의 간섭은 현저하게 줄어들고 있다.

이것은 일반적으로 현재의 자본주의가 안고 있는 위기를 극복하려는 세계적 차원의 제도화된 모습으로 이해된다. 사실 자본주의의 역사를 살펴볼 때 자본주의의 위기국면은 항상 위기를 극복하기 위한 적극적인 대응책으로 자본주의의 재구조화(restructuring)를 수반하고 있는데 세계화경제의 출현은 현재의 자본주의 위기가 대응하는 시대적 산물로서의 재구조화 작업이라 할 수 있다.

경제적 세계화는 경제부문별로 다양하게 전개되고 있지만, 그 저변에는 국민국가가 아닌 자본 그 자체를 기본단위로 하는 세계경제의 창출이라는 근본원리가 자리하고 있다. 즉 오늘날의 세계화는 경제의 체계적 상호의존성이 심화됨으로써 국민국가의 경제주권과 개별시장은 세계시장에 의해 조건지워지고 변화된다는 것이다(Humbert, 1993: 4). 이전 시기의 세계적 규모의 경제형태는 개별국가들 사이에서 이루어지는 단순한 무역체계에 불과했으나, 오늘날은 단순한 교역뿐 아니라 금융자본 및 생산자본이 이동된다는 점에서 자본주의 축적방식의 전환이라는 의미를 담고 있다.

이는 세계경제의 주요행위자 역시 바뀌는 계기가 된다. 경제적 세계화의 주요담당자는 다국적 기업(multinational corporation)에서 초국적 기업(transnational corporation)으로 이동하고 있다. 다국적 기업은 소유권, 경영, 생산, 그리고 판매 활동이 몇몇 국가의 관할권을 넘어 팽창하는 과점적 기업의 경향을 지닌다. 즉 한 나라에 본부를 두어 국적을 가진 상태에서 다른 나라에 예속 회사군을 거느리면서, 세계시장용 상품을 최저비용으로 생산하는 것이다(Galpin, 1987: 238-45). 그러나 초국적기업은 국경없는 경제논리에 의거한 자유로운 자본의 형태로, 우선 명확한 국적을 필요로 하지 않아 국제적 규제기준 이외의 모든 규제로부터 자유롭다. 따라서 국민국가는 자국경제 내에서 활동하는 초국적기업에 대해 나름대로의 특수한 규제정책을 통해 이들의 활동을 통제하기가 불가능해진다. 결국 초국적기업은 경제적 세계화의 대명사이자 국경없는 경제논리의 일차적 담당자로 등장하고 있는 것이다.

경제적 세계화는 금융부문에서도 특징적으로 나타난다. 금융시장의 세계화는 사실 오랜 역사를 갖고 있다. 최초 세계금융시장의 중심은 런던이었으나 세계대전을 거치면서 그 중심은 뉴욕으로 옮겨지고 동시에 세계은행(World Bank)와 국제통화기금(IMF)에 의해 보완되었다. 그러나 미국의 경제력을 기초로 이루어진 전후 세계경제는 1970년대 오일쇼크와 미국경제 약화를 기점으로 세계금융시장의 '무국적화'라는 새로운 경향을 띠게 되었고, 그 결과 80년대 중반 들어 국제적 은행활동의 양은 세계시장경제 GDP의 20%에 달하고 있다(Sweezy, 1992: 1-2).

이런 점에서 현재의 세계자본주의의 재구조화는 초국적 은행과 다국적기업이 긴밀하게 결합되어 형성된 초국적 금융자본에 의해 이루어지고 있다고 지적된다. 1988년 현재 활동 중인 다국적 기업은 약 2만 개에 달하며 이들의 해외자산은 세계총생산의 8%와 맞먹는 1조 1천억 불에 이르고 국내자산까지 합칠 경우는 4조 달러를 넘어선다(Dunning, 1993: 33-4). 이는 세계 GDP의 25-30%에 이르는 양이며 세계 상품거래의 75%, 세계 기술과 경영기법 교류의 80%를 감당할 수 있는 규모이다. 그리고 300대 초국적기업은 전체 해외 직접투자의 70% 그리고 세계자본의 25%를 차지하고 있다(Emmott, 1993: 6). 해외직접투자는 90년까지 4배 정도 확대되었는데, 이 중 90%가 10개 산업국에 의해 이루어졌고, 미국, 영국, 일본, 독일이 전체의 4분의 3을 차지하고 있다. 이는 결국 경제적 세계화는 선진 산업국의 초국적기업에 의해 주도되면서 세계 레짐(regime)의 구축을 통해 이러한 경제활동의 국민국가적 제약을 약화시키고 민족국가의 정치적 문화적 울타리를 넘어서서 세계화를 하나의 시대적 흐름으로 확정시키고 있음을 내포하고 있다.

Ⅲ. 신자유주의 세계화와 한국자본주의

1. 한국사회의 세계화 논의과정

제2차대전 이후 세계경제를 지배하는 선진자본주의가 성장을 거듭함에 따라 제3세계 여러 나라도 차관도입 등에 힘입어 경제성장을 이룩하게 되어, 신흥공업국가로 발전할 수 있었는데 한국은 그 선두주자가 되었다. 1980년대에 이르러서 세계자본주의가 장기적 불황을 겪으면서 그 구조적 불황의 여파는 제3세계로 폭넓게 전개되기 시작했다. 즉 제3세계의 모든 나라들은 무역장벽의 제거와 개방화 등을 통해 각국의 국민경제들을 전 지구적 생산논리와 세계시장에서의 무한경쟁 논리에 철저히 종속시키는 기제로서 작용한 세계화의 압력에 놓이면서 정치・경제・사회질서의 신자유주의적 재편을 강요받게 된다.

이런 상황 속에서 한국은 김영삼 정권에 의해 개혁드라이브가 실시되던 시기에 국제사회 속에서 한국이 처해 있던 상황과 그에 대응하는 전략으로서 세계화 논의가 시작되었다. 그러나 이 세계화 논의는 93년 11월 김영삼 정권에 의해 '국제화'가 전략으로 선언된 데서 알 수 있듯이 국제화라는 용어와 함께 사용되면서 당분간 그다지 큰 의미를 부여받지 못하고 있다. 그러다가 인천 부천의 세무비리사건, 성수대교의 붕괴, 충주호 유람선 화재사건 등 대형사고가 연이어 발생하면서 '정권타도'라는 구호까지 등장하자 이에 대한 국면전환용으로 새롭게 등장하게 된다. 결국 94년 11월 '세계화를 새로운 국가전략으로 채택한다'는 시드니선언을 통해 한국사회에서 세계화 논의는 본격화된다(국정신문, 1994년 11월 28일자).

세계화 전략은 그 원동력이 '국가경쟁력 강화'에 있다고 함으로써 사실상 이전의 국제화와 그 내용상 본질적으로 다른 차별성을 갖지 못하고 있음에도 불구하고 독점자본과 보수언론에 의해 기존의 비슷한 용어들을 흡수하면서 대단한 상징어로 부각되기 시작했다.

문제는 이렇게 시작된 세계화 논의가 기본적으로 사용되는 용어에서 알 수 있듯이 신자유주의적 내용을 담고 있음으로써 결국 친독점자본 위주의 국가경쟁력 강화론을 더욱더 확장 심화 세련화시키게 되었다는 것이다. 우선 정치 분야는 '생산적인 정치' '유능하고 작은 정부' '세일즈 외교' 등이 그 목표로 정해졌다(국정신문, 1994년 12월 19일). 경제 분야에서는 '규제완화'를 통해 세계 7강 국가에 들어가는 것을 목표로 제시하고 있다. 특히 서구 신자유주의 이데올로기인 국공유기업의 '민영화' 추세를 받아들임으로써 독점자본의 경제력을 더욱 신장시켜주고 결국 독점자본에 대한 규제수단을 상실하는 결과를 가져오기도 했다(홍덕률, 1996: 230). 사회복지 분야에서는 '복지사회구현'에 의한 '삶의 질 고양' 등을 목표로 하고 있지만, 이면에는 '생산적 복지' '한국형 복지' '정신적 복지' 등의 개념이 주창되면서 조건부 복지가 강조되고 있었다(국정신문, 1996년 1월 8일자). 한편 세계화 전략에서 상당히 강조된 분야인 교육에서는 '신교육정책'을 향해 '외국어교육'과 '전문기능교육'이 강조되었으나 구체적인 내용에서는 실효를 거두지 못하였다. 오히려 신자유주의가 갖는 시장논리에 따라 '무한경쟁에서의 무조건 승리'라는 이데올로기를 강화시킴으로써 한국교육을 더욱 반인간적인 교육으로 전락시킬 위험을 노정시켰던 것이다(김성재, 1995: 135).

결국 '국가경쟁력을 강화하고 세계최고의 경제대국으로 도약하자'는 내용을 핵심으로 하는 세계화 논의는 김영삼 정권의 개혁드라이브 쇠퇴에 따른 위기국면 전환용으로 형성되어, 신자유주의적 이념을 토대로 독점자본과 보수언론의 뒷받침에 힘입어 새로운 국가적 발전 이데올로기로 자리하기 시작했던 것이다.

2. 경제위기와 IMF 관리체제

'세계화'를 국정 지표로 내세우면서 개방화, 자유화, 유연화 정책 등을 추진한 김영삼 정권은 정부의 조직개편, 기업들의 감량경영, '명예퇴직' 강요 등 신자유주의적인 구조조정을 시작한다. 그러나 이 세계 화담론은 일반대중들의 개혁, 복지, 재분배 등에 대한 요구는 외면한 채, 친독점자본위주의 경쟁력 강화를 위한 성격을 지녔다. 그리고 독점자본의 경우 지난 고도성장과정에서 '경제적 지배력'을 완전히 장악하여 더 이상 국가의 통제에 따르는 존재는 아니었다. 이런 상황 속에서 1980년대 말부터 나타난 세계 경제체제의 위기에 따라 한국사회 역시 구조적 경제위기에 직면함으로써, 한국경제는 새로운 사회적 축적구조와 축적체제의 출현을 위한 축적전략이 절실하게 필요하였다. 이것은 곧 독점자본 등 핵심적 지배블럭에게는 상당한 인내와 비용의 요구를 의미하는 것이었다. 그러나 당시 김영삼 정권은 전환의 비용을 거부하는 지배블럭의 저항을 넘지 못하고, 이를 노동자를 중심으로 한 대중동원체제의 복원만으로 이 위기를 극복하고자 함으로써 결국 97년 말 IMF 관리경제체제를 맞게 되었다.

한국의 경제위기는 재벌들의 연쇄도산과 그에 따른 금융부실로 대외신인도가 급격히 하락하였고 이에 외국 투자가들이 급속히 자금을 회수하기 시작하였기 때문이다. 그러나 한국경제 위기는 이처럼 외환부문의 일시적 교란보다 더 심각한 문제에서 출발한다. 구조적인 측면에서 살펴본다면 이는 시시각각으로 다가오는 세계경제의 위기상황 속에서도 축적구조의 조정을 도외시한 독점자본 곧 재벌의 축적체제의 위기에서 비롯된 것이다. 즉 이 위기는 그동안의 재벌중심 축적체제에서 야기된 것으로 축적체제 자체의 구조적 위기로 파악되어야 할 것이다. 이러한 재벌중심 축적체제는 '한국형 자본주의체제'라고도 불릴 수 있는 것으로 개발독재시기에 공고화되었다. 1993년 이후의 소위 '문민정부'하에서 더욱 확대재생산되어 왔던 것인데 이제 그 체제 존립의 심각한 위기에 직면하고 있는 것이다.

재벌체제의 특징은 지나친 경제력 집중에만 있는 것이 아니며, 국가경제에 대한 지배력을 바탕으로 정치사회에서도 압도적이고 편파적인 힘을 행사하며, 시민사회에도 막강한 영향력을 행사하는 독재체제라는 사실에 있으며 구체적인 문제점은 다음 몇 가지로 정리할 수 있다.

첫째는 재벌들의 지나친 차입경영의 문제이다. 그리고 이와 연결된 문제로 재벌 소속 기업체 간의 상호 지급보증 문제가 있는데, 이는 재벌들의 상호출자와 함께 재벌체제를 유지하는 중요한 고리이다. 이러한 상호 지급보증 때문에 재벌들의 과다 차입도 가능해지는 것이지만 동시에 재벌 소속 대기업체 하나의 도산은 재벌 전체의 도산으로 이어지게 되어 있는 것이다.

둘째로 한국 재벌의 지나친 경제력 집중도를 지적하지 않을 수 없다. 1995년의 경우 30대 재벌이 제조업에서 차지하는 비중은 매출액 기준으로 44.9%, 부가가치 기준으로 41.0%, 고용 기준으로 18.5%를 차지하고 있다(김균, 1998: 175). 또한 30대 재벌 내에서는 소수 상위재벌의 비중이 특히 커지고 있다. 이렇게 국가경제에서 재벌이 차지하는 비중이 매우 크기 때문에 주요 재벌 하나의 도산이 국가경제 자체를 휘청거리게 하며, 국가신인도의 하락으로 바로 연결되는 것이다.

셋째로 재벌들의 관치금융 및 정경유착과 관련된 것으로 주요 재벌들의 부채가 금융권 여신의 상당 부분을 점유하고 있다는 사실을 들 수 있다. 1997년 말 현재 30대 재벌의 은행 빚은 111조 2,773억 원으로 96년 말(77조 8,187억 원)에 비해 43%가 증가하면서 은행 전체 여신의 25.1%를 차지하고 있다(중앙일보, 1998년 3월 30일자). 이는 물론 재벌들의 차입경영과도 밀접한 관련을 맺고 있다.

넷째로 재벌 경영의 불투명성을 지적할 수 있다. 한보사태의 경우에 전형적으로 드러났듯이 재벌들이 은행 등으로부터 차입한 자금을 어디에 썼는지조차 불투명한 상태에 있는 것이다. 그리고 이 자금은 상당부분이 정치권으로 흘러 들어간 것으로 확인되고 있다. 이는 또한 관치금융으로 연결되었다. 이러한 방식의 재벌 경영은 사업성에 대한 정확한 판단보다는 로비에 의존하는 사업 관행으로 이어져 왔는데, 이것이 현 위기의 주요 원인 중의 하나이다.

다섯째로 재벌경영에 대한 견제장치가 없다는 사실이다. 재벌경영은 총수 1인에 의해 좌우되므로, 다양한 업종에 걸쳐 총수 1인이 그 많은 분야를 통괄한다는 것 자체가 문제 발생의 소지를 안고 있다. 무분별한 다각경영과 총수 1인의 전횡을 보여주는 대표적인 사례가 삼성과 쌍용의 자동차사업 진출이다.

〈도표 2〉 발전국가와 재벌체제의 문제점

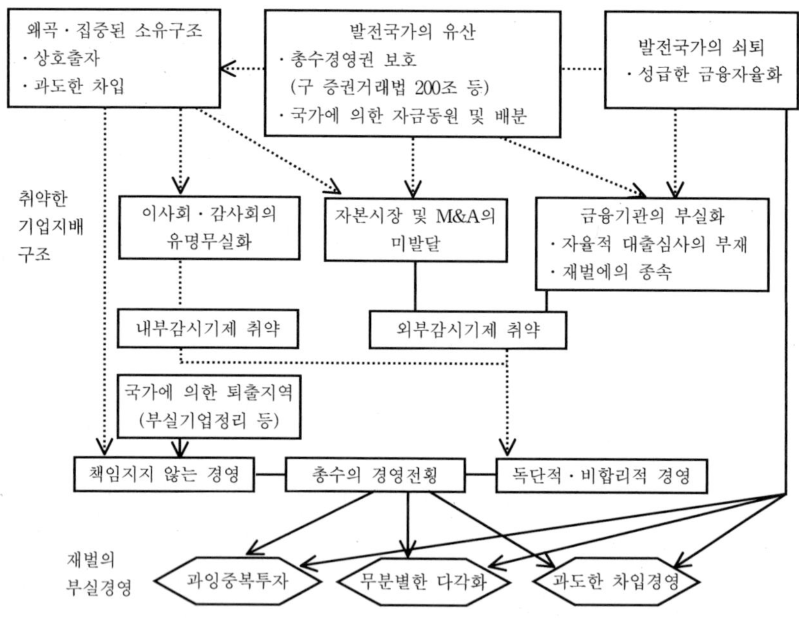

자료: 송민경(1998: 287)

이상에서의 내용과 〈도표 2〉에서 살펴보듯이 재벌이라는 독점자본부문의 구조적 위기가 IMF 구제금융의 장기적 원인이라면, 단기적 원인은 비정상적으로 비대화된 단기 외채 때문이었고, 바로 이것으로 인해 재벌들의 도산과 그에 따른 금융부실이 급격히 외환위기로 발전하였던 것이다. 1996년 말 총 외채는 1,047억 달러에 이르는데, 그중에서도 단기 외채가 58.3%나 되어 약 610억 달러에 달했다는 것을 알 수 있다. 이는 1996년 말 외환보유고 332.4억 달러의 약 2배에 이르는 규모이다(공제욱, 1998).

1955년부터 경상수지 적자가 급격히 늘어나는 상황에서 이를 외국자본의 유입으로 상쇄하고 있었고, 따라서 총 외채 증가율이 1955년에 37.9%에 이르고, 1996년에도 33.5%에 이르고 있는 것이다. 그리고 이 중 상당 부분이 단기 외채였다는 것은 재론할 필요가 없을 것이다. 또한 금융기관과 기업 등이 단기로 자금을 조달하여 장기로 운영함으로써 심각한 만기 불일치의 문제에 직면하였다. 민간기관들은 국내금리가 국제금리보다 훨씬 높은 상태에서 환율이 안정적으로 유지될 것으로 믿어 해외에서의 차입을 가능한 한 늘렸고, 이에 따른 위험부담은 고려하지 않았었다.

3. 김대중 정부의 대응정책 방향

1) IMF의 신자유주의 정책

한국에 신자유주의 태풍이 본격적으로 국내에 휘몰아친 것은 아무래도 김대중 정권이 IMF 신탁통치를 수용한 이후부터이다. IMF의 관리체제로 신자유주의 세력은 과거에 비해 훨씬 더 유리한 고지를 점령하게 되었다. 신자유주의 정책은 부분적으로는 관치금융을 지양하고, 재벌을 개혁코자 하는 등 천민자본주의의 '결함들'을 수정하려 한다는 점에서 나름대로 개량적 의미가 없는 것은 아니다. 그러나 IMF는 자본의 자유, 특히 국내외 독점자본의 자유를 최대한 보장함으로써 사회 전체를 자본의 지배하에 두고자 하는 자본의 지배전략인 것이지 결코 개혁적인 주체가 아니다. 시장에 대한 국가의 통제를 없애려는 탈 규제화, 노동의 저항을 최소화하기 위한 노동의 유연화, 자본이동의 자유화, 생산의 세계화 등 IMF가 추진하는 정책들은 한결같이 초국적자본의 신자유주의적 전략의 일환인 것이다(강내희, 1998).

한국의 외환 금융 위기에 대해 구제 금융을 제공하는 대가로 IMF가 요구한 신자유주의 정책은 무엇보다도 다음의 세 가지 부분으로 이루어졌다. 첫째는 단기 안정화 정책으로서, 재정, 통화 긴축과 고금리 정책인데 이를 통해 경기침체를 감수하고라도 국제수지를 개선함으로써 시급한 외환위기를 완화한다는 것이다. 둘째는 중장기적 구조조정정책으로서, 부실 금융기관과 기업들을 시장주의적 방식으로 퇴출시키는 등 경쟁 강화를 통해 외환 금융위기를 가져온 구조적 폐해를 지양한다는 것인데, 이를 위해서는 무엇보다도 관치금융으로 일컬어지는 국가의 비시장적 경제개입을 철폐하고 공기업을 민영화할 것을 요구했다. 아울러 기업 구조조정과 경쟁 강화를 위해 노동시장의 유연화도 전제하지 않을 수 없었다. 셋째는 대외적인 자유화와 개방정책으로서, 대외 무역의 자유화와 국내 자본·금융 시장의 전면적인 개방을 요구했는데, 이를 통하여 시장경쟁을 강화하고 외국자본을 들여옴으로써 외환 위기를 적극적으로 극복할 수 있을 것이라고 선전했다(홍훈, 1998: 348-50).

그러나 위기 속에서 국가에 의해 강제되는 구조조정정책은 시장으로부터의 퇴출과 인수합병에서 살아남기 위해 필사적으로 외국자본의 도입을 추진할 수밖에 없다. 또한 기업과 금융구조조정이 강력하게 전개되고 이와 함께 노동시장이 유연화되면 외국자본의 유입은 더욱 기승을 부리게 된다.

1997년 초 김영삼 정권이 노동법을 개악하고자 했을 때 한국의 노동자계급은 총파업으로 맞서 김영삼 정권과 자본에 타격을 입혔으나 IMF 신탁통치가 시작되면서 상황은 완전히 바뀌어 버렸다. 노사정협의 회의 주도로 정리해고제와 근로자파견근무제가 통과됨으로써 총파업으로 막은 반노동 조치들이 그대로 법제화하고 만 것이다. 한국은 단기적으로는 구제금융을 끌어들이기 위해 고금리정책과 초긴축재정을 실시할 수밖에 없게 됨에 따라서 부도사태로 인한 도산 급증과 소비의 급속한 감소를 경험하고 있다(강내희, 1998: 98).

세계자본은 장기적으로는 한국시장을 잠식하고자 자본진출에 유리한 조건을 얻기 위해 시장개방화를 희망하던 터였는데, 김대중 정권은 외자도입을 위한다는 명분으로 외국인의 주식이나 부동산 소유에 대한 제한 규정 등을 없애고 있는 중이다. 이런 신자유주의적 조치들은 현재 OECD에서 추진하고 있는 '다자간투자협정(MAI: Multi-lateral Agreement on Investment)'이 계획대로 체결될 경우 더욱 심화될 것으로 보인다(이창근, 1998: 112).

2) 현 정권의 구조조정정책

김대중 정권은 현재의 경제 위기가 외환 위기로부터 시작되었지만, 보다 근본적인 원인은 관치경제로 인한 시장규율의 붕괴에 있다고 파악한다. 즉 경제의 세계화 경향에도 불구하고 이를 따르지 못하는 관치경제-보호와 통제, 정경유착과 관치금융-가 결국 시장 규율의 붕괴-독점 이윤추구와 도덕적 해이, 특혜와 부정부패-와 총체적 부실화를 가져왔고 이것이 외환 금융 위기를 초래했다는 것이다. 그러므로 이를 극복하기 위한 기본구도는 다음과 같다. 즉 금융구조조정과 기업구조조정을 통해 시장규율을 확립하고 이를 토대로 대외 신인도를 제고시키고 이에 따라 외국 자본의 유치가 이루어지면 이것이 다시 국내 기업의 생산성을 강화할 것이며 결국 경제가 회생된다는 것이다.

여기에 기초하여 금융구조조정은 기본적으로 금융시장의 정상화, 국제기준의 시장경제 원칙 준수, 이해 당사자 간 투명한 책임원칙 확립, 재정

자금의 조기지원을 통한 금융시스템 붕괴방지라는 방향에서 추진하는 것으로 되어 있다. 그리고 대기업 구조조정은 이른바 기업구조조정 5대 원칙(기업 경영의 투명성, 상호 채무보증의 금지, 건전한 재무구조, 핵심 주력기업 설정, 지배주주와 경영자의 책임확립)에 입각하여 부실기업 정리, 지배구조와 경영 투명화, 인수 합병의 활성화를 기본방향으로 설정하고 있다. 공기업의 민영화는 시장주의적 구조조정정책의 일관된 방향일 수밖에 없는데 정부는 민간부문이 수행할 수 있는 분야의 조속한 민영화, 독점분야에 대한 경쟁체제 도입, 자회사 및 비업무용 부동산 매각, 민간 위탁 확대, 인력 및 조직 감축을 공기업 구조조정의 목표로 설정했다. 이 구조조정안을 요약하면 〈도표 3〉과 같다.

이상의 구조조정정책안은 첫째, 경제구조조정을 통한 경제 회복, 그에 수반되는 고용 증가라는 방식으로 경제 위기와 실업 극복을 구상하고 있어 실업 극복을 위해서는 과정적인 실업이 불가피하다는 논리에 기초하고 있다. 둘째, 재벌 지배구조를 위기의 원인이 아니라 결과로 인식하여 그 지배 구조에 대한 직접적인 개혁을 생각지 않고 시장 경쟁질서가 확립되면서 사후적으로 자연히 정정될 것으로 파악하며, 셋째, 시장주의적 구조조정이라는 선전과는 달리 정부의 강력한 개입과 비용부담을 통해 이루어질 것임을 밝히고 있다.

결국 이러한 구조조정정책으로는 결코 경제위기를 극복하기 어려울 뿐만 아니라 재벌의 지배구조도 청산하지 못할 것이며, 기업과 금융 기관들의 인수합병은 기업과 금융부문에서 독점화의 가속을 초래할 것이고, 국가와 독점자본 간의 유착관계는 보다 강고해질 것이다. 더욱이 이 독점화 운동은 국내 독점자본과 은행들 사이에서만 이루어질 뿐 아니라 보다 중요하게는 외국 독점자본에 의한 국내기업과 은행의 인수합병이 진전될 전망이므로 이는 국민경제의 독자성과 자율성을 약화시켜 제국주의 자본의 직접지배의 길을 열어놓게 된다. 즉 국민경제에 대한 초국적자본의 지배력을 강화시켜주고 국민경제의 거시적 안정성을 저하시키게 되는 것이다.

〈도표 3〉 경제구조조정 요약

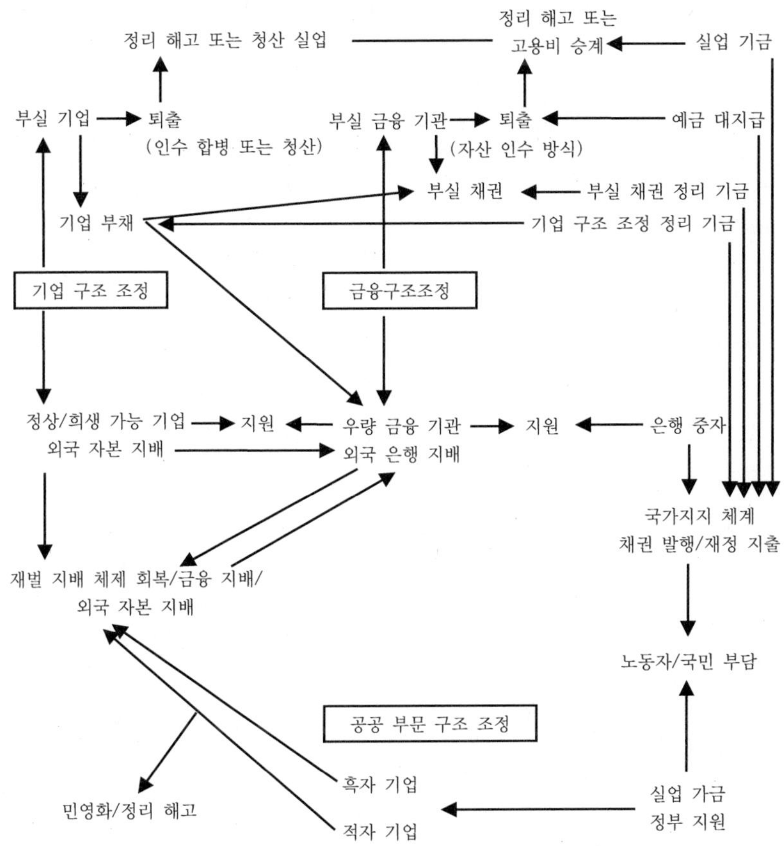

자료: 김성구(1998b: 166)

Ⅳ. 한국의 신자유주의적 정책논리 - 비판적 논의

1. '민주적 시장경제론'으로 일컬어지는 김대중 대통령의 경제논리는 저서와 대선공약을 통하여 정부규제완화와 시장경제 강화라는 내용으로 집권 이후 일관되게 제시되었다.

> "민주적 시장경제체제의 확립과 외국자본 투자유치 확대로 IMF 관리체제를 1년 반 이내에 극복한다. 외국 자본의 투자 유치를 확대하고, 국제수지를 개선하여 외채를 줄인다. 각종 경제규제를 과감히 철폐하고 선진국형 자유시장 경제체제를 확립하여 기업의 자율적인 경영을 유도한다."(새정치국민회의, 1997)

> "정부주도의 개발체제는 그동안 노동과 자본 등 생산요소의 양적 투입과 규모의 경제에 의존하고도 성장의 신화를 창조했다. 그러나 우리는 경제규모가 확대되고 세계경제가 변화하는 과정에서 이를 적기에 시장경제체제로 전환시키지 못했다. 이것이 우리경제의 경쟁력을 약화시켜 경제위기를 초래한 근본원인이라 할 수 있다."(재정경제부, 1998: 31)

> "경제위기의 근본적 원인은 시장경제체제를 올바로 정립하지 못했기 때문이며 정부주도 경제운용 아래 권위주의적 통제와 가부장적 보호를 두 축으로 하는 관치경제가 지속되어 경제적 사회적 폐해가 누적되어 왔다. 그간의 개혁노력은 새로운 시장경제체제가 요구하는 규칙과 제도 확립에 성공하지 못했다."(한국개발연구원, 1998: 5-6)

아시아유럽정상회의 (ASEM)에서는 개방화, 효율화, 민주화가 새 정부 경제정책의 3대 원칙으로 제시되기도 하였다. 즉 경제의 개방화를 위해서는 자본자유화와 시장진입 간편화, 경제활동 기준의 국제화 등을 적극 추진하는 한편, 효율화를 위해서는 각종 행정규제를 과감히 철폐함으로써 정부의 역할을 시장주도자에서 시장지원자로 전환할 것임이 강조되었다. 또 경제민주화를 위해서는 공정경쟁과 책임경영체제를 확립하고 소액주주의 권한강화, 적대적 기업인수합병 허용, 자유교역에 대한 감독강화, 조세형평성 제고, 사회복지체제 강화대책 등의 추진이 밝혀졌다.

결국 정부의 과도한 시장개입, 정경유착, 불공정경쟁 등이 제거된 공정한 경쟁질서가 유지되는 시장경제를 나타내는 '민주적 시장경제론'은 권위주의적 관치경제에 대립하는 자유롭고 공정한 시장질서를 의미한다 할 것이다.

2. 이러한 내용의 민주적 시장경제론은 독일의 '사회적 시장경제론'을 바탕으로 하고 있는데, 사회적 시장경제론의 핵심적 내용은 경제운용은 철저히 시장경쟁 원리에 따르되 그에 따른 사회적 불균형은 정부가 조세정책, 사회보장정책 등을 통해 보완한다는 것이며, 이를 위해 '작지만 오히려 강력한 정부'가 필요하다고 주장한다.

그런데 김대중 정권의 이러한 시장경제 강화 노선은 결국 자본주의적 모순을 심화시키는 데 기여할 뿐인데 그 이유는 다음과 같다. 첫째, 사회적 시장경제론 그 자체가 안고 있는 한계 때문이다. 독일의 사회적 시장경제론의 주창자 오이켄은 자본주의가 시장과 경쟁의 가격기구에 의해 완전고용과 생산과 분배, 소비의 최적점에 도달할 수 있다고 확신했다(김성구, 1997; 김세균, 1996).

오이켄은 경제질서를 경제조절의 방식에 따라 중앙관리경제와 시장경제의 두 가지 기본 형태로 나눈다. '중앙관리경제'에서는 생산과 분배, 소비의 과정이 중앙계획 당국의 명령에 의해 이루어지고, '시장경제'에서는 개별 경제주체 간의 조정은 가격을 통해 이루어지며, 시장경제에서만 인간과 사물의 본질에 조응하는 질서를 찾을 수 있다고 주장한다. 자유방임의 폐해는 경제정책에 의해 경쟁질서 형태에서 지양될 수 있는 것으로 파악한다. 사적 소유와 계약의 자유, 화폐가치의 안정성 보장을 통하여 경쟁질서를 형성하고 독점감독정책과 소득 및 사회보장정책을 통해 경쟁질서를 유지한다는 것이다. 사회정책은 기업의 자유가 침해되지 않는 한에서만 허용된다. 이에 따라 사회적 시장경제론은 2차대전 후 자본주의 대호황기에 국가독점자본주의적 개혁을 수행한 반면 70년대 중반 이래 구조적 불황기에는 노동자계급을 공격하는 이데올로기로 기능했다.

사회적 시장경제론은 현대의 불황이 사회민주주의적 경제정책 개입에 의해 경쟁질서가 훼손된 데 기인한다고 보고 탈불황의 정책방안도 탈조절과 민간경제주도, 민영화, 임금과 사회복지지출 감축 등으로 제시한다. 바로 신자유주의적 정책이고 이것은 불황을 더욱 심화시켰다. 이에 대한 노동자계급의 반발로 나타난 현상이 바로 영국 노동당과 프랑스 사회당의 집권 등 서구 각국에서의 사회민주주의 정당의 득세이다.

둘째, 1930년대 독일에서 사회적 시장경제론은 파시즘적 경제체제 패배와 함께 자유주의적 지배질서를 확립하고자 제시되었다. 반면 한국에서는 파시즘적 경제통제기구가 이완되어가고 재벌독재체제가 강화된 가운데 재벌규제 요구에 대항하고 반노동자적 정책을 도입하는 등 신보수주의적 재편을 기도하기 위해 사회적 시장경제론이 제시되었다(장상환, 1998: 348-49).

셋째, 이전의 경제독재체제와의 단절을 하지 않고서, 시장경제를 강화할 경우 독점과 공황이라는 자본주의적 모순을 더욱 심화시킬 가능성이 크다. 김영삼 정권하에서의 신자유주의로의 정책 전환은 자본과 재벌에게 유리한 부분만을 수용하는 등 편의적이고 선별적인 방식으로 진전되어 최근 기아그룹 사태에서 보는 바처럼 통제적 경제체제와 신자유주의적 정책의 나쁜 결합만이 결과되었고 한국경제의 구조적 위기는 심화되었다. 이것이 결국 오늘에 이르러 정경유착, 소득분배의 불평등 확대, 경제위기의 심화, 국민경제의 효율성 저하 등을 가져오게 되었고, 지금의 경제위기에서 그동안의 '통제 경제체제'를 신자유주의로 대체시키려는 시도가 진행되고 있는 것이다. 그러나 최근 구미국가의 신자유주의 정권들의 교체에서 보는 바처럼 신자유주의 자체가 현대의 경제위기에 대한 올바른 대응책이 될 수 없다는 것이 이미 드러나 있다.

요컨대 김대중 정권의 민주적 시장경제론의 핵심내용인 '규제완화, 시장기능 강화'는 재벌이 지배하는 경제독재체제에 대한 타당한 대안적 정책 노선이 될 수 없다. 재벌이 지배하는 경제독재체제는 과거와 같은 독재권력이 사라지고 시장기능이 지배하게 되면, 밀림의 세계에서 더욱 강화될 것이다. 개방화, 세계화도 적절한 수단이 될 수 없다. 강화된 경쟁은 재벌체제를 더욱 비정상적인 이윤추구방식으로 몰고 갈 것이다.

3. 한편 시장주의 이데올로기와 관련하여 결코 간과해서는 안 될 것은, 이 구조조정이 결코 국가로부터 자유롭게 시장경쟁에 의해 추진되는 것이 아니라 국가의 강력한 개입과 국가에 의한 지원체계 속에서 진행될 것이라는 점이다.

이것은 기업구조조정을 시장 원리에서 금융 기관의 자율적 결정에 맡기겠다고 하고, 또 5대 재벌에 대해서는 금융기관의 부실기업 판정에서 제외하여 5대 재벌의 자율 개혁을 요구했던 정부가 이를 번복하여 기업구조조정에 직접 개입하고 5대 재벌 기업 중에서도 퇴출 기업을 선정하라고 요구하게 된 변화부분에서 잘 알 수 있다. 또한 자동차, 철강, 반도체 등 과잉 생산으로 구조조정이 시급한 산업 부문은 이번 기업구조조정에서는 고려하지 않겠다든지, 은행구조조정에서 조흥, 상업, 한일은행의 합병을 강제 유도하고 외환, 신한, 주택, 국민은행과 함께 5대 선도 은행 주도의 인수합병을 추진하려던 구상 등에서 그대로 읽을 수 있다.

그리고 이 구조조정정책은 부실기업과 금융기관들의 퇴출과 대량실업을 가져올 것이고 그에 따른 비용 부담을 국가 채권발행 등의 형태로 부담할 것을 밝히고 있어 결국 노동자와 대중들이 엄청난 비용까지 부담하는 철저하게 반노동자적 성격을 띠고 있는 것이다. 경제위기를 극복하고 고성장을 다시 회복한다 하더라도 제국주의 자본에 대한 대외 종속을 심화시키고 독점적 지배구조를 강화할 그런 정책을 위해 노동자들은 정리해고에다 고납세라는 고통 전담을 강요받고 있는 것이다.

시장원리의 신자유주의 정책이 갖는 이데올로기적 기만은 바로 여기에 있다. 결코 시장적 원리에 의해서는 더 이상 작동할 수 없는 현대 자본주의에서, 마치 현실의 정책이 국가와는 무관하게 시장의 원리에 따라 수행되는 것 같은 외관을 갖게 함으로써 노동자 계급에게 전담되는 고통을 시장의 규율로서 감수하게 만들고, 위기 극복의 비용을 노동자 계급과 대중에게 전가하는 메커니즘, 그렇게 해서 재벌 지배체제를 회복시켜 주는 메커니즘을 은폐시키는 데에 신자유주의 구조조정정책의 이데올로기적 기능의 핵심이 있다(김성구, 1998b: 168-71).

물론 현 정부가 노사정위원회를 설치함으로써 절차적인 면에서 신자유주의의 기조를 다소 정정하고 있는 것은 사실이다. 현 정부는 노사정위원회라는 합의기구 설치와, 여기서 재벌개혁과 노동시장 유연화가 합의된 것을 가지고 자본과 노동이 고통분담의 동반자 관계에 서게 되었다고 주장하고 있다. 노사정 협의형식은, 김영삼 정부가 1996년 말 노동관계법을 일방적으로 처리하려고 기도했던 것과 비교해 보더라도, 절차적 민주주의 면에서는 명백히 큰 진전이다. 그러나 그 합의내용은 결코 신자유주의적 구조조정 원리의 범위를 벗어나지 않는다. 노사정위원회에서의 재벌과 노동자 간의 사회협약이 자본부문의 합법적인 온전한 자유를 보장하는 반면, 노동부문에는 생존권을 내어주는 부자유를 강제하는 협약이기 때문이다. 또한 그로 인해 노동자들은 대량 실업과 임금삭감, 노동강도의 심화 그리고 이에 따른 노동자 상호간의 경쟁으로 시장경제의 폭력과 위험 앞에 내 던져져 있는 상황이다(이병천, 1998: 33; 장상환, 1998; 노중기, 1998: 439-40).

결국 신자유주의 경제정책의 문제점은 민주주의의 부족, 불공평의 심화, 중산층의 붕괴, 빈익빈 부익부의 양극화, 거대자본에 대한 자유보장, 노동자와 시민에 대한 생존권 위협 등이 지적될 수밖에 없다. 또한 신자유주의가 전가의 보도로 내세우는 경제적 효율성조차도 문제가 아닐 수 없다. 신자유주의 경제적 효율성은 곧 시장경쟁을 통한 적자생존의 논리이기 때문이다. 따라서 자본의 온전한 자유와 노동에 대한 전체적 지배권을 확립하고, 이를 통해 경제적 효율성을 높인다는 바로 이것이 자유, 정의, 효율의 가치를 내세우고, 민주주의와 시장경제의 상보적 병행발전을 주장하는 김대중 정권의 경제논리에 대한 비판이 모아지는 것이다.

따라서 노동자 및 대중의 생존권을 수호하기 위해서도, 또 경제위기의 극복을 위해서도 신자유주의적 정책기조는 전환되어야만 한다. 국가 또는 공공부문 확대와 국가에 대한 민주적 통제, 재벌 지배 체제의 해체와 사회화 정책, 이것이 방향 전환의 핵심이다(김성구, 1998b: 170). 첫째, 경제위기와 부실경영을 가져온 재벌 총수들은 퇴진하도록 하고 그들 소유의 주식을 기업과 사회에 환수시킨다. 둘째, 부실기업들에 대한 은행채무는 은행 대출금의 출자 전환을 통해 기업을 공기업 형태로 전환시킴으로써 해결한다. 그리고 금융기관에 대한 민주적인 통제를 확보해야 한다. 셋째, 재벌개혁은 그 지배체제의 합리화가 아니라 재벌해체의 방향에서 이루어져야 한다. 따라서 단순한 소유와 경영의 분리, 소유 분산만이 아니라 사회적, 공공적 소유의 지배적 지위가 확보되어야 하며 노동자들의 경영참가가 제도화되어야 한다. 넷째, 공기업의 민영화가 아니라 공공적 소유를 유지하면서 노동자들의 경영참가 등을 통해 공기업의 관료주의를 혁신하는 방향이 추진되어야 한다. 다섯째, 외국자본에 전면적으로 시장을 개방하는 정책과 투쟁하여 국민경제의 산업 연관 체계를 갖는 자립적인 경제구조로 정책전환을 이루어야 한다. 여섯째, 중소기업과 대기업 간의 분업 관계 형성, 중소기업에 대한 지원은 자립적인 경제구조의 확립이라는 관점에서 적극적으로 고려되어야 한다.

Ⅴ. 맺음말

현재 한국 자본주의가 안고 있는 문제는 외환위기, 공황, 구조적 모순 등이 중첩되어 대단히 복합적 양상으로 나타나고 있다. 이는 '한국자본주의의 구조적 모순 심화－국제수지 악화 및 불황 심화－외환위기 발생'의 인과관계인 것이다. 따라서 김대중 정권이 추진할 경제정책 역시 대증요법에 그칠 것이 아니라 이러한 인과관계에 입각하여 구조적 모순 해결, 즉 경제구조의 근본적 개혁을 통하여 불황과 외환위기라는 대내외적 경제위기에 대응해 나가는 것이어야 한다.

그러나 김대중 정권은 신자유주의 이념에 근거한 시장경제 강화로 자본주의적 모순을 심화시키고, 재벌이라는 경제독재체계를 해체하는 대신에 재벌경영을 합리화하는 데 그치고 있으며, 정리해고제 도입 강행 등으로 대량 실업을 초래하고 있으며, 국제금융자본 대량유입 추진으로 대외적 종속과 경제불안정을 심화시키고 있다고 할 수 있다.

신자유주의는 1970년대 이후 국가독점자본주의체제가 구조적 축적위기를 맞으면서 케인즈주의적 복지국가가 해체되면서 상승국면을 맞아, 세계 곳곳의 정치는 사실 신자유주의 경제정책을 추진하는 신보수세력에 의해 주도되었으며, 그 영향력이 지금도 막강함은 사실이다. 그러나 맹목적인 자유시장 숭배의 결과는 지금 전 지구적 자유시장 자본주의의 실현을 지향한 미국과 IMF의 아시아 경제위기의 구조조정 실패에서도 알 수 있듯이 그 한계를 드러내고 있다.

또한 유럽정치지형의 변화 역시 이를 뒷받침해주고 있다. 최근 독일 총선에서 사민당이 승리함으로써 독일 영국 프랑스 이탈리아 등 유럽연합 대다수의 나라에서는 중도좌파 정권이 집권하기에 이르렀다. 이로써 자본주의 세계 체제 내에서 미국 주도의 신자유주의에 대한 강력한 대항진영이 구축된 것이다. 유럽 중도좌파 연합은 이른바 '제3의 길'을 이념으로 내세우고 있다. 이 이념은 전통적 사회민주주의 좌파에 비해서는 시장원리를 더 많이 수용함으로써 시장질서 속에서의 개인의 자유와 책임을 더 많이 요구하고 있다. 그러나 다른 한편으로는 고삐 풀린 시장경제의 폭력과 위험에 대해서는 '성찰적 근대화'를 통해 경고한다는 점에서는 자유시장 우파의 경계도 넘어서고 있다.

김대중 정부는 그 집권을 위한 정책 구상에서 사회적 시장경제로 불리는 보다 온건한 독일 신자유주의를 지향하여 이른바 '민주적 시장 경제론'을 제창했지만, 대선과 외환 금융위기, IMF 구제금융을 거치면서 보다 급진적인 IMF 신자유주의로 경사되어 이제는 IMF 정책지침의 충실한 집행자로 자임하고 나섰다. 그에 따라 한국경제의 구조조정 정책은 IMF의 신자유주의에 의해 규정되었다.

그러나 신자유주의 세계화는 사회주의권의 붕괴를 계기로 초국적 자본의 세계적 자본축적을 보다 용이하게 해주기 위해서 미국이나 국제통화기금 또는 세계은행과 같은 국제기구가 나서서 세계화 담론을 유포하거나 무역제재위협이나 IMF 차관을 압력수단으로 하여 각국의 시장개방과 신보수주의적 개혁을 강제하는 과정을 의미한다. 이러한 성격의 신자유주의는 기존의 자본주의를 노사타협과 사회복지에 바탕을 둔 이해당사자 중심의 자본주의와는 본질적으로 다른, 시장의 자유, 노동의 배제, 복지최소화에 바탕을 둔 주식소유자 중심의 자본주의로 전환시키고자 한다.

이에 현 정부는 단순한 시장자본주의가 아니라, 세계시장에 전면 개방된 시장자본주의를 지향한다고 보여지는 것이다. 제2건국 선언은 민족주의를 폐쇄적인 것으로 비판하면서 세계주의를 열린 것, 보편적인 것으로 옹호하고 있다. 그러나 이것은 사실 미국 것을 과잉보편화하고 우리 것을 과잉특수화하고 있다.

보편적 세계주의론은 세계자본주의 체제에 내재된 엄연한 패권주의적 요소와 심각한 도덕적 해이에 대해 침묵하고 있다. 세계화는 결코 동질화와 같지 않으며, 여전히 각국 간의 비대칭적 구조를 재생산하는 경향이 있음이 간과되고 있다. 또한 국제적 투기자본이 횡행하는 현재의 신자유주의적 국제금융 질서의 위험이 간과되고 있다. 전면 개방은 한국경제의 자율성과 안정성을 투기적 외국자본의 신인도에 내맡겨, 한국경제를 늘 외환위기 재발의 불안정성에 무방비상태로 노출시킬 것이다. 더욱이 한국경제를 전면 개방시켜 국제자본의 요구에 충실히 순응하는 데만 골몰하게 되면,

국내금융과 기업, 그리고 국내자본과 노동 간의 새로운 협력 체제를 발전시킬 가능성이 무산된다는 것이다.

지금 세계화의 덫에 걸려 신음하고 있는 한국경제는 김영삼 정권에 이어 세계화를 생명줄로 여기는 현 정권의 신자유주의정책으로 인해 더욱더 그 올가미에 졸리는 형국에 처해 있다. 세계경제상황이 크게 호전되지 않는 한 현재의 시장주의 경제철학은 우선적으로 국내재벌과 국제자본의 지배동맹을 강화시키고, 노동조합을 무력화시키며 또한 빈익빈 부익부 경향을 심화시켜 한국사회를 종속적인 '20 대 80의 사회'로 변화시킬 것이다. 그리고 국제투기자본의 준동으로 인한 외환위기가 다시 올 경우 이에 대한 아무런 대책이 없어 연속되는 환란의 위기에서 결코 안심할 수 없을 것이다.

결국 구조조정과 신경제질서의 구상에는 한국의 문화적 토양에 대한 이해가 선결되어야 할 것이다. 세계자본주의의 경제전쟁에 대해 무비판적으로 순응하거나 국민경제의 국경을 시장논리에 의거해 완전히 개방하는 우를 범해서도 안 될 것이다. 이제 우리에겐 발상과 진로를 전환해야 한다는 과제가 남아 있다. 후퇴하고 있는 낡은 이념으로서의 신자유주의적 경향이 아닌 민주적이며 국민적 참여와 협력의 새 패러다임을 모색하여야 한다. 곧 공생을 위한 한국형 '제3의 길'로의 획기적 전환이 절실히 요구되는 것이다.

참 고 문 헌

국내문헌

강내희, (1998) "IMF의 신자유주의 공세와 문화변동" 〈경제와 사회〉(여름), 한울.

국정신문, 1994년 11월 28일자.

국정신문, 1994년 12월 19일자.

국정신문, 1996년 1월 8일자.

공제욱, (1998) "IMF 구제금융 이후 한국자본주의의 재벌구조 개편" 〈경제화 사회〉 (여름). 한울김　균, (1998) "재벌개혁과 한국자본주의의 방향"〈동향과 전망〉 통권 37호, 한울.
김성구, (1998a) "자본의 세계화와 신자유주의적 공세" 〈자본의 세계화와 신자유주의〉, 문화과학사.
______, (1998b) "김대중 정권의 신자유주의 구조조정 정책비판" 〈한국좌파의 목소리〉, 민음사.
______, (1997) "신자유주의 경제사상에 대한 비판: W. 오이켄을 중심으로" 〈한신논문집 〉
김세균 (1996) "신자유주의 정치이론의 연구경향과 문제점" 〈이론〉 15호.
김성재, (1995) "다시 개혁되어야 하는 '세계화' 교육" 〈경제와 사회〉(겨울), 한울.
노중기, (1998) "김대중 정부의 노동정책과 노동정치" 이병천 · 김균 편 〈위기 그리고 대전환〉, 당대.
박길성, (1996) "글로벌 사회" 〈현대사회의 구조와 변동〉, 사회비평사.
새정치국민회의, (1997) "15대 대통령선거 공약".
송민경, (1998) "국가주도적 성장체제와 재벌" 〈위기 그리고 대전환〉, 당대.
이병천, (1998) "한국경제 패러다임의 반성과 과제" 이병천 · 김균 편 〈위기 그리고 대전환〉, 당대.
이창근, (1998) "신자유주의 IMF 체제 그리고 국제연대를 위하여" 〈연대와 전망〉.
장상환, (1998), "김대중 정권 경제정책의 성격과 전망" 〈경제와 사회〉(여름), 한울.
재정경제부, (1998) 〈국민과 함께 내일을 연다〉, 재정경제부.
한국개발연구원, (1998) 〈경제위기극복과 구조조정을 위한 종합대책〉, 한국개발연구원.
홍덕률, (1996) "1987년 이후 정부와 재벌관계의 변화," 〈경제와 사회〉(여름), 한울.
홍　훈, (1998) "한국의 경제위기와 IMF 프로그램" 〈위기 그리고 대전환〉, 당대.

국외문헌

Amin, Samir. (1996) "The Challenge of Globalization," Review of International Economy, 3/2.
Bello, W. (1993) Dark Victory, 이윤경 역 (1998) 〈어두운 승리〉, 삼인.
Boyer, R. (1991), 정신동 역, 〈조절이론 〉, 학민사.
Dunning, J. (1993), Multinational Enterprises in a Global Economy, Working-Ham: Addison-Wesley.
Emmot, B. (1993), "Everybodys Favorite Monsters" The Economist, 27/3, Supplement.
Galpin, Robert, (1987), The Political Economy of Interantional Relations, Princeton Univ.Press.

Giddens, A. (1998) 〈제3의 길〉, 생각의 나무.

Humbert, M. (1993), "Introduction: Questions, Constraints and Challenges in the name of Globalization," in M. Humbert(ed.), The Impact of Globalization on Europe's Firms and Industries, Printer Pub.

Jessop, B. (1990), "Farewell to Thatcherism? Neo-Liberalism and 'New- Times'" NLR No179.

_____, (1991), "조절이론의 회고와 전망" 〈사회경제평론〉3호, 한울.

_____, (1993), Toward a Schumpeterian Workfare State? Preliminary Remarks on Post-Fordist Political Economy," Studies in Political Economy 40. Spring.

Rustin, M. (1989), "The Politics of Post-Fordism" NLR No 175.

Sweezy, P (1992), "Globalization: to what end?" Monthly Review, Vol.43, No.9-10.

제2장 현대자본주의 분석 시론

-조절론적 접근-

Ⅰ. 머리말

오늘 우리가 딛고 서 있는 현재라는 지평은 실로 가혹하리만치 그동안 우리가 믿고 의지해오던 것들을 일순간에 과거로 던져버릴 것을 요구하고 있다. 특히 현대자본주의와 맞물려 돌아가는 국제 정치적 현실과 이에 따른 이론적 논의는 지금까지 견지해오던 많은 확신들을 무력하게 만들고 있으며, 이제 그 공백은 위기의식이 자리메꿈을 하고 있는 듯 보여진다.

이론적 측면에서 현대자본주의의 위기론 혹은 마르크스주의 위기론이 바로 그것을 잘 반영해 주고 있다 하겠다. 특히 세계경제체제 속에서 사회주의권의 붕괴는, 마르크스주의의 급격한 퇴조양상과 함께 현대 자본주의의 방향감각을 더욱 혼미하게 만들고 있다. 이런 상황 속에서 진보적 정치경제학자들이 자본주의 분석에 대한 새로운 인식을 제공하면서 정치경제학의 큰줄기를 형성하고 있어 주목을 받고 있다. 이것이 바로 조절이론이다.

조절이론은 70년대 중반 이래 프랑스를 중심으로, 기존 정치경제학의 한계를 극복하고자 시도된 새로운 대안으로서의 이론체계이다. 1976년 아글리에타(M. Aglietta)의 업적으로부터 시작된 이 학파는 부르조아 정통 경제학과 교조주의적 마르크스주의 정치경제학 모두를 비판하면서 독자적인 이론체계를 확립하고 있다.

조절이론은 경제와 사회 그리고 역사의 통일적 파악을 시도하면서 여러 사회계급, 사회집단 간의 사회적 투쟁이 사회적 타협을 거쳐 제도형태로 귀결되는 과정에 초점을 모으고 있다. 즉 제도형태들의 편성과 이에 따른 자본주의의 성장과 위기분석을 추적하고 있다. 조절이론은 이러한 독자적 인식에서 출발하여 현대자본주의 위기에 대응하기 위한 분석틀을 제공해 주고 있다.

본고는 이와 같은 조절이론의 기본적 이론체계를 살펴봄으로써 추후에 이루어질 구체적인 연구작업의 시론적 성격을 띠고 있다.

Ⅱ. 조절이론의 기본개념

1) 형성배경

조절이론은 자본주의 사회 구조에 대하여 마르크스가 안고 있던 문제틀, 즉 모순에 가득찬 자본주의 재생산에서 어떻게 축적이 지속적으로 가능한가하는 문제에서 출발하고 있다.[1] 정치경제학의 새로운 발상이라고까지 불리우는 이 이론은 사회적 생산과 수요를 결정하는 데 영향을 끼치는 경제적 요인뿐만 아니라 정치적, 법률적, 문화적 요소를 총체적으

1) 조절이론의 일반적인 논의와 학파들의 이해를 위해서는 Jessop(1990)을 참조. 한편 파리학파의 연구작업은 몇 개의 소분파로 구분된다. 리피에츠는 노동가치론의 새로운 해석과 화폐이론의 확장에 집중하고 있다. 브와예는 포스트 케인즈 경제학파 경제학과 아날르학파 역사학 전통의 수용이라는 관점에서 조절이론을 위치시키며 노동가치론을 거부한다. 아글리에타는 초기의 노동가치론에서 출발하여 경제이론의 재구축 및 구체적 경제분석으로 나아가고 있다.(김균, 1991b: 51.)

로 분석하고자 하여 경제이론의 전통적 문제제기를 포함하여 특정 역사발전단계에서 자본주의의 경제적 토대의 지속적 재생산을 보장하는 제도 및 구조적 형태의 분석을 기본적인 인식대상으로 하고 있다. 이에 조절 이론가들은 기존의 정치경제학이 높은 추상성과 구체적인 현상분석과의 괴리를 나타내고 있다고 비판하면서, 중범위 수준에서의 분석방법을 제시한다. 즉 역사적 조망하에서 축적체제, 조절양식, 발전양식 등의 개념을 통해 이론과 역사의 상호매개-자본주의의 논리적 분석과 자본주의발전의 역사적 분석의 관계-에 의한 자본주의의 지속적인 성장과 그 구조적 위기를 분석하고자 한다. 나아가 자본주의 발전논리가 동질의 사회적 공간에서 근본적으로 동일한 방법으로 전개된다는 비역사적 경제주의와 일반적 가치 축적이론과 다양한 국민경제의 축적역사를 매개하지 못하는 비경제적 역사주의 사이에 존재하는 모순을 극복하고자 한다.

일반적으로 조절이론은 알튀세의 구조주의와 신고전파 경제이론에 대한 비판적인 대안으로 이해된다. 곧 구조주의의 재생산 개념과 신고전학파의 일반균형개념에 대한 비판으로부터 탄생되었다(Aglietta, 1979: 12-14; Lipietz, 1988: 80-84; Jessop, 1990). 우선 조절이론가들은 알튀세가 자본주의 사회구성체를 구조적 재생산의 개념으로 파악한 것을 인정하면서도, 한편으로 행위주체를 배제하는 불변의 구조가 함축하는 구조결정론적 인식을 극복하고자 한다. 구조주의는 사회전체를 그 사회의 구성요소보다 우위에 두고 있어, 그 사회의 모순에 관한 투쟁과 통일의 대립에서 통일을 우위에 환원하고 투쟁을 그것에 종속시킴으로써 구조의 영속성을 도출하고 있다. 이에 반해 조절이론은 이 알튀세류의 구조화된 구조를 넘어 구조화하는 구조 즉 사회역사의 해석에 있어서의 투쟁우위론을 강조하고 있다. 다시 말해 경제적 사회적 동태성은 나선적이며 혁신적이어서 그로 인해 각 시대마다 다른 양상으로 구조를 재생산하는 것이다(Boyer, 1986). 바로 사회현상의 동태적 역사적 과정을 이론적으로 재현하기 위한 구조의 내적 전형논리로 재생산 개념을 받아들이고 있다. 어떤 한 구조의 내적 관련은 항상 그 구조의 지속성만을 보장하는 것이 아니라, 이는 동시에 구조 자체의 질적 전형 및 단절을 내포하고 있다. 그러므로 구조의 동태적 과정은 구조의 재생산과 전형이 함께 포괄되어야만 제대로 파악 가능한 것이다. 그러나 생산양식의 조절 개념이 매개되지 않는 재생산과 전형개념은 상호대립적인 공허한 개념들에 불과하다. 조절학파의 이 재생산 개념은 구조주의의 그것과는 분명한 차이가 나타난다. 구조주의가 '재생산된' 구조의 총체성을 구성요소간의 내적 결합으로 접근했다면, 조절이론은 조절개념을 매개로 하여 구조자체의 재생산과 그 위기를 하나의 과정으로 접근하고자 하는 것이다[2](Lipietz, 1986: 159-162).

다음으로 조절이론은 시장의 자율조절을 핵심명제로 하는 신고전학파의 균형이론에 대해 비판적이다. 시장가격을 매개로 하여 자본의 개별시장이 자율적으로 조절될 뿐 아니라, 전체적으로도 균형을 이루면서 조절되는 기능을 지니고 있다는 신고전학파의 견해를 반박하면서 현재 파괴된 균형을 복원하고자 하는 현존 모순의 폭발적 해소로서의 경제위기를 통하여 자본주의가 조절된다는 입장을 견지한다. 신고전학파는 자본주의의 축적 및 분배과정상에서 나타나는 위기가 외재적 요인에 의해서만 생긴 것으로 간주하지만, 조절이론은 외재적 요인 이외에 경제적, 제도적 요인에 의해서도

---

2) 조절이론에서의 재생산은 구조주의에서와 같은 불변구조의 영속적인 재생산이 아니라 모순을 가진 사회체제 내에서의 응집력의 재생산이다. 이러한 모순으로 인하여 응집력이 파괴되어 버리지 않도록 하나의 사회체계는 '조절'된다. 하나의 사회체계(생산양식)는 스스로 재생산되는 것이 아니라 조절되어야 하는 것이다(R. Boyer, 1986b: 74-76). 한편 조절한다는 것은 구조에 의해 일방적으로 결정된다는 것이 아니라 상이한 개인 또는 집단들이 상호 대립을 통해 만들어 내는 것이며, 따라서 조절양식은 구조의 결정율도 개인 행위의 의도된 산물도 아니다. 라피에츠가 조절양식이 바로 역사 속애서 '우연히 발견'되었다고 보는 것은 바로 이러한 맥락에서 이해될 수 있다.(Lipietz, 1986b: 114.)
요컨대 '조절개념'은 한 사회의 결정적 구조가 그 사회의 모순을 극복하면서 어떤 방식으로 재생산되는가 하는-즉 그 체계의 관계들에서 발생하는 변화가 이러한 관계들을 항상 하나의 체계로 조직되도록 발생한다는-것을 이해하게 하는 것이다.

발생한다고 보고 있다. 또한 이 균형개념은 구조의 불변성을 전제로 하여 현실세계의 갈등과 변동이 배제된 정태적 세계관을 갖고 있어 역사적이고 동태적인 현실세계를 파악하는 것은 불가능 할 수밖에 없는 것이다 (Aglietta, 1979: 9-12).

2) 축적체제와 조절양식

조절이론에 따르면 자본주의의 역사는 축적체제와 조절양식의 결합인 발전모델의 연속적 교대로 이해되고 그에 근거하여 시기구분도 이루어지는데, 여기서는 이제 그 자본주의의 시간적 공간적 가변성을 분석함에 있어 필요한 매개개념들-축적체제, 조절양식 등-을 살펴보기로 한다.

축적체제(regime of accumulation)는 논자들의 다양한 개념적 편차에도 불구하고 요약하자면 잉여가치생산과 잉여가치실현의 방법을 의미한다.

> "자본주의 축적의 진행이 광범위하고도 상당정도 일관된 형태로 보증되는, 즉 과정 그 자체로부터 부단히 나타나는 왜곡 혹은 불균형을 흡수하거나 시간적으로 지연시킬 수 있는 규칙성의 종체"(Boyer, 1986a: 56)

> "축적체제는 사회생산물의 체계적 분배와 재분배의 방법인데, 보다 장기간에서 생산조건의 변화(투자자본의 규모, 소비재와 생산재 부문의 분배와 생산규범)와 최종 소비조건의 변화(임노동자와 다른 사회계급의 소비규범 공공지출) 사이에 존재하는 특정한 조응관계를 산출하는 사회적 생산물의 체계적인 분배 양식을 말한다"(Lipietz, 1985: 120).

> "하나의 축적체제는 절대적 잉여가치를 규정하는 가장 일반적인 규범의 안정적 제약하에서 상대적 잉여가치를 증가시키는 사회적 전환의 한 형태이다"(Aglietta, 1979: 68)

상대적 잉여가치란 필요노동시간의 감소에 의한 잉여가치율의 상승을 표현하는데, 이것은 노동력의 가치감소를 통해서, 즉 Ⅱ부문에서 생산되는 상품의 생산조건을 변화시키는 것에 의해서만 생산될 수 없다. 그런데 생산력 변화의 원동력은 Ⅰ부문으로부터 나오므로, 상대적 잉여가치가 생산되기 위해서는 다음 두 가지 과정이 동시에 발생해야 한다. 우선, Ⅰ부문에서 노동생산성이 상승해서 생산수단의 가치가 감소되어야 한다. 다음으로, Ⅱ부문이 Ⅰ부문에서 생산되는 이러한 가치감소된 상품을 흡수해서 소비수단의 가치를 감소시키는 생산과정에 불변자본으로서 합체할 수 있어야 한다. 그러나 Ⅰ부문에 내재적인 축적의 결과로 말미암아 두 부문 사이에 불균등 발전을 하려는 경향이 존재한다. 여기서 불균등하다고 하는 것은 두 생산 부문이 동일한 비율로 성장하지 않는다는 것이 아니고, 하나의 안정적인 확대재생산 표식이 존재할 수 있도록 Ⅰ·Ⅱ 부문 사이에 서로 연결되어 있지 않다는 것을 의미한다(Aglietta, 1979: 56-59, 205). 두 부문의 불균등 발전경향이 자본주의 발전에 내재적이라고 한다면, 조화로운 발전을 가능하게 하는 사회적 조건은 임금소득계급의 존재조건을 혁명적으로 변경하는 것에 의해서만 마련될 수 있다.

축적체제는 외연적 축적체제와 내포적 축적체제로 구별되는데, 외연적 축적 체제는 생산재부문과 소비재부문이 상호 결합되어 가치증식을 하지만 낮은 생산력 발전으로 인하여 절대적 잉여가치생산에 의존하는 축적체제다. 이에 비해서 빠른 생산력 발전을 통하여 상대적 잉여가치 생산을 하는 내포적 잉여가치생산은 대중의 대량소비와 연결된 내포적 축적체제와 대량소비가 없는 내포적 축적체제로 구별된다(Aglietta, 1979: 69-70; DeVroey, 1984: 48-49).

외연적 축적체제에서는 노동과정은 변했지만 임금소득 계급의 존재조건을 변화시키는 사회적 조건은 전혀 준비되지 않았다. 임금 소득계급은 여전히 전통적인 생활방식에 묶여 있었으며, 소비양식에 있어서도 상품관계보다는 비상품관계가 우위를 차지하고 있었다. 생산성 상승은 오직 Ⅰ부문에서만 발생하고 이 체제에서는 상대적 잉여가치의 생산이 거의 나타나지 않는다.

내포적 축적체제하에서는 노동과정이 변화할 뿐만 아니라 임금소득 계급의 존재조건도 변화한다. 자본주의 사회전체로 상품관계가 침투해 들어가며 새로운 소비규범이 형성된다. 이리하여 상대적 잉여가치 생산방법도 근본적으로 변화된다. 노동과정은 급속하고 계속적으로 변화할 뿐만 아니라, 이 변화가 또한 Ⅱ부문으로 확장된다. '축적체제'라는 개념이 가지는 내용의 요점은 노동과정의 변화와 임금소득계급 존재조건의 변화의 결합방식과, 이로 인한 상대적 잉여가치 생산 방법의 변화라고 할 수 있다[3](Aglietta, 1979: 71-72; Lipietz, 1988: 29).

3) 조절이론은 이 내포적 축적 단계에서의 노동과정, 임금관계, 소비양식 사회규범을 포괄하여 포디즘이라 명명하고 이 포디즘에서는 전후 서구 자본주의에서의 대량 생산과 대량 소비의 유기적 결합이 그 특징을 이루고 있다고 본다. 20세기 초 과학적 관리방법과 컨베이어 벨트의 도입은 노동생산성의 비약적 증대를 가져오고 이는 대중 소비재 및 내구성 소비재의 대량생산을 가능케 했다. 동시에 노동조합의 단체협상에 기초한 실질임금의 상승은 이 소비재에 대한 유효수요를 대규모로 증대시켜 이른바 슈퍼마켓문화를 창출했다. 이러한 내포적 축적체제는 소비자 신용 및 관리통화제 그리고 임노동 관계의 관리로 특정지워지는 케인즈주의적인 독점적 조절양식과 결합하여 전후 서구 자본주의의 황금시대를 가져오게 했다. 그러나 이러한 황금시대는 60년대 후반 이후 구조적 위기에 직면한다. 이제까지 대량 생산을 가능케 했던 포드주의적 노동과정은 작업 과정을 파편화시킴으로써 노동자들의 비조직적인 저항과 이에 따른 노동 생산성의 점진적인 하락을 초래한다. 이러한 생산성의 둔화에 따라 선진 국가의 자본은 세계 시장으로 진출하지만, 세계시장은 국내시장과는 달리 개별국가들의 경쟁에 기초한 가변적인 시장이기 때문에 조절양식이 작동하기 어려운 상황에서 직면한다. 이러한 생산성의 위기는 국내적으로 인플레이션과 실업을 증대시키고 고임금 수준에 압박을 가하며, 이는 다시 수요의 감소와 저투자를 유발시키는 인과적인 연쇄를 거쳐 결국 이윤율을 하락시키는 결과를 초래한다. 더욱이 황금시대에 케인즈주의적 복

그리고 이와 같은 축적양식은 조절양식(mode of regulation)을 수반하여 비로소 재생산된다.

> "조절양식이란 축적 체계의 범주 안에서 행위양식의 통일을 사회적 관계에 조응해서 보장할 뿐만 아니라 사회적 관계의 대립적 속성을 초월하는 것을 보장하는 제도의 여러 형태, 조직망, 명시적 혹은 묵시적 규범들의 총체를 말한다"(Lipietz, 1985: 120-121).

> "부분적인 제도형태(화폐, 임노동 관계, 경쟁, 국제체제의 편입, 국가)의 전체 속에 놓여져 있는 개인들의 행위가 구조전체의 동태적 일관성을 확보하게 될 때 나타나는 개인들의 제 행동과 제 절차의 총체"(Boyer, 1986b: 61),

장기적으로 보아 한 축적체제가 특정한 조절양식에 의해 안정화될 때 자본주의는 일정한 응집력을 가지고 순조롭게 재생산되며, 이러한 재생산을 보장하는데 기존의 조절양식이 유효하지 못할 경우 이 자본주의는 위기에 빠지게 된다. 브와예는 조절양식의 개념을, 한 체제가 전체로서 기능하고 경제적 메커니즘이 사회관계, 제도적 형태와 구조와 결합되는 방법으로 정의하면서 이를 경쟁자본주의적 조절과 독점적 조절의 두 종류로 구분하고 있다.[4] 경쟁적 조절양식에서는 생산량의 결정이 가격의 운동에 따라 사후적으로 이루어지며, 가격은 수요에 민감하게 반응하고 임금은 가격의 운동에 따라 조절되어 실질임금은 거의 불변이다. 자본과 임노동, 그리고 개별자본사이의 경쟁은 자유경쟁으로 매개된다. 반면 독점적 조절양식에서는 임금과 이윤이 행정적 조치를 통해 사전적으로 결

지정책의 확장에 따른 국가의 재정위기는 이 포디즘의 위기를 증폭시키는 결과를 가져온다(Lipietz, 1986b: 56-69).

4) 브와예는 조절양식을 구성하는 제도형태로 ① 화폐제약, 동화형태 ② 임노동관계 ③ 경쟁형태 ④ 국제관계로의 편입형태 ⑤ 국가형태 등을 들고있다(R Boyer 1986b: 54-75).

정되고 그에 따라 생산성 상승과 소비증대가 연관된다. 노동시장은 자본과 임노동의 협상을 통해 조절되고 자본 간의 경쟁관계는 과점적 경쟁으로 돌입한다(Boyer, 1986: 62-69).

한편 이 축적체제와 조절양식의 역사적이고 구체적인 접합은 헤게모니 구조(hegemonic structure)로 표현된다. 즉 자본주의 사회관계의 갈등적 성격에도 불구하고 지배계급의 주도하에 전체 체제의 경제적(가치증식), 정치·이데올로기적(정당화·강제·합의) 재생산을 안정으로 이끄는 구조를 말한다. 이 구조의 영역은 분절화된 정치체계에 기능적인 통일성을 부여하여, 계급관계의 제도적이고 규범적인 재생산을 담당한다.

이상과 같은 매개개념들을 사용하여 자본주의의 역사적 분석을 시도하고 있는 조절이론에 따른 자본주의 시기구분은 다음과 같다 (Boyer, 1986b: 252-261).

첫째, 1차대전 이전까지는 대체로 외연적 축적체제였다. 이 시기는 단순협업의 생산, 부차적 임노동관계, 그리고 자본의 역할이 소비의 역할보다 우위인 구식의 조절양식을 보여준다. 둘째, 양차대전 사이에는 대량소비를 수반하지 않는 내포적 축척단계와 경쟁적 조절양식의 발전양식을 특정으로 하고 있다. 여기서 내포적 축적과 대량 소비가 서로 연결되지 못함으로 인해 이것이 바로 대공황의 근본원인이라고 분석된다. 셋째, 1950년대 이후 대량소비를 수반하는 내포적 축적체제와 독점적 조절양식의 발전양식의 시기로 파악한다. 조절이론가들은 이러한 내포적 축적체제를 포드주의라고 부른다(Lipietz, 1985a: 2장 참조). 포드주의는 노동과정과 소비양식에서의 급격한 변화, 바로 이 두 가지를 지칭하는 것이다. 이 체제는 전후부터 70년대 초반까지의 약 30년 동안 번영을 누렸다. 마지막으로는 70년대 이후의 포드주의적 축적체제의 위기와 새로운 내포적 축적체제이론의 이행의 시기이다. 많은 논자들이 이 새로운 축적체제를 신포드주의 (Neo-Fordism) 혹은 후기 포드주의(Post-Fordism)이라고 부르고 있으며, 서구 자본주의는 현재 이 축적체제의 방향으로 나아가고 있다.[5]

Ⅲ. 현대자본주의 위기론

주지하다시피 포드주의라고 불리우는 자본주의 발전형태는 임금노동자의 생활과 질을 높이고 소비구조의 혁명적 변화를 초래하여 시민계급의 헤게모니를 강화시켰으나, 70년대 이후 축적위기에 빠져 국내·국제 간 다양한 위기의 증후가 나타나기 시작했다. 그런데 조절이론의 위기개념은 신고전경제학파나 국가독점자본주의론에서 주장하는 위기론과 전혀 다르다. 조절이론에서의 위기는 자본주의 생산양식이 일단 위기에 처하긴 했으나, 이 위기에 처한 일정한 역사구조는 종국에 가서 정치·사회·문화적 제반 형태를 변화시켜서 자본의 지배조건을 안전하게 할 수 있는 재구조화의 위기로 파악된다[6](Lipietz, 1987: 65-69).

위기란 본질적으로 사회 내에서 모순과 불균형이 증대하여 기존의 방식으로는 이 사회가 더 이상 조절되지 못함을 의미한다. 따라서 위기란 모순의 폭발과 이로 인한 새로운 사회형태로의 전환을 의미하는 것이다. 조절이론에게 있어 현재의 이 위기도 앞으로 다가올 불가피한 붕괴의 표시라

---

5) 포디즘의 위기에 대응하는 포스트 포드주의적 노동과정 전략들은 포드주의적 임금관계를 유동화시키거나 노동력의 구상기능을 동원하는 방법이 활용되고 있다. 노동력의 구상기능을 '직접 통제'에서 '책임자율성'으로 전환시키는 스웨덴의 칼마리즘(kalmarism)은 그 대표적인 사례의 하나로 볼 수 있다(D.Leborgne & A. Lipietz, 1990: 11.). 이러한 노동과정의 변화에 대응하여 노동계급의 분화, 노동조합의 약화, 국가 경제정책의 변화가 이루어지게 되며, 현재 서구 자본주의는 이러한 포스트 포디즘으로 나아가는 이행시기라고 볼 수 있다.

6) '재구조화'의 개념은 가치적인 차원에서 자본의 가치저하와 가치파괴를 의미하고 소재적인 차원에서는 사회정치적 위기가 동반되면서 과거의 사회적 조절 및 타협구조의 파괴과정과 새로운 동의의 체계가 성립되는 것을 의미한다.

기보다는 오히려 국제적 규모에서나 각각의 국민국가에서나 새로운 성장양식을 추구하는 도전으로 비쳐지고 있어, 결국 조절이론에 있어서 위기란 해결되어야 할 위기로 인식되고 있는 것이다.

결론부터 살펴보자면 우선 조절이론은 위기의 원인을 단순히 잉여가치의 생산과 재생산이라는 경제적 논리가 아닌 정치 경제 사회체제를 망라한 총체적 측면에서 파악해야 한다는 논점에서 출발하고 있다. 그리고 이때의 위기는 역사적 단계 및 경제적 재생산 조건, 사회제도 또는 가치관 등에 의해 상이한 형태로 발현되며, 새로운 축적체제와 이에 조응하는 조절양식의 형성은 사회 정치적 투쟁의 결과라는 입장을 견지하고 있는 것이다.

조절이론의 위기론은 위와 같은 이론적 입장에 서서 신고전학파 이론과 마르크스주의 이론 양자로부터 벗어남으로써 독자성을 확보하려 하고 있다. 먼저 신고전학파의 성장론은 정상적 성장을 위한 조건도출의 논리로, 정상상태가 아닌 경제를 불황으로 보고 있다. 역사적으로 불황은 그 원인이나 경기순환의 심도에 따라 차별성이 있다 할지라도 기본적으로 시장의 자동조절 기능의 교란에서 찾아지고 있다. 그러나 조절이론에서는 불황을 하나의 독자적인 영역으로 설정하여 자본주의의 장기동태를 설명하고자 한다.

한편, 마르크스주의는 20세기 이후 자본주의의 일상적 변동상태를 '위기'의 심화과정으로 보고 있다. 자본주의의 기본적 모순에서 공황의 가능성이나 필연성을 일반론으로 도출함으로써, 현재를 1930년대 공황의 재판 혹은 그것의 심화로 평가하려는 경향이 지배적이었다. 그러나 조절이론은 자본주의 동태에 관한 '전반적 위기론'의 이러한 일면적 파악을 극복하고 성장과 위기를 하나의 분석도구 안에 담아 통일적으로 설명하려 하고 있다. 즉 조절이론은 시장중심적 · 경제중심적 시각을 배제하고 경제 · 사회적 여러 제도 간의 부조화에 관심을 집중시키고 있으며, 또한 그 부조화가 사회 그 자체의 여러 힘 관계에 의해 조절된다는 것에 주목하고 있는 것이다. 바로 이런 이유로 인해 조절이론이 경제 · 사회제도들을 검토하고 그것을 조절의 대상으로 삼고 있는 것이다.

축적양식, 조절양식, 헤게모니구조형태의 관계 속에서 자본주의의 위기는 세 가지 종류의 위기형태로 구별된다. 이 중 자본주의가 더 이상 자신의 새로운 축적체제를 찾지 못하는 자본주의 생산양식 자체의 위기를 제외하면, 자본주의 내에서의 위기는 크게 소위기(minor crises)와 대위기(major crises) 혹은 구조적 위기(organic crises)로 나누어진다(Boyer, 1986; Altvater, 1983). 소위기는 단순한 순환적 위기로서 특정의 축적체제 또는 조절양식 내에서의 일시적 불균형을 해소하는 역할을 하는 것으로, 조절의 일요소를 이루고 있다. 이 위기형태는 축적양식과 조절양식의 역사적 구조가 변모되지 않고, 그 범위에서 모순이 응집되고 해소된다. 사회모순 및 정치적 대립의 균형이 깨질 수 있지만 기존의 사회적 타협구조 아래에서 발전 양식은 다시 재생산된다. 예컨대 자본과 임금 노동의 분배문제, 자본의 축적기금과 대중의 소비수준 및 국가소비의 균형, 이윤과 이자의 균형 등이다. 모순과 대립은 사회발전형태의 구조하에서 첨예화되지만 적응과정을 통해 해소된다. 따라서 소위기는 체제의 보존을 위해 발전의 진보적 전기를 마련한다고 할 수 있을 것이다.

대위기 또는 구조적 위기는 축적체제와 조절양식이 더 이상 조응하지 못하기 때문에 발생한다. 균형을 이루었던 사회적 타협구조는 한계에 부딪히고 발전 형태의 내부에서 균형을 이루어나가는 기능은 더 이상 수행되지 않는다. 자본축적양식, 사회적 조절형태, 정치형태와 동의의 구조 등의 사회발전 형태는 사회발전과정에서 더 이상 기능할 수 없으므로, 그 기본구조는 파괴된다. 소위기의 기간보다 대위기가 더 장기간 진행되는 것은, 과거의 사회발전형태가 파괴되고 새로운 사회관계가 재구조화되는 기간이 장기간에 호황국면의 말기에 폭발하며, 그 다음에 진행되는 장기불황국면에 재구조화 과정이 진행된다.[7] 이에는 새로운 축적체제가 이미 낡은 이

7) 이러한 측면에서 그람시는 '위기는 과거의 것은 죽어가는데 새로운 것이 아직 탄생되지 않는 상황에 정확히 존재한다'고 설명한다(Gramsci, 1967). 따라서 대위기는, 그람시의 표현대로 단순한 경제위기가 아닌 사회적, 나아가 정치적 위

전의 조절양식과 병존하는 것에서 오는 위기(1930년대)와 기존의 조절양식 내에서 축적체제의 잠재력이 소진하는 것에서 오는 위기(1970년대)의 두 종류가 있다. 조절이론이 주목하는 위기는 이 대위기로, 특히 다음과 같이 1930년대의 위기와 1970년대의 위기를 비교함에 있어 그들의 많은 연구 노력이 집중되고 있다 (Lipietz, 1987: 56).

1920년경 포드주의적 반자동생산기술은 노동생산성을 가히 혁명적으로 발달시켰다. 그러나 실질임금증가율이 노동생산성증가에 미치지 못하여, 국내시장은 협소하고 해외시장은 포화상태에 도달하여 1929년 일대 위기를 맞았다. 포드주의의 자본주의 발전양식은 자본 및 상품관계의 일반화와 함께 생산재산업 내부에서 교환이 활발해지고 생산재와 소비재산업의 상호연계성이 강화되며 농업생산성이 상승되는 것을 그 특징으로 하고 있다. 이러한 포드주의적 발전양식은 임금노동자의 생활양식과 소비구조의 혁명적 변화를 야기했다. 따라서 조절이론에 따르면 1930년대의 위기는 고도의 생산력 발전을 밑받침으로 상대적 잉여가치생산을 하는 내포적 축적양식이 제2차 세계대전 이후에 비로소 독점적 조절양식과 결합하여 대량생산과 대량소비가 연결된 포드주의를 형성함으로써 극복된 것으로 분석된다.

1970년대 이후 선진자본주의의 발전양식으로서의 포드주의는 대위기에 빠졌고 1980년대부터는 저성장, 고실업, 보호무역주의, 외채의 위기 및 경제블럭화로 표현되는 위기의 형태가 점점 첨예화되어 그 어두운 그림자를 더욱 길게 드리우고 있는 상황이다(황병덕, 1991: 90). 이러한 포드주의의 위기에 대응하여 서구자본주의에서는 포스트 포드주의라고 불리우는 새로운 노동과정과 축적체제가 모색되고 있다.

한편 자본주의 발전과정에서 자본축적의 중장기적 경향 및 순환구조를 분

기로서 '유기적 위기'이다. 자본축적의 전개과정에서 발생하는 모든 위기가 구조단절과 재구조화를 의미하지는 않는다. 자본주의 생산양식의 모순은 장기간에 걸쳐서 점점 첨예화되고 폭발하여 장기불황으로 연결되면서 재구조화과정을 거치는데, 이 재구조화과정은 분쟁없이 경제기계론적으로 진행되는 것이 아니라 경제, 사회, 문화적으로 수많은 문제를 일으키면서 진행된다.

석하는 정치경제학의 위기이론은 크게 과잉축적위기론, 이윤율압박설, 가치실현과 위기의 3종류로 대별됨에 따라, 조절이론가들 역시 현대 자본주의의 위기를 분석함에 있어 방법론적 편차를 보여주고 있다.[8)]

Ⅳ. Aglietta: 포드주의

아글리에타의 연구작업은 신고전파 경제학의 대체이론 구축, 구조주의 마르크스경제학의 극복을 그 출발점으로 하면서, 마르크스 경제학의 기초범주들을 전반적으로 재검토한다(Aglietta, 1979: 9-12). 그의 작업은 노동가치론, 재생산표식론, 화폐이론 등을 중심으로 자본론의 새로운 해석을 위한 이론적 토대를 마련하는데 초점을 맞추고 있으며, 이 새로운 이론틀에 입각하여 미국자본주의의 역사분석을 시도하고 있는데, 바로 이것이 조절이론을 급거에 부각시킨 포드주의이론이다. 포드주의적 축적체제는 노동

8) 브와예가 이윤율압박에 의한 포드주의의 위기를 노동자계급의 투쟁에 의한 임금상승, 자본소득분 배율저하, 이윤율하락의 결과로 파악하는 반면, Coriat GREEC(자본주의 경제조절 연구그룹)은 노동자계급의 투쟁이 자본집약적 합리화 투자로 이어져 자본계수(자본의 기술적 가치구성)가 증가, 마침내 이윤율의 저하를 초래하여 포드주의가 위기에 처한다고 주장한다. 한편 리피에츠는 포드주의의 위기를 마르크스의 과잉축적위기에 의한 이윤율 경향적 저하의 법칙에 의거하여 설명하고 있다(Lipietz, 1986a.). 자본주의 생산양식은 노동생산성의 상승을 초래하고, 이것은 동시에 잉여가치율과 자본의 가치구성에 영향을 끼쳐 이윤율이 저하되는 경향이 존재한다. 마르크스에 따르면 생산력발전은 잉여가치율의 상충·하향을 막론하고 사회적 총자본의 유기적 구성을 고도화시켜 궁극적으로는 이윤율을 저하시킨다. 마르크스의 이윤율 경향적 저하의 법칙은 자본의 기술적 가치구성이 증가하여 자본의 유기적 구성이 고도화되는데 그 핵심이 있다. 이것은 자본집약도의 증가율(자본의 기술적 구성의 증가율의 지표)이 노동생산성보다 높으면 자본계수는 증가하고, 이것의 역수인 자본생산력은 감소하여 이윤율이 저하되는 것으로 표현된다(황명덕, 1991: 100-101).

과정에 있어 포드주의 원리와 노동력 재생산양식에 있어 대량소비로 특정지워진다.

자본주의 발전을 축적체제의 이행으로 파악하고 있는 아글리에타는 축적체제의 변화를 이해하려면 임노동관계의 변용을 전제해야 한다고 주장한다. 이는 임노동관계가 현대자본주의 축적의 중심에 위치하기 때문이라고 설명하면서 다음 4가지의 분석관점을 제시하고 있다(Aglietta, 1979: 81-82).

1) 자본의 관점: 사회적 생산의 두 부문에 있어서 교환관계의 심화와 이에 따른 자본 간의 경쟁형태를 연구한다.
2) 생산력 발전의 관점: 상대적 잉여가치를 강제하는 생산방식의 변용과 동시에 노동과정의 변용과 소비양식의 균질화의 상호작용을 분석한다.
3) 노동자계급의 관점: 사회적 소비규범의 형성을 연구한다.
4) 소비재상품의 관점: 소비대상의 사용방법이 대량생산에 적합한지, 소비자 가계수준이 신제품의 보급을 가능케 하는지 등을 탐구한다.

이와 같이 매우 포괄적인 내용을 담고 있는 임노동관계의 분석은 임노동관계가 단순히 경제적 관계가 아니라 사회적 관계라는 조절이론의 해석을 반영한 것이라 하겠다. 이제 이러한 임노동관계의 변용은 구체적으로 사회적 생산의 두 부문에서의 잉여가치 생산방법은 물론, 두 부문의 응집력에도 변화를 가져온다. 즉 내포적 축적체제로의 임노동관계의 변용은 사회적 생산의 두 부문에서 상대적 잉여가치의 생산을 가능케 하여 임노동자의 실질임금이 상승하게 되고 이들 두 부문의 응집력이 강화되어 안정된 축적체제를 만들어낸다는 것이 아글리에타의 주장이다. 그는 이러한 포드주의적 축적체제를 노동과정의 변화에 따라 다음과 같이 분석하고 있다.

1. 테일러주의: 19c 말 미국에서 시작된 기계화 원칙은 숙련 노동자에 의해 수행되었던 구체적 노동의 질적 특성을 기계로 이전함으로써, 노동을

시간과 산출규범에 의해서만 특정지워지는 반복적인 운동의 사이클로 만들었다. 테일러주의는 이 원칙을 보다 심화시킨 것이다. 즉 이러한 원칙의 이상적인 실현에 방해가 되는 상이한 단편적 노동들의 기계적 통합을 시간・동작연구를 통한 작업 표준화에 의해 심화시키는 것이다. 이제 노동은 세분화되고 강화되며 노동자는 숙련을 더욱 박탈당한다. 아글리에타는 테일러주의를 다음과 같이 정의한다.

> "테일러주의는 작업에 대한 기계적 운동의 순환을 가속화시킴으로써, 노동일에서의 갭을 메꾸려 하는 노동과정에 내재된 생산제 관계의 총합이다. 이러한 제 관계는 노동자의 자율성의 정도를 격하시키고 그들을 자신들의 생산규범을 완수하도록 지속적으로 감시하고 통제하는 작업조직의 일반적 원리들에서 표현된다"(1979: 114).

2. 포드주의: 포드주의는 생산과정 변화와 소비과정 변화 사이의 하나의 접합 원칙이다. 포드주의는 테일러주의의 기본 원리에 다음 두 가지 원리를 추가하고 있다. 첫째, 노동과정의 기술적 측면에서 반자동 조립라인 생산(semi-automatic assembly-line production)이고 둘째, 노동과정의 사회적 측면에서 노동자의 작업위치가 기계구성에 의해 결정되는 직무에의 고정이다. 이 포드주의는 노동의 세분화・노동강도의 증대・탈숙련화를 더욱 강화시켰다는 의미에서 테일러주의가 확대, 완성된 형태라 하겠다. 그리고 테일러주의가 단순히 노동조직의 변화였던 것과 달리, 포드주의는 하나의 실질적인 기술혁신이다. 한편 포드주의는 1960년대 후반부터 위기에 빠지게 된다. 이 위기는 기술 및 사회 양 측면으로부터의 노동조직 양식의 위기로, 우선 생산현장에서의 계급투쟁의 강화로 표현된다. 직무의 파편화와 노동강도의 강화에 반대하는 이 계급투쟁은 포드주의적 노동과정에 기초하여 조직된 생산관계에서 나타나는 잉여가치율증가 곧 생산성 상승에 대한 한계를 초래한다. 이 생산성 상승의 한계가 바로 위기의 근원인 것이다(1979: 117-125).

3. 네오포디즘: 포디즘의 위기에 대응하여 생산성 상승을 위해 등장한 것이 네오포디즘이다. 즉 포디즘에 의해 야기된 임금관계 재생산의 위기를 자동화에 의한 유연성과 노동과정을 결부시킴으로써 극복하고자 한다. 네오 포드주의는 극소전자기술(Micro-Electronic Technology)을 기초로 하는 자동화생산체계와 직무확대 · 직무확충 · 직무순환 등의 직무재구성[9])을 통해서 이루어지는 생산 내에서의 반자율적인 실행을 특징으로 한다.

생산자와 생산수단의 분리에서 시작되어 이상과 같은 변용을 거친 임노동 관계가 결국 자본주의 축적과정을 규정하는 것은 다음의 두 측면으로 이해될 수 있다. 하나는 노동력의 상품화이며, 또 하나는 생산과정상에서 자율성과 통제력이 박탈된 직접생산자가 자본가의 통제하에 들어감을 의미한다. 이에 따라 자본주의적 생산은 잉여가치 창출을 위해 끝없는 노동생산력의 향상을 추구하게 되고 그 결과 자본구성의 고도화, 이윤율 저하경향 등을 노정시키게 된 것이다. 잉여가치율의 결정과정은 자본주의적 축적과정의 형태뿐 아니라 임노동자 계급의 사회적 존재방식을 규정하는 과정인 것이다. 그러므로 아글리에타는 자본축적 과정과 임노동자계급의 생활양식의 전환과정을 상호연관 속에서 동시적으로 파악해야 한다는 관점을 갖고, 재생산표식을 다음과 같이 새롭게 재해석하고 있다(1979: 56-58).

그에 따르면 잉여가치 생산과정으로서의 자본주의적 생산과정에서 생산성 증대를 위한 생산조건의 변형은 Ⅰ부문에서 촉발된다. Ⅰ부문에서의 생산력 발전은 Ⅰ부문의 산출량 증대와 Ⅰ부문생산물 가치의 하락을 가져옴으로써 그 효과가 Ⅱ부문에 확산되게 된다. 이에 따라 Ⅰ부문의 잉여가치율이 상승

9) 직무확대(job enlargement): 이전에 파편화되어 있던 업무들을 보다 의미 있는 전체에 통합시키는 것.
직무확충(job enrichment): 보다 많은 창의력 · 참여 · 책임을 요구하는 과업들을 추가시키는 것
직무순환(job rotation): 직무는 여전히 동일하게 남아있으나 노동자가 하나의 직무에서 다른 직무로 이동하며 일하는 것(Thompson, 1989: 263)

하게 될 것이다. 그러나 Ⅰ부문의 잉여가치율의 상승이 일시적인 것이 아니기 위해서는 Ⅱ부문에서의 생산수단 수요가 확대되어야 한다. 이는 또한 임노동자 계층의 소비재 수요 확대를 전제로 하는 것이다 그러므로 경제전체의 차원에서 볼 때 생산력 발전은 Ⅰ부문에서 Ⅱ부문으로 확산되어 궁극적으로는 그 효과가 임금재의 단위가격 하락으로 이어지는 것이며, 이 확대재생산의 과정은 Ⅰ, Ⅱ부문의 생산조건만을 변형시키는 것이 아니라 임금노동자 계급의 확대와 그 존재양식의 변형을 동시에 초래하는 것이다. 아글리에타가 19세기 이후의 자본주의 역사를 독점화의 경향으로 파악하지 않고 임노동자 사회의 등장으로 파악하는 것도 바로 이러한 관점에서인 것이다.

한편 내포적 축적하에서는 양부문간의 균형적 발전이 가능하여, 안정적인 축적과정을 보이게 되고 임노동자 계급의 생활양식은 자본주의적 논리에 포섭되어 노동력의 재생산은 사회적 소비규준에 의해 이루어지게 된다.(1979: 71-72). 기계화의 원리하에서 탈숙련화, 동질화되어 개별적 노동력으로서 임금계약에 임하는 노동자는 이제 생산과정에 의해서만이 아니라 대량생산에 의해 제공되는 상품의 개별적 소비에 의해서도 자본주의에 묶여진다. 이 포드주의적 소비양식은 역사상 처음으로 상품의 개별적 소유가 구체적 소비형태를 지배하는 것을 그 내용으로 하는 노동자계급의 소비규범을 창조해 내고 있는 것이다(1979: 70-71).

요컨대 포드주의를 생산과정과 소비양식의 구체적 접합원리로 규정하는 아글리에타는 그 내용을 '노동자 계급의 존재조건의 변화'와 '노동과정의 변용'의 분석으로써 설명한다. 곧 포드주의적 축적체제로 표현되는 현대자본주의는 1) 장기적 노동력 재생산비용의 하락 2) 노동자계급의 양적 확대 3) 생산과정에서 기계화 원칙의 심화 4) 규격화된 상풍의 대량생산과 대량소비 등과 같은 성장의 제 조건들을 경제구조 내에 구체화시킴으로써 장기적으로 안정적 자본축적을 가능케 하였다는 것이다. 그리고 이 제 조건들은 자본주의의 조직화된 대조직, 기업국가,[10] 그리고 국제통화제도라

10) 특히 여기서 국가는 시장경제의 게임규칙을 보증하는 조절자로 등장한다. 아글

는 세 가지 제도에 의해 실현되는 것으로 분석하고 있다.

V. Lipietz: 주변부 포드주의

조절학파 생성의 직접적 배경을 이루고 있는 현대자본주의 위기에 대한 분석대상이자 제2차 세계대전 이후의 지배적 발전모델인 포드주의에 관한 논의는 리피에츠에 의해 그 관심영역이 좀 더 넓어지고 있다. 선진 자본주의국가의 고유한 경험에 기초한 이 이론을 단지 서구 사회의 현실에만 국한시키지 않고 독특한 방식으로 세계경제와 비선진국의 현실에 적용시키고 있는데, 그의 이러한 논의는 주변부 포드주의라고 지칭된다(Lipietz, 1982: 81-110; 1982b: 33-47; 1987: 4장).

리피에츠는 먼저 세계적 규모의 축적체제가 우선적으로 존재함으로써 이것이 개별 국민적 축적체제를 규정한다고 보는 기존의 제3세계론의 관점 - 종속이론, 세계체제론 등 - 을 비판한다. 그에 따르면 세계적 축적체제는 다양한 국민적 축적체제간의 상호보완성과 적대성에 의한 '우연한 발견'의 결과에 불과한 것이다. 그런데 이것이 한 사회구성체를 결정적으로 규정하고 있는 것처럼 보이는 것은 이 우연한 발견의 결과가 구조적 정합성과 안정성을 지니고 있기 때문이라는 것이다.

리에타는 국가의 경제적 역할을 1) 사회적 생산기반의 충실화 및 인적 자본의 형성 2) 기술개발의 기본방침 설정 3) 각종 위험부담의 집단화(사회보장제도), 소득분배에 있어서의 공평성 원리와 소비양식의 기본적 구성의 구축 4) 재정 및 금융 통제에 의한 거시경제 차원에서의 안정성 보장 등으로 지적하고 있다(M. Aglietta, 1989, 일본어판 서문. 정명기. 1991: 55. 재인용).

> "중심부/주변부 제 관계는 단일의 과정에서 파악하는 제 국가 내지 지역간의 관계가 아니다. 그것은 오히려 과정들 간의 그리고 외향적인 축적체제 간의 관계이다 -결국 국제분업은 세계자본주의의 요구의 표현이 아니다. 국제분업은 우연한 발견이거나 혹은 이 우연한 발견에 대한 저항과 적응을 위한 여러 가지 시도의 결과인 것이다"(1987: 46-47).

그러므로 세계적 축적체제와 국민적 축적체제 간의 관계는 다음과 같이 설정된다. 즉 개인의 행위를 통해 구조가 구조화되고 이 구조화된 구조가 개인의 행위규범을 규정하듯이, 다양한 국민적 축적체제들 간의 상호작용이 우연히 구조적 정합성(국제분업)을 획득하게 되고, 이 국제분업체제가 다시 국민적 축적체제를 일정 정도 규정하게 되는 것이다. "축적체제와 조절양식의 계기를 살펴보고, 축적의 성장패턴, 위기형태, 외부세계와의 관계 등을 분석하는 데에는 각국의 사회구성체를 1차적으로 연구하는 것이 방법론적 요체이다"(1987: 19). 리피에츠가 기존의 제3세계론이 국민적 축적체제의 내적 논리를 무시하고 외적 규정성만을 일방적으로 강조하고 있다고 비판하는 것은 바로 이런 시각에서 비롯되는 것이다.

리피에츠는 이어 제3세계의 축적체제단계를 구국제분업과 신국제분업하에서의 두 단계로 나눈다. 구국제분업질서하의 단계는 제국주의론과 종속이론에 의해 뒷받침되듯 선진자본주의국가들이 여전히 외연적 축적체제와 경쟁적 조절양식에 의해 특정지워지며, 신국제분업하에서는 범세계적 포디즘을 특정으로 하는 단계이다. 여기서 중심부 포디즘이 국제적으로 확장되면서 범세계적 포디즘을 형성하게 되는 역사적 과정의 주요 계기는 포디즘의 '산업부문 내 분업'(branch-circuits)의 전개와 '주변부 정치체제'이다(1987: 101-105).

먼저 전자를 살펴보면, 중심부에 위기국면이 출현할 때 중심부 포드주의는 새로운 사회·공간적 전략을 창출하는 바, 생산규모의 확대를 통한 생산성 향상 시도와 저임금 지역의 개척이 바로 그것이다. 그런데 논의의 중점은 주변부로의 최초 진출의 문제로, 이것은 저임금지역의 개척이라고 하는 목적에 조응하는 것이다. 포드적 노동과정은 세 수준으로 분할되어 있다.

제1수준: 구상, 제생산방식의 조직화, 엔지니어링, 이 모든 것의 자립화.
제2수준: 적절한 숙련노동력을 필요로 하는 숙련제조업.
제3수준: 탈숙련화된 직무나 조립작업.

중심부 포디즘의 확대는 이상의 세 수준을 지리적으로 분할할 수 있는 가능성을 제공하게 된다. 이 지리적 분할은 노동공급지역의 제 조건들, 즉 노동력의 숙련도, 착취조건, 생산조직의 강도, 대규모 시장과의 인접도 등의 조건들과의 접합 속에서 현실화된다. 그러나 그 동력은 끊임없는 생산성 확대라는 포디즘의 내적 논리에서 비롯되고 있는 것이다.

범세계적 포디즘 형성의 또 다른 계기는 주변부 정치체제이다. 제3세계국가들의 공업화의 내적 조건은 자유로운 노동력의 존재와 함께 이를 추진할 정치체제의 존재라는 두 가지 요소이다. 주변부에 포디즘이 이식되기 위해서는 현지의 노동력을 포디즘에 맞게끔 규제하고 배치할 수 있는 정치체제가 전제되어야 한다. 그러한 정치체제는 ① 피지배계급으로부터의 자율성 ② 구체제의 지배계급으로부터의 자율성 ③ 외국의 전통적 지배형태로부터의 자율성을 지닌 독재체제 국가를 의미한다(1987: 101-105).

이제 주변부에 강하고 안정된 정치체제가 존재하고, 저임금 노동력을 확보하고 있다면 비록 국내시장은 빈약하더라도 '중심부 포디즘 표절전략'[11] 에 착수할 수 있게 된다. 이 전략은 주변부가 포드적 노동과

11) 표절(pirating)을 다른 표현으로 하자면 중심부 포드주의와의 접목(grafting)이라고 할 수 있으며, 이에는 공업화를 위한 다양한 전략이 포함되어 있음을 의미한다(A. Lipietz, 1986b: 105.).

정의 3분할 중 어떤 수준과 접목되는가에 따라, 즉 신국제분업질서 속에서 주변부의 위치가 어떠한가에 따라 그 유형이 달라지는 주변부의 공업화 과정을 의미한다. 이들 전략은 각 신흥공업국의 독자적인 축적체제와 결합될 수 있는데, 가장 특정적으로 나타나는 것은 수출대체 전략으로 포드주의적인 노동 3분할 중에서 제3수준에 관한 공업제품의 수출을 발전시키려 하는 것이다. 이것은 현지의 다른 축적체제나, 중심부의 포드주의 혹은 주변부의 여러 축적체제와 접합할 수 있다.

이 접합은 본원적 테일러주의(Primitive Taylorization)와 주변부 포디즘(Peripheral Fordism)이라는 두 가지 이론으로 설명된다.(1987: 106). 본원적 테일러주의는 중심부 포드적 산업부문의 특정부문이 임금, 노동일수, 노동강도 면에서 고착취율의 주변부 지역으로 이전되는 것을 말한다. 특징으로는 첫째, 해외이전부문이 세분화된 단순노동집약적 작업부문이기 때문에 포드적이라기보다는 테일러주의적이다. 둘째, 노동력의 정상적인 재생산수준에도 못미치는 저임금을 지불하고 최대한의 잉여가치 창출을 위해 노동과정을 고도로 통제하기 때문에 유혈적(bloody)이다.[12] 본원적 테일러주의의 전형적인 예는 60년대 초부터 70년대 초까지의 한국과 대만, 홍콩, 그리고 싱가포르 등이며, 섬유와 전자산업이 주로 해외로 이전되었다(1987: 107-109).

주변부 포디즘은 70년대에 들어와 특정국가에 출현하기 시작한다. 이는 현지의 자립적인 자본의 존재, 상대적으로 풍부한 도시중간계급의 등장, 숙련노동자계급의 광범위한 생성 등으로 특징지워진다. 70년대의 한국과 멕시코, 브라질 등이 여기에 해당되며, 그 특징은 다음과 같다. 첫째, 세계적인 생산부문내 분업의 측면에서 볼 때 '숙련을 요하는 제조업'이나

12) 유혈적 테일러화에 있어 국가의 역할은 다음과 같다.
① 규율적 역할: 사회적 입법화의 결여 · 자유무역의 설치 ② 억압적 역할: 자발적 노동조합 해체, 경찰에 의한 통제, 어용노조 강요, 다소의 감금 및 고문 ③ 군대식 연대편성의 역할: 외국의 대규모 공사현장에서의 군대식 노동통제(A. Lipietz, 1986b; 109-110.).

엔지니어링 수준에 조응하는 직무와 생산과정은 여전히 중심부에 속한다. 둘째, 주변부 포디즘의 시장은 포드적 생산부분에 고용된 중간계급의 소비와 값싼 공산품 수출의 결합으로 나타난다. 주변부는 독점적 조절양식에 의해 국내시장을 확보하고 있는 중심부 포디즘과 달리 포드적 산업부문의 주도적 성장을 이끌어낼 수 있는 내구소비재에 대한 사회적 수요가 제도적으로 조절되지 않고 있다(1987: 112-113). 따라서 주변부 포디즘의 일반적 특성은 '부분적/불완전 포디즘'(partial/incomplete Fordism)으로 요약될 수 있다. 결국 주변부 포디즘의 축적과정은 세계축적구조와의 깊은 관련하에서 진행된다. 물론 중심-주변의 관계는 기본적으로 종속에 기초하고 있으나, 축적의 기반을 구성하는 기술체계나 산업 생산방식은 중심국을 정점으로 하는 신국제분업에서 주변국이 차지하는 위치에 의해 특화되고 제약된다. 축적과 관련된 기술, 자본, 시장 등 모든 영역에서 중심부의 논리가 관철됨으로써 주변부의 내부문제는 외적 규정력과 맞물려 있다. 그러나 중요한 것은 이 해외지향적 축적전략이 주변부 포디즘 국가에 있는 지배집단의 헤게모니 프로젝트로서 채택된 것이라는 점이다. 즉 리피에츠는 "외부와의 관계는 구성체 내의 계급관계-특히 국가-의 필요성에 따라 형성된다"고 주장하고 있다.

Ⅵ. 평가/맺음말

지금까지 살펴본 조절이론적 접근의 일반적인 특징은 다음과 같이 정리된다. 첫째, 사실주의적 존재론과 인식론에 근거하며 둘째, 이론의 구축에서 접합의 방법을 채택하고 셋째, 사적유물론이라는 일반적인 마르크스주의 전통 내에서 자본주의 정치경제학과 부르조아 사회의 해부라는 일반적 관심을 공유한다. 넷째로는 사회관계로서의 자본의 확대재생산이 관철되는 형태들과 메커니즘들－제도·연결망·절차·규범－의 변화에 관심을 갖는다(Jessop: 1990; 342).

조절이론의 학설사적 공헌은 '성장에서 위기국면으로의 이행', '성장과 위기의 국가별 상이성', '역사진행 속에서 나타난 위기의 상이성'을 이론적으로 규명하는 가운데 고유한 위기이론을 발전시킨 데 있다. 자본주의 사회의 재생산은 경제적 재생산의 차원 뿐 아니라 사회제도적 제형태의 차원에 의해서도 규정된다는 기본관점하에서 경제논리적·단일인과율적 위기설명을 거부하고 있다. 따라서 '축적'과 '조절'은 자본주의 사회의 형성과 발전동력을 본질적으로 규정하는 구조상관성으로 설정되고, 위기는 이 축적과 조절의 균형적 결합이 깨어지면서 발생한다는 독특한 조절이론적 위기이론이 성립하게 되는 것이다.

그러나 조절이론은 어떠한 내재적 원인으로부터 위기가 발생하는지를 충분하게 논증하지 못했으며, 또한 조절이론의 독창적 업적이라고 할 수 있는 경제적 구조와 제도적 형태와의 매개 시도는 위기이론적 해석에 있어 추상적인 수준에 그쳤다는 비판이 가능하다. 조절이론의 위기이론적 문제점은 무엇보다도 극히 국민경제에 제한된 시각에 존재한다. 세계경제를 분석대상으로 할 때에도 민족경제 내부의 축적양식에 필요한 정도에서만 분석된다. 따라서 조절이론은 그 국민경제적 시각 때문에 현대자본주의의 위기의 구조를 충분히 분석할 수가 없다는 지적도 받고 있다.

또한 조절이론은 기존의 구조주의 이론체계에 내재했던 역사개념으로부터의 단절이라는 한계를 부분적으로 극복하였다는 점에서 긍정적인 평가를 받을 수 있다. 그러나 조절이론 역시 자본주의 생산양식의 역사적 전망 또는 경향성을 이론체계 내에 완전히 포섭하지는 못하고 있다. 즉 하나의 구조로부터 다른 구조로의 이행을 가져오는 내적 동인에 대한 설명이 결여되어 있음으로 인해, 구조의 변화가 자본주의 생산양식의 역사적 경향과의 관련하에서 파악되지 못하는 한계를 지닌다.

그리고 조절이론에 있어 '포디즘'의 가장 큰 성과는 자본주의의 현재적 발전단계에서 자본주의 일반의 변화양상에 주목하였다는 데 있다. 즉 포드주의론은 현대자본주의에서의 소비조건－임노동자의 재생산조건의 전화양상－을 지적하였다는 점에서 주목할 가치가 있다. 그리고 그에 착안하여 현재의 위기발생 메커니즘의 독자성을 지적하였다는 점은 이들의 큰 성과라고 할 수 있다. 기본적으로 이상의 이론적 성과 및 한계를 지닌 조절이론이 아직은 우리에게 소극적으로 다가오고 있는 것만은 틀림없으나, 우리의 이론적 논의를 넓히고 성숙시키기 위해서는, 이 현실을 하나의 이론틀에 함몰시켜 일반화로 이끌거나 혹은 부분적 함의에만 집착함을 지양하고, 비판적 수용의 적극적 자세를 견지해야 할 것이다. 이는 우리가 딛고 있는 '현재'라는 지평에 대한 해석의 폭을 넓히기 위해서도 필요한 작업이라 여겨진다. 무엇보다도 조절이론이 갖는 장점은 중범위 이론이라는 데에 있다. 이론과 경험, 추상과 구체, 구조와 현상, 그리고 거시와 미시가 적절하게 마주치는 수준에 연구의 층위들을 맞추고, 자본축적체제의 구체적인 존재양식을 파악하고자 하고 있는 것이다. 이제 우리 현실 분석을 위한 유용한 연구프로그램이 되기 위해서는 조절이론의 기본개념에 담긴 내포적 변수들을 구체적으로 정의하고 이를 실증분석의 단위로 옮기는 작업 등이 필요하다. 한국자본주의의 구체적 재생산 조건 및 그 메커니즘은 바로 이러한 연구작업을 기초로 하여 실제적 국면에 대한 다양한 연구결과가 모여짐으로써 가능하기 때문이다.

참 고 문 헌

김 균, 1991a "조절 이론의 가능성과 문제점" 『사회와 사상』 25호.

_____, 1991b "아글리에타의 맑스 경제학 해석" 『현상과 인식』, 제15권 3호.

김영호, 1991 "조정이론학파의 세계경제론" 『한국논단』

김호기, 1991 "현대자본주의의 조절과 국가" 『사회비평 6』.

신현준, 1991 "조절이론, 최후의 보루? 혹은 막다른 골목?" 계간 『현실과 과학』 창간호

정명기, 1991 "현대 자본주의에 대한 조절론적 접근" 『사회경제평론 4』.

조명래, 1991a "후기주변부 포드주의와 지역재구조화" 『자본주의 세계체제와 한국사회』, 한울.

_____, 1991b. "조절이론의 재조명", 『경제와 사회』, 한울.

황병덕, 1991. "현대자본주의의 위기에 관한 조정이론적 시각" 『사회경제평론 4』.

山田銀夫, 1991 "조절이론이란 무엇인가," R. Boyer, 『조절이론』, 정신동 옮김 학민사

山田正隆, 1990. "조절이론의 기본적 성격," R. Boyer, 『조절이론』, 정신동 옮김

Aglietta, M., 1979 *A Them, of Copitalist Regulation*: The US Experince, NLB.

Amsden. A. H., 1990 "Third World Industrialization: Global or a New Model?" *New Left Review*, 1990.

Boyer, R., 1979 "Wage Formation in Historical Perspective: The French Experience" *Cambridge Journal of Economics*, September

Boyer, R., 1986a *Capitalismes fin de siecle*, 김진엽 옮김, 『자본주의 위기론』, 논장, 1988.

Boyer, R., 1986b *La Therorie de la Regulation*, *La Decouverte*, 정신동 옮김, 『조절이론』 학민사, 1991.

Clak, S., 1988 "Overaccumulation, Class Struggle and the Regulation Approach," *Capital and Class*, 36.

De Vroey, M., 1984a "A Regulation Approach Interpretation of Contemporary crisis," *Capital and class 15.*

Hirst, P. and Zeitlin J., 1991 "Flexible Specialization versus Post-Fordism: Theory, Evidence and Policy Implications", *Economy and Society*, Vol.20, No.1, February 1991.

Holloway, J., 1988 "The Great Bear, Post-Fordism and Class Struggle: A comment on Bonefeld and Jessop," *Capital and Class* 36.

Jessop, B., 1986 "Behind the Crisis, A 'Regulation School' Approach," *Capital and Class*, 36.

________, 1988 "Regulation Theory. Post Fordism and the State: More than a Reply to Werner Bonfield," *Capital and Class* 34

________, 1990 "Regulation Theories in Retrospect and Prospect", *Economy and* Society, May 1990 장병승 옮김, "조절이론: 회고와 전망", 『사회경제평론 3』,

한울: 1991.

Kotz, D. M., 1990 "A Comparative Analysis of the Theory of Regulation and the Social Structure of Accumulation Theory", Science & Society, Vol.54, No.1, Spring 1990

Lipietz, A., 1982a "Imperialism or the Beast of Apocalypse", *Capital and Class* vol.22.

________, 1982b "Towards Global Fordism?" New Left Review, 허석렬편, 『노동과정』 이성과 현실사, 1987.

________, 1986 "Behind the Crises": the Exhaustion of a Regime of *Accumulation"*, *Review of Radical Political Economies* vol.18 no.1-2, 1986.

________, 1987 *Mirages and Miracles: The Crises of Global fordism* (london: Verso), 김종한 외 옮김, 『기적과 환상』, 한울: 1987

________, 1988 'Reflections on a Tale: The Marxist Foundations of the Concepts of Reflections Accumulation," *Studies in Political Economy*(26), 1988.

Mazier, J., 1982 "Growth and Crisis - a Marxist Interpretation", Boltho, A(ed), The European Economy, Growth and Crisis, Oxford.

Noel, A., 1986 *Accumulation, regulation and the social change* Pads.

Palloix, C., 1976 "The Labor Process: From Fordism to New-Fordism," *The Labor Process and Class Strategies*, 허석력편, 『노동과정』 이성과 현실사, 1987.

Thompson, P., 1989 *The Nature of Work - an introduction to debates on the Labor Process*, Second edition, Macmillan Education LTD.

제3장 하버마스의 현대사회 분석론

Ⅰ. 머리말

새로운 현대적 사회이론을 정립하는 데 연구의 목표를 두고 있는 하버마스는, 맑스주의의 극복과 비판이론의 과학화를 통해 인간해방 추구의 '비판적 사회이론'을 확립하는데 그 초점을 맞추고 있다. 그는 일관되게 맑스주의 전체에 내재하는 인간자유에 대한 가능성을 구하고자, 비판적 이성의 의사소통에 기초한 성숙한 민주주의의 정립에 이론적 정향을 맞추고 있다. 즉 '지배에서 벗어난 의사소통'을 사회조직화의 원리로 만들어야 한다는 것이다.

이를 위해 우선 하버마스는 스탈린식 사회주의 건설과정과 서구자본주의의 진행과정에서 도구적 이성화의 공격성과 프롤레타리아 혁명성의 쇠퇴를 동시에 경험하면서, 현대사회 분석논리인 비판이론을 극복하고자 한다(McCarthy, 1982: 435).

하버마스가 비판이론을 다시 정식화하고자 하는 이유는 다음과 같다. 20세기의 역사는 사회주의 사회와 자본주의 사회가 겪는 일련의 특징적인 경향을 보여 주고 있다. 러시아 혁명의 이념은 스탈린주의와 기술지배적인 사회관리 체제로 경직화되었으며, 서구에서는 대중혁명이 실패하였다. 또한 대중적인 수준에서 프롤레타리아 혁명으로 나아갈 수 있는 계급의식이 부재하였으며, 맑스이론은 결정주의적이고 객관주의적인 과학으로 굳어지거나 아니면 비관주의적 문화비판으로 빠져들었다. 그리고 자본주의 사회에서 국가의 간섭은 점차 증가하고 상대적으로 시장의 지위가 감소되고 있으며, 자본주의는 점점 더 '조직화'되고 있으며 확대일로에 있는 도구적 이성과 관료주의는 정치적인 삶에 대한 토론의 장이 되어야 할 공공 분야를 위협하고 있다(Held, 1980: 301).

이러한 구조적 변화들은 대규모 경제 및 상업조직의 성장, 과학 및 기술과 산업 간의 상호의존성의 증가, 국가와 사회간의 상호의존성의 증가, 그리고 사회 각 분야에서의 수단·목표합리성의 확대로 나타나고 있다. 이는 결국 국가의 팽창이라는 결과를 가져오며, 나아가 사회 및 경제 분야에 행정가와 기술자가 점점 더 많이 개입함으로써, 새로운 형태의 이데올로기를 낳는다. 이때 이데올로기는 이제 사회질서에 대한 기술지배적인 정당화에 그 기초를 두게 된다. 이에 따라 그때 그때의 특별한 역사적인 계급이익에 기반을 둔 실천적인 문제들이 기술적인 문제로 규정되고 있으며, 정치는 '체계'를 위협하는 역기능과 갈등 잠재력, 기타의 위험부담을 기술적으로 제거하고 회피하기 위한 영역이 되고 있다(Held, 1980: 251).

이상과 같은 현상분석하에 하버마스는 비판이론에서 의사소통행위이론으로 패러다임의 전환을 시도하고 있는 바, 그 주요동기는 다음과 같다. 첫째, 니체의 부활과 비합리주의의 징후 속에서 상대주의가 횡행하는 상황 속에서 '의사소통합리성'이라는 착상을 통해 합리성이론을 구축하고자 한다. 둘째, 상호이해 지향적 행위모델의 구성을 통해 일련의 이론적 문제들을 해결하고자 하는 사회이론적 목적을 갖는다. 셋째, 맑스주의적 전통 속에서 물상화의 형태로 파악되었던 여러 사회병리들을 새롭게 포착·규명할 수 있는 현대성이론의 전개가 필요하다. 넷째, 이분법적으로 갈라선 체계이론과 행위이론을 통합하는 새로운 사회개념의 제시가 그 목표의 하나이다(Habermas, 1981a).

이제 하버마스는 제1세대 비판 이론가들의 문제의식에서부터 출발을 시도한다. 그러나 그는 제1세대 비판이론가들의 이론 속에서 여러 가지 문제점들을 발견하고, 그 문제점들을 극복함으로써 비판 이론을 계속적으로 발전시키고자 한다. 비판이론 1세대의 내용을 이해하기 위해서는 우선 그들에게 결정적 영향을 미친 루카치의 철학을 이해해야만 한다. 결국 서구 맑스주의 흐름들 가운데 하버마스의 사상형성에 가장 커다란 역할을 한 것은 루카치의 물상화이론과 비판이론 1세대의 도구적 이성비판이 된다.

이에 따라 이 글은 우선 비판이론 1세대와 이에 지대한 영향력을 행사한 루카치에 대한 하버마스의 비판을 살펴본 후, 후기자본주의에서 나타나는 위기의 본질과, 이 위기에 대한 하버마스의 대응책으로서의 의사소통이론과 이 이론에 대한 전반적인 평가를 살펴봄으로써 하버마스의 현대사회분석 논리가 지닌 함의를 살펴보고자 한다.

Ⅱ. 하버마스의 비판적 문제인식

가) 자본주의와 '물상화 이론'

서구 네오-맑스주의사에서 독창적인 사고를 지녔으며, 비판이론에 지대한 영향을 끼친 것으로 알려진 루카치의 사상은 두 가지로 요약된다. 곧 '물상화 이론'과 '계급의식론'이 그것이다. 이중 현대자본주의를 분석함에 있어 특히 비판이론에 큰 영향을 끼친 사상이 물상화론이다.

우선 루카치의 물상화론은 맑스의 '상품 물신론'과 베버의 '합리화 이론'이 접합된 '자본주의에서의 소외론'으로 평가된다(Habermas, 1981a: 396-403). 물상화론은 헤겔철학의 대상화 이론으로부터 출발하여 자본주의적 시민사회에서의 모든 대상성 형태의 원형과 이것에 적합한 주관성 형태의 원형이 바로 '상품범주'의 구조에서 발견될 수 있다는 테제를 핵심으로 한다. 자본주의 사회에서 주체들은 주객관적 세계에 있는 그 무엇인가에 관여하게 되는데, 이때 그 방식은 상품관계에 따라 사전에 결정된다. 물상화란 바로 이러한 '사전결정'을 의미한다. 곧 사회적 관계와 체험이 지각될 수 있고 조작될 수 있는, 객체인 사물에 동화되는 과정으로 정의될 수 있다.

이런 인식론에 근거하여 루카치가 궁극적으로 토대로 삼고 있는 것은 맑스의 상품물신론이다.[1] 맑스는 '자본론'에서 상품가치를 사용가치와 교환가치를 구분해 내고, 자본주의 사회에서는 사용가치로부터 교환가치로의 전화가 보편적인 현상으로 나타난다는 점을 밝혔다. 자본주의가 발전함에 따라 본래 상품이 갖고 있던 이원적 가치 중에서 교환가치가 절대적 우위를 차지하게 되고, 이로 인해 상품은 결국 교환가치만을 갖고 있는 것처럼 보이게 된다는 것이다. 이 결과 상품은 인간 노동의 생산물이라는 구체적 성격을 상실하고 추상화되고 만다. 그리고 이 추상화된 상품의 획득이 모든 인간 행위를 결정하는 궁극적인 동기가 된다.

이에 따라 이제 인간은 자본주의하에서 자신이 노동을 통해 만든 상품, 곧 화폐로 전화되는 상품을 마치 우상처럼 숭배한다는 것이다. 이것이 상품물신성 혹은 화폐물신성이다. 이 결과 '죽은 노동'(상품)이 '산 노동'(인간)을 지배하게 되고, 주체와 객체가 전도된다. 이처럼 주객이 전도된 상황에서는 인간관계 역시 전도되어 사물과 사물, 상품과 상품관계로 변하는데 이것이 바로 '물상화' 현상이다.

즉 루카치는 자본주의 사회에서의 이 같은 물상화 경향의 원인을 임노동 관계에 기반한 자본주의적 생산양식에서 찾고 있는데 그 근거는 다음

1) 하버마스가 맑스와 맑스주의를 이해하면서 연관을 맺는 단계는 ①해석 및 수용의 단계 ②비판의 단계 ③재구성의 단계 ④맑스주의 포기의 단계로 구분된다 (Rockmore, 1989).

과 같다. 첫째, 상품형식이 생산과정 속으로 침투해 들어오는 정도에 따라 사회적 노동의 영역에서 인간 상호간의 관계가 사물화된다는 점에서, 둘째, 상품 형식이 보편적인 특성을 취하면서 자본주의 사회에서의 대상성 형식으로 되어간다는 점에서 이다. 그리고 이와 같은 노동력의 상품화와 상품형식의 보편화과정에서 도구적 합리성의 보편화가 이루어지게 된다(Habermas 1981a: 416).

자본주의적 합리화의 물상화 효과에 대한 이러한 판단으로부터 출발한 루카치는 '계급의식론'을 통해 자본주의에서 사회변혁의 주체가 누구이며, 그것이 어떻게 가능한가 하는 문제를 다룬다. 자본주의 주체이며 동시에 객체인 프롤레타리아만이 자본주의 모순을 극복할 수 있다는 것이 루카치의 주장이다. 곧 프롤레타리아만이 진정한 의미에서 계급의식을 가질 수 있기 때문에 역사의 변혁주체로 등장할 수 있다는 것이다(Lukacs, 1971: 320-330).

'비판이론' 1세대들의 문제의식은 이러한 루카치의 사상을 비판적으로 수용·극복하려는 노력으로부터 시작하여, 근대 서양문명의 기저를 이루어 온 이성에 대한 전반적인 비판으로 이어지고 있다. 곧 비판이론에 수용된 루카치의 '물상화 테제'는 자본주의 사회에서의 상품관계 및 목적합리성의 보편화가 모든 주체들의 인식을 사전에 동일화시키고 평균화시키는 효과에 주목하고 있는 것이다. 후기자본주의에서의 생활세계의 병리에 대한 하버마스의 진단은 기본적으로 루카치의 '물상화 테제'의 영향력 아래 있다.

나) 비판이론과 '도구적 이성'

비판이론 1세대인 호르크하이머와 아도르노는 「계몽의 변증법」에서 서구 문명을 이끌어 온 이성을 '도구적 이성'으로 파악하고 이 도구적 이성에 대한 비판을 시작한다. 이들은 신화와 무지로부터 인간을 해방시키려고

한 계몽이 그 자체가 목적이 됨으로써 당초와 달리 막강한 지배력으로 변했다고 주장한다. 도구적 합리성은 문화산업과 자본주의의 관료화를 통하여 자연의 지배를 넘어 사회 및 개인의 내면적 본성을 지배하기 시작한 것이다. 여기에는 프롤레타리아 계급도 예외일 수 없으며, 이런 의미에서 프롤레타리아라고 하는 혁명의 집단적 주체가 물화됨으로써 해체된다면, 누가 그 자리를 차지하느냐 하는 문제가 남고, 바로 이 지점이 하버마스가 의사소통 행위이론으로 전환하는 계기가 된다.

비판이론가들이 보기에 후기자본주의하에서는 과학과 기술이 직접적인 생산력으로 전화되면서 지배의 재생산을 정당화시켜주는 가장 강력한 이데올로기로 작동하고 있다. 이에 그들은 대중들의 주관적인 본성이 도구적 합리화 경향을 강화시켜가는 방향으로 나갈 것으로 보았으며, 이는 바로 생산력과 생산관계의 모순을 통하여 자본주의 지양의 역사적 필연성을 논증하고자 하였던 맑스주의 역사유물론이 더 이상 정당화 될 수 없다는 것을 의미한다. 곧 후기자본주의에 대한 비판 1세대의 연구들은 '자본의 자기증식과정이 자본주의적 사회혁명의 주체적·객관적 조건을 생산하게 될 것'이라는 맑스주의의 고전적 가정을 근본적으로 수정하고 있는 것이다(Horkheimer and Adorno, 1972).

이들이 목격하고 있는 자본주의적 상황은 결코 맑스주의의 기본적 가정에 일치하지 않고 있었다. 프롤레타리아의 위대한 승리는 찾아볼 수 없었고, 오직 파시즘과 스탈린주의의 횡행 그리고 미국 자본주의의 안정적인 발전만이 목도되었다. 또한 자본주의적 노동과정 내에서 강요되는 권위주의적 문화산업은 날로 발전하여 체계적으로 양산됨과 동시에 미학적 능력은 계속 퇴화되는 상황 역시 쉽게 관찰되는 경험이었다.

하버마스는 아도르노와 호르크하이머의 이러한 주장에 대한 비판적 논의를 통해 자신의 이론적 기획을 시도하고 있다. 우선 하버마스는 이들이 주장하는 역사철학적 측면에서의 정당화 방식을 비판한다. 즉 그들은 도구적 이성의 보편화 경향을 "자본주의적 경제체제 발생의 특수한 역사적 맥락 차원에 한정시키는 것이 아니라, 그 개념을 전체 종족사 전체에 시간적으로 그리고 실제적으로 일반화 시키고 있다"는 것이다(Habermas, 1981a: 423).

다음 지적은 '수행적 모순'에서 나타난다. 비판이 동시대의 이성으로부터 비판의 정당성 근거를 발견해야만 하는 내재적 비판이어야 한다면, '총체적 비판'은 바로 비판의 대상이 되는 서구 이성을 도구로 하여 그것을 비판해야만 하는 딜레마에 빠지게 된다. 이러한 딜레마는 이들이 '이성일반'을 비판의 대상으로 삼았기 때문에 초래된 것이라는 것이 하버마스의 주장이다.

따라서 비판이론 1세대의 총체적 비판문법에 대한 하버마스의 대응은, '이성'개념의 하위범주를 구분하는 방식으로 나타난다. 곧 '도구적 이성'과 '의사소통적 이성'의 구분이 그것이다(Habermas, 1985a: 152-158).

비판이론 1세대의 도구적 이성비판은 하버마스에게 두 가지 이론적 과제를 제기하였다. 하나는 '총체적 지배'관념의 극복이다. 하버마스는 자본주의하에서의 지배가 생활세계의 잠재성을 전일적으로 포섭할 수 없다고 주장한다. 그는 맑스주의 소외이론에서 부정적 일면성으로만 포착된 자본주의적 근대화 과정의 양면성에 대한 재해석을 시도한다. 이는 '공공영역'의 양면성에 대한 고찰과 '생활세계 합리화'에 대한 이론을 통하여 성취된다. 또 하나의 이론적 과제는 비판이론 1세대의 '총체적 비판'에 내재한 비관주의적 전망을 극복하는 것이었다. 전자의 과제가 병리진단과 체계분석의 차원에 관련된 것이라면, 이 두 번째 과제는 행위자들의 비판적 활동의 가능성 조건에 관련되는 것이다.

다) 역사유물론의 재구성

루카치와 호르크하이머, 아도르노에 대한 비판적 논의는 하버마스로 하여금 맑스주의의 역사유물론을 재구성하게 하는 이론적 기획의 출발점이 되고 있다. 하버마스는 우선 맑스가 「경제철학 수고」에서 이미 노동과 상호작용이라는 두 가지 차원을 상정하고, 이들 간의 관계를 생산력과 생산관계간의 변증법적 관계로 파악한 것은 탁월한 통찰력이라고 격찬하였다. 인간의 사회적 삶이 발전하기 위해서는 노동과 상호작용, 기술적 지식과 도덕적 의식, 혹은 목적 합리성과 의사소통적 합리성이라는 두 가지 차원의 발전이 조화롭게 이룩되어야 하기 때문이다.

그러나 「독일 이데올로기」이후 맑스는 사회적 실천이라는 개념을 도입하면서 인간 상호작용 영역을 노동으로, 의사소통적 행위를 도구적 행위로 환원하였고, 결국 맑스는 자신의 변증법적 사상이 기계론적 이론으로 오해될 소지를 만들었다는 것이다. 여기서 하버마스는 생산력과 생산관계라는 개념을 노동과 상호작용 혹은 목적합리적 행위와 의사소통적 행위로 대체함으로써, 맑스 사상에 대한 기계론적 해석이 극복될 수 있으며, 이와 같은 재구성을 통하여 맑스가 원래 의도했던 비판적 계기를 되찾을 수 있다고 주장한다(Habermas, 1968a).

이런 점에서 하버마스는 맑스의 고전적 상하부구조론이 갖는 한계를 지적하고 있다. 첫째, 맑스 당시의 자유방임주의적 자본주의 단계와 달리 후기자본주의는 조직화된 자본주의로 대규모 기업의 출현과 국가권력개입의 증대로 더 이상 경제영역과 정치영역을 분리하여 생각할 수 없다. 둘째, 후기자본주의 사회에서의 갈등과 위기는 경제영역이 아닌 정치영역이다. 따라서 사회의 핵심적 모순은 경제적 모순이 아니라 정치부문의 정당성의 위기이다. 셋째, 노동력이 잉여가치를 창출한다는 노동 가치설은 과학과 기술이 잉여가치를 생성하는 주요원천이라는 설명논리에 밀려나고 있다.[2)]넷째, 과학과 기술의 논리가 사회전반에 침투하였고, 동시에 정치 역시 테크놀로지의 일환으로 왜곡된 이른바 정치의 과학화 현상은 선진자본주의

2) 한편 하버마스는 과학과 기술을 전면적으로 부정하지는 않는다. 과학자 공동체가 지식의 단순한 생산에 안주하지 않고, 그들의 연구결과와 지식이 갖는 사회적 및 인간적 함의에 대하여 부단한 자기성찰과 개방적 논의를 거듭함으로써 과학과 기술이 인류의 번영에 기여할 수 있다는 것이 하버마스의 입장이다.

사회의 새로운 이데올로기로 등장한다(Habermas, 1971).

맑스의 노동개념이 안고 있는 한계를 극복하기 위해서 하버마스는 헤겔에 기대어 '노동'과 '상호작용'의 이론을 정립한다. 헤겔은 '정신'의 형성과정을 매개하는 세 가지의 계기로서 '언어' '도구' '가족'을 설정하였다. 여기에서 '언어'는 상징적 표현행위에 상응하며, '도구'는 노동과정, 그리고 '가족'은 상호성에 기반한 상호작용에 상응한다. 주관과 객관을 매개하는 이 세 가지 계기의 변증법적 상호관계가 정신개념을 규정하는데, 헤겔의 초기 철학에서 정신은 자기의식 내에 있는 자아의 주체성을 뒷받침하는 기초가 아니라, 이 세 가지 계기에서 '자아'와 그의 타자로서의 또 하나의 '자아'가 소통하는 과정을 의미한다(Habermas, 1971: 164-17). 즉 자아를 규정하는 선험적 본질로서 정신이 존재하는 것이 아니라, 자아와 자아 사이의 소통적인 통일의 과정이 정신의 형성과정을 구성한다는 것이다.

이렇게 함으로써 하버마스는 '노동'과 '상호작용'의 연관에 대한 다음 두 가지 핵심적인 주장을 내세우고 있다. 첫째, 노동과 상호작용이 서로 관계맺게 되는 것은, 생산수단의 소유관계에서가 아니라 생산물의 소유관계를 규정하는 계약관계에서이다. 둘째, 노동과정으로부터 노동생산물의 제도화과정으로의 이행은, 역사적으로 더욱 진화된 발전단계를 표상할 뿐 아니라 윤리적으로 더욱 고차원적인 단계로의 도약을 의미한다.

정리하자면 맑스이론에 내재해 있는 노동과 상호작용을 도구적 행위와 의사소통적 행위라는 두 가지 범주적 차원으로 구분하고 있는 하버마스는, 인식의 자기반성적 철학기반이 결여된 맑스의 역사철학을 재구성함으로써, 노동이라는 도구적 행위를 통해서는 외적 자연력으로부터 해방되지만, 후기자본주의에서 문제가 되는 내적자연(본성)의 강제로부터의 해방은 바로 '지배로부터 자유로운 의사소통' 영역의 확장에 따라 실현된다고 주장한다.

Ⅲ. 현대사회 분석논리

가) 후기자본주의 위기론

하버마스의 후기자본주의 분석은 그의 철학적 논의들이 암시적으로 설정하고 있었던 궁극적 목표, 즉 '생활세계에서의 반성적인 소통행위를 규범적 토대로 하여, 현대사회에 대한 경험적 비판을 수행'하려는 기획의 산물로 이해될 수 있다.

후기자본주의 위기는 행위주체들의 경험세계에서 발생하는 등가교환의 이데올로기적 사회통합기제의 위기로 이것이 자유주의적 자본주의로부터 조직자본주의로 이행하는 가장 주요한 원동력이 된다. 자유주의적 자본주의에서 시장기능의 약점이 노출되면서, 경제체계와 정치체계는 재결합되고 위기관리 기능을 정치체계에서 담당하게 되었는데, 이러한 변화는 생산관계를 전자본주의 시기와 다른 방식으로 재정치화되는 결과를 초래하였다. 이러한 변화의 산물이 바로 '조직자본주의'이다(Habermas, 1972: 62-3).

후기자본주의에서의 구조적 변화는 ① 위기관리체제로서의 국가의 등장과 ② 생산영역에서의 생산관계 및 계급구조의 변형이라는 두 가지 측면에서 특징지워진다. 하버마스는 1870년대 독점자본주의 성립이후의 선진자본주의 국가에서의 중요한 발전경향을 다음의 두 가지로 보고 있다. 하나는 체제안정을 확보하기 위한 국가 간섭의 증대이고, 두 번째는 과학을 제일의 생산력으로 하는 연구와 과학의 상호의존관계이다. 이 두 가지 경향을 특징으로 하는 후기자본주의 사회에서의 계급갈등은 더 이상 계급갈등의 형식을 취할 수 없는 다른 갈등의 배후로 숨게 된다. 체제 존속을 위한 핵심부에서의 갈등은 국가의 강한 개입에 의존하는 계급타협의 제도화에 의해 잠재화되고, 체제전복의 능력이 없는 주변집단은 체계적인 권리박탈을 체험하게 된다. 그는 조직자본주의 하에서의 계급타협을 이렇게 변형된 갈등구조 속에서 새로운 위기의 성격과 그 위기가 발생하는 연관관계를 해명하고 있다. 하버마스는 이러한 위기를 '합리성 위기', '정당화 위기' 그리고 '동기부여의 위기'라는 세 가지의 상호 연관된 측면에서 이론화하고 있다(Habermas, 1968b).

〈표 1〉 사회적 위기의 제형태

하위체계	체계위기	정체성 위기
경제	경제적 위기	-
정치	합리성 위기	정당성 위기
사회문화	-	동기 위기

여기서 '합리성 위기'란 체계에 적합한 행동으로 제어를 곤란하게 하는 지향모델의 확대경향을 말한다.

'정당화 위기'란 국가의 위기관리의 실패를 의미한다. 이 실패는 행정체계와 생활세계의 작동원리 간의 근본적인 이질성에 내재해 있다.

'동기부여의 위기'란 사회문화적 체계의 변화로, 그것이 국가 및 사회적 노동의 체계에 대해 기능장애가 되는 상황을 의미한다.

하버마스는 이러한 위기경향들을 체계이론의 투입 산출 모델로써 설명하고자 한다. "정치체계는 가능한 한 폭넓은 대중충성의 투입을 필요로 한다. 산출은 통치자가 행사하는 행정적 결단에 있다. 산출위기는 합리성위기의 형식을 갖는다. ……투입위기는 정당성위기의 형식을 갖는다(Habermas, 1977: 55)." 즉 대중충성의 투입이 충분하지 않을 때 정당성 위기가 나타나며, 통치자의 적절한 행정적 실행이 결여될 때 합리성 위기가 나타난다는 것이다.

이 두 가지 위기는 연관된 것으로 정부의 행정적 실행이 경제체계에서의 조정요청들에 적절하게 대응하지 못할 때 합리성위기가 나타나며, 그것은 또한 대중의 정당성의 상실을 낳게 된다. 그리고 궁극적으로 정치체계에서의 산출위기는 사회문화체계의 투입에 지장을 주어, 결국 동기부여에 대한 위기로 귀결된다. 여기서 중요한 것은 자본주의 사회가 이러한 가능한 위기유형을 내포하고 있으나 위기의 폭발은 다만 사회문화체계를 통해서만 가능하다는 것이다. 하버마스는 사회체계의 산출이 직접적으로 정치체계에 '동기'를 공급해주며, 간접적으로는 교육 및 직업체계에 '성취동기'를 공급해주고 있다고 보고 있으며, 이에 따라 사회체계의 산출위기를 통해 체계통합의 문제와 함께 사회통합의 문제가 제기되게 된다는 것이다 (Habermas, 1977: 30-35).

또한 후기자본주의 사회에 이르러 체계위기가 억압됨에 따라 사회문화체계로 전이된 정당성 위기가 현대사회의 주요한 문제로 등장하게 된다. 이제 후기자본주의 국가는 동시에 두 가지 과제에 직면하게 된다. 첫째, 필요한 조세액을 징수하여 위기에 처한 성장의 장애가 회피될 수 있도록 운용해야 한다는 것이며, 둘째, 조세의 선택적 징수와 합리적 집행에 있어 제기되는 정당성의 필요성도 동시에 충족되어야 한다는 것이다. 국가가 전자의 과제를 수행하지 못할 때는 행정 합리성의 결함이 생겨나며, 후자의 과제를 수행하지 못할 때는 정당성의 결함이 생겨난다.

이에 하버마스는 사회문화체계에서 산출·공급되는 정당성 및 동기에 주목한다. 투입-산출 모델을 따르는 하버마스에 있어 결국 '위기'란 투입과 산출의 불일치를 의미하는 것이며, 따라서 후기자본주의사회가 당면한 '정당성에의 수요'의 문제는 사회문화체계에서의 '공급'의 문제를 따져 봄으로써 밝혀진다. 하버마스는 후기자본주의 사회의 주된 동기부여를 공민적 개인주의와 가족-직업적 개인주의에서 찾았다(Habermas, 1977: 95). 즉 이러한 두 가지 동기모델에 의해 후기자본주의 사회의 정치체계와 경제체계가 존립하는 것이다. 그런데 이 두 가지 동기는 하버마스에 따르면 그 자체로 체계적인 분해과정을 겪게 된다. "민주시민은 다음과 같은 모순된 목적을 추구하지 않을 수 없다. 즉 그들은 능동적이어야 하는 반면에 또한 수동적이어야 하며, 결정에 참여하여 영향력을 행사해야 하는 반면, 또한 너무 깊이 관여해서도 안 되며 엘리트에 대한 경의를 표해야 하는 것이다(Habermas, 1977: 91)." 이러한 후기자본주의에서의 동기체계의 파괴는 어떠한 기능적 등가물로도 대체가 불가능한 것이다.

결국 하버마스의 후기자본주의 위기론은 다음과 같이 정리된다. 1) 경제체계에 대한 국가개입으로 후기자본주의에서의 위기현상은 그 자연적 성격을 상실하게 되었다. 이에 따라 후기자본주의에서는 어떠한 체계위기도 기대할 수가 없다. 그 대신 일어나는 위기경향은 체계위기를 억제함으로써 야기된 구조들로 소급될 수 있다. 순환된 경제위기는 지속적 위기로 변화된다. 2) 이때의 위기는 재정적으로 사용할 수 있는 가치량과 사회문화체계로부터의 동기의 공급 사이에서 상호 대체될 수 있다. 이때 결국 정당성의 희생이 이루어진다. 3) 기존의 규범구조들이 더 이상 경제 및 정치체계에 대하여 이데올로기적 기반을 공급해 주지 못하며, 오히려 과도한 요구들에 부딪치게 된다.

하버마스는 후기에 들어 「의사소통행위론」에서 정당성위기와 동기위기에 대한 이상의 설명방식을 재구성하여, 이들을 '생활세계의 식민지화'로 환치시킨다. 이를 위해 우선 체계와 생활세계의 개념 및 분리과정을 설명한다.

나) 체계와 생활세계

하버마스가 서양세계를 이해하는 창은 바로 '합리성 개념'이다. 서구사회의 체험에 기초한 합리성 이론은 여타 모든 지역에도 고루 적용될 수 있는 보편타당성을 지닌다고 주장한다. 여기에다 하버마스는 근대 서구적 합리성이 신화적, 전통적 세계관에 비해 진일보한 것이라는 신념을 전제로 어떠한 변동과정이든 설명가능한 거시적인 사회진화의 이론을 제시하고자 한다. 즉 베버의 합리화론과 파슨스의 사회체계론을 폭넓게 활용한다(Habermas, 1981a).

하버마스는 베버의 합리화론을 수용한 루카치, 호르크하이머, 아도르노 등을 분석하면서 이들의 합리화론의 한계를 지적한다. 우선 대부분의 비판이론가들이 사회적 합리화 과정을 다양하게 설명, 평가할 수 있는 합리성 개념을 예비하지 못했다는 점이며, 다음으로는 합리화 형식과 그에 수반된 모순적 결과를 분석할 수 있는 행위-사회체계간의 관계를 고려하지 못하고 있다는 것이다(Hohendahl, 1985: 3-27). 하버마스는 이상의 한계를 생활세계와 사회체계와의 관계구조를 통해 규명하고자 한다.

훗설과 슈츠의 영향을 받은 하버마스의 생활세계 개념은 하나의 상징적 공간으로서 가치, 윤리, 규범, 문화전통 등이 재생산되는 터전인 바, "의사소통행위 참여자들의 배후에 존재하면서 그들 이해도달과정을 조장하는 집합적 신념의 기초"로 정의된다(Habermas, 1981a: 138-139). 한편 파슨스나 루만의 이론을 발전시킨 하버마스의 체계론은 금전이나 권력과 같은 것을 매개로 한 일종의 자율적 행위체계라 할 수 있다. 여기서 하버마스가 주목하는 것은 파슨스나 루만이 체계에 전폭적 가치를 부여함으로써 의사소통행위라는 부단한 해석과정을 통한 생활세계의 재생산 측면을 도외시한 편향적 사고를 하고 있다는 점이다. 즉 체계의 역할에 집중함으로써 야기되는 생활세계의 고유성 왜곡 및 침해를 파악하고자 한다.

하버마스는 사회진화론을 통해, 생활세계의 합리화 및 목적합리적 행위체계의 자율화 과정의 동시적 전개를 기술하면서 '체계'와 '생활세계'의 분리과정을 설명하고 있다. "사회진화란 사회체계 및 생활세계가 연루된 이원적 분화과정이라고 생각한다. 우선 체계와 생활세계는 상호독립적으로 분할되며…… 또 그들 각자는 스스로를 분화시켜 나간다. 즉 체계와 생활세계는 복잡성의 증대와 다른 것들의 성장에 따른 합리성의 증대에 따라 분화되어 간다는 것이다. 그러나 그것들은 체계로서 그리고 생활세계로서 분화되어 가는 것이 아니라, 서로서로의 맥락 내에서의 생활세계가 분리되어 가고, 생활세계의 맥락 내에서 체계가 분리된다는 것이다(Habermas, 1981b: 230)." 도구적 행위체계와 의사소통적 행위체계 사이의 분리가 일어나는 것은 그의 이론적 구성물이기 이전에 경험적으로 확인할 수 있는 근대사회의 실제적 과정이다.

자본주의적 임노동관계로 구성된 경제체계와 국가에 의해 조직된 행정체계는 목적합리적 행위에 의해 작동되는 영역이며, 상징적 재생산이 이루어지는 생활세계는 상호이해를 추구하는 소통적 상호관계의 영역이다. '체계'와 '생활세계'의 상호분리 과정은 상호이해 지향성으로부터 해방되고 윤리적으로 중립화된 행위체계의 자율화과정을 의미한다. 이러한 행위체계는 '화폐'나 '권력'과 같이 소통적 합리성의 내적논리를 따르는 생활세계의 구조적 분화 및 합리화를 기반으로 해서 가능하게 되었다고 할 수 있다. 왜냐하면 관습적 혹은 탈관습적인 도덕의식이 각인되어 있는 법적 제도들이 생활 세계 내에서 발전되기 이전에는, 체계영역의 복합성이 진전되기 어렵기 때문이다. 따라서 체계와 생활세계의 분리는 ①소통적 합리성의 해방과 성찰성의 제도화 ②목적합리적 행위체계의 자율화 ③생활세계 내에서의 체계분화의 제도화라는 측면을 동시에 내포하고 있다.

하버마스에 의하면 기능적으로 통합된 목적합리적 행위영역의 자율화는 생활세계의 구성요소에 대하여 두 가지의 중립화 효과를 가져오는데, 하나는 '조직'과 '인성'이 서로 무관해진다는 점이고, 다른 하나는 '조직'과 '문화 · 사회' 사이의 관계 역시 그렇게 성립된다는 점이다. 이 두 가지 영역의 분리는 '형식적으로 조직된 행위영역'과 '소통적으로 구조화된 행위영역' 사이의 분리를 의미한다.

체계관점에서 본 체계와 생활세계의 관계는 다음과 같다.
여기에서 하버마스가 이 두 영역을 행위이론적으로 조명하는 데에 그치지 않고 이원적인 방법론의 필요성을 느끼게 된 것은, 바로 조직이라는 메커니즘을 통하여 형식적으로 조직된 체계통합의 영역을 이론화하기 위한 것이었다. 이 영역은 상호이해를 지향하지 않고 단지 기능적으로 통합되어 있기 때문에, 해석학적 접근의 영역외부에 존재한다는 것이 하버마스의 판단이다(Habermas, 1981b).

〈표 2〉 체계와 생활세계와의 관계

생활세계의 제도적 서열	교환관계	매체로 조정되는 하위체계
사적 영역	노동력(P) → ← 임금(M) 상품 및 서비스(M) → ← 수요(M)	경제 체계
공적 영역	조세(M) → ← 조직적 행위의 결과(P) 정치적 결정(P) → ← 대중 충성	통치 체계

P: 권력매체
M: 금전매체

결국 하버마스는 소통이론적으로 재구성된 생활세계 개념을 통해, 행위자들이 상호이해를 지향하는 상호작용 과정에서 전승되어 온 문화적 구성물을 반성적으로 재구성하는 활동을 포착하고자 한다. 즉 발전된 후기자본주의 사회에서의 물상화 징후를, 화폐와 권력이라는 매체에 의해 조종되는 경제와 국가라는 하부체계가 생활세계의 상징적 재생산을 침해하는 '생활세계의 식민화'로 설명할 수 있는 근거를 마련하고 있는 것이다.

다) 생활세계의 식민화

체계의 확장은 생활세계를 축소·왜소화시키는 결과를 가져오고, 사회구성원은 체계의 확장을 강제적이고 억압적으로 받아들이며, 그 체계의 확장을 통제하거나 제어할 수 없는 위치에 처하게 되는데, 이것이 '생활세계의 식민화'이다. 하버마스는 체계의 확장을 행위조정이 사회구성원 사이의 합의에 의해서가 아니라 강압에 의해서 일어나는 사회병리적인 현상으로 규정한다. 그것은 생활세계의 변형을 뜻하는 것이다. 체계의 확장은 상호주관적인 언어가 아니라 탈언어화된 매체인 '돈과 권력'에 의해서 진행된다(Crab, 1994: 203-214).

하버마스의 '생활세계의 식민화'란, 생활세계 내에서의 체계요소의 제도화가 사회문화적 영역에서의 상징적 재생산의 기능까지를 대체하게 되는 경향을 의미한다. 그는 '생활세계의 식민화'를 무력한 주체들의 생활세계에 각인된 체계효과로서 이해하고 있지 않다. 하버마스는 생활세계 합리성을 전제로 하여 전개된 체계영역의 자율화경향이 생활세계에서의 상징적 재생산 영역을 침범하는 것에 주목하고 있다. 이에 따라 후기자본주의 병리현상은 '체계자율화 경향과 생활세계의 재생산 논리사이의 충돌'로 이해한다. 즉 '지배하려는 체계논리'와 '정복될 수 없는 저항논리' 사이의 투쟁의 결과로서 이해되어야 한다.

생활세계의 식민화는 체계매체인 화폐 및 권력이 본연의 매체적 역할을 벗어나 상징적 재생산이 진행되는 생활세계로 침범할 때 야기되는데, 이러한 과정은 베버의 '형식적 합리성', 마르쿠제의 '일차원적 사회' 등의 개념을 연상시킨다. 하버마스는 식민화과정을 다음과 같이 묘사한다.

> "생활세계의 합리화가 어느 정도 성숙되어야만 비로소 돈과 권력의 매개체가 생활세계 안에 합법적으로 제도화될 수 있다. ……그런데 산업사회의 합리화과정 중 돈과 권력의 매개체가 자신들을 만들어낸 근대

사회의 합리화된 생활양식에 반작용을 끼칠 만큼 강대해지며, 그 결과 경제화와 관료화의 과정이 문화적 재생산 · 사회적 통합과 사회화의 핵심적 영역에까지 침범해 들어가는 현상이 노정된다(Habermas, 1979: 355)."

정치영역에서 권력은 점차 토론을 허용하는 여론에 의해 정당성 및 합의를 구하려 하지 않고 탈언어적인 행정적 조종수단을 통해 시민사회를 '지배'하고자 하며, 경제체계의 기술적 논리는 자신의 영역을 넘어서 사회의 인간적 관계에까지 영향을 미치게 된다.

이 과정은 현대사회주의 사회에서도 예외가 아니다. 자본주의 발달의 경로는 체계적 합리화과정의 두 가지 변형을 보여주는데, 하나는 권위주의적이고 파시스트적인 정치질서 아래서 형성된 '조직자본주의 단계'의 사회복지국가적 대중민주주의 정치질서이며, 다른 하나는 국가당의 독재적 정치질서 아래서 형성된 '관료적 사회주의단계'이다. 이러한 두 가지 지배적 변형에서는 모두 생활세계의 기형화가 나타난다. 하위체계의 생활세계 침투는 생활세계의 구조적 성분의 유지를 위한 재생산에 장애를 끼치며, 이 때 각 문화, 사회, 퍼스낼러티의 영역에서는 다음과 같은 위기현상들이 나타난다(Habermas, 1981b).

〈표 3〉 재생산에 장애가 생길 때 나타나는 위기현상들(병리현상들)

구조적 성분 / 장애가 생기는 분야	문 화	사 회	퍼스낼러티	평가의 차원
문화적 재생산	의미상실	정당성 상실	방향설정 위기	지식의 합리성
사회적 통합	집단적 정체감	아노미	소외	소속자의 연대감
사회화	전통의 단절	동기의 상실	정신적 병리현상	개인의 판단능력

생활세계의 파괴를 사회이론의 차원에서 분석하고자 하는 하버마스는, 문화적 재생산, 사회통합, 사회화라는 세 가지의 재생산과정들의 장애현상을 사회체계와 생활세계의 연관 속에서 분석해 볼 때, 의미의 상실, 정당

성의 결핍, 가치지향의 위기, 집합의식의 붕괴, 아노미, 소외, 전통의 단절, 동기의 상실, 심리적 병리현상 등이 되는 것이다. 하버마스는 생활세계의 문제로 사회의 모순이 집약되어 나타난다고 보았다. 즉 하버마스에 있어 생활세계의 식민화테제는 그의 의사소통합리성에 기초한 사회비판과의 관련 속에서 성립되는 개념이다.

라) 의사소통적 사회

언어가 인간 상호작용을 매개하고 있다는 사실에서 출발하는 하버마스의 의사소통행위론은, 언어학을 그 이론적 배경으로 하면서 생활세계의 부활로 이어진다. 우선 하버마스는 언어학자 오스틴(Austin)과 서얼(Searle)의 언어이론에 근거[3], 상호주관적 매체인 언어를 통해 억압으로부터 벗어난 사회, 사회구성원들의 자율성에 입각한 사회를 구성해 보고자 한다. 이에 따라 언어를 명령적 언어와 규범창출적 언어, 사실기술적 언어로 구분하면서, 바로 규범창출적 언어로부터 '의사소통합리성'을 찾아내려 하고 있다. 사회구성원들은 서로 '타당성 청구'에 입각하여 합의에 이르고, 그 합의는 사회구성원을 묶어 주는 규범으로서의 역할을 하게 됨으로써, 생활세계는 이제 의사소통에 의해 부활되고, 체계에 의해 잠식되지 않는다(Habermas, 1979: 36).

특히 현대의 급진이론의 정체이유를 무엇보다 비판과 실천의 규범적 기초가 상실된 데서 찾는 하버마스는, 현대 급진이론의 규범적 기초를 새롭게 확보하기 위해 맑스주의가 소홀했던 상호주관적 의식과 언어에 관심을

---

3) 의사소통행위론을 통해 새로운 형태의 사회통합이라는 해방이념을 제시하고자 하는 하버마스는, 노동으로부터의 '언어적 전화'를 기해 그 이론적 방법론적 전략들을 꾀하고 있다. 즉 의사소통을 중심범주로 해서 철학적·사회학적 분석을 시도하는 하버마스의 이론은 '언어'를 새롭게 해석함으로써 비로소 가능하게 된다. 그것은 오스틴(Austin)의 발화수반적 행위(illocutionary act)라는 개념에서 이해도달을 지향하는 언어행위와 관련하여 조명함으로써 가능하게 된다.

기울인다. 그러므로 하버마스에게 있어 의사소통행위의 최종목적은 이러한 '비판의 규범적 정초'에 있으며, 이는 바로 담화적 상호이해와 합의에서 찾을 수 있다고 보는 것이다. 즉 비판과 실천이 상대화되지 않고 객관적 정당성을 확보할 수 있는 실제적인 토대위에서 가능하다.

그는 이성적인 담론과정과 소망스런 합의가 이루어질 수 있는 이상적 담화상황의 규범적인 조건들에 대한 지속적인 관심과 탐구를 보여준다. '의사소통행위론'에서의 보편화용론은 그러한 하버마스의 계속된 탐구의 결과이다. 그에게 있어 이상적인 담화조건은 먼저 대화참여자가 이성적임이 전제 되어야 하는데 이것은 비판적 성찰을 수행하는 이성을 의미한다. 이상적인 언어상황 곧 강요 없는 의사소통의 구조는 다음과 같은 조건하에서만 가능하다. 즉 "모든 가능한 참여자들이 언어행위를 자유롭게 선택하고 실행할 수 있으며, 기회의 균형적인 배분이 잘 이루어져야 한다. 이렇게 되면 대화역할의 원천적인 교환이 가능할 뿐 아니라 대화의 과정 중에도 기회의 효과적인 평등을 실현하게 된다(Habermas, 1979: 123)."

그러나 기회를 공평하게 부여하는 이상적인 담화상황이라는 조건은 하나의 '특수한 조건'일 수밖에 없었다. 이러한 문제점을 극복하기 위해 하버마스는 언어와 의사소통에 본래적으로 내재하는 객관성과 합리성을 탐구한다. 하버마스는 언어를 통한 상호작용이 근본적으로 왜곡되지 않은 의사소통 상황을 이념적으로나마 전제하고 있다고 생각하였고, 언어가 본래 인식의 반성과정을 수반한다고 생각했다. 그에 따르면 언어는 '직관하고 사고하는 의식을 뚫고 들어가며', 언어의 객관성은 '주관적 정신을 능가하는 힘을 보유'한다.

따라서 하버마스는 "실제적인 상호주관성이 아무리 일그러져 있더라도, 모든 언어는 궁극적으로 진리의 이념을 지향하기 때문에 이상적 담화상황의 표준은 가능한 모든 언어구조에 필연적으로 내재해 있다"고 생각한다(Habermas, 1979: 26). 하버마스는 또한 이러한 언어 일반의 본래적 합리성이 서양사회를 비롯한 모든 지역에서도 고루 적용될 수 있는 보편타당성을 지닌다고 생각한다. 이러한 생각들에 기초해 하버마스는 모든 담화상황에 나타나는 일반적 구조와 조건을 체계적으로 재구성 하고자 하는 보편화용론을 구상한다. 그러므로 보편화용론의 목적은 있을 수도 있는 모든 의사소통의 조건을 합리적으로 재구성함으로써, 대화상황에 필연적으로 전제되는 요소들을 밝히고, 말이 갖는 보편적 효력의 근거를 해명하는 것이다.

하버마스에게 의사소통행위의 합리화란 "상호작용의 구조 안에 무의식적으로 짜여 들어간 역학관계를 제거하는 것을 의미한다. 그러한 역학관계는 사람들이 의사소통을 이용하여 충돌을 의도적으로 해소시키는 것을 방해하며, 논쟁을 합의하에 조정시키는 것을 막기 때문이다. 여기서의 합리화란 따라서 대화자 서로 간에 문제된 타당성요구들이 다만 가상적으로만 검증되고 있는, 구조적으로 왜곡된 의사소통의 상황을 극복하는 것을 뜻한다(Habermas, 1979: 120-125)."

하버마스는 의사소통행위에 본래적으로 내재한 합리성개념을 통해 우리의 합리적인 태도가 규범적 토대위에 근거지워질 수 있고, 이를 바탕으로 합리적 비판이 가능하게 되리라 본다. 또한 의사소통적 합리성이 우리의 사회적 삶의 근거가 되기 때문에 그것은 주관적인 선택의 차원을 초월한다. 바로 이 사실 때문에 우리는 합리적 태도 자체를 상호주관적인 담론에 의해 이상적으로 정당화 할 수 있는 것이다.

여기서 그는 의사소통의 합리성을 포함하는 포괄적인 합리성 개념을 제시하고 있다. 그는 의사소통적 합리성과 합목적적 합리성을 상호보완적인 것으로 본다. 그는 1968년의 「이데올로기로서의 기술과 과학」에서 이미 목적합리적 행위와 자유로운 의사소통의 합리화라는 두개의 합리화를 구별하고 있으며, 이러한 합리성의 두 개념은 그가 「후기자본주의의 정당성 문제」에서 구분한 목적합리성 및 실천적 합리성과 일치하는 것이다(Habermas, 1977).

전자는 다양한 기술계획에 후자는 의사형성적 담론의 형성에 관련된다. 하버마스는 합리성의 역리가 이러한 두 가지의 합리화가 선택적으로 진행된 것에서 비롯되는 것으로 파악한다. 따라서 의사소통적 합리성과 도구적 합리성은 하버마스에 있어 서로 반대·배척되는 개념이 아니며, 서양 근대성을 이해하기 위한 상호보완적인 개념으로 이해된다. 따라서 '도구적 합리성'과 '의사소통적 합리성'개념을 대립시키는 것은 잘못으로, 이는 도구적 이성계기를 포괄적인 이성개념으로부터 분리시키는 잘못 된 시도의 결과이며, 하버마스에서 의사소통적 합리성의 개념은 다음과 같은 역할을 한다. "이론적으로 그것은 비판적 사회탐구를 위한 해석적 틀 안에서 근본개념으로 기여한다. 즉 개인적, 사회적 발전에 대한 이 이론의 전체건축은 의사소통적 합리성에 세워져 있다. 실천적으로 그것은 현대의 사회병리를 진단하는 열쇠를 제공하고 이러한 병에 대해 제시된 처방들을 분류하는 한 방법을 제공해준다(Habermas, 1981a)."

Ⅳ. 요약 및 평가

하버마스는 서구사회의 근대화를 합리화과정으로 규정하면서 이를 물상화로 개념화한 루카치 및 이성 그 자체를 도구적 이성으로 본 제1세대 비판이론가들의 합리성 개념을 비판적으로 극복하고 있다.

무엇보다 하버마스는 서구 맑스주의의 비판논리를 계승하고 있다. 우선 서구 맑스주의가 사회적 행위연관 차원에서의 병리적 요소들에 대한 이해로부터 출발하고 있다는 점을 들고 있다. 행위이론적 수준에서의 심층해석학적 탐구에 따라 생활세계의 병리진단을 수행하고자 한다. 그의 이러한 방법론적 입장에 따르면, 서구 맑스주의의 소외이론은 후기자본주의 생활세계의 병리를 진단하기 위한 이론적 자원으로서의 의의를 갖는다. 하버마스 후기이론의 정수가 되고 있는 '생활세계의 식민화 테제'는 기본적으로 서구 맑스주의의 소외이론, 특히 루카치의 물상화 이론과 아도르노의 도구적 이성 비판을 계승하고 있다.

루카치는「역사와 계급의식」에서 상품의 물신숭배가 경제영역뿐 아니라 사회적 삶의 모든 영역에 폭넓게 침투함으로써 자본주의적 경제원리가 인간관계까지도 사물의 관계로 타락시킨 것을 지적하면서, 서구의 합리화 과정을 물상화로 개념화하였다. 또한 역사발전의 주체요 객체인 프롤레타리아 계급의 의식에 의해서 물상화를 극복할 수 있다고 하였다.

루카치의 관점은 현대사회의 인간소외를 단순한 경제영역뿐 아니라 사회적 삶의 모든 영역으로 일반화시켰다는 점에서 이른 바 맑스주의의 편협한 인식을 극복할 수 있게 하였으나, 그럼에도 불구하고 계급갈등이 계급화해로 대치된 선진사회의 변화된 상황하에서는 더 이상 설득력이 없는 진부한 관점이라 아니할 수 없다.

호르크하이머와 아도르노는 루카치의 물상화개념을 수용하면서도 이를 자본주의적 생산양식이라는 특정의 역사적 맥락에 국한되지 않고, 자본주의와 사회주의를 가릴 것 없이 점증하는 도구적 이성이 수반한 필연적 귀결이라 봄으로써 물상화 개념을 철학적으로 한층 더 정교화하였다. 이들은 물상화 개념을 체제 초월적으로 일반화하고, 철학적 수준에서 대상세계를 정복하고 지배하려는 도구적 합리성 개념으로 발전시킨 것은 루카치를 극복한 것이다. 그러나 이들의 결론은 인간의 합리성 혹은 이성 자체를 도구적 이성과 동일시함으로써 이성의 이름으로 사회를 비판하는 비판이론 그 자체를 막다른 골목으로 몰고 간 역설적 결론이며 따라서 극복되기 어려운 회의론에 빠진 것이다.

하버마스의 의사소통행위론은 바로 이와 같은 딜레마로부터 탈피하기 위하여 제기되었고, 이를 위하여 그는 의식철학으로부터 언어철학으로의 패러다임 전환을 강조하고, 인간이성의 인지적이고 도구적인 측면을 보다 포괄적인 의사소통적 합리성의 일부로 여기는 새로운 시각을 제시하였다. 이에 따라 탐구의 초점은 인지적 도구적 합리성으로부터 의사소통적 합리성으로 옮겨지며, 여기에서는 상호주관적 관계가 중요하다. 하버마스는 과학과 기술의 발전으로 인해 편의적 문명이 증대되면서, 시민의 모든 사적 삶은 치밀하게 분석당하고 감시를 당하는 가운데 피할 수 없는 '원형감옥'(Panopticon)에 갇히게 된다고 주장한다. 이러한 문명의 병리로 인해 생활세계는 피폐화되고 이를 극복하기 위해 바로 의사소통적 합리성을 강조하고 있다.

이러한 의사소통적 합리성은 하버마스에게 여러 돌파구를 제공하고 있다. 우선 보편화용론에 입각하여 일상적인 대화에까지 강력한 개념을 부여함으로써 하버마스는 제1세대 비판이론의 회의론을 극복할 수 있었고 사회이론의 기초를 다질 수 있었다. 둘째, 하버마스는 의사소통적 언어의 메커니즘에 내재된 자유와 화해의 준수를 강조함으로써 정치의 과학화를 극복할 수 있는 규범적 방안을 제시하고 있다. 정치적 결정이 기술적 이성의 도구적 논리에 따를 수밖에 없는 정치적 과학화를 지양하고 정치적 의사결정과정에 시민들의 폭넓은 참여를 촉구하고 합리적이고 자유로운 논의를 통한 민주적 정치화를 지향하고자 한다. 셋째, 포괄적인 합리성개념을 상정함으로써 편협하고 단편적인 합리성개념에 의존한 나머지 회의주의적 결론을 내렸던 제1세대 비판이론가들의 딜레마를 극복할 수 있었다.

그러나 그가 지닌 한계는 다음과 같다.

첫째, 논의나 담화에 대한 설명이 절대적으로 부족하다는 것이다. 이상적 대화조건에 대한 일부 추상적인 논의들을 제외하면 합의를 이끌어 내는 논의나 담화의 구체적 절차를 명시한 내용은 찾기가 힘들다는 평가를 받고 있다.

둘째, 구체적인 역사적 발전과정대신 발전의 논리만을 제시함으로써 그의 이론은 내실 있는 이론이라기보다 단지 사변적 공론에 그치고 있다는 비판도 받는다.

셋째, 규범의 타당성 기초를 오로지 서구계몽의 역사에 기초한 담화적 · 윤리적 합리화에 두고 있다는 점이다. 그럼으로써 비서구사회들의 '보편주의적 잠재력'을 세계사회 수준에서의 경험적 · 역사적 분석을 통해 어느 정도 설득력 있게 논증함 없이 서구사회의 그것과 동일시하고 있다는 것이다. 즉 서구적 현대의 경험을 합리적 담화이론으로서 이상화하고 있는 하버마스의 현대성 독해는 서구라는 중심이 비서구에 대하여 행하는 일종의 '강요적 합의'라는 비판을 면치 못하고 있다.

넷째, 현대사회에 대한 진단을 너무 일면적으로 하고 있다는 것이다. 난폭화된 '기능주의적 이성'이 생활세계의 의사소통적 기반을 위협하고 있다는 설명방식은 현대적 세계사회가 보여주는 복잡성 및 그 발전수준, 그리고 다양한 형태의 병리현상 및 갈등을 충분히 설명할 수가 없다는 점이다.

그럼에도 불구하고 하버마스가 현대사회를 분석·진단하는 이론적 작업이 갖는 의의는 대단히 크다 하겠다. 우선 하버마스는 사회학 이론사에서 행위이론과 체계이론으로 양분되어온 소위 미시와 거시적 접근방식을 수용·통합한 사회이론을 제시하고 있다. 이에 따라 지금까지 소홀한 대접을 받아온 행위 및 상호작용 차원을 이론적으로 재구성하여, 현대사회 병리현상 분석에서 딜레마를 안고 있는 비판이론 진영에 새로운 패러다임을 제공해 주었다는 것이다. 그리고 그의 현대성 이론은 오늘의 사회에서 나타나는 새로운 형태의 갈등 및 문제들을 적절히 포착하고 그 규범적 비판가능성을 제공하고 있다는 점에서도 그 의의가 인정된다. 특히 그가 생활세계의 식민화 가설을 통해 규명하고 있는 현대의 여러 병리현상 및 이에 대항하는 다양한 형태의 저항잠재력은 '과도한 서구중심주의'의 문제에도 불구하고 기존의 현대성 논의를 넘어서, 현대사회의 더욱 폭넓은 이해를 위한 단초를 제공하고 있는 것이다.

참 고 문 헌

국내문헌

구승희. 1994 『논쟁: 나치즘의 역사화? 독일현대사 논쟁의 중간결산과 비판』(온누리).

김유동. 1992 『아도르노 思想: 고통의 인식과 화해의 모색』 (문예출판사).

김재현. 1996a. 「하버마스에서 공론영역의 양면성」, 계명대학교 철학연구소·이진우 엮음,『하버마스의 비판적 사회이론』 (문예출판사).

김재현 1996b. 「하버마스 사상의 형성과 발전」, 장춘익 外, 『하버마스의 사상』(나남).

김호기. 1995. 『현대자본주의와 한국사회』(사회비평사).

문병호. 1993. 『아도르노의 사회이론과 예술이론』(문학과 지성사)

박영도. 1993. 「현대사회이론에서의 비판패러다임의 구조변동」, 서울대 사회학과 박사학위논문.

박영도. 1994. "마르크스주의의 약한 부활과 의사소통 합리성", 〈경제와 사회〉 겨울호.

백승균. 1996. 「하버마스의 담론이론과 진리이념」, 『하버마스의 비판적 사회이론』.

양운덕. 1996. 「근대성과 계몽에 대한 상이한 해석: 하버마스와 푸코」 『하버마스의 사상』.

엄명숙. 1992. 「포스트모더니즘적 노동이론과 고전적 노동개념: 이른바 '생산패러다임의 종말론'을 배경으로」, 『포스트사회론과 비판이론』(푸른산).

윤평중. 1990. 『푸코와 하버마스를 넘어서』(교보문고).

윤평중. 1992. 『포스트모더니즘의 철학과 마르크스주의』(서광사).

이기현. 1996. "하버마스와 프랑스 후기구조주의", 〈사회비평〉 15호.

이진우. 1996 「급진민주주의의 규범적 토대」, 『하버마스의 비판적 사회이론』.

이홍균. 1996. "하버마스의 이론적 전략: 의사소통이론으로의 패러다임 전환에 대하여", 〈사회비평〉 15호.

선우현. 1996. 「근대성에 대한 반성적 통찰: 베버와 하버마스의 시대진단 비교」, 『하버마스의 사상』.

송호근. 1996. "하버마스에 대한 비판적 독해: 노동과 정치", 한국사회학회 심포지움 발표논문.

장춘익. 1996. 「하버마스의 근대성 이론: 진보적 실천의 가능성과 한계에 관한 모색」, 『하버마스의 사상』.

정호근. 1996. "의사소통적 규범정초 기획의 한계", 〈사회비평〉 15호.

한자경. 1996. 「하버마스의 의사소통 합리성」, 『하버마스의 비판적 사회이론』.

한정선·안드레아스 호이어. 1991 『현대와 후기현대의 철학적 논쟁』, (서광사).

홍윤기. 1996. 「하버마스의 언어철학: 보편화용론의 구상에 이르는 언어 철학적 사고과정의 변천을 중심으로」, 『하버마스의 사상』.
황태연. 1995. "하버마스의 공론장 이론과 푸코 비판", 〈문학과학〉 봄호.
황태현. 1996. "하버마스의 소통적 주권론과 雙線的 토론정치의 이념", 〈사회비평〉 15호.

국외문헌

Adorno, Theodor. 1950. Minima Moralia [최문규 옮김, 『한줌의 도덕: 상처받은 삶에서 나온 성찰』, 솔 출판사].
Adorno, 1973. Negative Dialectics (tr.By E.B.Ashton, The Seabury Press).
Alexander, Jeffrey. 1991. "Habermas and Critical Theory: Beyond the Marxian Dilemma?", in Axel Honneth and Hans Joas(ed.), Communicative Action (Polity Press).
Beck, Ulich. 1992. Risk Society: Towards a New Monernity (Sage Publications).
Berger, Johannes. 1991. "The Linguistification of the Sacred and the Delinguistification of the Economy", in Communicative Action.
Calhoun, Craig. 1995. Critical Social Theory (Basil Blackwell).
Craib, Ian. 1992. Modern Social Theory: from Parsons to Habermas (New York. st. Martain's Pr).
Gorz, Andre. 1982. Farewel to the Working Class (London and Sydney, Pluto Press).
Gorz, 1985. Paths to Paradise: On the Liberation from Work (Pluto Press).
Gorz, 1989. Critique of Economic Reason (Verso).
Gorz, 1994. Capitalism, Socialism, Ecology (London and New York, Verso).
Habermas, Jürgen. 1962. Strukturwandel der Offentlichkeit [tr. by Thomas Burger, The Transformation of the Public Sphere, The MIT Press, 1989].
Habermas, 1968a. Erkenntnis und Interesse (Frankfurt/M, Suhrkamp Vedag) [강영계 옮김, 『인식과 관심』, 고려원].
Habermas, 1968b. Technik und Wissenschaft als 'Ideologie' [하석용.이유선 옮김, 『'이데올로기'로서의 기술과 과학』, 이성과 현실사].
Habermas, 1971. Theorie und Praxis (Frankfurt/M. Suhrkamp Vedag) [홍윤기·이정원 옮김, 『이론과 실천』, 종로서적].
Habermas, 1972. "Analitische Wissenschaftstheorie und Dialektik" ["분석적 과학이론과 변증법", 안석교 옮김, 『현대 사회과학의 방법론』, 한길사].
Habermas, 1977. Legitimationsprobleme im Spatkapitalismus, Frankfurt /

M,Suhrkamp [임재진 옮김, 「후기자본주의 정당성 문제」 종로서적].

Habermas, 1979. Communication and the Evolution of Society (Boston, Beacon Presss, tr. by Thomas McCarthy).

Habermas, 1981a. Theorie des kommunikativen Handelns: Bd 1. (Frankfurt / M., Suhrkamp) [서규환 · 심광섭 · 노진철 · 김기욱 · 최문규 옮김, 『소통행위이론: 행위 합리성과 사회적 합리화』, 의암출판].

Beacon Press)].

Habermas, 1985a. Der philosophische Diskurs der Moderne: Zwolf Vorlesungen [이진우 옮김, 『현대성의 철학적 담론』, 문예출판사].

Habermas, 1985b. Die Neue Unubersichtlichkeit [이진우. 박미애 옮김, 『새로운 불투명성』, 문예출판사].

Habermas, 1986. Autonomy and Solidarity: Inteviews (ed. by Peter Dews, Verso).

Habermas, 1990. "Nachholende Revolution und linker Revisionsbedarf: Was heiBt Sozialismus heute?" [로빈 블랙번 편저, 김영희 외 옮김, 『몰락이후』, 창작과 비평사].

Habermas, 1996. "Three Normative Models of Democracy", 한국사회학회 특별심포지움 발표논문.

Held, David, 1980, Introductlon to Critical Theory: Horkheimer to Habermas, (University of California Press).

Hohendahl, P. 1992. "The Pub1ic Sphere: Models and Boundaries", in C. Calnoun (ed.), Habermas and Public Sphere (The MIT Press).

Holub, Renate. 1992 Antonio Gramsci: Beyond Marxism and Postmoder- nism (Routledge).

Horkheimer, M and T. Adorno, 1972. Dialectic of Enlightment, trans. by J.Cumming, New York: Continuum.

Joas, Hans. 1991. "The Unhappy Marriage of Hermeneutics and Functio- nalism", in Communicative Action.

Lukacs, Georg. 1971. History and Consciousness, trans. by R. Livingstone, Cambridge: The MIT Press.

McCarthy, Thomas. 1982. The Critical Theory of Jürgen Habermas, Cambridge: MIT Press.

Rifkin, Jeremy. 1995. The End of Work: The Decline of the Golbal Labor Force and the Dawn of the Post-Market Era [이영호 옮김, 『노동의 종말』, 민음사].

Rockmore, T. 1989. Habermas on Historical Materialism. Indiana University Press.

제4장 현대사회에서의 이데올로기論에 관한 한 연구

Ⅰ. 머리말

이데올로기의 개념을 명확히 정의하기란 쉽지 않지만, 일반적으로 그 용어는 우리에게 지극히 부정적으로 다가온다. 일상적인 언어로 표현되건 아니면 학문적 분석의 대상으로 나타나건 간에 그것은 일종의 병리적인 것으로 취급되어지곤 한다. 곧 이데올로기는 비판되고 극복되어야만 하는 그 무엇인 것이다. 공산주의 붕괴가 '이데올로기의 종언'으로 표현되고, 이어 '자유주의의 승리' '냉전 이데올로기의 서거'라는 타이틀을 지닌 채 여러 논의가 공공연하게 이루어졌던 것 역시 이를 뒷받침해주는 한 사회적 현상으로 이해된다.

그러나 이는 이데올로기 개념을 너무 협소하게 잡고 있는데서 비롯될 뿐이며, 이데올로기가 무조건 부정적으로만 혹은 병적으로만 이해되어서는 안 된다. 우선 현실은 무한한데 비해 인간의 의식은 유한하기 때문에 '절대적 진리'에의 도달이란 불가능하므로, 사회적 인간이라면 누구도 이데올로기에서 결코 자유로울 수 없기 때문이다. 또한 이데올로기는 역사에서는 사람들의 특정한 사회적 행위를 촉발하고 일정한 방향을 부여하는 역할을 함으로써 역사를 형성해간다는 사실을 인정한다면 이데올로기의 역할이 무조건 부정적으로 인식될 수 없을 것이다.

사실 이데올로기 개념은 그 기원에서부터 이러한 개념상의 혼란상을 잉태하고 있다. 프랑스 계몽주의의 조류 속에서 트라시(Destutt de Tracy)는 '관념'을 모든 인간행동의 출발점으로 보고 "관념에 관한 학문", 즉 전통적 편견을 파괴하고 인간의 심리를 지배하는 법칙에 관한 경험-분석적 지식에 입각한 국가의 정책수립을 통하여 인간의 문명화를 꾀했다. 트라시의 이데올로기 개념은 첫째, 이데올로기는 관념의 형태를 취하며, 둘째, 행동의 지침을 내포하고, 셋째, 어떠한 현실이든지 현실과 밀접한 관련을 갖는다는 특정을 담고 있다.

그러나 이 이데올로기 연구에 기초하여 당시 프랑스 교육과정을 쇄신하고 계몽주의의 합리적 전통을 널리 퍼뜨리고자 했던 트라시의 시도는 황제로서 권력집중에 집착하던 나폴레옹과의 정면대결을 의미했다. 결국 보나파르트에 의해 이데올로기는 '프랑스의 모든 불행의 책임이 있는 독트린'으로 비난받으며 형이상학적인 공리공담으로 이해되었다. 말하자면 이데올로기 개념은 탄생에서부터 긍정적인 의미와 부정적인 의미의 '양가성'을 지니게 되었던 것이다.

이후 이 개념은 독일 관념철학에서는 '객관적 정신'을 의미하는 용어로서 특정집단의 이해와는 무관한 개념으로 사용되었으나, 맑스에 이르러 '독일 이데올로기'에 대한 비판을 수행하면서는 부정적인 함축을 담게 되는 것이다. 곧 이데올로기 개념이 형성되고 수용되는 애초의 과정에서부터 이데올로기 개념은 이론적 · 정치적 의도 속에서 객관적인 보편개념으로, 또는 비판되어야 할 공리공론으로 이해되어, 긍정적인 함의 또는 부정적인 함의를 갖는 것이었다.

그러나 이데올로기 개념은 그 개념사가 보여주듯 개념적 혼란상에도 불구하고 긍정적이든 부정적이든 현실에 대한 강력한 실천적 요구를 포함하고 있는 만큼, 이것이 갖고 있는 생활세계에서의 이론적 · 실천적 함의에 대한 탐구는 그 가치가 충분히 있다고 보여진다.

이에 따라 본고는 이데올로기의 개념사를 통해 이데올로기에 대한 전통적 정의와 현대적 정의를 구분하여 정리하고, 역사 속에서 이것이 어떠한 내적 분화과정을 거쳐왔으며, 현대적 함의는 무엇인지, 특히 정보화사회로 일컬어지는 현대사회 속에서 이 이데올로기가 갖는 경험적 함의는 무엇인지를 살펴보고자 함에 그 초점을 두고 있다.

Ⅱ. 전통적 이데올로기論

1. 맑스의 허위의식

맑스의 이데올로기 개념이 갖는 중요성은 우선 맑스 이후의 이데올로기 논의가 맑스를 옹호하건 비판하건 간에 바로 그에게서부터 출발한다는 점이다. 그리고 맑스를 기점으로 비로소 이데올로기 개념이 개인적이고 심리적인 색채를 벗게 되었다.

맑스는 「독일 이데올로기」에서 기존의 독일 관념론과 포이에르바흐의 유물철학을 이데올로기로 규정하고, 이를 비판하면서 새로운 역사유물론에 기초한 철학적 논의를 시도한다. 관념론을 비판하면서 맑스는 현실을 의식의 산물로 보아서는 안된다는 입장을 갖고, 의식은 필연적으로 사회의 역사적 현실과 관련되고 이에 의해 조건지워지는 것이라고 보고 있다. 반면 의식을 외부 현실의 단순한 반영으로 보는 포이에르바흐의 유물론에 대해서는 객관적 현실이란 순수한 지표가 아니라 인간실천의 역사적 산물임을 강조하고 있다.

이어 그의 논지는 인간의 실천과 이의 산물이 인간의 의식과 역사를 만들어온 과정에 대한 설명으로 이어 진다. 최초의 역사적 행위는 인간의 욕구를 만족시키는 물질적 삶 그 자체의 생산이므로, 의식과 존재의 연관을 해명하는 중심 고리로서의 실천으로 노동이 자리한다. 곧 물질적 삶을 재생산하기 위하여 인간이 세계를 변형시키는 것으로 나타난다. 이때의 실천은 인간과 자연의 자연적 관계뿐 아니라 인간과 인간의 사회적 관계까지 포함함으로써, 물질적 삶과 사회적 삶을 동시에 생산하는 인간의 의식적 활동으로 파악되며, 이제 사회적 관계로서의 분업에 특별한 의미가 부여된다(Marx, 1845: 208-10).

맑스에 따르면 분업은 한 사회의 생산력의 발전정도를 가장 확연하게 보여주는 지표일 뿐 아니라, 의식의 발생과 그 발전에 관한 주요한 실마리를 갖고 있다. 언어의 형태로 등장하는 인간의 의식은, 분업의 진보로 인해 물질적 노동과 정신적 노동으로 분할되며, 이 시점부터 의식은 스스로를 현존하는 실천의 의식과는 다른 것이라고 현실적으로 상상할 수 있는바, 이제 의식은 세계로부터 자신을 해방시킬 수 있으며, '순수한' 이론, 신학, 철학, 도덕 등등의 형성으로 나아갈 수 있다(Marx, 1845: 211). 경제적 잉여로 인해 노동에서 놓여난 의식은 이제 순수하고 자율적인 것으로 믿어지기 시작했고, 사실상 물질적 현실로부터 독립되어 있다고 여기게 되었다(Eagleton, 1991: 102). 여기서 허위의식으로서의 이데올로기 개념이 나타난다. 즉 맑스는 관념을 자율적 실체로 파악하고 이를 물질적 관행으로부터 분리시켜 물자체로 물신화하는 반면, 독일 관념론자들은 관념을 역사적 삶의 근원으로 오인함으로써, 맑스가 보기에 이들의 의식은 실재에 대한 왜곡되고 허위인 것으로 판단된다는 점에서 이데올로기가 되는 것이다.

이데올로기에 대해 맑스가 갖는 관심은 이것이 지배계급의 이해를 반영하고 표현하며 이를 정당화하는 관념체계라는 입장에서 더 나아가 지배계급의 관념이 자신들의 계급지배를 유지하기 위해 어떻게 기능하는지에 주목하고 있다. 곧 이데올로기를 철학적 영역에서 정치적인 영역으로 옮겨 정의하고 있다(Giddens, 1979: 167). 지배계급은 자신의 이데올로기를 특정계급 이익의 표현으로서 정당화하는 것이 아니라 사회전체의 공동이익으로 정당화시키고자 한다. 이는 생산양식이 변화하는 시기에 나타나는 새로운 지배계급의 필요에 의해 나타난다.

한편 「자본론」에서 맑스는 자본주의적 생산양식에서 발견되는 여러 형태의 재생산활동에 대한 분석을 통해 왜곡된 관념이 사회경제적 요인에 의해 어떻게 산출되는지를 보여주면서 이데올로기 발생에 대한 구체적 분석을 시도하고 있다(Larrain, 1983: 31-2). 즉 자본주의는 이윤과 임금이라는 현상형태를 통해 잉여가치가 노동자의 노동시간을 착취한 결과라는 사실을 은폐하고, 자본주의적 생산양식은 인간들의 본질적 사회적 관계를 상품적 사물의 형태로 은폐시키면서, 자유롭고 동등한 교환이라는 이데올로기적 환상을 인간의 의식에 투영한다. 따라서 자본주의 사회에서 이데올로기는 본질의 현상형태인 외양에 고정되어 있는 의식이라고 할 수 있다.

요약하면 맑스는 「독일 이데올로기」에서 역사유물론을 통해 이데올로기적인 허위관념이 이론가들에게서 이론적으로 역사적으로 어떻게 이루어졌는지를 탐구하고 있으며, 그리고 이 관념들이 현실에서 지배계급의 계급유지를 위해 어떻게 기능하고 있는지에 대한 단초를 제시하고 있다. 「자본론」에서는 현실 자본주의 경제분석을 통해 자본주의 사회 구성원들의 의식 자체가 전체적으로 어떻게 왜곡되어 있는지를 밝히고 있다. 결국 맑스에게 있어 이데올로기란 인식론적으로는 허위의식으로 그리고 기능적으로는 지배계급의 이익에 복무하는 관념으로 나타난다.

2. 만하임의 지식사회학

만하임은 의식의 형성과 사회적 조건 사이의 관계에 대해 문제의식을 갖고, 이 문제의식 속에서 기존 이데올로기 논의에 관한 연구를 통해 지식사회학을 전개한다. 우선 그는 기존의 이데올로기를 부분적 이데올로기와 전체적 이데올로기로 구분한다. 부분적 이데올로기는 상대방 주장의 일부만을 문제시하는 입장에서, 개인의 심리적인 수준에서 작동하는 것으로, 개개인의 특수한 개별 이익의 추구를 감추기 위해 다소간 의식적으로 만들어진 기만의 형태를 띤다. 전체적 이데올로기는 상대방의 세계관 전체를 의문시하는 것으로, 문제시되는 특정집단의 전체적 심성구조의 특성과 구성에 관한 현상을 가리키는 것이다.

만하임은 기존 이데올로기 개념에 관한 분석을 통해 지식사회학의 영역을 개척하고 있다. 지식 사회학의 연구 영역은 두 가지로 구분된다. 첫째는 경험연구의 영역으로 이는 사회적 삶의 형태가 관념의 생산에 영향을 미치는 방식을 분석하는 것이며, 둘째는 관념의 형성에 끼치는 사회적 역사적 맥락의 영향을 인정하되 지식의 타당성과 오류를 구분하기 위한 인식론적 문제제기 및 해결영역이다.

지식사회학의 우선 영역은 만하임이 밝힌 첫째 영역 곧 '사유의 존재구속성'으로 이는 존재제약적인 지식의 실제적 의미와 그 특성에 관한 경험적이고 역사적인 사회학적 연구인 것이다. 이 연구는 인간의 인식은 근본적으로 집합적 인식이므로 경험의 공동체로부터 나오는 인식의 공동체를 전제로 하기 때문에 다음의 연구절차를 필요로 한다(Abercrombie, 1980: 55).

첫째, 어떤 이론 어떤 사고이던 간에 이것은 일반적인 세계관과 연결되어 기술되어야 한다. 세계관은 한 시대의 구성원 모두에게 의미해석을 규정하는 기본적인 틀을 제시하는 것으로, 한 시대의 다양한 문화 항목들의 동시적 의미를 수집하고 이를 일관되게 묶어감으로써 구성되어진다.

둘째, 이 사유의 흐름을 결정하는 사상외적 존재요인과 사회적 힘으로서의 집단들이 어떤 것인지를, 다른 상이한 사고유형의 배후에서 밝히는 것이다. 만하임은 이런 사회적 집단들은 매우 다양하지만 모든 사회적 단위 중에서 일차적인 중요성을 갖는 것은 계급이라는 사실을 인정하고 있다(Manheim, 1929: 357). 즉 만하임은 계급에 일차적 중요성을 부여하면서 사회의 대립되는 신념체계를 각각 지배계급과 피지배계급의 신념체계로 구분하고는 이를 각각 '이데올로기'와 '유토피아'로 대비시키고 있다. 이제 이데올로기는 지배계급이 자신들의 이해와 관련된 상황 속에서 자신들의 지배에 장애가 되는 특정 사실에 대해서 은폐를 시도하는 비현실적인 허위의식이다. 반면 유토피아적 사고란 피지배계급이 기존사회에 대한 변혁의 욕구가 너무나 강렬한 나머지 기존사회의 실정을 제대로 인지하지 못하는 현실 초월적 사고를 말한다.

마지막 셋째 단계는 이제 이러한 신념체계가 사회학적 수준에서 어떻게 사회집단의 신념으로 정형화되는가를 살펴보는 것이다. 여기서 만하임은 지식인(intellectuals)에 의해서 수행되는 사고의 정형화를 분석한다. 지식은 그 존재구속성으로 인해서 부분적이고 편파적인 성격을 갖는데, 타당한 지식은 현실을 총체적으로 파악함으로써 가능하고 이러한 가능성은 바로 '자유부동적인 지식인(free floating intelligentsia)'에 의해 보장된다. 그러나 만하임은 지식인 자체는 정치투쟁에서 실질적인 이해관계를 갖고 있지 않기 때문에 특정 계급에 대한 자발적 선택을 하기보다는, 스스로의 존립근거에 대한 깊은 자성을 통해 전체를 위한 지적 관심을 대표하려는 입장에서 스스로의 사명을 찾아나서는 역할을 수행한다고 보고 있다. 즉 총체적이고 종합적인 현실지식의 획득가능성을 지식인 집단의 고유사명과 연관지음으로써, 만하임은 지식인의 실제적 역할보다 규범적 역할을 지적하는 데 그치고 말았다는 지적을 받는다(Abercrombie, 1980: 64).

요약하면 만하임에게는 두 가지 개념의 이데올로기가 나타난다. 하나는 존재에 의해 결정되는 것 즉 관념의 사회적 결정으로 이는 객관적이고 과학적인 연구의 대상이 되고 있다. 다른 하나는 모든 사고는 존재구속성으로 인해 부분적이고 파편적일 수밖에 없어 불가피하게 이데올로기적 성격을 지니게 되며, 이는 현실에 대해 타당치 못하며 실제를 은폐하는 지식으로서의 허위의식으로 나타난다. 결국 이데올로기는 허위의식이지만 이는 존재구속적 성격에서 나타나는 피치 못할 상황이고, 때문에 이데올로기는 모든 사회집단에 보편적이고 일반적인 현상으로 자리 잡는다는 것이다.

3. 루카치의 물상화 테제

루카치는 '물상화(reification)'가 자본주의 경제의 핵심적인 특징이며, 자본주위 사회의 핵심적인 구조적 문제라고 보고 있다. 이는 맑스의 상품물신성 원리에서 도입되었으며, 여기에 베버의 합리화 이론이 결합되어 보다 확대되었다. 즉 루카치의 물상화론은 맑스의 '상품물신론'과 베버의 '합리화 이론'이 접합된 '자본주의에서의 소외론'으로 평가된다.

루카치의 물상화론은 헤겔철학의 대상화 이론으로부터 출발하여 자본주의적 시민사회에서의 모든 대상성 형태의 원형과 이것에 적합한 주관성 형태의 원형이 바로 '상품범주'의 구조에서 발견될 수 있다는 테제를 핵심으로 한다. 자본주의 사회에서 주체들은 주객관적 세계에 있는 그 무엇인가에 관여하게 되는데, 이때 그 방식은 상품관계에 따라 사전에 결정된다(Lukacs, 1923).

이런 인식론에 근거하여 루카치가 궁극적으로 토대로 삼고 있는 것은 맑스의 상품물신론이다. 맑스는 '자본론'에서 상품가치를 사용가치와 교환가치를 구분해 내고, 자본주의 사회에서는 사용가치로부터 교환가치로의 전화가 보편적인 현상으로 나타난다는 점을 밝혔다. 자본주의가 발전함에 따라 본래 상품이 갖고 있던 이원적 가치 중에서 교환가치가 절대적 우위를 차지하게 되고, 이로 인해 상품은 결국 교환가치만을 갖고 있는 것처럼 보이게 된다는 것이다. 이 결과 상품은 인간 노동의 생산물이라는 구체적 성격을 상실하고 추상화되고 만다. 그리고 이 추상화된 상품의 획득이 모든 인간 행위를 결정하는 궁극적인 동기가 된다.

이에 따라 이제 인간은 자본주의하에서 자신이 노동을 통해 만든 상품, 곧 화폐로 전화되는 상품을 마치 우상처럼 숭배한다는 것이다. 이것이 상품물신성 혹은 화폐물신성이다. 이 결과 '죽은 노동'(상품)이 '산 노동'(인간)을 지배하게 되고, 주체와 객체가 전도된다. 이처럼 주객이 전도된 상황에서는 인간관계 역시 전도되어 사물과 사물, 상품과 상품관계로 변하는

데 이것이 바로 '물상화' 현상이다.

정리하자면 루카치는 자본주의 사회에서의 이같은 물상화 경향의 원인을 임노동 관계에 기반한 자본주의적 생산양식에서 찾고 있으며 그 근거는 다음과 같다. 첫째, 상품형식이 생산과정 속으로 침투해 들어오는 정도에 따라 사회적 노동의 영역에서 인간 상호간의 관계가 사물화된다는 점에서 둘째, 상품형식이 보편적인 특성을 취하면서 자본주의 사회에서의 대상성 형식으로 되어간다는 점에서이다. 그리고 이와 같은 노동력의 상품화와 상품형식의 보편화과정에서 도구적 합리성의 보편화가 이루어지게 된다.

자본주의적 합리화의 물상화 효과에 대한 이러한 판단으로부터 출발한 루카치는 '계급의식론'을 통해 자본주의에서 사회변혁의 주체가 누구이며, 그것이 어떻게 가능한가 하는 문제를 다룬다. 자본주의 주체이며 동시에 객체인 프롤레타리아만이 자본주의 모순을 극복할 수 있다는 것이 루카치의 주장이다. 곧 프롤레타리아만이 진정한 의미에서 계급의식을 가질 수 있기 때문에 역사의 변혁주체로 등장할 수 있다는 것이다.

이상의 논의를 통해 루카치는 자본주의 물상화과정이 필연적으로 사회의 분화·파편화를 초래함으로써 주체와 객체의 총체성을 상실하게 만든다고 파악한다(Lukacs, 1923: 158). 특히 노동력 역시 자본주의가 갖는 상품교환자체의 특수성에 따라 상품으로 전환되는데, 여타 물리적 대상들과 달리 노동력이란 의식을 갖고 있는 인간 주체의 구성부분이기 때문에, 노동력의 상품화는 인간 자체가 양으로 전화되고 파편화됨으로써 인간의 의식 역시 파편화되는 결과를 초래한다. 이런 의미에서 노동력의 상품화는 물상화의 완성으로 볼 수 있는 것이다.

자본주의의 '물상화현상'과 이를 극복할 수 있는 것으로서의 '프롤레타리아의 계급의식'을 통해 루카치는 우선 부정적인 이데올로기 개념에서는 벗어나고 있다고 보여진다. 그에게 있어 이데올로기란 프롤레타리아 이데올로기라는 용어에서 나타나듯이 각 계급의 계급의식 또는 세계관으로서 나타난다. 즉 루카치는 일단 전체적으로 보아 계급의식으로서의 이데올로기라는 입장을 견지함으로써 이에 대한 중립적 의미를 지니고 있다고 보여진다.

Ⅲ. 현대적 이데올로기論

1. 프랑크푸르트학파의 '문화산업론'

호르크하이머와 아도르노가 구체적인 현대 사회의 이데올로기 지배 현상을 본격적으로 다룬 것은 「계몽의 변증법」속에 있는 '문화산업'에 대한 비판이라고 볼 수 있다.그 핵심 내용은 '대중 기만'으로서 계몽의 이데올로기적 성격을 비판하고 폭로하고자 하는 것이었다.

호르크하이머와 아도르노는 계몽의 기만적 성격이 현대 사회에서는 문화산업 속에서 드러난다고 한다. 오늘날 모든 문화는 유사성을 갖는다. 특히 독점하에서의 대중문화는 모두 동일하며, 대량 생산을 통하여 그 모습을 드러내 놓는다. 이것은 거짓된 보편과 특수의 통일성일 뿐이며, 영화, 라디오, 잡지 등은 하나의 체제를 형성한다. 이러한 문화는 스스로를 산업이라 부르고, 그 제품 생산은 사회적 필요에 의한 것이라고 한다. 이는 결코 예술이 아니었으며, 장사에 불과한 것이었다. 그러나 그것이 장사에 불과하다는 사실은 산업, 사회적 필요 등과 같은 돈벌이를 정당화하는 논리에 의해 이데올로기로 변질된다.

이러한 일에 관여하는 사람들은 문화산업을 곧잘 기술 공학적으로 설명한다. 곧 '강요된' 복제 방식에 의한 규격 상품을 생산하지 않을 수 없으며, 문화산업 관계자들의 이와 같은 조작과 그로 인한 대중들의 수요 사이의 순환은 문화산업의 '체제'를 더욱 긴밀하게 결합시킨다. 이

때 기술이 사회에 대한 지배력이라는 오늘날에 있어서는 '기술적 합리성'이 바로 '지배의 합리성'으로 된다. 이 기술적 합리성은 스스로 소외된 사회가 지닌 강제적 성격이다(Horkheimer & Adorno, 1972).

이러한 문화산업의 기술은 개인의 의식을 통제함으로써 중앙의 통제로부터 벗어나고자 하는 욕구를 배제해 버리지만, 이러한 문화산업 체제를 사실상 뒷받침하고 있는 것은 자신을 그 체제의 일부라고 생각하고 있는 대중의 심리상태이고, 따라서 대중들에게도 책임이 있는 것이다. 이와 같이 대중의 자발성을 말살하는 경향은 문화산업이 상품으로 취급하는 예술 분야에서도 드러난다.

그런데 이상과 같은 문화산업 내부에서의 대중 기만과 대중 조작도 문제이지만 더욱 심각한 것은 문화 독점 업체가 대중 사회 속에서 숙청당하지 않으려면 실질적인 권력자들을 만족시켜 주어야 하고, 이 때문에 문화산업은 그러한 힘을 가진 기간 산업체와 경제적으로 결합하여 그 힘에 의존해야만 한다는 점이다. 이러한 통합은 모든 영역의 특정이 된다. 이에 따라 모든 영역을 구성하는 개별 분야들은 다시 경제적으로 서로 뒤엉키게 되며, 그 결과 개별 부분들을 구분해 주는 경계선은 사라져 버린다.

이제 어느 누구도 이러한 조작으로부터 벗어날 수 없게 된다. 품질이 다른 시리즈물들이 대중들에게 제공되지만 그것은 더욱 철저한 양화를 초래할 뿐이다. 대중들은 자신의 유형에 맞게 만들어진 대량 생산의 카테고리에 따라 선택하지 않으면 안 된다. 소비자들은 단지 조사 기관의 통계자료에 불과한 존재로 된다.

이와 같은 문화산업에 있어서 주체들의 행동 방식의 도식적 성격은 모든 문화산업 생산물들의 통일성을 유발하고, 궁극적으로는 문화의 획일성을 가져온다. 또한 가치의 척도는 투자액의 정도에 있다. 어떤 작품에 얼마를 투자해야 할 것인가 하는 문제는 작품의 내용이나 의의와 전혀 관계가 없다. 그것은 곧 문화에 대한 자본의 승리를 의미한다. 산업에 의해 조장된 도식주의는 주체의 구성력을 앗아감으로써 문화산업의 의도대로 현실을 전환시켜 버린다. 문화 소비자의 상상력과 자발성의 위축의 원인은 오늘날의 심리적 메커니즘에 있는 것이 아니라, 문화산업의 생산물 자체가 갖고 있는 객관적 성격에 있다. 그 핵심적 내용은 오늘날의 제작 기술이 빈틈없이 현실을 복제해냄으로써 문화산업이 제공하는 작품이 마치 현실 자체인 양 착각하게 한다는 점이다. 그 결과 문화 소비자들은 사고의 능동성이나 상상력 등을 억압당하거나 마비당하게 된다(Horkheimer & Adorno, 1972).

이뿐만 아니라 문화산업은 오락을 매개로 하여 대중을 조종한다. 문화산업은 예술을 소비영역으로 어설프게 전환시키고, 오락의 소박성을 탈색시켜 상품으로 개량함으로써 그 자체의 영역을 확대한다. 이와 같이 문화산업의 지위가 확고해질수록 소비자들의 욕구는 더욱더 문화산업에 의해 총괄적으로 처리된다. 결국 문화산업은 소비자들의 욕구를 생산하고, 조종하고, 통제하고, 나아가 오락 자체를 소비자들로부터 박탈할 수 있게 된다. 이러한 '문화산업의 총체성', 즉 문화, 예술, 오락 등의 서로 융화될 수 없는 요소들을 그 자체의 목적하에 포섭하는 현상은 오늘날 우리가 직면하는 새로운 사태요, 허위의 공식이다.

이 허위의식, 즉 문화산업의 이데올로기는 '돈벌이'이다. 문화산업은 진리를 말살시키고, 내부로는 허위를 임의대로 재생산한다. 더구나 문화산업은 그 시초부터 하층 계급을 배제함으로써 그 참된 보편성을 갖지 못한 것이었다. 문화산업에 있어서 각 개인들의 개성은 문화산업이 제공하는 거짓된 보편성과의 동일성을 가질 때만 허용된다. 오직 '사이비 개성'만이 만연되어 있을 뿐이다. 이러한 사정하에서 오늘날의 '이데올로기 선택의 자유'는 항상 '경제적 강제'에 종속되어 있고, 그 실상은 모든 부분에 있어서 '항상 동일한 것에 대한 자유'일 뿐인 것이다. 그리고 이러한 현실 속에서의 민주주의는 고작해야 '기업가들의 민주주의'를 계승하는 것에 불과한 것이라고 한다.

정리하자면 호르크하이머와 아도르노의 대중을 기만하는 이데올로기로서의 문화산업에 대한 비판의 요체는 '기술적 합리성'이 문화의 획일성을 가져오고, 이 획일성은 대중의 자율성을 박탈한다는 것이었다. 그리고 이로 인한 대중의 상상력이나 구성력의 위축, 개성의 말살, 욕구체계의 왜곡 등과 같은 현상은 기술적 합리성을 내적 원리로 삼고 있는 '산업'에 의한 문화의 왜곡 내지는 예속으로부터 나온다는 것이었다. 나아가 문화 영역에 있어서의 그러한 대중 기만은 정치영역으로 전이되어 주체의 자발적이고 자유로운 선택의 여지를 제거해 버림으로써 대중 지배의 수단으로 된다는 점이었다. 현대 산업사회에 있어서 새로이 변형된 이데올로기를 기술적 합리성으로 파악하는 호르크하이머와 아도르노의 이와 같은 입장은 이후 마르쿠제와 하버마스에 의해 더욱 정교하게 체계화되었다.

2. 마르쿠제의 '일차원적 인간론'

마르쿠제는 「일차원적 인간」(One-Dimensional Man)의 서론에서 현대 선진 산업사회가 더욱 부유해지고, 거대해지고, 개선되는 만큼 그 위험은 지속될 것이라고 주장한다. 산업사회 전체가 바로 '이성'의 구현인 것처럼 보이지만 전체적으로는 비합리적이라고 본다. 산업사회의 생산성은 인간의 욕구와 능력의 자유스러운 발전에 대해서는 파괴적이며, 평화는 끊임없는 전쟁의 위협에 의해 유지되고 있으며, 성장은 개인적·국가적·국제적 차원에서 생존 투쟁을 진정시킬 수 있는 진정한 가능성에 대한 억압에 의존하고 있다는 것이다. 이러한 사회의 개인에 대한 억압과 지배의 범위는 그 어느 때보다 커졌고, 이는 압도적인 효용성과 생활수준의 향상이라는 이중적 기초 위에서 '폭력'보다는 '기술'에 의해 이루어지고 있다(Marcuse, 1964).

그러나 마르쿠제는 전통적 의미에서 기술의 '중립성'은 더 이상 유지될 수 없다고 한다. 또한 개인, 계급, 사유, 가족 등과 같은 카테고리들이 이전에는 긴장과 모순의 영역을 포함하고 있었지만 산업사회의 통합력의 증대와 더불어 이제 그 비판적 함의를 상실하게 되고, 차츰 파괴적이고 기만적이고 조작적인 술어로 변질되어 가는 경향을 띤다고 한다. 이러한 점에서 사회에 대한 분석은 사회 속의 긍정적 경향뿐만 아니라 부정적인 경향, 그리고 생산적인 경향뿐만 아니라 파괴적인 경향을 띠는 '외부의' 입장으로부터 진행될 수밖에 없다는 사실에서 비판의 '이데올로기적 성격'이 드러난다고 한다.

마르쿠제의 이러한 입장은 산업사회의 기술적 합리성 자체가 이데올로기적 성격을 띠며, 기술적 합리성이 현대 사회의 체제에 반대하는 힘들을 타파하는 이데올로기적 통제와 지배의 역할을 한다는 것을 의미한다. 이것은 동시에 기술적 합리성의 이데올로기적인 성격을 비판하고자 하는 '비판이론'도 이데올로기적 성격을 띠고 있다는 것을 의미한다. 인간 조건을 개선할 수 있는 인간의 능력을 조명함으로써 사회를 분석하고자 하는 현대 사회의 비판이론이 지향하는 목표인 새로운 역사적 선택은 바로 이러한 '이데올로기적인 편향'을 전제로 한 것이다.

이러한 마르쿠제의 현대 산업사회의 이데올로기 비판은 다음과 같은 구체적인 내용으로 나타나고 있다. 마르쿠제는 기술이 지배하는 사회를 '일차원적 사회(one-dimensional society)라 부르고, 이 일차원적 사회에 대한 분석을 ① 통제의 새로운 형태, ② 정치 세계의 종언, ③ 억압적 탈승화(desublimation), ④ 논의 세계의 종언 등의 제목하에서 전개하고 있다(Marcuse, 1964: viii).

먼저 통제의 새로운 형태에 대해서 마르쿠제는, 선진산업 문명에 있어서 기술적 진보의 대가로 부자유가 횡행하고 있다고 한다. 원래 기술적 합리성의 목적은 자연의 지배를 통하여 모든 자유의 구체적 실체인 결핍으로부터의 자유를 획득하고, 각 개인이 자신의 삶에 대한 자율성을 자유로이 발휘할 수 있도록 하고자 하는 것이었다. 그러나 현실은 정반대로 나타난다. 그 이유는 기술과 과학을 그 자체의 것으로 삼는 산업사회는 보다 효과적인 인간과 자연에 대한 지배와 그런 자원의 보다 효과적인 유용화를 위해 조직되기 때문이다. 산업기구가 그 기술적 토대를 조직하는 방식에 의해 현대 산업사회는 전체주의화하는 경향을 띠게 된다.

이 점에서 기술적 질서는 정치적 조작과 지적 조작을 함께 포함하고 있다. 오늘날의 정치권력은 기계화 과정과 산업기구의 기술적 조직에 대한 지배력을 통하여 발휘된다. 산업사회에 대한 통치는 산업 문명에 유용한 기술적 · 과학적 · 기계적 생산력을 동원하고 조직하고 이용하는 데에 성공할 때에만 유지될 수 있고 보장될 수 있다. 현존하는 사회적 통제의 형태는 바로 이러한 새로운 의미에 있어서 '기술적인 것'이다(Marcuse, 1964: 9).

중요한 것은 이러한 통제하에서는 충족된 욕구와 충족되지 않은 욕구 사이의 대비 또는 갈등이 약화된다는 점이다. 여기서 계급 차이의 평등화라는 이데올로기적 기능이 그 모습을 드러낸다. 그러나 이러한 '허위의식'으로서의 이데올로기가 현실 속에 흡수된다 하더라도 그것이 '이데올로기의 종언'을 의미하는 것은 아니라고 한다. 오히려 오늘날 이데올로기가 생산 과정 자체 속에 있는 만큼 선진 산업문화는 이전보다 훨씬 이데올로기적이라고 한다.

이것은 현존하는 기술적 합리성의 정치적 측면을 드러내는 것이기도 하다. 기술적 진보는 그 자체의 합리성을 제약하는 지배와 착취의 도구로서 봉사하게 되고, 이에 의한 지배는 다시 풍요와 자유를 가장하여 사적 및 공적인 존재의 모든 영역에 확대되어 모든 진정한 반대를 통합하고 모든 선택 가능성을 흡수함으로써 오직 '일차원적 사유(one-dimensional thought)' 만이 산업사회에 만연하게 된다. 요컨대 노동계급의 생사를 건 의식의 변화 없이는 기술적 구조의 질적 변화는 불가능하다는 것이다. 이런 반면 사회주의적 발전에 있어서는 기술적 합리성은 모든 생산력 발전의 전제 조건이 된다고 한다.

선진 자본주의 사회의 기술적 구조는 노동계급을 결정적으로 변형시켜 나가고 있다는 사실을 마르쿠제는 다음과 같이 요약하고 있다. 선진 자본주의의 완벽한 노동의 기계화는 노동에 소요되는 신체적 에너지의 양과 강도를 점차 감소시킴으로써 착취를 계속하면서 피착취자의 태도와 지위를 변경시킨다는 점이다. 증대된 가속화, 기계조작자에 대한 통제, 노동자 상호간의 고립화 등에 의해 노동자들은 또 다른 형태의 비인간적 노예로 된다. 그리고 기계화에 의한 비생산 노동자의 수의 증대라는 양적 변화는 기본 생산 수단의 성격 변화를 가져온다. 이러한 변화는 기계가 개인의 작업 과정을 넘어서 확대되는 정도에 따라 노동자의 직업적 자율성을 감소시키고, 기계의 지배를 더 강화시킨다. 이와 같은 노동과 생산 수단의 성격 변화는 노동자의 의식과 태도를 변화시킨다. 그리하여 기술적 노동 세계는 노동계급의 부정적 자세를 약화시킨다. 노동계급은 이제 더 이상 기성사회의 살아 있는 모순으로 드러나지 않는다. 이러한 추세는 관리와 감독을 통한 생산의 기술적 조직의 결과로 강화된다. 지배는 관리로 변형되었을 뿐이다.

한편 기술적 생산력의 증대와 인간 및 자연에 대한 정복 확대를 통하여 달성할 수 있었던 선진 산업 사회의 정치적 통합과 함께 기술적 합리성의 진보는 '고급문화' 속에 있는 대립적·초월적 요소를 제거함으로써 문화와 사회의 적대상태를 둔화시키고, 정치적 통합에 상응하는 문화 영역에서의 통합을 가져온다. 문화는 현대사회의 선진 지역에 만연해 있는 '탈승화' 과정에 굴복한다(Marcuse, 1964: 56-7). 오늘날 발생하고 있는 문화적 현상에 있어서 중요한 점은 고급문화가 대중문화로 타락하고 있다는 점이 아니라, 문화가 현실에 의해 파괴되고 있다는 점이다. 즉 현실이 문화를 능가한다는 점이다.

지금까지 살펴본 마르쿠제의 일차원적 사회에 대한 분석은 현대 산업사회의 이데올로기적 지배와 통제를 비판함으로써 새로운 역사적 선택을 위한 발판을 마련하고자 하는 의도를 지닌 것이었다. 마르쿠제는 기술적 합리성의 전체주의적 세계의 출현은 이성의 이념의 변질 때문이라고 본다. 주관적 세계와 객관적 세계를 하나의 적대적 통일체로 결합시키는 '이성=진리=현실'이라는 등식에서 이성은 전복하는 힘이요, 이론적 및 실천적 이성으로서 인간과 사물을 위한 진리를 확립하는 '부정의 힘'이라고 마르쿠제는 말하고 있다. 그런데 산업사회의 기반이었던 과학적 합리성은 자연을 끊임없는 '기능의 물질'로 보고, 순수 객관성을 '주관성을 위한 객체'로 봄으로써 인간과 자연을 기술을 매개로 하여 대체가능한 대상으로 변질시켰다는 것이다. 또한 산업 사회의 기술 지배는 가치를 욕구로, 궁극 원인을 기술적 가능성으로 변질시킨 '허위의식'의 산물이라는 것이다.

3. 하버마스의 '의사소통행위론'

하버마스는 베버의 합리화개념과 마르쿠제의 기술적 합리성의 개념을 비판하면서 '노동과 상호작용'의 개념을 통해 자신의 독창적인 논의를 시작한다. 먼저 노동은 목적 합리적 행위이다. 이 노동 또는 목적 합리적 행위는 도구적 행위나 합리적 선택을 의미하며, 또는 양자의 결합을 의미한다. 도구적 행위란 경험적 지식에 의거한 기술적 규칙들에 따라 행위하는 것을 의미한다. 이 기술적 규칙은 모든 경우에 관찰 가능한 물리적 또는 사회적 사건들에 대한 조건적인 예측들을 내포하고 있기 때문에 도구적 행위의 규정 방식은 조건적 예측 또는 명령이다. 이런 한편 합리적 선택은 분석적 지식에 의거한 정책에 따라 이루어지며, 정책은 우위 원칙, 즉 가치체계와 보편적 원리로부터 연역된다. 이 합리적 선택을 하버마스는 정책적 행위라고도 부른다(Habermas, 1968: 147-74).

다음으로 상호작용은 의사소통행위를 의미한다. 의사소통행위는 상징적으로 매개된 상호작용이다. 상호작용은 쌍방간에 행동할 것을 전제로 하고 적어도 두 사람의 행위 주체가 이해하고 승인해야 할 강제적인 '유효한 규범'에 따라 행동하는 것을 의미한다. 상호작용을 지도하는 사회적 규범은 제재에 의해 뒷받침되며, 규범의 의미는 일상 언어적 의사소통 속에서 객관화된다. 상호작용의 기능은 제도의 유지 또는 쌍방간의 강화에 기초한 규범 준수요, 상호작용의 습득 메커니즘은 역할의 내면화이다. 그리고 상호작용의 합리화는 해방, 개인화, 지배 없는 의사소통의 확대 등이다.

이상과 같은 노동과 상호행동이라는 새로운 범주들을 제시함과 동시에 사회 또는 사회문화적 생활세계의 제도적 틀과 목적 합리적 행위의 하부체계를 구분함으로써 하버마스는 베버의 '합리화' 개념을 새로이 형성하고자 한다.

새로운 자본주의적 생산양식은 아래로부터의 합리화에 의해 존속하며, 이러한 합리화는 개인들로 하여금 언제라도 상호작용 연관으로부터 목적합리적 행위로 '전환'하게 하는 하부문화를 발생시킨다. 여기에 맑스가 비판했던 자유자본주의의 이데올로기와 다른 후기자본주의의 '새로운 이데올로기'의 출현가능성이 내재해 있다. 새로운 이데올로기란 곧 '기술 관료주의적 의식'(Habermas, 1968: 30-1)이다. 낡은 이데올로기의 형태가 사라지고 새로운 이데올로기가 등장한 것은 새로운 정당성의 형태가 출현했기 때문이다. 하버마스는 19세기 후반의 '후기자본주의'의 두 가지 발전경향으로서 첫째, 체계 안정성을 보장하기 위한 간섭적인 국가활동의 증대와 둘째, 과학을 처음으로 생산력으로 만들었던 연구와 기술의 상호의존의 증대를 들고 있다. 이 두 가지 경향이 자유 자본주의의 특징을 이루었던 제도적 틀과 목적합리적 행위의 하부체계의 관계를 파괴한다(Habermas, 1968: 21-2).

하버마스는 이와 같은 후기자본주의적 상황 변화 때문에 더욱 '노동과 상호작용의 이원론'이 요청된다고 한다. 후기자본주의의 새로운 두 가지 발전 경향으로부터 발생하는 새로운 이데올로기의 내용과 관련하여, 하버마스는 먼저 국가활동의 증대에 관해 설명하고 있다. 국가개입을 통한 경제과정에 대한 지속적인 규제는 자유방임 자본주의의 체제를 위협하는 역기능을 방지하고자 하는 데서부터 나온 것이었다. 사경제적인 자본의 이용형태는 순환적으로 안정을 추구하는 사회정책 및 경제정책이라는 국가적 수정을 통해서만 유지되었고, 따라서 사회의 제도적 틀은 재정치화되었다. 이와 함께 지배체계에 대한 경제 체계의 관계가 변했기 때문에 정치는 이제 더 이상 상부구조 현상만은 아니다. 사회는 이제 과거처럼 '자율적'인 것이 아니기 때문에 사회와 국가는 맑스의 토대-상부 구조 이론의 관계

속에 있지 않게 되었다. 이 점에서 하버마스는 비판이론도 이제 정치경제학 비판의 형태를 취하지 않는다고 단언하고 있다.

공정교환의 이데올로기가 와해되면 지배체계도 생산관계에 근거해서 '직접적으로' 비판될 수 없게 된다. 따라서 정치적 지배는 어떤 새로운 정당성을 필요로 한다. 그러나 이 새로운 정당성은 문화적 전통에 근거한 전통적 형태의 정당성으로서의 정치적 지배를 재건할 수는 없게 되었다. 따라서 자유교환 이데올로기 대신에 시장제도의 사회적 결과에 따라서가 아니라, 자유교환 거래의 역기능을 보상해 주는 국가 활동에 따른 '대용 프로그램'이 등장하게 된다. 그리하여 대용 프로그램은 지배 체계가 개인의 상승을 보장하는 전체 체계의 사회적 안전 및 기회의 안정조건을 유지하고 성장에 따르는 위험을 예방하게 한다. 그것은 국가개입을 위한 조종 역할 범위를 필요로 하며, 그러한 국가 개입은 사법제도를 제한하는 대가로 자본 이용의 사적형태를 보장하고, 대중의 충성을 이러한 형태에 묶어 둔다.

그리하여 국가 개입주의의 새로운 정치는 주민 대중의 '탈정치화'를 필요로 한다. 실천적 문제가 배제되는 만큼 정치적 공공성도 그 기능을 상실한다. 여기에 과학과 기술이 이데올로기의 역할도 맡을 수 있다는 논거가 있다(Habermas, 1968).

이런 한편 후기자본주의의 발전 경향의 또 다른 요소인 연구와 기술의 상호의존성의 증대는 '기술의 과학화'를 의미한다. 기술도입을 통하여 노동생산성을 향상시키고자 하는 제도적 압력은 자본주의에 있어서 항상 있어왔지만 근대 과학의 진보로 말미암아 획기적인 변화를 가져왔다. 대규모의 산업연구에 의해 과학, 기술, 그리고 그 이용이 하나의 체계로 결합되었다. 이점에서 하버마스는 과학과 기술이 일차적인 생산력이 되었고, 이로 인하여 맑스의 노동가치설이 적용될 수 있는 조건들이 상실되었다고 한다.

이러한 현상이 효과적으로 정착되면 과학과 기술의 역할에 대한 선전은 왜 현대 사회에서 실천적 문제에 대한 민주적 의사결정 과정이 그 기능을 상실하며, 행정 관료의 선택적 업무처리 장치에 대하여 국민투표의 결정으로 대체해야만 하는가를 설명해주고 정당화해 준다. 이러한 기술 관료주의 테제는 배후 이데올로기로서 탈정치화된 대중들의 의식 속에 침투하여 체계를 정당화시키는 힘을 확대시킬 수 있다. 이러한 이데올로기의 고유한 업적은 의사소통 행위의 연관체계와 상징적으로 매개된 상호행동의 개념에 대한 사회의 자기이해를 제거하고, 과학적 모델을 통해 이를 대체하고자 한다는 점이다. 이와 함께 문화적으로 규정된 사회적 생활세계에 대한 자기이해 대신에 목적 합리적 행위와 순응적 태도의 범주하에서 인간의 자기 사물화가 나타나게 된다.

하버마스는 실증주의적 공동의식 형태 속에서 과학과 기술의 진보에 의해 발생한 새로운 이데올로기로서의 '기술 관료주의적 의식'은 과거의 모든 이데올로기들보다 '덜 이데올로기적'이라고 한다(Habermas, 1968: 25-6). 왜냐하면 기술 관료주의적 의식은 이해관계의 실현을 단지 그럴싸하게 보이게 하는 기만적인 불투명한 폭력을 가지고 있지 않기 때문이다. 다른 한편으로는 오늘날 지배적인 것은 낡은 이데올로기요, 훨씬 더 저항할 수 없고 광범위하게 영향을 끼치는 것이다. 왜냐하면 오늘날의 새로운 이데올로기는 실천적 물음에 대한 속임수를 통하여 특정 계급의 부분적인 지배이익을 정당화시키고 다른 계급 편에서의 해방에 대한 부분적 요구를 억압할 뿐만 아니라, 해방을 추구하는 인류의 관심 자체에 영향을 끼치기 때문이다. 기술 관료주의적 의식은 합리화된 환상이 아니요, 상호 행동의 연관 속에 있는 것으로서 과거의 이데올로기와 마찬가지로 사회적인 기저를 문제삼는 것을 방해한다.

그리고 이러한 기술 관료주의적 의식에 대한 이데올로기적 핵심은 '실천과 기술의 차이 제거'이지 무력화된 제도적 틀과 독립된 목적합리적 행위체계 사이에 새로이 발생한 정세라고 하는 개념상의 문제는 아니라고 한다. 오늘날 새로운 갈등지역은 잠재된 계급대립이나 체계주변의 불협화음에서 보다는 후기자본주의 사회가 그 기술 관료주의적 배후이데올로기를 문제삼는 것에 대하여 대중의 탈정치화를 통하여 면역시켜야만 하는 곳에서 발생한다. 즉 대중매체를 통하여 지배된 공공성의 체계 속에서 발생한다. 따라서 상징적으로 매개된 '의사소통 행위의 합리화'를 통해서만 과학과 기술의 발전이 진정한 인간 해방을 가능하게 하리라는 것이 하버마스의 근본 입장이요, 이러한 입장은 하버마스의 사상체계 전반을 관통하고 있는 것이기도 하다(Habermas, 1981: 42-50).

결국 하버마스에게 있어서는 두 가지 이데올로기 개념이 존재한다. 하나는 지배집단의 권력유지를 위한 수단으로서의 이데올로기로 부정적 기능을 한다. 다른 하나는 의사소통과 관련된 것으로, 이데올로기란 의사소통적 상호작용의 전제를 왜곡시키며, 성립된 합의자체를 오염시킬 수 있는 전적으로 부정적인 것으로 제시된다. 그러나 체계가 생활세계를 침투함으로써 상호이해를 지향하는 의사소통자체가 불가능하게 된다는 점에서, 이 두 가지 정의는 상호보완적이라 할 수 있다.

4. 알뛰세의 '이데올로기적 국가기구론'

알뛰세는 맑스주의의 이론적 전통에서 나타나는 경제주의와 인간주의에 대한 비판을 통해 과학으로서의 맑스주의를 옹호함과 동시에 체계적인 이데올로기 이론을 정립함으로써 맑스주의의 상부구조 이론에서 나타나는 공백을 메우고자 한다. 이러한 이데올로기 개념은 사회구성체의 설명에서 비롯된다.

알뛰세의 사회구성체론은 경제, 정치, 이데올로기라는 세 가지 서로 다른 사회적 층위로 구성되어 있다. 경제적 층위는 물질적 수단의 생산과 재생산으로 구성된다. 천연자원이나 기계, 노동과 같은 자원의 사적 전유는 자본제 경제의 경제적 층위에 있어 대표적인 특성이다. 알뛰세는 토대와 상부구조의 조응이라는 일원론적 명제를 그대로 받아들이지 않는다. 경제는 상부구조의 상대적 자율성의 수준을 결정할 뿐이며 두 영역은 상호지배적이라고 보는 것이다. 따라서 경제적 층위는 그 자체로만 존재할 수 없는 것이다. 결국 경제적, 정치적, 이데올로기적 층위는 함께 구조화된 총체성, 즉 사회구성체를 형성하게 된다(Althusser, 1965b).

경제적, 정치적, 이데올로기적 층위라는 사회구성체의 세 수준은 완전히 자율적인 것이라기보다는 복합적으로 구조화된 전체, 복합적으로 구조화된 지배의 일부분을 이룬다. 이때 상이한 층위들의 복합적 관계라는 말이 시사하는 것은 구조의 특정한 위기적 국면이나 근본적 단절이 경제에 의해 배타적으로 결정되는 것이 아니라는 점이다. 이들 층위들의 여러 모순들은 '중층적으로 결정'된다는 것이다.

중층적 결정이란 두 가지 원칙으로 구성된다. 먼저 최종 수준에서의 결정은 경제적 층위에 의한다는 것과 다음으로 상부구조는 상대적 자율성과 고유한 효과를 갖는다(Althusser, 1971: 111)는 원칙이다. 이러한 세 가지 층위는 계급투쟁에 있어 개별적으로 특정한 영향을 미친다. 그러므로 국가, 이데올로기, 종교, 정치운동과 같은 상부구조는 경제적 토대의 부수현상에 불과한 것이 아니라 구조적 존재조건을 이룬다(Althusser, 1971: 205).

여기서 중층적 결정이란 말은 다양한 모순의 자율성과 독립성을 표현하고 있는 것이다. 복잡하고 내적으로 구조화된 전체는 모든 종류의 결정관계에 의해 연계되는 다양한 수준의 실천으로 구성돼 있다. 알튀세는 이러한 연계성에 주목하여 '구조적 인과성'이라는 또 다른 중요한 개념을 끄집어낸다. 여기서 결정은 지배적으로 구조화된 복합적, 구조적 전체에 존재하는 각 층위와 결과의 접합에 의거하게 된다.

알튀세의 이데올로기론은 바로 이러한 중층적 결정과 구조적 인과성의 개념에 근거해 있다. 앞서의 사회구성체에 대한 설명이 시사하듯 그의 이데올로기론의 관심은 이데올로기적 층위가 어떻게 생산관계를 재생산하느냐라는 문제였다.

노동력의 재생산은 노동자들이 지배이데올로기로 종속되는 과정의 재생산과 노동자들을 적절히 지배이데올로기에로 귀속시킬 수 있는 능력의 재생산이 요구된다. 이렇게 함으로써 지배 계급에 의한 '언어를 통한' 지배가 이루어지는 것이다.(Althusser, 1971: 127-128).

이데올로기적 층위는 허위 혹은 왜곡된 의식이 아니라 다른 층위들을 흡수하고 결정하는 재생산 과정의 양상으로 이해되어야 한다. 이데올로기는 세계에 대한 인지적 관계가 아니라 인간들이 자신의 존재조건과의 관계 속에서 살아갈 수 있도록 해주는 사회적 실천이다. 이데올로기는 생산관계의 재생산이 확보될 수 있는 틀을 제공해 주는 것이다(Althusser, 1970: 83).

이러한 알튀세의 이데올로기론은 대체로 세 가지 명제로 정리될 수 있다. 첫째, 이데올로기는 허위의식이라기보다는 한 개인이 자신의 실제적 존재조건과 맺고 있는 상상적 관계를 표상한다는 명제이다. 둘째, 이데올로기의 작용에 의해 주체가 구성된다는 명제이다. 셋째, 이데올로기는 이데올로기적 기구들의 실천을 통해 물질성을 지닌다는 명제이다.

알튀세는 우선 첫 번째 명제를 통해 이데올로기가 소외된 인간들의 존재조건을 반영한다고 보는 고전적 맑스주의의 개념을 배격한다. 인간은 이데올로기를 통해 자신을 표상하기는 하지만, 이데올로기는 인간이 현실에서 자신들을 표상해 주는 존재조건과 맺는 관계로 봐야 한다는 것이다(Althusser, 1971: 154). 이데올로기란 인간과 그 자신의 존재조건에 관한 체험된 관계들의 표상이라는 정의에서 보듯 이데올로기는 현실 자체에 대한 허위적 표상이 아닌 것이다. 따라서 관념을 생산하는 것은 인간이 아니라 이데올로기인 것이며, 그것의 효과로 인간의 주체가 구성된다는 것이다. 이데올로기를 인간과 존재조건의 상상적 관계로 정의할 경우 '상상적'이란 자칫 허위의식과 유사한 것으로 보여질 수 있다.

알튀세 이데올로기론의 두 번째 주제는 이데올로기의 메커니즘, 즉 이데올로기와 주체구성의 문제이다. 이데올로기는 관념들의 체계가 아니라 인간을 구성하는 추진력이다. 주체의 구성은 모든 사회적 모순을 내재하고 있는 언어를 통해 이루어진다. 그에 따르면 인간은 이데올로기를 통해 자신들에게 부과되는 주체성을 체험한다. 항상 개인은 이데올로기의 부름을 통해 주체로 변화되기 때문에, 개인은 이데올로기의 틀을 벗어날 수 없다. 이런 점에서 이데올로기는 무의식과 마찬가지로 초역사적이다.

이것이 바로 세 번째 이데올로기론의 명제인 이데올로기의 물질성에 관한 문제가 된다(Althusser, 1970). 알튀세가 말하는 이데올로기가 물질적 존재를 갖는다는 명제는 이데올로기가 관념이나 의식의 형태가 아니라 전체사회관계 안에서 개인을 위치지우는 물질적 강제력을 지닌다는 의미로 이해할 수 있다. 이데올로기는 의례와 실천을 규정하는 관념의 형태를 띨 뿐만 아니라 관행과 실천의 형태를 지닌다. 이때 이들 이데올로기의 구체적 형태들은 사회구성체 안에 존재하는 이데올로기적 국가기구들로 나타난다.

알튀세는 이데올로기적 국가기구의 개념을 분명히 하기 위해 억압적 국가기구와의 차이를 세 가지로 나누어 설명한다.

1) 억압적 국가기구는 억압적 강제장치를 통해 기능하는 반면, 이데올로기적 국가기구는 이데올로기를 통해 기능한다.
2) 억압적 국가기구는 중앙집중화된 하나의 조직을 지니고 있는 반면 이데올로기적 국가기구는 자본주의적 계급투쟁과 프롤레타리아적 계급투쟁의 충돌효과로 나타나는 모순에 대해 다양하게 나타나고 '상대적으로 자율적'이다.
3) 억압적 국가기구의 통합성은 권력을 장악한 지배계급의 지도 아래 중앙집중화된 조직을 통해 확보되는 반면, 이데올로기적 국가기구는 지배계급의 이데올로기에 의해 모순된 형식으로 확보된다.

교육, 가족, 언론, 법률기구 등의 이데올로기적 국가기구의 실천을 통해 이데올로기는 관념으로서가 아니라 물질적으로 개인을 주체로 구성시킨다는 것이다((Althusser, 1970: 115-121).

요약하자면, 일반사회구성체론의 일부를 이루는 알튀세의 이데올로기 이론은 주로 체제의 요구에 따른 자본제적 사회관계의 재생산을 위한 이데올로기의 기능을 해명하기 위한 것이다. 그의 이데올로기 이론은 이데올로기를 왜곡된 사유와 허위의식으로 보는 관점으로부터 확고하게 갈라설 수 있는 길을 열어 놓고 있으며 고전적 맑스주의의 토대와 상부구조의 공식을 넘어서서 지배적 사회관계를 재생산하는데 있어 이데올로기의 역할을 조명하는 귀중한 문제틀을 제공한다.

Ⅳ. 현대사회와 이데올로기
-정보화사회의 이데올로기

정보화사회란 한마디로 정보혁명, 컴퓨터혁명 또는 커뮤니케이션 혁명으로부터 파생된 사회라 할 수 있다. 정보기술의 혁신에 의해 정치 경제 문화 등 사회구조 전반에 걸쳐 정보와 지식의 가치가 높아지는 사회가 정보화사회인 것이다. 정보화사회에 대한 이론적 접근은 1950년대 중반 미국의 경제학자들에 의해 이루어졌으나 이를 자본주의사회와 연결시켜 분석을 시도한 학자는 「이데올로기의 종언」을 쓴 다니엘 벨(Daniel Bell)이다.

벨은 새로운 정보기술들이 경제를 포함한 사회구조, 정치체계, 문화유형의 세 영역의 기본공리를 변화시키고 있다고 주장하면서, 후기산업의 기본원리는 자연력을 극복하기 위한 물리적 기술이 아닌 인간관계를 통제하는 기술에 의해서 변화하고 있다고 보고 있다. 이러한 통제기술에 바탕을 둔 후기산업사회는 자원배분의 효율성과 극대화를 지향하는 경제성, 다수의 정치적 참여, 자아민족과 자기발전의 원리에 의해 운영된다는 것이다.

이러한 논리위에서 전개되는 정보화사회의 이데올로기적 성격은 다음과 같이 분석된다. 우선 정보화사회는 산업사회의 연속선상에서 이루어지고 있다. 즉 자본주의 물질 경제의 한계를 극복하기 위해 새로운 잉여가치가 창출되는 정보산업이 주력산업으로 전환되면서, 또한 자본주의의 경제적 모순을 극복하기 위해 하나의 이데올로기로서 대두하게 되었다는 것이다.

쉴러(Herbert Schiller)는 정보화사회의 도래는 미국의 정보산업이 군산복합체의 발달과 불가분의 관계에 있다고 본다. 커뮤니케이션 기술발달은 미국의 대외 팽창정책의 부산물이며 그 과정에 참여한 대자본과 기술에 대한 국가보상책으로서 기술의 산업화 혹은 상업화가 이루어졌다는 것이다. 그 결과 정보화사회의 산업적 기초가 이루어졌고 그 과정에서 미국정부는 쇠퇴하는 2차산업에서의 대외경쟁력을 만회하기 위하여 3차산업인 정보산업을 주력산업으로 전환시켰다는 것이다. 곧 정보화사회는 산업자본가들의 경제적 지배를 영속화하기 위한 전략이라는 것이다.

이러한 낙관적 입장은 나아가 자본주의 사회의 모순을 은폐하는 이데올로기로 작용한다. 산업사회와 전혀 다른 정보화사회에 대한 전망을 제시하여 자본주의의 현실적 모순을 감추는 역할을 한다고 주장된다. 이러한 주장들은 정보화사회에 대한 전망들이 자본주의 경제위기시에 등장하였다는 것에 주목한다. 일본에서 등장한 정보화사회의 용어나 미국에서 등장한 후기산업사회라는 용어 모두 1970년대 초 경제불황 중에 자본주의 경제체제가 구성원에게 경제적 보상을 제공하지 못하는 것을 대신하는 이상사회의 보상시나리오로 등장하였다는 것이다. 곧 에너지 위기 시에 사람들에게 현실적 불만을 은폐하고 자본주의 사회를 유지하기 위해 등장한 이데올로기라 할 수 있다.

따라서 정보화사회로의 이행은 산업자본가들의 경제적 동기에 의해 주도되므로, 정보화사회는 현재의 자본주의 체제의 변화를 가져오는 것이 아니라 오히려 자본주의 질서를 영속화하고 공고화하는 사회이다. 즉 정보화사회 역시 자본의 논리에 바탕을 두고, 자본의 틀내에서 움직이는 사회로 파악되면서, '자유주의적 생산주의'라는 이데올로기와 일치하는 모습을 지닌다.

'자유주의적 생산주의'는 구체적으로 레이건 및 대처 행정부가 표방한 이래 80년대 중반 다수의 유럽정부와 주요 국제경제기구들이 받아들인 이데올로기이다. "기술혁명이 진행 중인데, 사회입법, 환경입법, 사회보장제도 등 국가에 부과된 여러 경직성들로 인해 그 발전에 지장이 있다. 따라서 이 경직성들만 제거되면 자유경쟁의 원리가 자동적으로 신기술들에 부합되는 새로운 발전모델을 부과할 것이다"(Bell, 1991: 32). 이상에서 나타나는 자본주의의 효율적 조절양식은 '시장'이다. 그리고 자유주의적 생산주의 체제에서 "시장=경쟁=인간본성=자유=효율"로 이어지는 일련의 등가체제를 이루고 이는 소위 신우파 이데올로기의 핵심을 이룬다. 특히 시장의 효율성에 대한 믿음은 동구권의 몰락 이후 더욱 설득력을 지녀 확산일로에 있는 지경이다.

그러나 오늘날 다국적기업의 과두독점체제가 지배적인 상황에서 자유시장이란 존재하지 않는다는 것이 일반적인 믿음이라 볼 때, 이러한 신우파 헤게모니 프로젝트의 정치적 측면은, 개인적 자유를 옹호한다는 미명하에 불평등을 정당화하고 또한 지난 과거투쟁들을 통해 변화되었던 위계적 질서관계를 극복하게 될 새로운 현실정의를 창조하고자 하는 것이다.

정리하자면 정보화사회론은 상대적 안정을 누리던 자본주의가 여러면에서 위기에 처해 있는 상황에서, 이를 해결하기 위한 대안으로서 기술혁명에 의한 새로운 발전모델을 수립하려는 시도이다. 즉 국가개입에 대한 적대의 증가와 시장의 확대를 접합해서, 자유와 평등의 의미를 새로운 방향에서 수립하려 하는 신우파 헤게모니 프로젝트의 성격을 갖고 있다고 파악된다. 결국 '정보화사회론'은 자본주의 체제에서의 지배블럭의 능동적 헤게모니 재구성전략으로 정의된다.

Ⅴ. 맺음말

이데올로기 개념사를 살펴보면 몇 가지 뚜렷한 경향이 밝혀지고 있음을 알 수 있다. 첫째, 이데올로기 개념이 역사적 분화과정을 거치면서 매우 다양하게 정의되고 있다는 것, 둘째, 전통적 이데올로기 개념과 현대적 이데올로기 개념 간에 뚜렷한 차이가 나타난다는 것, 그리고 셋째, 현대적 이데올로기 개념은 보다 실증적이고 경험적인 연구의 토대를 제공하고 있다는 점이다.

우선 맑스와 만하임 그리고 루카치를 통해 살펴 본 전통적 이데올로기 정의의 공통점은 다음과 같다. 즉 이들에게 있어 이데올로기는 관념이나 '의식'의 체계로, 그 주체는 '집단'이며, 각 논자들은 이데올로기에 대립되는 것으로서의 '진리'를 명확하게 제시한다.

이에 반해 프랑크푸르트학파의 호르크하이머와 아도르노, 그리고 마르쿠제와 하버마스, 또한 알뛰세를 통해 정리된 현대적 이데올로기 정의들은 우선 첫째, 이데올로기를 단순한 관념이나 신념의 체계로 파악하지 않는다는 것이다. 즉 프랑크푸르트학파는 이데올로기적 의식을 문화산업에, 하버마스는 의사소통의 양식에, 알뛰세는 이데올로기적 국가기구라는 물적 장치들에 관련시키고 있다. 둘째, 이들 역시 이데올로기의 주체로 집단을 중요시하고 있지만 알뛰세의 호명테제에서 알 수 있듯이 이데올로기가 호명하는 것은 바로 개인들이라는 점에 주목한다. 셋째, 전통적 이데올로기 정의로는 이데올로기가 일상생활의 개념들과 표현들에 실제로 나타나는 방식에 대한 연구를 설명함에 부족함이 많았으나, 현대적 이데올로기 정의는 현대사회에서 이데올로기의 형성과 작동에 관한 이론은 물론 이에 대한 정밀한 조사와 연결이 가능해지고 있다.

이를 토대로 살펴 본 '정보화사회론'은 인식론적 측면이 아닌 비판적 사회학의 입장에서 접근한 현실 분석적 이데올로기론이라 할 수 있다. 곧 알튀세의 이데올로기론에 근거한 '권력에 대한 연구'이다. 이데올로기는 개인에게 작용하는 미시적 메커니즘이며, 이를 통해 개인은 사회적 행위자로 형성되며, 이 과정에서 담론을 위한 언어의 중요성이 대두된다. 여기서 언어는 두 주체간의 의사를 투명하게 전달하는 매체에 그치지 않고, 바로 의미를 형성하고 주체를 구성하는 것으로 작동한다. 바로 의미를 구성하는 것은 대상의 의미와 주체의 정체성 양자를 구성하는 담론적 실천이라 볼 수 있으며, 이 담론적 실천의 경험적 특정 구성체가 이데올로기인 것이다.

결국 기존의 이데올로기 개념이 이데올로기를 관념이나 신념의 체계로 파악함으로써 논의 자체를 추상적이고 철학적인 영역에서 진행시켜 왔다면, 최근의 이데올로기 연구는 개념정의의 전환에서 비롯하여, 보다 실증적이고 경험적으로 현실을 이해하고 분석하는 가능성을 더 크게 열어 놓고 있다. 이런 의미에서 이데올로기는 여전히 살아있는 것이다.

참 고 문 헌

국내문헌

강재륜 편저(1987), 〈이데올로기론사〉, 인간사랑

고호상(1992), 〈하버마스 신사회 운동론의 이론적 기초연구〉, 고려대학교 사회학과 석사학위 논문

김문조(1990), "하버마스의 의사소통행위 이론", 사회비평 제4호, (1990, 8)

김수진(1993), 〈알튀세르/발리바르의 이데올로기론〉, 연세대학교 사회학과 석사학위 논문

김재현(1996), "하버마스 사상의 형성과 발전", 장춘익 편, 〈하버마스의 사상: 주요 주제와 쟁점들〉, 나남

박영신(1987), "하버마스의 의사소통 행위의 사회학", 현상과 인식 제39호, (1987, 여름)

송호근(1990), "이데올로기의 사회학: 이론과 실천의 발전사", 사상 7.

유문무(1994), "구조주의적 맑스주의의 전개와 사회인식", 고대 대학원 사회학과 박

사학위논문
유팔무(1991), "이데올로기 분석과 비판의 방법론", 경제와 사회 10.
이원영(1995), "마르크스주의 철학에서 헤겔주의 대 반헤겔주의: 영국 SWP에서의 알튀세 논쟁을 중심으로", 이원영 편역, 〈현대 프랑스 철학의 성격논쟁〉, 갈무리
이태우(1993), "이데올로기 비판으로서의 해석학: 하버마스를 중심으로", 영남대 철학 회지 18, (1993, 1)
이홍구(1986), "이데올로기의 시대와 민주주의, 엘리트 통치기능과 정치참여", 서울대학교 현대사상연구회 편, 〈이데올로기와 사회변동〉, 서울대학교 출판부
장춘익 외(1996), 〈하버마스의 사상: 주요주제와 쟁점들〉, 나남출판
전태국(1990), "마르크스주의에 있어서 이데올로기 문제", 한국사회학회편, 〈한국사회의 비판적 인식: 80년대 한국사회의 분석〉, 나남
정호근(1994), "하버마스의 담론이론", 철학과 현실 제23호(1994, 겨울), 철학문화연구소
최은정(1994), 〈문화와 이데올로기에 대한 알튀세와 윌리암스의 비교연구〉, 고려대학교 사회학과 석사학위 논문
한상진(1996), "언술검증과 비판이론", 사회비평 제15호(1996, 5), 나남출판사
홍윤기(1996), "하버마스의 언어철학: 보편화용론의 구상에 이르는 언어철학적 사고과정의 변천을 중심으로", 장춘익 편, 〈하버마스의 사상: 주요주제와 쟁점들〉, 나남

국외문헌

Abercrombie, Nicholas(1980), Class, Structure and knowledge: Problems in the Sociology of knowledge,(New York: New York University Press)김영범 역(1987), 〈계급, 이데올로기, 실천: 지식사회학의 제문제〉, 학민사
Althusser, Louis(1965a), 〈자본론을 읽는다〉, 김진엽 역(1991), 두레
Althusser, Louis(1965b), 〈마르크스를 위하여〉, 고길환 이화숙 역(1992), 백의
Althusser, Louis(1970), "이데올로기와 이데올로기적 국가장치: 연구를 위한 노트", 김동수 역(1993), 〈아미엥에서의 주장〉, 백의
Althusser, Louis(1971), 〈레닌과 철학〉, 이진수 역(1991), 백의
Althusser, Louis(1976), "이데올로기와 이데올로기적 국가장치에 대한 주석", 김경민 역(1992), 〈마침내 맑스주의의 위기가〉, 백의
Anderson, Perry(1976), Consideration on Western Marxism, (London: N.L.B.) 장준오 역(1992), 〈서구마르크스주의 연구〉, 이론과 실천

Bell, D(1984), 〈정보화 사회의 사회적 구조〉, 이동만 역, 한울

Bell, D(1991), 〈제3의 기술혁명〉, 한국전기통신공사

Boudon, Raymond(1989), The Anaiysis of Ideology, translated by Malcolm Slater,(Cambridge: Polity Press).

Callinicos, Alex(1976), Althusser's Marxism,(New York: Pluto Press), 이진수 역(1992), 〈바로 읽는 알튀세〉, 백의

Cowark, Rosalind and Ellis, John(1977), Language and Materialism, (Lindon: Routledge & Kegan Paul), 이만우 역(1994), 〈언어와 유물론〉, 백의

Eagleton, Terry(1991), Ideology: An introduction,(Lindon: Verso), 여홍상 역(1995), 〈이데올로기 개론〉, 한신문화사

Geras, Norman(1979), "Marx and the Critique of Political Economy", in Blacburn, eds.(1979)

Geuss, Raymond(1981), The Idea of a Critical Theory: Habermas and the Frankfurt School,(Cambridge: Cambridge University Press)

Giddens, Anthony(1979), Central Problems in Social Theory: Action, Structure

Habermas, Jürgen(1963), 〈이론과 실천〉, 홍윤기. 이정원 역(1982), 종로서적

Habermas, Jürgen(1965), "기술의 진보와 사회적인 생활세계", 장일조 역(1980), 〈이성적인 사회를 향하여〉, 종로서적

Habermas, Jürgen(1973), 〈후기 자본주의 정당성 문제〉, 임재진 역(1983), 종로서적

Habermas, Jürgen(1976), Communication and the Evolution of Society, translated by Thomas McCarthy(1979), (Boston: Beacon Press) 심연수 역(1987), 〈커뮤니케이션과 사회 진화〉, 청하

Habermas, Jürgen(1981), 〈소통행위 이론 1), 서규환·심광섭 등 역(1995), 의암출판사

Held, David(1980), Introduction to Critical Theory: Horkheimer to Habermas, (Berkeley & Los Angeles: University of Californial Press) 백승균 역(1988), 〈비판이론 서설〉, 계명대학교 출판부

Hirst, Paul Q.(1979), On Law and Ideology,(Atlantic Highlands, New Jersey: Humanities Press)

Horkheimer & Adorno(1972), Dialectic of Enlightenment,(New York: Continuum)

Larrain, Jorge(1979), The Concept of Ideology,(Athens, Georgia: The University of Georgia Press) 한상진, 심영희 역(1992), 〈현대사회이론과 이데올로기: 이데올로기론의 역사적 전개와 그 쟁점〉, 한울

Lukacs, Georg(1919), "정통 맑스주의란 무엇인가?", in Lukacs(1923)

Lukacs, Georg(1920), "계급의식", in Lukacs(1923)

Lukacs, Georg(1921), "맑스주의자로서의 로자 룩셈부르크", in Lukacs(1923)

Lukacs, Georg(1923), 〈역사와 계급의식: 맑스주의 변증법 연구〉, 박정호·조만영 역(1986), 거름

Mannheim, Karl(1929), 〈이데올로기와 유토피아〉, 임석진 역(1991), 청아출판사

Marcuse, H.(1968), One-Dimensional Man.(London)

Marx, Karl(1845), 〈독일이데올로기〉, 최인호 역, 칼 맑스 프리드리히 엥겔스 저작선집 제1권(1992), 김세균 감수, 박종철 출판사

McCarthy, Thomas(1984), The Critical Theory of Jurgen Habermas, (Cambridge: Polity Press)

Plamenatz, John(1970), Ideology,(London: Pall Mall Press) 진덕규 역(1982), 〈이데올로기란 무엇인가〉, 까치

Reboul, Olivier(1980), Language et Ideology,(paris: P.U.F.) 홍재성·권오룡 역(1995), 〈언어와 이데올로기〉, 역사비평사

Shiner, H(1990), 〈현대자본주의와 정보지배논리〉, 강현두 역, 나남.

Shils, Edward(1974), "Ideology: The Concept and Function of Ideology", in International Encyclopedia of the Social Sciences,(Crowell Collier & MacMinan)

Thompson, John. B.(1982), "Universal Pragmatics", in Thompson, John. B. and Held, David, eds.(1982), Habermas: Critical Debates,(MIT Press) 임헌규 편역(1995), 〈하버마스 다시읽기〉, 인간사랑

Thompson, John. B.(1990), Ideology and Modern Culture: Critical Social Theory in the Era of Mass Communication,(Cambridge: Polity Press).

제5장 국민의 정부 사회정책에 대한 비판적 연구

Ⅰ. 서 론

신자유주의는 1970년대 이후 세계자본주의체제가 구조적 축적위기를 겪으면서 케인즈주의적 복지국가의 해체와 함께 상승국면을 맞아, 세계 곳곳의 정치는 사실 신자유주의 경제정책을 추진하는 신보수세력에 의해 주도되었으며, 그 영향력이 지금도 막강함은 사실이다. 그러나 맹목적인 자유시장 숭배의 결과는 지금 전지구적 자유시장 자본주의의 실현을 지향한 미국과 IMF의 아시아 경제위기 구조조정에서의 실패에서도 알 수 있듯이 그 한계를 드러내고 있다.

또한 유럽정치지형의 변화 역시 이를 뒷받침해주고 있다. 최근 독일 총선에서 사민당이 승리함으로써 독일, 영국, 프랑스, 이탈리아 등 유럽연합 대다수의 나라에서는 중도좌파 정권이 집권하기에 이르렀다. 이로써 자본주의 세계체제 내에서 미국주도의 신자유주의에 대한 강력한 대항진영이 구축된 것이다. 유럽 중도좌파연합은 이른바 '제3의 길'을 이념으로 내세우고 있다. 이 이념은 전통적 사회민주주의 좌파에 비해서는 시장원리를 더 많이 수용함으로써 시장질서 속에서의 개인의 자유와 책임을 더 많이 요구하고 있다. 그러나 다른 한편으로는 고삐 풀린 시장경제의 폭력과 위험에 대해서는 '성찰적 근대화'를 통해 경고한다는 점에서는 자유시장 우파의 경계도 넘어서고 있다.

이런 상황 속에서 '국민의 정부'가 외환위기를 맞아 마련한 한국경제의 구조 조정 정책이 IMF의 신자유주의에 의해 규정되고 있다는 점이 이 글의 출발점이다. 즉 금융, 재벌, 산업 등 경제 분야 뿐 아니라 정부를 포함한 공공부문, 정치제도 등 우리사회 전반에 걸친 구조조정의 기조는 비효율적인 공공부문의 축소와 민영화 그리고 시장의 합리성과 시장논리에 그 기본틀을 두고 있다는 것이다. 집권을 위한 최초의 정책 구상에서는 사회적 시장경제로 불리는 보다 온건한 독일 신자유주의를 지향하여 이른바 '민주적 시장경제론'을 제창했지만, 대선과 외환 금융위기, IMF 구제 금융을 거치면서 보다 급진적인 IMF 신자유주의로 경사되어 이제는 IMF의 신자유주의 정책의 충실한 집행자로서의 역할에 충실하고 있다고 파악된다.

이에 따라 사회복지제도와 관련한 사회정책 역시 '민주주의와 시장경제를 병행발전시킨다'는 기본원칙하에서 신자유주의적 정책 일변도의 특징을 담고 있다. 물론 노사정위원회를 설치하였고 여기에서 일정합의를 도출해내긴 했으나, IMF라는 외풍을 막기 위해 정부주도하에 급조된 그 본질적 속성상 뚜렷한 한계를 지니고 있다고 보여진다. 이 글은 이런 의미에서 '국민의 정부'가 시행하는 다양한 개혁정책 중 사회정책에 초점을 두어 그것이 신자유주의와 어떠한 연관을 갖는지 특히 구조조정정책과 관련하여 어떤 내용과 방향으로 추진되고 있는지 그리고 그것이 안고 있는 한계는 무엇이고 대책은 어떠한 것들이 있는지를 살펴보고자 하는데 그 목표를 두고 있다. 사회정책을 다룸에 있어서는, 사회정책의 개념이 사회보장, 사회복지, 노동시장 및 노동정책, 여성, 교육, 주택문제 등을 포함하는 대단히 넓고 포괄적인 분야를 담고 있으므로 이 모든 것을 다루기에는 한계가 있기 때문에, 여기서는 사회정책의 핵심이자 금융위기 이후 구조조정 과정에서 뚜렷이 드러나고 있는 노동정책과 실업정책을 중심으로 살펴보고자 한다.

Ⅱ. 신자유주의와 세계화

1. 복지국가의 위기

19세기말 절정에 이른 서구의 자유주의와 자본주의의 번영은 20세기 들어 공황과 제1, 2차 세계대전으로 큰 시련을 겪는다. 특히 30년대의 공황과 뒤이은 2차 세계대전은 서구자본주의의의 기반인 시장에 대한 신뢰를 여지없이 추락시켰다. 그러나 케인즈주의가 부상하면서 자본주의에 대한 국가의 개업이 논리적으로 힘을 받으면서 2차대전 후 서구는 정치적 안정과 완전고용을 달성하게 된다. 즉 복지국가의 발전을 지향하게 된 것이다.

그러나 '황금의 시기(Golden Age)'를 지나 세계자본주의는 60년대 미국의 헤게모니에 기초한 자유주의적 국제경제질서의 붕괴, 70년대 중반 오일쇼크 및 그에 따른 스태그플레이션의 세계적 확산, 일본을 필두로 한 신흥공업국가들의 급속한 성장에 따른 세계적 분업구조의 재편 및 국제경쟁의 격화 등으로 인해 그 구조적 위기를 맞게 된다. 그 결과 이들 국가는 경제성장의 둔화, 실업률과 물가의 동반상승, 국제경쟁력의 급속한 악화, 재정적자의 격증 및 그에 따른 복지국가의 위기 등으로 요약되는 총체적인 경제위기상황에 직면한다.

우선 미국의 헤게모니가 쇠퇴하면서 세계자본주의는 절대적 위기를 맞는다. 미국의 헤게모니는 선진자본주의 국가의 자본주의를 안정화시키는데 큰 기여를 했다. 그러나 누적되는 미국경제 내부의 구조적 악순환과 더불어 60년대 월남전으로 인한 막대한 군사비에 치여 68년에 드디어 무역적자를 기록했다. 이에 따라 물가가 앙등하고 달러의 가치하락에 직면한다. 이후 달러의 과잉발행이 유럽의 통화공급을 촉발시켜 결국 미국과 유럽은 인플레이션에 휩싸인다. 그리고 이러한 인플레이션은 2차 대전 이후 케인즈주의와 포드주의의 결합에 의한 조직자본주의하에서의 높은 임금인상 압력에 의해 더욱 가중되었다.

이러한 상황은 일본과 유럽의 부상과 맞물려 세계자본주의의 위기를 가중시켰다. 즉 독일과 일본을 위시한 신흥공업국들이 빠른 성장을 보이고 이에 따라 세계적 분업구조가 재편됨과 동시에 국제적 경쟁이 심화된 것이다. 전후 급속히 생산력을 회복한 독일·일본의 세계시장 잠식과 신흥공업국의 가세로 세계시장에서의 경쟁은 이미 치열해져 가는 추세에 있었고, 이에 따라 국제경쟁은 더욱 격화되었다. 그 동안 미국에 의해 유지되어 왔던 고정환율제를 붕괴시키고 변동환율제로 바꿈으로써 각국은 국제시장에서의 시장점유율을 높이기 위한 경쟁에 돌입하였다.

한편 70년대 오일쇼크 및 그에 따른 스태그플레이션의 세계적 확산 역시 복지국가 위기의 한 요소로 작용했다. 유가폭등은 구매력 삭감과 소비 위축을 불러 투자의 감소와 실업률 증가를 가져왔다. 이에 따라 수요를 조정하고 완전고용을 유지하기 위해 국가개입이 필요하다는 케인즈주의는 불신을 받게 되었다. 곧 경제침체 속에서의 계속적인 복지지출은 재정부담을 가중시키는 결과를 초래했다. 이는 바로 국내차원에서 안정적 총수요를 관리하여 경제성장을 도모하려는 케인즈주의적 처방이 신뢰를 상실했음을 의미하며, 케인즈주의의 실패는 바로 복지국가의 정당성을 약화시켰던 것이다.

이에 따라 다시 국가개입의 축소와 시장의 복귀를 주장하는 신자유주의의 사조가 세계의 경제정책과 사회정책의 조류를 변화시키기 시작하였다. 곧 신자유주의는 케인즈주의에 입각한 복지국가의 위기와 이 위기의 극복형태로 나타난 다양한 사회적 변화라는 맥락을 통해 나타났다. 그 핵심사항은 시장과 이윤운동을 제한하는 국가의 개입을 철폐하고 사적자본과 시장에 자본주의 재생산의 조절을 위임해야 한다는 것이다.

3장에서 상술되겠지만, 신자유주의의 가시적 모습은 각국마다 다양하게 나타났다. 미국은 레이건식 경제정책이라 할 '레이거노믹스'를 시행하여 기업의 투자의욕을 회복시켰다. 영국에서의 신자유주의는 1979년 대처 여사가 이끄는 보수당이 승리함으로써 '영국병'을 치유하기 위한 처방으로 나타났다. 서독에서의 신자유주의는 사회민주주의적 위기관리의 실패에 대한 대응임과 동시에 녹색당의 대안적인 도전을 받으면서 성장하였다.

2. 세계자본주의의 재편

신자유주의는 복지국가의 해체에 이어 나타나면서 동시에 자본주의의 세계화의 이데올로기적 첨병으로서의 역할을 맡아 왔다. 자본주의의 세계화의 가장 중심된 내용은 자본과 재화, 그리고 정보의 흐름에 있어서 시간과 공간의 압축이다. 곧 재화와 정보의 이동이 세계적 규모로 이루어지고 있으며 이러한 세계적 거래에 있어 어떤 영토적, 시간적, 정치적 장애가 사라지고 세계적 단일규모의 자유시장 경쟁체제가 구축되어 간다는 것이다(Harvey, 1989: 190). 문제는 바로 이러한 세계적 시장경쟁체제에서 유리한 쪽은 자본과 기술에서 우위를 점하는 선진산업국이며 개발도상국이나 저발전국은 이전의 국제 경쟁상태에서보다 더욱 열악한 처지에 놓이게 된다는 것이다. 즉 세계화시대의 국가경제 특정은 금융자본에 의한 세계자본주의의 지배 형식이 된다.

이는 바로 자본주의 세계경제에 있어 상호의존성이 심화되는 것으로서 자본기술 상품 서비스가 개별국가의 영토적 국경을 넘어 자유롭게 이동하면서 치열하게 경쟁함을 의미한다. 이에 따라 전지구적 차원의 경제적 교환관계가 더욱 심화되고 경제활동의 주체는 물론 규모에 있어서도 영토적 제약을 넘어서고 시장활동에 대한 국가의 간섭은 현저하게 줄어들고 있다.

이것은 일반적으로 현재의 자본주의가 안고 있는 위기를 극복하려는 세계적 차원의 제도화된 모습으로 이해된다. 사실 자본주의의 역사를 살펴볼 때 자본주의의 위기국면은 항상 위기를 극복하기 위한 적극적인 대응책으로 자본주의의 재구조화(restructuring)를 수반하고 있는데 세계화경제의 출현은 현재의 자본주의 위기가 대응하는 시대적 산물로서의 재구조화 작업이라 할 수 있다.

경제적 세계화는 경제부문별로 다양하게 전개되고 있지만, 그 저변에는 국민 국가가 아닌 자본 그 자체를 기본단위로 하는 세계경제의 창출이라는 근본원리가 자리하고 있다. 즉 오늘날의 세계화는 경제의 체계적 상호의존성이 심화됨으로써 국민국가의 경제주권과 개별시장은 세계시장에 의해 조건지워지고 변화된다는 것이다(Humbert, 1993: 4). 이전 시기의 세계적 규모의 경제형태는 개별국가들 사이에서 이루어지는 단순한 무역체제에 불과했으나, 오늘날은 단순한 교역뿐 아니라 금융자본 및 생산자본이 이동된다는 점에서 자본주의 축적방식의 전환이라는 의미를 담고 있다.

이는 세계경제의 주요행위자 역시 바뀌는 계기가 된다. 경제적 세계화의 주요 담당자는 다국적기업(multinational corporation)에서 초국적기업(transnational corporation)으로 이동하고 있다. 다국적 기업은 소유권, 경영, 생산, 그리고 판매활동이 몇몇 국가의 관할권을 넘어 팽창하는 과점적 기업의 경향을 지닌다. 즉 한 나라에 본부를 두어 국적을 갖은 상태에서 다른 나라에 예속 회사군을 거느리면서, 세계시장용 상품을 최저비용으로 생산하는 것이다(Galpin, 1987: 238-845). 그러나 초국적기업은 국경 없는 경제논리에 의거한 자유로운 자본의 형태로, 우선 명확한 국적을 필요로 하지 않아 국제적 규제기준 이외의 모든 규제로부터 자유롭다. 따라서 국민국가는 자국경제 내에서 활동하는 초국적기업에 대해 나름대로의 특수한 규제정책을 통해 이들의 활동을 통제하기가 불가능해진다(Hirst & Thompson, 1989: 362). 결국 초국적기업은 경제적 세계화의 대명사이자 국경 없는 경제논리의 일차적 담당자로 등장하고 있는 것이다.

경제적 세계화는 금융부문에서도 특징적으로 나타난다. 금융시장의 세계화는 사실 오랜 역사를 갖고 있다. 최초 세계금융시장의 중심은 런던이었으나 세계대전을 거치면서 그 중심은 뉴욕으로 옮겨지고 동시에 세계은행(World Bank)과 국제통화기금(IMF)에 의해 보완되었다. 그러나 미국의 경제력을 기초로 이루어진 전후 세계경제는 1970년대 오일쇼크와 미국경제 약화를 기점으로 세계금융시장의 '무국적화'라는 새로운 경향을 띠게 되었고, 그 결과 80년대 중반 들어 국제적 은행활동의 양은 세계시장경제 GDP의 20%에 달하고 있다(Sweezy, 1992: 1-2).

이런 점에서 현재의 세계자본주의의 재구조화는 초국적 은행과 다국적 기업이 긴밀하게 결합되어 형성된 초국적 금융자본에 의해 이루어지고 있다고 지적된다. 1990년 현재 활동 중인 다국적 기업은 약 2만 개에 달하며 이들의 해외자산은 세계총생산의 8%와 맞먹는다(Dunning, 1993: 13-4). 이는 세계 GDP의 25-30%에 이르는 양이며 세계 상품거래의 75%, 세계기술과 경영기법 교류의 80%를 감당할 수 있는 규모이다. 그리고 300대 초국적기업은 전체 해외 직접투자의 70% 그리고 세계자본의 25%를 차지하고 있다(Emmot, 1993: 6) 해외직접투자는 90년까지 4배정도 확대되었는데, 이중 90%가 10개 산업국에 의해 이루어졌고, 미국, 영국, 일본, 독일이 전체의 4분의 3을 차지하고 있다. 이는 결국 경제적 세계화는 선진산업국의 초국적기업에 의해 주도되면서 세계 레짐(regime)의 구축을 통해 이러한 경제활동의 국민국가적 제약을 약화시키고 민족국가의 정치적 문화적 울타리를 넘어서서 세계화를 하나의 시대적 흐름으로 확정시키고 있음을 내포하고 있다.

Ⅲ. 신자유주의와 사회정책

1. 신자유주의의 기본이념

신자유주의의 기본원리는 우선 시장주의사회에 근거한다. 즉 신자유주의 사회의 경제는 시장중심적이다. 따라서 국가의 경제개입은 배제되고 기본적으로 시장자체만의 원리에 의해서 경제가 움직인다. 이때 국가의 역할은 사유재산권의 보호, 공정경쟁의 보장, 대량의 시장경쟁 탈락자 방치로 인한 시장체제의 붕괴 위험성을 제도적으로 방지하기 위한 사회적 안전망의 구축 등이다

신자유주의자들의 복지국가에 대한 비판은 크게 세 가지로 요약된다. 첫째, 70년대 이후 서구 경제침체의 원인은 국가의 과부화에서 비롯되었다. 둘째, 복지국가의 성장은 공공부문의 성장으로 이어져 결국 조직의 경직성과 관료화를 초래해 국가의 실패를 가져온다. 셋째 시장기제의 인센티브를 저해하는 과도한 복지급여는 근로의욕의 상실을 가져와 시장의 효율성을 저해한다는 입장이다(정무권, 1998). 그러므로 복지국가의 사회정책에 대한 신자유주의자들의 입장은 지금까지 과도하게 확대된 국가복지를 과감히 축소시켜야 한다는 것이다. 이를 위해 국가는 시장에 대해 개입을 축소해야 하고 그동안 국가가 공급해오던 다양한 복지급여를 가능한 민영화시켜야 한다는 것이다. 그리고 국가복지의 재원으로 부가하였던 세금을 줄여 시장의 규율에 따른 보상이 가능케 함으로써 경제의 효율성과 파레토최적을 달성할 수 있게 하자는 것이다. 따라서 그동안 노동을 보호하고 복지국가를 유지하기 위해 만들어진 각종 노동에 대한 규제를 풀고, 노동시장의 유연화를 통해 노동시장의 수요와 공급이 시장의 원리에 의해 이루어져야 한다는 것이다.

이와 같은 신자유주의 사회정책의 주요 특징을 요약하면 다음과 같다.

2. 신자유주의적 사회정책의 사례들

복지국가의 위기상황에서 시장을 회복하고 경기를 부양하는데 있어 각국의 신자유주의는 나름대로의 편차를 보인다.

－신자유주의 사회정책의 주요특징－

· 소득이전(income transier)정책에서 근로복지(workfare)정책으로 · 탈상품화(decommodificaticn)전략에서 재상품화(recommodificaticn)전략으로 · 국가개입의 축소, 민영화, 세금감면 · 복지다원주의(welfare pluralism) · 케인즈주의(Keynsian)에서 통화주의(monetarism) · 완전고용의 포기와 시장원리에 의한 자연실업률인정 · 노동시장의 규제완화와 유연화(수량적 유연화를 강조) · 노동의 정치력 약화전략 · 노사정의 합의에 의한 정책결정으로부터의 탈피 · 정책결정과정에서의 노동의 배제

영국의 경우 1979년 대처의 보수당 승리는 노사관계의 병폐와 같은 전형적인 영국병을 치유하기 위한 처방으로 나타났다. 합의의 정치를 강점으로 하던 그동안의 영국이 대처에 의해 영국의 재건을 위해서는 전통과 합의보다는 소신에 의한 정책집행이 등장하는 계기가 된다. 합의의 정치는 국민을 온정적으로 감싸기에는 충분했지만 사회를 위한 개인의 희생, 국가에 대한 의무, 경쟁을 받아들이고 최선의 노력을 이끌어내는 데는 부족하였다. 개인의 복지를 목표로 조직이 움직이는 가운데 국가는 비대해졌고 노동조합은 국가에 비협조적인 측면에서 비대해졌다. 이에 대처는 적어도 2차 대전이후 영국정부가 추진 해온 국가의 적극개입정책을 폐기하기에 이른다. 곧 완전고용과 사회복지 그리고 경제통제 등을 부인하는 것이다. 이제 대처리즘은 전후 사회적으로 합의하였던 케인즈주의를 포기하고 전통적인 통화주의 정책을 실시한다. 통화의 수요와 공급은 기본적으로 시장에 맡겨야 한다는 것이고, 인위적인 적자재정을 통한 화폐공급의 남발은 인플레이션을 일으키기 때문에 엄격한 통화관리에 의해 물가를 안정시켜야 한다는 것이다. 따라서 균형예산을 위해서는 국가관리하에 있던 공기업과 복지서비스를 민영화시켜야 한다는 입장에서, 정부지출은 전면적으로 축소되어 주택보조금, 교육비, 환경정비비, 국유기업보조금 등이 일체 삭감되었다(전경옥, 1997: 144-5).

즉 경제적 효율성 제고를 위해 통화주의의 전제 위에서 시행된 완전고용의 폐지, 공공지출의 삭감, 세금인하와 규제완화, 그리고 민영화의 정책들이 시행되었다. 그러나 오히려 이런 정책들의 시행으로 드러난 효과는 노조의 약화, 노동당 지지기반의 약화와 보수당 지지기반의 강화, 그리고 노동상층보다는 노동하층에 대한 공격으로 불평등 구조를 심화시켰다.

미국에서의 신자유주의는 80년 레이건의 경제정책에서 찾아진다. 미국의 경우는 정책차원의 재해석 내지 수정이었지 영국처럼 국가 통치이념 차원의 문제는 아니다. 석유파동으로 인한 인플레는 1979년 민주당의 패배를 초래하였고 경제문제의 해결은 레이건에게도 중요한 것이었다. 이미 미국은 인플레이션과 생산성의 정체, 산업의 국제경쟁력 약화 등을 겪고 있는 실정이었다. 이에 레이건 정부는 자본축적을 저하시키는 문제를 해결하고 이를 위해 정부규제를 줄이고 저축률을 신장시키고 세제를 개혁하는 것을 정책목표로 삼았다(전경옥, 1997: 146-7). 이렇게 공급측면의 경제를 강조한 레이거노믹스는 정부가 세금을 감소시키고 중앙정부의 지출을 감소시켜야 한다는 입장을 취했다. 케인즈 이론이 정부지출을 통해 유효수요를 유발하여 경제를 활성화시켰다면 공급측면의 경제는 공급을 통해 경제를 활성화시켜야 한다는 것이다.

Ⅳ. '국민의 정부'와 사회정책

1. 현정권 사회정책의 기본방향

한국에 신자유주의 태풍이 본격적으로 국내에 휘몰아친 것은 아무래도 국민의 정부가 IMF 신탁통치를 수용한 이후부터이다. IMF의 관리체제로 신자유주의 세력은 과거에 비해 훨씬 더 유리한 고지를 점령하게 되었다. 신자유주의 정책은 부분적으로는 관치금융을 지양하고, 재벌을 개혁코자 하는 등 기존자본주의의 '결합들'을 수정하려 한다는 점에서 나름대로 개량적 의미가 없는 것은 아니다. 그러나 IMF는 자본의 자유, 특히 국내외 독점자본의 자유를 최대한 보장함으로써 사회 전체를 자본의 지배하에 두고자 하는 자본의 지배전략인 것이지 결코 개혁적인 주체가 아니다. 시장에 대한 국가의 통제를 없애려는 탈규제화, 노동의 저항을 최소화하기 위한 노동의 유연화, 자본이동의 자유화, 생산의 세계화 등 IMF가 추진하는 정책들은 한결같이 초국적자본의 신자유주의적 전략의 일환인 것이다.

현정부의 사회정책 기본방향은 '민주적 시장경제', '균형적 복지'와 그리고 '생산적 복지'로 요약된다.

우선 민주주의와 시장경제의 병행발전 논리 즉 '민주적 시장경제론'으로 일컬어지는 김대중 대통령의 정책논리는 저서와 대선공약을 통하여 정부규제 완화와 시장경제 강화라는 내용으로 집권이후 일관되게 제시되었다.

> "정부주도의 개발체제는 그 동안 노동과 자본 등 생산요소의 양적 투입과 규모의 경제에 의존하고도 성장의 신화를 창조했다. 그러나 우리는 경제규모가 확대되고 세계경제가 변화하는 과정에서 이를 적기에 시장경제체제로 전환시키지 못했다. 이것이 우리경제의 경쟁력을 약화시켜 경제위기를 초래한 근본원인이라 할 수 있다."(재정경제부, 1998: 31).

> "경제위기의 근본적 원인은 시장경제체제를 올바로 정립하지 못했기 때문이며 …… 정부주도 경제운용 아래 권위주의적 통제와 가부장적 보호를 두 축으로 하는 관치경제가 지속되어 경제적 ·사회적 폐해가 누적되어 왔다. …… 그간의 개혁노력은 새로운 시장경제체제가 요구하는 규칙과 제도 확립에 성공하지 못했다."(한국개발연구원, 1998: 5-6).

아시아유럽정상회의(ASEM)에서는 개방화, 효율화, 민주화가 새정부 경제정책의 3대 원칙으로 제시되기도 하였다(조선일보, 98년 4월 1일자). 즉 경제의 개방화를 위해서는 자본자유화와 시장진입 간편화, 경제활동 기준의 국제화 등을 적극 추진하는 한편 효율화를 위해서는 각종 행정규제를 과감히 철폐함으로써 정부의 역할을 시장주도자에서 시장지원자로 전환할 것임이 강조되었다. 또 경제민주화를 위해서는 공정경쟁과 책임경영체제를 확립하고 소액주주의 권한 강화, 적대적 기업인수합병 허용, 자유교역에 대한 감독강화, 조세 형평성 제고, 사회복지체제 강화대책 등의 추진이 밝혀졌다. 결국 정부의 과도한 시장개입, 정경유착, 불공정경쟁 등이 제거된 공정한 경쟁질서가 유지되는 시장경제를 나타내는 '민주적 시장경제론'은 권위주의적 관치경제에 대립하는 자유롭고 공정한 시장질서를 의미한다 할 것이다.

한편 국민의 정부의 사회정책적 이념에서 자주 표현되는 '균형적 복지국가'(balanced welfare policy)는 성장과 복지가 균형된 사회로 설명된다. 지금까지 우리의 사회복지제도가 '선성장 후분배'원칙에 의해 성장위주로 일관해왔기 때문에 이제는 낙후된 복지수준을 끌어 올려 성장기조와 보조를 맞추어야 한다는 의미로 제시되었다. 그러나 이는 이전과 마찬가지로 여전히 성장이데올로기에서 크게 벗어나지 못하고 있다. 즉 복지는 성장에 저해가 되어서는 안된다는 입장을 고수하고 있다.

그리고 '생산적 복지'(productive welfare policy)개념은 사실 문민정부의 복지구상에서 처음 제시되었다. 스웨덴 복지모델의 특징을 나타내는 이 개념은, 직업훈련과 직업안정에 중점을 두는 적극적 노동시장정책을 통해 사회구성원들의 인적 자원을 개발하고, 이들이 생산과정에 투입되면서 궁극적으로 생산과 복지를 조화시키는 복지정책을 일컫는다(Esping-Anderson, 1992). 이를 위해서 정부는 체계적인 직업훈련과 직업 안정서비스를 제공하고 이를 통해 완전고용을 달성한다는 목표를 전제하여야 한다. 그러나 현정부의 '생산적 복지'는 근로동기를 해치지 않는 수준에서 복지급여의 수준과 제도를 결정하면서 자활의 의지를 키우는 방향으로 전개되어야 한다는 지극히 자유주의적인 이념에서 출발하고 있는 것이다.

이에 기초한 국민의 정부의 사회복지정책은 최소수준의 소득보장을 통한 노동의 상품화, 근로복지, 재정의 최소국가개입의 원칙, 민간중심의 복지다원주의적 복지서비스 공급 등 노동의 시장규율을 최대화하는 방향을 담고 있다. 이는 지금까지의 한국의 복지제도가 기본적으로 안고 있는 신자유주의적 원칙이 그대로 관철되고 있음을 보여주고 있다.

2. 노동정책

국민의 정부의 사회정책분야 가운데 주요한 위치를 차지하고 있는 노동정책은 노사정위원회에 대한 평가를 통해서 잘 살펴볼 수 있다. 노사정위원회는 IMF극복을 위해 1998년 1월 출범하였다. 그리고 2월에 '노사정 대타협'을 이끌어 냈으며 98년 6월부터는 2기 노사정위원회가 출범하였다.

우선 제1기 노사정위원회에서 합의한 사회정책 관련내용은 실업대책, 고용보험, 의료보험, 국민연금 등 포괄적인 사회정책분야를 다루고 있어 이에 대한 이행이 제대로만 이루어진다면 우리 사회보장정책은 매우 급속한 발전을 이루게 될 가능성이 높다. 그러나 아직 노사정위원회의 성과로서 사회복지제도의 가시적인 개혁은 나오지 않고 있는데 이는 최종적인 입법단계에 이르기까지 이해당사자 간에 다루어야 할 구체적인 협의사안이 많은 데 기인한다. 한편 2기 노사정위원회는 한국노총과 민주노총 등 노동측의 불참과 재참여, 자본의 반발, 국가의 강경대응과 교섭방침의 교차 등 매우 혼란스런 모습을 보이면서 현재에 이르고 있다.

노사정위원회의 이런 모습은 출범자체가 피할 수 없는 타율적 구조상황에서 시작되었다는 것과 무방하지 않다. 출발의 배경은 무엇보다 IMF경제상황에서 비롯된다. 구제금융으로 이어진 경제위기상황은 국가와 자본이 노동의 협조를 강요할 수 있는 매우 유리한 조건을 만들어 냈다. 즉 경제위기 자체가 노동 측의 전략적 선택의 폭을 제약하는 구조적 조건을 형성하였고, 국가와 자본은 반대급부 없는 노동의 협력을 이끌어 낼 수 있게 된 것이다. 게다가 여소야대 및 단독이 아닌 공동집권 등 상대적으로 취약한 정치기반으로 인해 노동과의 전면적 대결이 어려운 상황에서, 정치적 정당성을 확보하기 위해 어쩔 수 없이 타협과 협력을 필요로 했다. 이런 구조적 상황적 환경하에서 정권은 초국적 금융자본이 요구하는 구조조정과 노동유연화를 긴급하게 추진해야 하는 상황을 맞게 되었고, 여기서 그동안 불가능했던 정리해고문제를 정치적 비용을 지불하지 않고 해결하는 정책수단이 필요했던 것이다. 이에 따라 제1기 노사정위원회는 정리해고문제에 대한 헤게모니적 통제수단으로 기능하였고, 2기 노사정위원회는 구조조정과 대규모 실업에 대한 노동 측의 저항을 최대한 약화시키려는 의도를 갖고 있다(노중기, 1998: 438-9).

결국 사회적 협약기구와 정책협의기구로 작동하고 있는 노사정위원회는 서구와 같이 노사간의 힘의 균형과 이익의 대등한 상호교환관계에서 이루어진 것이 아니라 제도적 물적 토대가 취약한 상태에서 IMF 위기하에 강압적 분위기 속에서 긴박하게 이루어 졌다. 즉 제1기 노사정위원회와 2월의 노사정간의 타협은 정리해고제를 입법화하기 위한 노동의 양보를 받아내는 수단이었다. 이 정리해고제는 바로 국제자본의 유입을 유도하고 구조조정을 원활히 하기 위한 유연적 노동시장 확대의 발판이었던 것이다. 이런 의미에서 현재의 노사정위원회는 서구의 조합주의 노동정치와는 전혀 다른 양상을 보인다. 형식적으로 조합주의의 틀을 유지할 뿐 내용적으로는 신자유주의적 노동정책의 실행기구에 불과하다.

물론 국민의 정부 집권 후 노동정책에 몇 가지 변화가 보여지는 것은 있었다. 노사정위원회의 구성과 운영을 비롯하여 파업에 대한 공권력투입의 자제, 노동행정의 중립성 강조, 정책실행에서의 치밀성 증가 등이 그것이다(신광영, 1998). 그러나 노동정책의 기본 골격인 '노동정책의 종속성'

은 이전보다 더 강화되고 있는 실정이다. 즉 노동정책을 경제정책과 국가정치의 하위영역으로 놓아 자본과 국가로 구성된 지배블록의 이해를 우선적으로 반영하는 이 속성은 IMF위기국면에서도 강화되어 나타나고 있으며 그 지표가 노사정위원회로 설명된다.

요약하자면 IMF구제금융 상황을 맞아 노사정위원회의 출범으로 시작된 현 정부의 노동정책은 그 자체로 보면 개혁적 조치이지만, 내용적으로는 신자유주의 노동유연화 정책의 틀을 벗어나지 못하는 것으로서, 문민정부 노동정책의 연장선상에서 이를 좀더 강력하고 세련되게 실행하는 것으로 판단할 수 있다. 즉 보다 세련된 '헤게모니 배제전략'으로 분석할 수 있다.

3. 실업정책

IMF사태를 계기로 실업문제는 더욱 중요한 사회정책 분야로 떠오르고 있다. 이미 기업의 대량감원과 조기퇴직 등이 본격화되면서 98년 12월 현재 통계청 조사로만으로도 160만 명의 실업인구가 창출되었다. 이제 실업은 본격적인 사회문제가 되고 있는 실정이며, 99년 들어 대기업 빅딜이 이루어진다면 이 상황은 더 심각해질 것으로 예상된다. 더욱이 정리해고제, 근로파견제 등을 담고 있는 개정 근로법이 국회에서 통과됨에 따라 고용불안은 엄연한 현실이 되고 있다. 곧 기업과 정부는 IMF 이후 구조조정의 가장 중요한 내용의 하나로 노동시장의 유연성 제고를 내세우면서 대대적인 인력감축에 나서면서 각종 법률적·제도적·정책적 방안을 강구하고 있어 실업인구의 증가는 물론 끊임없는 고용불안을 가중시키고 있는 것이다.

경제위기 속에서 국가에 의해 강제되는 구조조정 정책은 시장으로부터의 퇴출과 인수합병에서 생존하기 위해 필사적으로 외국자본을 도입시키는 방향으로 나아가고 있고, 이를 위해 우선 국내에서 기업과 금융 구조조정이 강력하게 전개되고 무엇보다 외국자본 유입의 촉진을 위해 노동시장의 유연화가 요구되고 있다.

그러나 한국의 노동시장은 외국에 비해 결코 경직적이지 않다. 〈표 1〉에서 나타나듯이 한국의 고용유연성 수치는 0.55로, 미국의 0.67이나 영국의 0.71에는 미치지 못하나 OECD국가들과 비교해서는 중간중도이며, 일본의 0.46에 비해서는 상당히 유연성이 높다. 임금의 유연성 역시 OECD국가들 중 중간정도를 유지하고 있다(정인수, 1997).

〈표 1〉 산출량에 표준화한 노동변수의 국제비교(1950-83)

	고용	근로시간	실질임금
한국	0.55(0.54)	0.06(0.13)	0.68(0.80)
미국	0.67(0.18)	0.19(0.07)	0.25(0.26)
일본	0.46(0.23)	0.21(0.09)	0.50(0.37)
독일	0.66(0.36)	0.33(0.13)	0.54(0.73)
영국	0.01	0.30	0.54
캐나다	0.66	0.30	0.34
덴마크	0.94	0.43	0.80
프랑스	0.59	0.40	0.79
이탈리아	0.51	0.42	0.79
네덜란드	0.63	0.29	0.82
노르웨이	0.68	0.32	0.84
스웨덴	0.64	0.26	0.82

자료: 정인수. 1997.

주: a) 고용·근로시간·실질임금 각각의 연도별 값에 로그(log)를 취하여 표준편차 값을 구한 후 제조업 총산출량(실질)의 연도별 로그를 취하여 표준편차 값을 나누어서 표준화(normalized)한 수치임.

b) 한국·미국·일본·독일의 괄호 안 수치는 1981-91년까지의 것임.

한편 한국의 실업문제는 이처럼 '노동시장의 유연화'가 강조되는 가운데 고용 불안정화를 감당할 수 있는 제도적 틀이 제대로 갖추어져 있지 않기 때문에 그 심각성이 더하는 것이다. 노동시장의 하부구조가 제대로 마련되지 않은 상태에서 노동시장의 유연성 제고는 결국 고스란히 노동자들의

'고통전담'으로 귀결될 수밖에 없는 실정이다(윤진호, 1998: 416-7). 한국에서 실업과 고용불안은 다른 나라의 노동자와 비교할 수 없는 고통을 수반하는데 이는 여러 가지 측면에서 특히 사회복지 등의 여건이 다른 나라와 다르기 때문이다.

일례로 해고 후 실업보험의 혜택 면을 살펴볼 때 한국의 실업보험은 그 수급 자격, 기간, 액수 등 모든 면에서 선진국에 비해 훨씬 불리하여 실직자의 충분한 생계보장에 미흡한 실정이다. 정부는 고용보험의 실업급여 대상을 점차 확대하여 98년 3월부터 5인 이상 사업장으로 확대한데 이어 98년 10월부터는 전체 사업장으로 확대하였다. 그러나 이러한 조치에도 불구하고 여전히 일용직, 자영업자 등 많은 부분이 적용대상에서 빠져 있어 전체 2천만 명의 취업자중 고용보험대상자는 약 860만 명에 불과할 것으로 보인다. 특히 5인 미만 사업장 근로자들은 실업급여의 수혜대상이 되기 위한 6개월간의 의무근무기간이 끝나는 99년 4월에 가서야 비로소 실업급여를 받을 수 있으므로 당장은 아무런 대책이 없는 실정이며, 받는다 하여도 평균 급여액수가 월 76만5천 원으로 절대생계비에도 못 미치는 실정이다(재정경제부 외, 1998). 그나마 일용직 및 저소득근로자 및 영세자영업자의 경우에는 실업보호제가 없는 관계로 공공근로사업에의 참가 등 외에는 아무런 생계대책이 없다. 곧 실직자에 대한 사회적 안전망이 매우 미흡한 실정이다.

결국 현재 IMF가 강요하고 정부와 기업에 의해 추진되고 있는 노동시장의 유연화는 시장의 강제력에 의해 유연화를 달성하려는 소위 '시장적 유연화' 일변도라는 점에 문제가 있다. '시장적 유연화'는 대량해고와 임시노동자의 대량도입, 임금의 최대한 삭감 그리고 노동조합 기능의 최대한 약화 등으로 노동시장에서 기업의 이윤을 위한 최대한의 유리한 조건을 창출함으로써 기업의 축적조건을 회복하려는 시도로 해석가능하다. 그러나 이러한 '시장적 유연화'는 결국 대량실업과 대량빈곤, 노동시장의 이중구조화, 고용관계의 불안전화 그리고 이에 따르는 노사관계의 악화를 가져오게 될 것이다.

Ⅴ. 맺음말

현재 신자유주의 이데올로기에 기초한 세계화의 물결은 이미 거스를 수 없는 시대적 흐름이 되고 있다. 그러나 신자유주의의 시장논리를 맹신하여 쉽게 국가를 포기해서는 안 되고 시장의 폐해를 최소한으로 방지하기 위해서라도 적절한 수준의 사회적 안전망의 확충에 진력해야 한다. 따라서 신자유주의의 장점을 슬기롭게 받아들이되 시장의 문제점을 극복할 수 있는 제도적 장치를 갖추어야 한다. 지금의 구조조정 방식을 영미식의 시장주의로 맹목적으로 접근하는 것은 경계되어야 한다. IMF관리체제의 극복을 위해서는 물론이고 더욱 경쟁이 심화될 21세기를 맞으면서 사회정책을 제도적으로 확충하기 위해서 국가의 역할을 재정비해야 할 것이다.

이를 위해서는 국가 관리능력의 증대가 우선적으로 필요하다. IMF사태도 결국은 세계자본주의에 대한 이해와 경계 그리고 내국의 자본관리라는 국가의 통치능력 부족에서 비롯된 것이다. 이는 사회복지제도의 부실과 운영미숙도 마찬가지이다. 정부의 관리능력이 부재한 상태에서 사회복지제도의 확대는 시장에 맡기는 것보다 더 큰 문제를 야기할 수도 있다. 따라서 국가는 거시적으로는 사회세력간 타협과 합의를 도출해내는 능력과, 미시적으로는 책임과 효율을 바탕으로 한 행정관리능력을 가져야 할 것이다. 이와 함께 중요한 요소가 강한 시민사회의 확립이며, 현재 이는 사회적 합의기제의 마련에서 그 단초가 마련되어야 할 것으로 보여진다. 정부가 현 위기극복을 위해 노사정 참여체제를 구축한 것은 일단 올바른 방향이라 할 것이다. 그러나 자칫 이것이 단순히 구조조정과정에서 노동자 및 노동조합의 반발을 막기 위한 수단으로서의 의미에 그친다면 오히려 더 큰 갈등과 혼란을 초래할 것은 명약관화한 일이다. 앞으로 세계화의 시장의 힘으로부터 사회통합적으로 유연하게 대응할 수 있는 길은 사회적 합의도출 제도를 통한 노사간의 타협과 양보로서만 가능하다는 점이 우선되어야 한다. 이런 점에서 사회적 합의기제를 통한 신자유주의의 정책의 실행은 그 방향과 전략에서 변화를 가져야만 된다.

참 고 문 헌

강내희, (1998) "IMF의 신자유주의 공세와 문화변동" 〈경제와 사회〉 (여름), 한울.

김 균, (1998) "재벌개혁과 한국자본주의의 방향" 〈동향과 전망〉 통권37호, 한울.

김성구, (1998a) "자본의 세계화와 신자유주의적 공세" 〈자본의 세계화와 신자유주의〉, 문화과학사.

김성구, (1998b) "김대중 정권의 신자유주의 구조조정 정책비판" 〈한국좌파의 목소리〉, 민음사.

김성구, (1997) "신자유주의 경제사상에 대한 비판: W. 오이켄을 중심으로" 〈한신논문집〉

김세균 (1996) "신자유주의 정치이론의 연구경향과 문제점" 〈이론〉 15호.

노중기, (1998) "김대중 정부의 노동정책과 노동정치" 이병천. 김균 편 〈위기 그리고 대전환〉, 당대.

박길성, (1996) "글로벌 사회" 〈현대사회의 구조와 변동〉, 사회비평사. 새정치국민회의, (1997) '15대 대통령선거 공약".

송민경, (1998) "국가주도적 성장체제와 재벌" 〈위기 그리고 대전환〉, 당대.

신광영, (1998) "김대중정부의 노동정책" 〈현장에서 미래를〉, 6월호.

안병영, (1992) "신보수주의와 복지국가: 1980년대 대처와 레이건이 정책비교" 〈사회과학논집〉. 제23집. 연세대학교.

윤진호, (1998) "한국사회의 실업문제와 대책" 이병천. 김균 편 〈위기 그리고 대전환〉, 당대.

이병천, (1998) "한국경제 패러다임의 반성과 과제" 이병천. 김균 편 〈위기 그리고 대전환〉, 당대.

이창근, (1998) "신자유주의 IMF체제 그리고 국제연대를 위하여" 〈연대와 전망〉.

임혁백, (1994) "시장·국가·민주주의: 긴장에서 공존으로" 〈계간사상〉, 여름호.

장상환, (1998), "김대중정권 경제정책의 성격과 전망" 〈경제와 사회〉 (여름), 한울.

재정경제부, (1998) 〈국민과 함께 내일을 연다〉, 재정경제부, 재정경제부 외, (1998) 〈하반기 실업대책〉, 8월

정무권 (1998) "국민의 정부의 사회정책" 사회과학연구회 1988년 학술심포지움 발표논문.

정인수, (1997) 〈주요국 노동시장의 변화와 정책과제〉, 한국노동연구원, 한국개발연구원, (1998) 〈경제위기극복과 구조조정을 위한 종합대책〉, 한국개발연구원.

홍덕률, (1996) "1987년 이후 정부와 재벌관계의 연화," 〈경제와 사회〉 (여름), 한울.

홍 훈, (1998) '한국의 경제위기와 IMF프로그램" 〈위기 그리고 대전환〉, 당대.

Amin, Samir. (1996) "The Challenge of Globalization," Review of International Political Economy, 3/2.

Boyer, R. (1991), 정신동 역, 〈조절이론〉, 학민사.

Dunning, J. (1993), Multinational Enterprises m a Global Economy, Working-Ham: Addison-Wesley.

Emmot, B. (1993), "Everybody's Favorite Monsters" The Economist, 27/3, Supplement.

Esping-Anderson, Gosta (1992), "Social Security Policies and the Swedish Model" Paper presented to the International Conference on Social Welfare, Seoul: Korea.

Galpin, Robert, (1987), The Political Economy of Interantional Relations, Princeton Univ. Press.

Giddens, A. (1998) 〈제3의 길〉, 생각의 나무.

Harvey, D. (1989), The Conditions of Postmodernity. Basil Blackwell.

Humbert, M. (1993), "Introduction: Questions, Constraints and Challenges in the name of Globalization," in M. Humbert(ed.), The Impact of Globalization on Europe's Firms and Industries, Printer Pub.

Hirst, P., and Thompson, G. (1989)," The Problem of Globalization: International Economic Relations, National Economic Management & the Formation of Trading Blocs," Economy & Society, vol.21, no 4.

Jessop, B. (1990), "Farewell to Thatcherism? Neo-Liberalism and 'New-Times'" NLR No.179.

Jessop, B. (1991), "조절이론의 회고와 전망" 〈사회경제평론〉 3호, 한울.

Jessop, B. (1993), Toward a Schumpctcrian Workfare State? Preliminary Remarks on Post-Fordist Political Economy," Studies in Political Economy 40. Spnng.

Rustin, M. (1989), "The Politics of Post-Fordism" NLR No.175. Sweezy, P (1992), "Globalization: to what end?" Monthly Review, Vol.43, No.9-10.

제 2 부

한국의 사회복지: 현황과 과제

제6장 일본의 실버산업과 한국의 고령친화산업의 전망과 과제

Ⅰ. 머리말

우리나라는 2000년에 고령화사회로 진입했으며, 2020년에는 고령사회, 2026년에는 초고령사회가 될 상황에 놓여, 전 세계적인 과제로 등장한 노인문제에 있어 그 어느 사회보다 큰 관심을 쏟고 있다. 평균수명도 UN이 분류한 선진국 수준인 75.3세를 넘어, 사회전반에 걸쳐 건강하고 쾌적하고 즐겁게 노후를 설계하고자 하는 욕구가 늘어나면서, 고령자들을 위한 서비스에 대한 관심 역시 급속히 증가하고 있다. 노인들은 이제 단순한 생존적 욕구 만족의 수준을 넘어 삶의 질을 추구하려는 욕구에까지 이르고 있으며, 그 욕구의 종류도 주택, 건강, 안전 및 생활용품, 교육, 여가 등 다양해지고 있다. 이에 따라 고령인구를 대상으로 하는 상품 및 서비스산업 곧 실버산업의 시장이 새롭게 각광을 받고 있다.

세계에서 거의 처음으로 초고령사회로의 진입을 눈앞에 두고 있는 일본에서는 1990년대에 이미 실버산업 곧 고령친화산업이 본격적으로 성장하여 21세기의 일본을 이끌어 갈 성장산업으로 주목받고 있다. 구매력있는 노인계층이 두텁게 형성되고 고령사회가 요구하는 국가차원의 제도적 기반이 착실히 정비되면서, 일본의 고령친화산업은 안정된 수요를 기반으로 다양한 영역에 걸쳐 산업패러다임 전반에 걸쳐 큰 영향력을 미치고 있으며, 새로운 비즈니스와 고용창출의 주요한 원동력으로 등장하고 있다.

반면 우리나라의 경우 1990년대에 들어오면서 비로소 실버산업에 대한 관심이 높아지기 시작하여, 현재의 수준은 이제 막 걸음마를 걷는 시작단계라고 평가할 수 있겠다. 이러한 이면에는 시장경제원리에 입각한 실버산업의 본격시행으로 인한 사회적 불평등의 심화라든가, 기존사회복지정책의 기조인 가족기능 강화라는 정책기조의 붕괴 등을 정부가 염려하여 민간참여를 조심스럽게 진척시킨 것도 큰 원인이라 판단된다. 그러나 곧 맞게 될 거대한 노인복지수요에 대처하기 위해서는 우리나라도 선진국에서처럼 복지공급의 다원주의에 입각하여 공공부문, 비영리부문, 영리부문을 동시에 발전시킴으로써 다양한 노인복지를 추구해야 할 것이다. 이런 의미에서 실버산업의 활성화는 노인문제를 예방함과 동시에 더 나아가 사회문제를 예방할 수 있기에, 노인복지는 물론 국민전체의 복지수준을 향상시킬 수 있는 중요한 과제임에 틀림없다.

이에 본 연구는 노령인구의 증가와 함께 초미의 관심이 되고 있는 실버산업을 노인복지서비스의 중요한 축으로 삼아, 장수국 일본의 실버산업 형성과 동향을 살펴봄으로써 우리의 산업발전을 위한 시사점을 찾고, 이와 비교하여 우리나라의 고령친화산업의 정책추진 현황과 그 실태를 분석한 후, SWOT분석에 입각한 향후 우리나라 고령친화산업의 전망과 발전방안을 모색하고자 한다.

Ⅱ. 실버산업의 개요

1. 실버산업의 개념

현재 실버산업에 대한 개념은 학문적 차원보다는 실천적 차원에서 더 많이 언급되고 있는 만큼 아직 명확한 개념정의는 찾기 어려운 실정이다. 실버산업이라는 말은 우리나라보다 먼저 고령화 사회에 돌입한 일본의 기업들이 노인대상의 시장에 관심을 가지기 시작하면서, 노인의 흰 머리카락(silver hair)에 착안하여 1970년대 후반부터 사용하기 시작한 용어이다. 그러나 실제로 일본에서는 실버비지니스(silver business) 또는 실버서비스(silver service)라는 말을 더 많이 사용하고 있으며, 영어권에서는 실버산업과 같은 의미의 용어로 노인시장(Elderly Market, Mature Market)이라는 용어를 주로 사용하고 있다(고정자, 2005: 409).

우리나라에서는 실버마케트, 실버비지니스, 노인산업이라는 용어도 쓰이고 있지만 80년 중반부터 흔히 노인관련 산업은 실버산업으로 통칭되어 오다가, 2005년 「고령화및미래사회위원회」가 발족하면서 그동안의 실버산업을 '고령친화산업'으로 명명했다.

실버산업의 정의는 "고령층의 기능을 향상 · 유지시키고 고령자의 완전한 사회활동을 위하여 민간이 시장경제에 입각해서 상품이나 서비스를 공급하는 산업" (삼성경제연구소, 2002)으로 규정하기도 하고, '민간기업이 경제력 있는 노인계층을 대상으로 그들의 욕구에 적합한 상품과 서비스를 자유시장 원리로 공급하는 산업' (황의록, 1992)으로 규정하기도 했다[1]. 한편 고령화 및 미래사회위원회(2005)는 "노인이 편리하면 모든 사람이 편리하다"는 취지하에 노인의 편리성과 안정성을 우선으로 고려하면서 "고령자의 생물적 노화 및 사회 · 경제적 능력저하로 발생한 수요를 충족시키기 위한 산업"으로 규정하고 있다.

이 산업을 좁게 보면 주거서비스, 가사대행, 수발 및 간호, 입욕, 주간보호, 단기보호 등의 사업이 포함되며, 넓게 볼 경우에는 노후층과 비노후층의 노후대책으로서 자산관리, 삶의 보람과 관련된 생활, 고용, 생활설계 등

1) 한편 한국보건사회연구원(1996)은 "경제력 있는 노인을 대상으로 수익자부담에 의하여 노인복지 상품과 서비스를 공급하는 산업"으로 정의하고 시장기능만이 아니고 정부개입이 혼합되어진 부분(예: 실버시설)까지 포함시키고 있다.

상품과 서비스 모두가 포함된다.

결국 이상의 내용을 종합해 볼 때 실버산업은 일반적으로 ① 노인대상 ② 기능제고 ③ 수요자의 구매능력 ④ 상품과 서비스의 제공으로 구성되어 있다. 따라서 실버산업이란 "노인이 자신의 기능을 회복 · 유지 · 향상시키기 위해 구매력을 활용하여 필요한 상품과 서비스를 제공받는 것, 곧 노인층을 대상으로 하여 그들이 필요로 하는 재화 및 서비스를 시장경제원리에 따라 민간차원에서 제공하는 대노인서비스산업으로서의 경제활동"을 의미하는 것으로 정의할 수 있겠다.

2. 실버산업의 등장배경

1) 고령인구의 증가

무엇보다 노인인구의 양적 · 질적 증가가 실버산업이 등장하게 된 주요 요인이라 하겠다. 노인인구의 증가는 곧 행복한 노후생활을 위해 여러 가지 욕구를 해결해야 할 상품과 서비스가 필요함을 의미하기 때문이다. 이들 관련 상품과 서비스는 수량적 측면은 물론 질적 측면에서도 새로운 시장을 창출하는 기능을 함으로써, 결국 실버산업을 촉발하는 배경으로 작용하였다.

2) 부양의식과 가족구조의 변화

대가족체제가 해체되고 핵가족화가 진행되면서 노인부양기능이 약화되고 있으며, 동시에 노인들의 자립의식 역시 증가하는 추세이다. 산업화 · 도시화 · 분업화에 따른 핵가족화의 급속한 진전과 맞벌이 부부의 일반화,

부모와의 동거기피 현상 등으로 인하여 노인단독세대가 증가되는 추세이다. 따라서 노인이 기혼자녀와 동거하는 경향이 최근 줄어들고 있으며, 연령에 관계없이 노후에 자녀와 분가하여 독립적으로 살겠다는 의식이 보편화되고 있다(최영옥, 2005).

3) 고령자의 경제력 향상

한국의 경우 국가와 더불어 개인의 경제력이 향상되면서 1990년 이후 55세 이상 인구의 1인당 연간 소득은 1990년 164만원에서 2001년 478만 2천원으로 매년 10%의 성장을 실현하고 있다(통계청, 각 년도별). 이에 따라 경제력 있는 노인이 증가하면서, 노인은 이제 자신의 판단에 의해 직접 물품을 구매하는 소비주체 세력으로 등장하여 노인의 80% 이상이 주택, 통장, 연금증서등의 재산을 본인이 직접 관리하고 있는 것으로 나타났다(현외성 외, 2005).

한편 90년대 후반부터 은퇴기를 대비한 노후생활자금에 대한 설계에 대한 일반 인식이 높아지면서 노인을 대상으로 한 금융상품들이 나타나기 시작했다. 노후 경제적 자립과 더불어 구매자로서의 구매력을 보유하고 있는 비율도 많아지고 있고, 앞으로 더욱 증가할 것으로 예상된다. 이와 더불어 보장된 여가시간과 정년퇴직으로 발생하는 사회보장금, 퇴직연금, 건강보험과 개인재산의 축적을 통한 경제기반의 확립은 그들이 선호하는 각종 주거시설, 생활용품 등의 구매력 향상, 금융 및 레저 프로그램과 같은 실버산업의 발전을 촉구하게 되었다.

4) 복지서비스 수요의 고급화와 다양화

노인계층의 경제기능이 향상되어 감에 따라서 그들의 삶에 대한 질적인 의식도 함께 높아지게 되고 동시에 생활양식이 변화함에 따라 노인복지서비스에 있어서도 양적인 확대는 물론 질적으로도 상향되고 다양화되어 있다. 사실 과거 노인의 욕구는 매우 단순했다고 할 수 있으나, 현대 노인의 욕구는 다양해지고 질적으로도 요구수준이 높아지고 있다. 이제 노인학교 입학, 실버타운 및 관광상품 구매, 정보기기 이용 등은 일반화된 현상이라 할 수 있다.

독립된 소비주체로서 구매력을 갖춘 건강한 노인이 증가한다는 사실은 노인들의 욕구가 그만큼 다양해지며 삶의 질 향상에 대한 관심도 높아짐을 의미한다. 따라서 노인 삶의 질 향상을 위해서는 시장원리에 의한 민간부문의 공급 즉 실버산업의 육성과 활용이 절실하게 요구된다.

3. 실버산업의 범위와 특징

실버산업은 공급주체나 공급대상자 그리고 공급방식 등에 따라 다양하게 분류할 수 있으나, 본고에서는 사업에 따른 분류를 택하고자 한다. 물론 사업별 분류 역시 논자에 따라 매우 다양하게 구분되지만, 이들을 종합 정리하면 〈표 1〉처럼 대체로 주거, 보건의료, 복지용구, 금융, 생활관련 및 여가활동 분야의 6가지로 정리할 수 있다.

〈표 1〉 실버산업의 분야

분 야	내 용
1.주거	요양시설, 실버타운, 노인전용주택, 노인 아파트 등
2.보건의료	노인요양병원, 노인병센터, 노인건강진료센터, 가정간호사업 등
3.복지용구	전문의료기구, 건강기기 등(노인용 기저귀, 변기, 침구 등)
4.금융	연금, 보험, 신탁, 노후재산관리 등
5.생활관련	케어서비스, 주간보호, 단기보호, 인력파견 등
6.여가활동	취미, 오락, 관광, 스포츠, 교육, 문화, 정보 등

(자료: 현외성 외, 2005: 35)

한편 실버산업은 일반산업과 다른 특성을 갖고 있는데 첫째, 노인의 권익보호와 안전보장을 위한 복지산업, 둘째, 시장경제원리에 의해 움직이는 영리산업, 셋째, 다양한 수요에 부응해야 하는 다품종소량산업, 넷째, 공급자나 수요자 모두 구체적 정보에 민감해야 하는 정보산업, 그리고 다섯째, 보다 차원높은 서비스지향형 산업 등이 그것이다(최혜경 외, 2001: 94-95).[2)]

한편 이 산업의 특성과 관련해서 고령화및미래사회위원회(2005)는 ①산업적 특성, ②소비자로서의 특성, ③베이비붐세대의 특성을 제시하고 있다. 우선 산업적으로는 노인들의 높은 욕구를 충족하기보다 기능회복 욕구가 중요하고 생존권과 관련되므로 정부의 감독이 필요하며 공공수요를 늘려 시장을 활성화시킬 필요가 있다는 것이다. 또한 '다품종소량형'이므로 혁신형 중소기업 형태가 효과적이다. 둘째, 소비자 특성 면에서는 첨단보다 "적합제품"이 중요하고, 노화과정에서 노인제품에 심리적으로 저항하는 경향이 있으며, 지역밀착형 생활을 하므로 도심지 주위의 사업이 유리하다고 했다. 또한, 제품과 서비스의 융합화로 편리성을 도모해야 하며, 장수여성이 늘어나므로 독신여성 상품의 개발이 중요하다고 했다. 셋째, 베이비붐세대(1953-1965년생)의 특성은 고등교육을 받은 대규모 소비주도층으로 소득축적이 되어 있으며 국민연금 등 공적보험이 구비되어 있어 상당한 구매력을 갖추고 있다고 보았다.

---

2) 고령친화산업의 제약요인에 초점을 맞춘 이 산업의 특징은 다음과 같다 ① 시장원리가 강조되나 고령자의 삶의 질을 훼손시켜서는 안 되며 ② 노인의 다양한 수요를 적기에 충족하기 위해서는 중소형 기업이 적합하고 ③ 다양한 분야가 상호 연계서비스 되어야 하며 ④ 노동집약적이고 ⑤ 지역과의 연계성이 중요하며 ⑥ 수요가 경제규모를 이루어야 한다 (한림대, 2005).

Ⅲ. 일본 실버산업의 현황

1. 발전과정

일본의 실버산업 관련 법령은 고령사회대책의 출발과 함께 하는데, 1963년 노인복지법이 공포되면서 일본의 고령자 대책이 비로소 구체화되기 시작했다. 그 후 고령화의 급속한 진전으로 서비스의 양적확대와 함께 개호니드가 다양해지면서 1971년 사회복지시설 긴급정비 5개년계획이 책정되는 등 고령자복지의 확충과 양적인 정비를 위한 움직임이 진행되었으나, 공공부문의 활동에 한계를 느껴왔다.

1973년 오일쇼크를 계기로 저성장 시대를 맞아 증대되는 사회보장비용을 국가와 지방, 공공과 민간이 분담해야 한다는 논의가 활발해 졌다. 1978년에는 노인단기입소생활개호(쇼트 스테이)[3]사업이, 1979년에는 주간개호(데이서비스)[4]사업이 창설되었다. 한편 1970년 중반까지는 시설정비에 중점이 놓였지만 중반이후로는 생활에 익숙한 지역내에서 생활을 지원하다는 관점하에, 민간에서 가능한 분야는 민간에 위임하도록 정부에 권고를 하면서, 후생성에는 「실버서비스진흥지도실」이 설치(1985)되었다. 또한 실버서비스 제공기업과 단체를 연결하는 사단법인 「실버서비스진흥회」가 설립(1987)된데 이어, 복지용구의 연구ㆍ개발 촉진을 위해 재단법인 「테크노에이드」가 설립(1987)되어 체계적 대응이 이루어지고[5], 1989년에 수립된 골드플랜에 의해

---

3) 노인을 보살피는 가족이 휴양, 관혼상제, 해외여행 등으로 집을 비워야 할 때 모시는 노인을 일시적으로 시설에 위탁ㆍ보호케하는 제도이다.

4) 재가에서 생활하는 허약노인 또는 와상노인을 대상으로 그들을 매일 아침 시설에 모셔다가 입욕, 물리치료와 동작훈련, 점심식사 등을 제공하며 보살피다가 저녁에 다시 가정에 모셔다드리는 기능을 수행한다.

5) 이는 1987년 복지관계3심의회의 「금후 실버서비스의 바람직한 방향」이라는 보고서에 기초하여 이루어졌는데, 그 보고서의 내용은 ① 민간의 창의력을 살려서 다양한

본격적인 민간참여가 이루어졌다. 최근 들어 복지용구의 수요가 늘어나면서 2003년에 「일본복지용구 · 생활지원용구협회」가 발족되었다(박수천, 2005).

그러나 무엇보다 실버산업육성의 기폭제가 된 것은 2000년 4월부터 시행된 개호보험제도이다. 시설 및 재가개호서비스를 비롯하여 주택개조, 개호용구의 렌탈 및 구매지원이 개호보험 급여 대상이 되고, 유료노인 시설도 개호서비스에 포함됨에 따라 실버산업의 규모는 기하급수적으로 늘어나고 있다.

2. 정책과 법제

앞에서 살펴본 바와 같이 일본은 1960~70년대부터 실버산업의 중요성을 인식하고 제도적 장치와 함께 제도의 당위성을 고위정책 결정과정에서 명시적으로 표명해 왔다. 1980년 들어 시책이 좀 더 구체화되면서, 1986년에 장수사회대책 대강을 정하고, 1988년에는 후생성과 노동성이 '장수 · 복지사회를 실현하기위한 시책의 기본적 생각과 목표에 관하여'를 발표했다(실버서비스진흥회, 2005). 1989년도 중앙사회복지심의회 합동기획분과회의 보고는 ① 유료노인홈과 같은 민간서비스는 고령자와 장애자 등이 이용하므로 이용자 보호의 관점에서 충분히 배려하고 건전한 육성책을 적극적으로 전개하는 한편 ② 민간서비스에는 직접적인 규제보다 행정지도를 통해 민간에 의한 자율규제가 이루어지도록 하고 공공융자정책 등을 통해 육성을 도모해야 한다는 내용을 담고 있으며, 이를 받아들여 일본정부는 민간사업자에 의한 실버서비스에 대하여 1988년 「재택개호서비스 및 재택입욕서비스의 가이드라인」을 만들었다. 이를 토대로 1989년 '골드 플랜'(고

서비스를 육성하고 ② 공공부문은 저소득층과 공급이 부족한 부분에 기본적으로 대응하며 ③ 그 외의 다양한 니드는 민간의 대응이 바람직하고 ④ 공공의 서비스분야도 민간이 효율적이면 민간에 위탁할 것을 검토해야 한다는 것이다.

령자복지추진 10개년 전략)이 책정되었다.

다음해인 1990년에는 골드플랜의 영향으로 노인복지법을 포함한 8개의 복지관계법이 모두 개정되었고, 1994년에는 골드플랜을 전면개정한 '신골드 플랜'(고령자 보건 복지추진 10개년 전략의 재고에 관하여)이 책정되었다. 신골드 플랜은 새로운 기본이념으로 이용자본위, 보편주의, 종합서비스의 향상, 지역주의를 제시하여 골드플랜을 상회하는 목표를 설정하여 고령자개호의 기반정비를 추진하기로 했다. 이후 노인보건복지심의회가 고령자 개호의 공급체제에 관해 보고서를 제출하고 이에 대한 심의결과 1997년 개호보험법이 성립되는 결과를 가져왔다(황경성 외, 2001: 11-18).

실버산업과 직접적으로 관계가 있는 법령은 개호보험법 외에 2종의 법이 있다. 1989년 제정된「민간 사업자에 의한 노후의 보건 및 복지를 위한 종합적 시설의 정비촉진에 관한 법률」(WAC법: Well Ageing Community 법)과 1994년 제정된「복지용구의 연구개발 및 보급촉진에 관한 법률」(복지용구법)이 그 것이다.[6]

WAC법은 공적인 노인보건복지서비스와 연계하여 지역에서 민간사업자가 이를 종합적으로 제공하도록 하는 일연의 시설정비 촉진법이다. 이에 의해 설립된「특정 민간시설」은 노인의 질병예방을 위한 유산소운동, 기능훈련, 진료소 등을 설치하고, 각종상담과 교양활동, 레크리에이션을 위한 편의시설 외에도 개호대상자의 입욕·급식·배설 등 일상생활의 편의제공과 개호지도를 하는 종합시설이다. 이 시설은 후생노동대신이 인정한 계획

---

6) 이 법령 제정 이전에 일본정부는 실버서비스관련 사업자 단체를 조직하여 신규참여 촉진, 서비스의 질 향상, 정보제공 등을 실시하여, 후생성 소관의 공익법인으로 1987년에 '실버서비스진흥회'를 설립하였다. 이 법인 설립후 우선 책임윤리강령을 제정한 다음, 서비스의 질을 확보하기 위해 1989년에는'실버마크제도'를 만들었다(吉竹 弘行, 2004: 41). 한편 시·도별로 실버서비스 진흥조직을 만들어 행정지도와 민간의 자주적 활동을 지원하도록 했다. 또한 실버산업의 기술적 지원을 위해 (재) 테크노에이드를 설립하고 개호용품의 개발, 선정심사 기능 등을 부여했다(테크노에이드, 2005).

에 의해 설립되는 것으로서 법인세 등의 과세우대조치와 융자특례조치가 있다.

복지용구법은 노인·장애인의 자립을 촉진하고 개호부담을 경감하며 관련 산업기술의 향상에 기여하기 위한 법이다. 이 법에 따라 후생노동대신과 경제산업대신은 복지용구의 연구개발 및 보급을 촉진하기 위해 재정·금융상의 우대조치와 홍보, 시험연구의 우대를 해야 한다. 사업자는 복지용구의 품질향상과 고충처리, 이용자상담 및 위생적 조치를 하도록 했다(박수천, 2005: 115).

개호보험제도 시행이후 실버산업의 주축은 시장에 의해 공급되어지는 개호서비스가 되었다. 개호서비스 자체가 실버산업이라고 보아도 될 만큼 직간접으로 연계되어 있고 수요기반이 확대되어 진만큼 공급은 자연히 증가하고 있다.

3. 실버산업의 실태

일본의 개호보험제도를 2000년에 도입하면서 종전의 개호서비스와 달라진 대표적 특징은 공급체계의 다원화에 있다. 공공서비스 중심의 개호제도를 민간의 시장원리를 접목시켜 서비스 공급주체를 다원화한 것이다. 즉 영리기업과 NPO단체 등에 대한 참여규제를 광범위하게 완화했다. 이와 같은 개호보험제도의 시행으로 일본에서는 실버산업이 폭발적으로 늘어났고, 산업으로서의 복지가 넓은 영역으로 확산 되었다.

개호서비스 사업주체의 변화를 보면 〈표 2〉과 같이 서비스의 양이 증가함에 따라 사업자의 참여가 2001년 이후 2년 사이에 24%나 증가했다. 그 중에서도 NPO 단체가 112%, 영리법인이 50%나 늘어나 비즈니스 측면에서 사업이 증가했음을 쉽게 알 수 있다(일본사회사업대학, 2005).

〈표 2〉 일본거택서비스 사업자 증가율

(단위: 사업자수, %)

	복지 법인	의료 법인	민법 법인	영리 법인	NPO 법인	농협 생협	지자체	합 계
'01.5	21,018	42,907	2,666	21,882	682	2,353	5,384	95,892
'03.4	21,845	51,148	3,005	32,871	1,448	2,786	5,857	118,960
증가율	4	19	13	50	112	18	9	24

(자료: 후생노동성, 2005b)

개호서비스별로 영리법인사업자의 참여증가율이 높은 거택 서비스 분야는 〈표 3〉과 같이 유료노인홈 등의 특정시설입소자 생활개호, 치매대응형 공동생활개호, 주간개호, 단기보호, 방문간호, 방문개호, 복지용구 대여 분야로서 개호보험 시행 후 3~4년간에 90% 이상이 증가했다. 영리 사업자의 참여도가 높은 서비스 분야는 역시 서비스 이용자도 대폭 늘어났다.

고령자 주거시설도 거택 개호서비스가 실시됨에 따라 고령자 주택이 대폭 증가하고 있다. 〈표 3〉과 같이 고령자우량임대주택, 유료노인홈, 실버하우징, 실버노인홈 등이 활성화되고 있다.

〈표 3〉 고령자 주거시설의 양적증가 ('98→'02)

구 분	연도	유료노인홈	실비노인홈	우량임대주택	실비하우징
시설수	1998	288	1,154	305	10,213
	2002	494	1,781	17,080	17,409
정 원	1998	30,792	50,760	-	-
	2002	46,121	75,075	-	-

(자료: 후생노동성, 2005a)

한편 개호보험에 의해 급여된 복지용구대여 사업은 2000년 4억 엔에서 꾸준히 증가하여 4년만에 115억 엔으로 거의 30배 가까이 늘어났다. 거택

서비스 이용자중 36%가 복지용구를 대여 받고 있어 방문개호 44.8%, 주간개호 36.2%와 비슷한 수준을 유지하고 있다. 품목별 대여건수는 특수침대 8할, 휠체어 1.5할, 욕창예방용구, 체위변환기, 손잡이, 슬로프, 보행기, 지팡이, 치매배회감지기, 이동용 리프트 등이다.

금융사업으로는 역모기지론(Reverse Mortgage)이 우세하다. 이는 집이나 땅을 담보로 매월 일정액의 생활비를 은행에서 빌려 쓰고 사후에 부동산을 매각해 부채를 청산하는 방식이다. 65세 이상의 노인이 상속자의 동의하에 부동산을 담보로 잡히면 은행은 감정가와 계약자의 나이에 따라 월 10만엔까지 종신 대출해 주는 제도로서, 대규모 투자가 수반되는 유료노인홈의 경우 신일본제철, 일본생명, 미쓰비시 은행 등 대기업들이 다각화차원에서 진출하고 있다(삼성경제연구소, 2002: 47-48).

Ⅳ. 한국 고령친화산업의 현황

1. 고령친화산업관련정책

한국에서 실버산업이 활성화되는 전환점을 이루는 데는 1993년에 있었던 노인복지법의 개정이 중요한 계기였다. 이 법으로 인해 비로소 민간기업체나 개인도 도지사의 허가를 받아 유료노인복지시설 즉 유료양로원, 유료노인요양원 및 유료노인주택 등을 설치·운영할 수 있게 되었다. 이후 급격한 고령화와 가족부양기능의 약화로 노인요양의 사회화가 현실로 대두되면서 정부는 2000년부터 실버산업을 정부차원에서 진흥시키려는 노력을 전개하고 있다. 그동안 추진된 경과를 보면, 국무총리실

(노인보건복지대책위원회)이 2002년 「노인보건복지종합대책」에서 "실버산업활성화 방안"을 제시한 바 있으며, 고령화 및 미래사회위원회는 2004년 실버산업의 기본추진방향을 확정했다. 이어서 보건복지부는 「대한실버산업협회」를 설립('04.6)하였으며, 「실버산업육성위원회」, (4개 실무위원회)를 구성('04.6~12)하여 육성전략을 검토했고, 고령화및미래사회위원회는 2005년 대통령에게 "고령친화산업 활성화 전략"을 보고했다. 그동안 진행되어온 고령친화사업과 관련정책과 법제를 정리하면 〈표 4〉와 같다.

〈표 4〉 실버산업 관련 정책과 법제의 흐름

2002.7	고령사회에 대비한 노인보건복지종합대책 발표
2002.10	고령사회에 대비한 노인보건복지종합대책 실행계획서 발표
2004.1	고령사회대책 로드맵 수립
2004.3.26	실버서비스 산업 추진계획보고
2004.6	대한실버산업협회 설립인가
	실버산업육성추진위원회 구성(11개관련 부처및 분야별전문가)
2004.7.16	실버산업활성화 방안(보건복지부)
2004.9	실버산업 분야별 실무추진위원회 1차 워크샵 결과보고
2004.10.5	보건복지부 장관, 고령사회기본법 제정(안)입법예고
2005.1.17	문화관광부 서남해안개발사업 구상발표(실버타운)
2005.1.21	고령친화산업 활성화 전략(국정과제회의 발표
	건설교통부 실버산업 관련 추진사항 발표

(자료: 현외성 외, 2005: 92-93 재구성)

한편 고령화및미래사회위원회가 마련한 "고령친화산업 활성화 전략"의 요지는 다음과 같다. 고령친화산업 활성화의 필요성에 대해 ① 성장과 분배의 선순환 구조를 형성 할 수 있고 ② 산업클러스터를 통한 국가균형발전에 기여할 수 있으며 ③ 혁신형 중소기업 육성으로 내수촉진과 고용창출에 기여할 수 있으며 ④ 아시아인의 체격과 정서를 반영한 상품개발로 수출증대에 기여하며 ⑤ 경제 그 이상의 가치로서 고령자의 사람다운 삶을 영위하게 할 수 있다고 했다.

고령친화산업의 활성화 전략은 ① 단계적 추진 ② 선택과 집중에 의한 추진 ③ 관련법 재 · 개정 ④ 범정부적 추진체계 구성으로 되어 있다. 우선, 고령친화산업의 전략품목은 〈표 5〉와 같이 요양산업 등 8개 부문 19개 품목으로 선정하여 선택과 집중의 효과를 기대하고 있다.

〈표 5〉 고령친화 전략품목

부분 (8)	전략종목 (19)
요양산업	재가요양서비스(1)
기기산업	다기능건강정보시스템, 한방의료, 이동지원(3)
정보산업	홈케어, 정보통신보조기기, 노인용컨텐츠개발(3)
여가산업	고령친화휴양단지(1)
금융산업	역모기지제도, 자산관리서비스(2)
주택산업	주택개조, 실비임대주택(2)
한방산업	한방보건관광, 항노화기능성식품, 노인화장품, 한방제제(4)
농 업	귀농교육, 전원형 농업테마타운, 은퇴농장(3)

(자료: 고령화및미래사회위원회,2005)

고령친화산업의 단계별 육성전략은 2005년 정책비전 제시와 행동계획을 마련하고, 2006~2007년을 제도정비 · 표준 · 안전 · 인력양성 단계로 두었으며, 2008~2009년에 초기 생산기를 거쳐 2010년부터 양산체제로 들어간다는 계획이며, 이를 위해 관련법을 제 · 개정하여 고령친화산업을 지원한다는 전략이다.[7)]

7) 이미 「저출산 · 고령화사회기본법」이 제정(2005.4)되어 제19조에 고령친화적 산업의 육성을 위해 국가는 기반을 구축하고 필요한 시책을 강구하도록 했다. 아울러, 정부는 2005년 11월 현재 연내 제정을 목표로 "고령친화산업지원법"을 국회에 제출한 상태다. 또한, 정부는 고령친화산업육성을 위해 범정부적 추진체계구축을 할 계획이다. 「저출산 · 고령사회기본법」은 대통령 소속하에 「저출산 · 고령사회위

2. 고령친화산업의 실태

고령친화산업의 실태는 고령화 및 미래사회위원회 보고서 등을 기초로 하여 상대적으로 요양의 필요성이 큰 분야에 대해 그 실태를 분석하고자 한다.

1) 노인주거산업

우리나라 고령친화산업역시 다른 나라와 마찬가지로 노인주거 관련산업이 아직은 주류를 이루고 있다. 노인의 주거공간은 건강할 때와는 달리 안전하고 편리하며 요양이 간편해야 하는 특징을 갖고 있다. 따라서 허약한 노인들을 위해 특수하게 설계된 주택이나 시설을 공급하거나 기존의 주택을 수리하여 사용하는 것을 노인주거산업이라 할 수 있다. 유료노인주거시설은 2004년 1월 현재 약 36개소정도 운영 중이고 이중 실비양로시설은 5개시설에 정원이 197명이며, 유료양료시설은 27개소에 정원이 2,283명이고, 노인주택은 4개소에 정원이 1,240명이다(한국노인복지시설협회, 2005a). 향후 노인주거산업의 규모는 2002년을 기준으로 주택개조 60억원, 신규주택 2,770억원으로 추계되며, 이는 모태산업의 0.5% 비중이나 2010년에는 2.8%, 2020년에는 4.9%로 늘어날 것으로 전망된다(고령화및미래사회위원회,2005). 한편 노인들의 요양시설과 양로시설 이용희망률은 29.7%, 노인전문병원 이용희망율은 38.8%로 나타나 앞으로도 시설 · 병원 수요는 증가할 전망이다(한국보건사회연구원, 2005).

원회」를 두고, 보건복지부에 「저출산 · 고령사회 정책추진기구」를 두도록 규정하고 있다. 이러한 기구에는 산 · 학 · 연 · 관이 포괄적으로 참여하는 추진체를 상정하고 있으며, 관련 국정과제와도 연계하여 국가균형발전, 과학기술진흥, 중소기업육성, 국가 R&D 정책과의 정합성도 유지될 것으로 본다.

2) 노인요양서비스 산업

노인들에게 양질의 보건의료서비스는 만족스런 노후생활에 필수적이다. 이 분야를 다루는 노인요양산업은 노인에 대한 재가 및 시설서비스로 구분할 수 있다. 정부사업으로서 재가노인복지사업은 국고지원기관이 2000년 141개에서 2004년 366개가 되었으며, 가정봉사원파견사업, 주간보호시설, 단기보호시설 등을 18,405명이 이용하고 있다(보건복지부, 2004). 한편 재가요양서비스는 2010년까지 방문간호시설 1,413개, 방문요양시설 2,825개, 주간보호 3,299개, 단기보호 1,130개, 그룹홈 385개 등이 설립예정이며, 이중 민간이 70%를 공급하는 것으로 추계하고 있다. 요양시설을 포함한 노인시설의 현황은 〈표 6〉과 같으며, 이중 고령친화산업의 영역인 실비 · 유료시설의 비중은 39%로 낮은 형편이므로, 정부는 2011년까지 시설 충족율 71% 달성을 목표로 총 1,065개소(75,224 병상)의 요양시설을 확충하되 민간이 32%를 공급할 계획으로 있다(한국노인복지시설협회, 2005b).

〈표 6〉 노인복지시설현황('04. 12말 기준)

구분		무료시설			실비시설			유료시설				
		양로	요양	전문	양로	요양	전문	양로	요양	전문	병원	주택
시설수		78	131	108	12	42	1	41	41	34	22	8
정원		4,972	9,384	8,539	363	2,310	100	2,853	985	1,564	3,119	1,232
소계	시설수	317			55			146				
	정원	22,895			2,773			9,753				

(자료: 보건복지부, 2005)

3) 노인친화 금융산업

금융관련분야도 최근 급속하게 성장하고 있는 경향을 보이고 있다. 사회보장제도의 보완적 기능을 담당한 민간금융산업의 역할은 매우 중요한데, 현재 일반은행과 투자신탁 그리고 보험회사 등 여러 금융계에서 다양한 실버산업과 연관된 상품을 개발하고 있다. 주력상품은 역모기지제도와 자산관리서비스분야이며, 이 상품들은 정부의 지원이 있을 경우 2010년 각각 1,307억원, 2조 353억원이 되어 전체 고령친화금융산업 대비 39%가 될 것으로 전망했다(고령화 및 미래사회위원회, 2005). 특히 외자계 금융사의 국내진출이 본격화되면서 실버용 상품의 종류 및 서비스의 다양화도 가속화되고 있다. 또한 보험권의 노인성 질환 및 장기간병상태를 집중적으로 보장하는 간병보험상품도 증가하는 추세다.

장차 국민연금이 2008년부터 지급되고, 고령인구가 늘어나면 금융시장에 대한 고령자의 영향력은 점차 확대될 것이고, 노인들의 금융자산 관리방식은 노후생활에 지대한 영향을 미치게 될 것이다. 금융자산증가율과 고령인구비중의 증가를 감안하여 50세 이상의 자산보유비율을 대략 2010년 50%, 2020년 60%로 가정하면, 50세 이상이 보유하는 금융자산규모는 2010년 약 1,036조, 2020년 약 3,225조에 달할 것으로 예상되는데, 이는 향후 금융시장에서 고령자의 영향력의 크기를 시사하는 것이라 하겠다. 여기에 노후대책에 대한 사회적 니즈의 증가와 함께 정부의 세제지원 혜택, 관련산업의 발전 등으로 연금형 금융상품과 장기간병보험상품은 향후 유망한 노인상품으로 발전할 전망이다.

4) 노인요양용구 · 용품산업

노인은 노령화의 진전에 따라 점차 심신의 기능적 저하와 장애가 초래된다는 점에서 장애자와 마찬가지로 각종의 복지기기와 보장구가 필요하다. 휠체어, 보행보조기구, 보장구, 대소변기, 욕조기 및 샤워기, 기타 많은 생활용품들이 장애노인들에게 필수품이 될 수밖에 없다. 고령화및미래사회위원회는 의료복지기기산업을 고령친화산업으로 선정(2004)하면서, 이에 따른 시장전망은 2000년 1조 5,846억원에서 2010년 4조 882억원으로 증가할 것으로 보았다.8)

복지용구의 범위는 보장구, 휠체어 · 보행보조장구, 리프트 · 승강기, 소대변기 등 욕실장비, 차량, 통신장비, 의생활 · 편의용품 등을 포함하여 다양하게 제시되고 있으나, 향후 노인의 요양보장구 이용희망률이 27.9%로 나타나 이 산업이 활성화 될 것으로 전망했다(한국보건사회연구원, 2005).

Ⅴ. 고령친화산업의 한 · 일 비교와 발전방안

1. 한 · 일 고령친화산업 비교

일본은 1963년 노인복지법에 유료노인홈의 법적 근거를 규정할 정도로 실버산업 문제에 대한 관심을 일찍부터 보이기 시작했으며, 또한 그 문제제기가 각종 심의회 · 내각 · 국회 등 여론주도층에 의해 이루어졌다는 점에서, 한참이나 뒤늦은 2000년 들어 주로 정부차원에서 주도하는 우리나라와는 그 격차가 너무나 크다 할 것이다. 또한 고령화율에서도 한국('04)이 8.7%인데 비해 일본('03)은 18.8%이고, 산업수준에서도 차이가 많이 나기 때문에 한국과 일본의 고령친화산업을 현시점에서 단순 비교하는 것은 무리가 있다.

---

8) 고령화및미래사회위원회는 의료복지기기의 특성을 BT/IT/NT 지능형 융합기술을 기초로 하여 기존 생활 · 건강용 의료복지기기의 편리성 · 안정성을 개선시킨 유니버설 디자인 제품이라고 했다. 그 예로 고령친화폰, 재택원격 헬스케어시스템, 모듈형 휠체어, 인공의수족, 전동식 침대, 생활건강용품 등을 들었다.

그럼에도 이제 정책초입에 들어선 한국의 입장에서는 그동안 일본의 실버산업이 발전한 경위를 추적하고 사용된 정책수단과 실적을 면밀히 분석함으로써 우리의 정책 추진과정에서 나타날 시행착오를 최소화 할 수 있을 뿐 아니라 국제간 협력을 통해 시너지 효과도 얻을 수 있기 때문에 한 · 일간의 국제비교는 상당한 의미가 있다고 하겠다. 개념, 법제, 정책, 조직을 중심으로 한 구체적인 비교내용은 다음과 같다.

첫째, 일본의 실버산업과 한국의 고령친화산업은 개념상 차이를 보이고 있다. 실버산업정책에 있어 민간영리기업의 참여에 소극적인 일본의 경우 실버산업을 민간에 의해 공급되고 시장에서 수익자가 구매하는, 노인개호에 필요한 일상적 용품과 서비스를 중심으로 한 것으로 좁게 규정하는 경향을 보여 왔다. 반면, 우리나라는 고령친화산업의 대상을 중장년층의 미래 고령자로 확대하고, 전략품목도 첨단기기 · 정보산업 · 한방산업 · 농업 등으로 넓혔으며, 미래 성장 동력을 의식해 수요자보다 공급자 중심의 산업육성이 강조 되어져 있다.

둘째, 법제적 측면에서 일본은 다수의 법과 지침을 통해 실버산업을 진흥시키기 위한 근거를 마련하고 있다. 일본은 단일법으로 복지용구법 등 3개가 있으며, 그 외에 타법과 지침에도 다수 규정되어 있다.[9] 반면 우리나

---

9) 1988년 "사회복지 · 의료사업단법" 개정으로 유료노인홈 · 재택개호 · 재택입욕사업에 저리융자를 할 수 있게 했고, 동년 재택개호 · 재택입욕 사업에 대한 행정지도 지침 개정 및 유료노인홈 설치운영지도지침 개정(2001년 전면 재개정)이 있었다. 2000년에는 개호용품 · 기기임대사업에 대한 행정지도지침을 개정하고 사회복지 · 의료사업단의 융자가 시작되었다. 1994년에는 노인보건각출금사업중 복지용구보급모델사업을 함에 있어 판매사업지침을 신설하는 한편 복지용구임대서비스 사업지침을 개정했다. 1996년 행정개혁위원회는 실버서비스의 규제완화를 건의했으며, 동년 주간보호 · 단기개호에 대한 지침제정과 유료노인홈 운영지침 개정이 있었다. 1998년 민간의 재택 입욕사업 참여 확대를 위해 사업지침을 개정했고, 2000년 개호보험제도 시행과 더불어 관련사업의 지침을 「표준지도지침」으로 개정했으며, 2002년에는 특별양호노인홈을 1인실화 했다. 또한, 통산산업성(현 경제산업성)의 "복지용구 실용화 개발비용 조성제도"('93)도 있었다(황경성 외, 2001).

라는 1993년 노인복지법에 유료노인시설과 유료재가노인사업의 근거를 처음 규정하고 2005년에는 "저출산 · 고령사회기본법"에 고령친화산업의 육성근거가 규정되었으며, 2005년 12월 현재 기본법의 하위 개별육성법인 고령친화산업지원법 제정을 추진 중에 있다.

셋째, 고령친화산업의 육성을 지원할 공공조직으로 일본은 1980년대에 행정조직, 진흥기관과 기술지원기관을 설립하여 사업의 영속성을 유지하고 있다. 아울러 1996년 생산 · 유통 · 판매 사업자가 정부간섭을 피해 임의조직인 협회를 만들어 정부와 공식파트너 역할을 하고 있다. 반면, 우리나라는 2004년 민간의 참여유도를 위해 실버산업협회를 설립인가 했으며, 관계부처 및 전문가간 협력을 위해 "실버산업육성추진위원회"를 구성한 바 있다.

넷째, 정책적 측면에서 일본은 고령친화산업의 육성을 위해 다양한 정책을 추진해 왔다. 무엇보다 민간의 참여가 용이하도록 행정규제를 철폐 · 완화한 개호보험법의 시행이 핵심시책이지만 이외에도 '실버마크제' 도입을 비롯해 기술개발과 표준화 · 전시 · 보급 사업을 집중적으로 시행하는 한편, 개호보험 용품의 엄격한 선정심사와 전문인력 양성에 주력하여 서비스의 질적 향상을 도모하고 있다. 또한 소비자를 위한 종합정보사이트를 운영하고 체계적이고 정기적인 조사 · 연구사업을 진행하고 있다. 이에 비해 사업초기 단계인 우리나라는 유료노인주거시설에 관심이 높아 정부도 주택법 · 건축법 등의 특례적용을 하고 있으며, 특히 요양시설 중 소규모 너싱홈의 증가는 참여규제 완화 효과가 큰 부분이다. 또한, 정부의 지역혁신사업, 산학협력사업, 대학특성화사업 등에 의해 직간접으로 지원되는 보조금도 상당한 효과가 있을 것으로 기대되는 바, 이상의 내용들을 정리하면 〈표 7〉과 같다.

〈표 7〉 한국 · 일본의 고령친화산업 정책비교

	일 본	한 국
개 념	+민간이 노인상품과 서비스를 수익자부담으로 공급하는 사업 +노인상품 · 서비스의 진화기술	+고령자의 능력저하로 발생한 수요를 충족시키는 산업(광의) +정보 · 한방 · 농업분야 등 추가 첨단기술
도 입	+1970년대 +국회, 내각 차원대응	+2000년대 +총리실 종합대책중 일부('01)
법 령	+고령사회기본법 +민간노후종합시설정비법('89) +복지용구법('94) +개호보험법('00) +행정지침분야별 작성('70~'90)	+저출산 · 고령사회기본법('05) +노인복지법: 유료시설규정삽입('93) +고령친화산업지원법(가칭, 추진중)
조 직	+후생성 실버서비스진흥지도실('85) +실버서비스진흥회('87) +테크노 에이드('87) +복지용구 · 생활지원용구협회('03) +건강장수마을추진센터('90)	+대통령: 저출산 · 고령사회위원회 +보건복지부: 저출산 · 고령사회추진기구 +대한실버산업협회('04)
사 업	+실버마크5분야('89) +복지용구소독공정관리운영 +기술개발지원, 표준화 +개호실습 · 보급센터 +복지용구정보시스템 +국가자격시험(의지장구사) +인력양성연수 (보청기, 복지플랜너, 요양서비스 등) +실버서비스 전시, 국제복지기지전 +조사 · 연구사업 +개호보험사업('00)	+산자부 일부시행 +민간차원실시 +정책수립방안연구 +요양보장 일부시행('07예정)

(자료: 박수천, 2005: 129)

2. 한국 고령친화산업의 SWOT 분석

한국의 고령친화산업의 활성화 전략을 수립하기 위해서는 우선 우리나라의 실버산업이 갖고 있는 SWOT에 대한 분석이 필요하다. 전략수립에 있어서 환경변화에 따른 문제가 제기될 때 이러한 문제를 해결하기 위해 주요 환경요인을 기회와 위협으로 분류하고 이들을 자기의 강·약점과 결합시켜 효과적인 전략을 수립하는 과정이 SWOT 분석이다. 즉, SWOT 분석은 강점(Strength), 약점(Weakness), 기회(Opportunity), 위협(Threat)의 매트릭스를 통해서 바람직한 전략을 수립하는 과정이다. 한국 고령친화산업의 SWOT를 분석한 모습은 〈표 8〉과 같다.

〈표 8〉 실버산업의 SWOT분석

강점요인	+지속적인 정부의 고령사회를 대비한 사회기반 조성 노력 +대기업의 실버산업 참여 증가 +실버산업 전문인력 양성 교육기관 증가
약점요인	+고정 소비자 미확보 +실버산업 서비스 제공인력 부족 및 부적절한 대우 +실버산업에 대한 홍보 부족 +프로그램 다양성 및 지도자 자질 부족
기회요인	+수명연장으로 고령인구증가 +경제력 있는 노인증가 +핵가족화로 개호서비스 외부위탁증가 +노인소비자의 소비구조 변화
위협요인	+국가경제 성장률 둔화 +노인의 일자리 부족 +미흡한 노후소득보장정책 +실버산업에 대한 국민들의 인식 부족

(자료: 유현순, 2004: 115)

1) 기회요인

첫째, 세계에서 가장 빠른 고령인구의 증가율로 인해, 국내 실버산업 시장은 다른 나라에 비해 급속하게 성장할 가능성이 높다. 이미 2000년에는 65세 이상 노인인구수가 전체인구의 7.3%로 고령화사회로 진입했으며, 2020년에는 15.1%로 고령사회, 2030년에는 23.1%가 되어 초고령사회가 될 전망이다(통계청, 2001).

둘째, 노인의 경제력 향상으로 노인이 소비의 직접주체세력으로 급부상하고 있는 실정이다. 노인의 80% 이상이 주택, 통장, 연금증서 등의 재산을 본인이 직접 관리하며, 자신의 판단에 의해 직접 물품을 구매하는 소비주체 세력으로 등장하고 있다(고정민, 정연승, 2002).

셋째, 핵가족화로 개호서비스 외부위탁이 증가하고 있다. 산업화, 핵가족화, 여성의 사회참여 증가 등의 사회적인 변화로 인해 가족이 노인을 간호할 수 있는 기능이 약화되어 점차 외부서비스에 의존하는 경향이 증대되고 있다.

넷째, 노인소비자의 소비구조가 변화하고 있다. 노인소비자들은 평균수명이 높아짐에 따라 건강하고 안락한 노후생활을 하기 위해 편리한 주거환경을 요구하고 대학과 문화센터에 등록하여 교양오락을 즐기려하고, 고품질의 제품 또는 서비스를 요구하는 것으로 나타났다.

2) 위협요인

첫째, 국가의 경제성장률의 둔화경향이다. 우리나라의 생산가능인구(15-64세)는 2016년을 고비로 감소세로 전환하고, 50-64세의 고연령층 비중은 더욱 증가할 전망이다. 반면에 15-24세의 젊은 연령층과 25-49세의 경제활동이 가장 왕성한 연령층은 점차 감소할 것으로 예상된다(통계청, 2001). 또한 고령화로 인해 우리나라의 경제활동 참가율은 2010년 64.3%를 정점으로 2030년 62.6%로 떨어지고, 출산율 감소로 전체 취업자수도 2030년 이후 하락할 것으로 예상된다(한국개발연구원, 2002). 이러한 경제활동 참가율과 취업자수의 하락은 급격한 생산성의 증가가 없다면 결국 경제성장률을 크게 떨어뜨릴 것으로 보여 진다.

둘째, 정부의 노인복지정책이 미흡하다. 우선 노후소득보장정책이 제대로 마련되어 있지 못하다. 노인복지정책 중 소득보장정책은 생활능력없는 저소득 노인이 국가 지원을 통하여 소득 · 의료 · 주거 등 기초생활을 보장받도록 하는 정책이다. 그러나 노인보건복지 예산이 2003년 현재 정부 예산의 0.37%에서는 실질적인 소득보장의 실현은 매우 어려운 실정이다. 또한 고령자 취업정책 역시 부실한 실정이다. 노인들은 평균수명 증가와 건강상태 호전으로 건강하고 근로의욕을 가지고 있으며, 동시에 학력이 높은 노인이 증가되고 있다. 정부는 고령인구에 대한 일자리 제공을 위해 1992년 7월부터 고령자고용촉진법을 제정 시행해오고 있으나 법조항이 강제성을 띠고 있는 것이 아니어서 실효를 거두지 못하고 있다. 따라서 현실적으로 노인취업은 대단히 힘든 상황이다(고정민, 정연승, 2002).

셋째, 실버산업에 대한 국민들의 인식이 부족하다. 실버산업이 발전하기 위해서는 기본적으로 이에 대한 사회 · 문화적인 인식의 변화가 필요하므로, 정부차원에서 노인복지 및 실버산업에 대한 국민들의 인식도가 향상될 수 있도록 다각적인 노력이 필요한 시점이다.

3) 강점요인

첫째, 고령사회를 대비한 정부의 지속적인 노력이다. 보건복지부는 노인보건복지사업의 시책방향을 고령사회에 효과적으로 대응할 수 있는 사회기반 조성으로 설정하여 지속적인 사업을 추진해 오고 있다(보건복지부, 2003). 이로 인해 경로연금 지원, 노인복지시설 건설 및 운영지원, 노인일자리 지원 등의 사업들이 꾸준히 진행되고 있다.

둘째, 실버산업 전문인력의 양성이다. 이를 위해 교육인적자원부는 2000년부터 이대, 가톨릭대 등 전국 16개 대학부설 평생교육원에 '노인교육전문가 양성과정'을 운영하고 있으며,[10] 숙대에는 사이버실버전문가과정을

10) 교육인적자원부가 지원하는 노인교육 전문가 양성과정은 현재 노인교육기관에

개설하여 운영하고 있다. 또한 여가 및 스포츠 분야에서는 사단법인 한국레크리에이션연합회가 국가공인법인으로 노인복지, 아동복지, 장애인복지, 가족복지, 청소년복지를 위한 복지레크리에이션 1급 자격증취득 및 전문지도자양성을 위한 연수를 시행하고 있고, 경남종합사회복지관에서는 체육놀이 지도사 2급 자격 취득 연수를 시행하고 있다.

셋째, 대기업들의 실버산업 참여도가 증가하고 있다. 미국, 일본 등 선진국은 민간 기업이 실버산업을 주도하고 있고, 우리나라도 2010년경에는 실버산업이 고수익사업으로 자리 잡을 것이라고 예상되고 있다(고정민, 정연승, 2002).

4) 약점요인

첫째, 실버산업에 대한 홍보가 부족하다. 아직까지 초기 단계인 우리나라 실버산업에서의 실버 관련 기업들은 소규모 업체가 대부분이다. 따라서 실버 관련 제품 및 서비스에 대한 적극적인 마케팅기법을 활용하기는 역부족인 것으로 보여 진다.

둘째, 고정 소비자의 확보가 어렵다. 실버시장이 활성화되려면 고정수입이 있는 노인계층이 있어야 한다. 우리나라의 경우 국민연금이 본격적으로 지급되기 시작하는 2008년이 지나야 노인소비계층이 형성될 것으로 예상된다.

셋째, 실버산업 서비스 제공자의 인력확보가 어렵다. 일반적으로 실버산업 종사자들의 근로조건은 별로 좋지 않다. 사회복지시설에 근무하는 복지사들의 경우 지난해 평균 초봉(대졸 남자 기준)이 연 1천 5백여만 원이었

종사중인 실무자와 노인교육 자원봉사자, 사회복지사, 평생교육사 등 노인교육 종사 예정자를 대상으로 무료로 진행된다. 교육내용은 노인 상담론, 노인교육 프로그램 개발, 노인교육기관 현장실습 등으로 구성되며 교육시간은 90시간 이상이다.

다. 게다가 초과 · 야간 · 휴일근무 수당이 제대로 지급되지 않은 등 근무여건이 열악하므로, 전문인력이 부족한 실정이다.

넷째, 우수한 지도자와 프로그램이 부족하다. 실버산업 전문 인력을 양성하고자 하는 교육기관은 최근 들어 국가 지원과 사회적 요구에 부흥하여 수적인 증가 추세를 보여주고 있으나, 질적인 측면에서 여러 문제를 나타내고 있다. 실제로 대부분의 노인전문가과정이 개설된 교육기관은 대학 부속기관인 평생교육원으로 주로 6개월 과정(한 학기)이 주를 이루고 있는 설정이기 때문에 체계적이고 지속적인 교육을 기대할 수 없는 실정이다. 따라서 다양한 프로그램을 개발하고 지도할 수 있는 능력과 자질을 갖춘 전문적이고 우수한 지도자 양성이 매우 중요한 과제라 할 수 있다.

3. 한국 고령친화산업의 전망과 활성화 방안

1) 발전전망과 기본방향

한국의 초고속 고령화는 국내 실버산업이 다른 나라에 비해 급속하게 성장할 수 있는 가능성을 제공함에 틀림없다. 능력있는 고령인구의 증가로 주거, 의료, 금융 및 문화 등의 실버산업의 전망은 대단히 밝아, 한국의 실버산업 시장규모는 2000년 17조원에서 2005년에는 약 27조원, 2010년에는 약 41조원으로 추산되고 있다. 따라서 실버산업은 노인복지를 위시한 사회복지 전반에 커다란 영향을 미칠 뿐만 아니라 관련 사회경제 분야에도 적잖은 파급 효과를 가져올 것으로 예상되므로 실버산업에 대한 구체적이며 적극적인 활성화방안이 시급하다 할 것이다.

이에 앞서 살펴 본 실버산업의 SWOT분석과 관련지어 기본적인 발전방안을 살펴볼 필요가 있는 바, 우선 실버산업의 외부환경인 기회요인과 위협요인 분석 결과에 따른 기본방향은 다음과 같은 논의로 이루어 질 수 있다(유현순, 2004). 첫째, 실버산업이 활성화되기 위해서는 노인 일자리 창출과 국민연금, 노인소득보장정책의 확대를 통한 노후소득안정이 가장 먼저 선행되어야 한다. 이를 위해 공공부문에서의 복지재정을 확대하여 저소득층 노인들까지 서비스의 양과 질을 향상시키고, 국가와 민간기업과의 역할 분담을 명확하게 해야 한다.

둘째, 실버산업 및 노인복지의 필요성을 국가적 차원에서 다루어야 한다. 이를 위해 노인전담 특별기구를 설립하고 캠페인을 전개하여 국민적 관심사로 불러일으킴으로써 실버산업에 대한 전반적인 인식도를 제고해야 한다. 또한 고령친화산업의 육성을 국가정책으로 추진하려면 적절한 추진체계를 갖추어야 하며, 특히 관련 부처간에 원활한 협조가 이루어지고 각 부처 산하기관 간에도 조정·통제가 용이하도록 통합추진기구를 설립해야 할 것이다(이민표, 2000).

셋째, 노인소비자들은 세분화된 고품질의 제품 또는 서비스를 요구하고 있으므로 여가 및 스포츠 부문 실버산업에서도 신체적·인구통계학적 특성에 따라 시장을 세분화하여 각 세분시장마다 차별화 마케팅 전략을 활용해야 한다. 노인들의 욕구가 다양해지고 경제력이 향상되면서 서비스의 종류는 다양해질 수밖에 없는 현실을 감안하여 이에 상응하는 서비스 개발에 주력을 다하고 기존의 건강보호서비스, 의약품 및 건강식품, 주거·금융 서비스 등 제한된 서비스의 종류와 범위를 벗어나 앞으로는 보다 풍부하고 전문화된 서비스와 상품이 제공되어야 한다.

한편 실버산업의 내부환경을 강점요인과 약점요인으로 구분하여 분석한 결과에 따른 발전방안으로는, 첫째, 충성도 높은 고정소비자를 확보 및 유지하기 위한 전략이 필요하다. 즉, 건강하고 경제적 능력이 있는 노인에게 그들이 원하는 최상의 제품 및 서비스를 제공하여 만족감을 느껴 지속적인 소비를 할 수 있도록 해야 한다(박재간 외, 2003).

둘째, 실버산업에 대기업의 참여를 더욱 가속화할 수 있는 정부 지원정책의 강화가 시급하게 필요하다. 왜냐하면 소규모의 기업들은 실버 제품 및 서비스에 관한 적극적인 마케팅 실행 능력이 부족하여 실버산업에 대한 국민적 관심을 불러일으키기에는 한계가 있기 때문이다. 특히 노인인구의 비율이 10%를 넘어서고, 국민연금 지급이 본격적으로 시작되는 2008년에서 2010년이 되면 실버산업이 본격적인 성장세를 보일 것으로 전망되기에 더욱 시급을 요한다 할 것이다. 이를 위해 정부와 민간이 일정 비율로 공동의 재원을 형성하는 매칭 펀드(Matching Fund)방식을 통해 안정적 투자기반을 조성할 필요가 있으며, 특히 정부는 보험, 시설 등 관련 제도를 그리고 지방자치 단체는 입지, 세금 등 부분에서 혜택을 제공하며 적극적으로 민간 기업을 유치해야 한다(삼성경제연구소, 2002).

셋째, 고령친화산업의 발전은 대인서비스 산업이므로 전문인력의 육성이 무엇보다 중요하다. 특히 투철한 윤리의식과 성실성에 바탕을 둔 직업군이 필요하다.[11] 따라서 본격적으로 노인요양제도가 시행되기 전에 가족과 자원봉사자가 포함된 전문인력 양성사업에 큰 노력을 쏟아야 할 것이다. 그러나 무엇보다 실버산업 관련 인적자원에 대한 근로 조건 개선을 통해 인적자원이 능력을 최대한 발휘할 수 있도록 해야 하며, 특히 여가 및 스포츠 부문에서는 보다 전문적인 지도자를 양성하여 프로그램의 다양성을 추구해야 한다.

---

11) 일본의 골드플랜이 개호인력 양성에 상담부분을 할애하고 있고, "사회복지사" 외에 "개호복지사"(Care Worker) 제도를 별도로 갖고 있을 만큼 전문 인력을 강조하고 있다. 일본은 개호보험 시행을 앞두고 미리부터 케어 메니저, 홈헬퍼, 치매개호요원, 복지용구 전문상담원, 주택수리요원, 권리옹호요원 등 현장인력을 양성했지만 질적 향상을 위해 보수교육을 하고 있는 실정이다. 이러한 인력 양성에도 대학 등 민간이 참여하기 좋은 분야이다.

2) 부문별 활성화방안

① 주거부문

2004년 노인독신가구 및 부부가구가 노인가구의 과반수를 넘어서고 있어 노인주택에 대한 관심이 증가할 것으로 예상되고 있다. 하지만 고령자용 주택서비스 공급업체의 영세성으로 인해 고령자용 주택부품의 대량생산과 규격화가 미흡하며 가격도 고가인 실정이다.

앞으로 고령친화 주택산업의 활성화를 위하여 보건복지부 · 건설교통부로 분산되어 있는 노인주거 관련 법령을 현실에 맞게 정비해 나가고, 고령친화형 주택의 설계와 개조기준의 제정, 주택부품의 규격화를 지원해 나가야 할 것이다. 또한 국민임대주택을 고령자용 주택으로 건설하여 고령자에게 임대를 추진하고, 택지 확보, 취득세 · 등록세 등 세제감면 등 노인주거시설의 건설지원과 노인주택으로 개보수시 지원제도를 마련할 필요가 있다. 이와 아울러 주거를 기본으로 의료 · 여가 · 생산 등이 복합된 전원형 실버타운 모델개발 등을 추진해 나가야 한다(최영현, 2005).

한편 노인의 주거공간 확보사업은 사업규모가 크고 부가가치가 높아 민간참여가 비교적 용이하다. 복지주택이나 시설을 건축하고 분양 · 임대 · 운영하는 "유료노인복지주택"과 같은 사업이 있고 국민연금기금 등의 BTL(Build Transfer Lease: 건설-소유권 이전-임대) 방식을 택할 수도 있다.

주택수리사업은 투자비가 적게 들고 효과가 즉시 나타나며 소규모 전문업자의 참여가 용이하다는 점에서 유망사업이다. 주택뿐만 아니라 노인정 · 마을회관 · 동사무소 · 폐교 등을 개축하여 노인주거 및 요양공간으로 활용할 수도 있다.[12]

---

12) 일본의 경우, 이 사업을 전문화하기위해 "리폼헬퍼", "맨션리폼메니저", "증개축상담원", "복지주거환경코디네이터"(1-3급),"복지기기플래너" 등 유자격자를 활용하고 있다(박수천, 2005: 135).

② 의료부문

치매 · 중풍 등 중증질환자와 이들의 요양보호에 소요되는 비용이 급격히 증가하고 있는 실정으로, 그 증가추세는 2003년 59만명에 4조3천억원, 2010년 79만명에 5조8천억원, 그리고 2020년 114만명에 8조3천억원이다. 하지만 이들의 보호에 필요한 요양시설은 아직도 절대적으로 부족한 실정이며, 또한 요양시설의 확충은 공공중심으로 이루어지고 있다(이용호, 2004).

수요가 급증하는 요양산업을 활성화하기 위하여 정부는 우선, 민간기업 참여확대를 위한 재정 · 세제 지원 및 각종 규제의 정비를 추진해야 하며, 가정간호, 간병 · 수발 서비스 사업에 개인과 민간이 참여할 수 있는 법적 근거 마련, 유료 요양시설 이용료 소득공제 등도 필요하다. 또한 간병 · 수발에 필요한 전문인력 양성과 전문인력 자격제도의 도입도 필요한 실정이다. 아울러 이용자 권익보호 장치마련 및 품질평가제도도 소비자 보호 차원에서 도입해야 하며, 적정한 영리를 창출할 수 있도록 경제규모 모델 및 운영지침을 제시할 필요도 있다. 그리고 무엇보다 노인요양서비스는 근거리에서 다양한 욕구를 종합적으로 대응하는 사업이므로,「근거리노인요양전달체계모델」에 근거한「소규모 다기능형 거택서비스」에 기초를 두어야 할 것이다(박수천, 2005).

③ 금융부문

고령친화금융산업은 경제환경의 악화, 노후준비에 대한 인식부족으로 개인연금과 퇴직보험을 제외한 대부분의 금융상품에 대한 이용도가 낮은 실정이다. 이는 민간의 역할에 대한 인식이 부족하고 노후보장을 보완하는 금융상품에 대한 인식이 부족하고 노후보장을 보완하는 금융상품에 대한 정부의 육성 및 지원 노력이 미흡한 점에 기인한다. 따라서 동 금융산업의 활성화를 위해 현재 민간 주도에 의해 추진되고 있는 역모기지제도,[13] 건강보험 및 장기간병보험 등의 분야에 대해 제도 정비 및 세제

13) 고령친화 금융산업발전에 있어 우선적으로 고려되어야 할 제도가, 살던 주택에

지원을 확대해 나갈 필요가 있다. 또한 노후소득보장용 금융상품의 개발 촉진을 위한 세제 감면도 검토해 나가야 할 것이다.

이와 같은 고령친화 금융산업이 성공하기 위해서는 금융기관이 자산관리 상담능력을 확보하고 단일상품이 아닌 자산의 종합관리 측면에서 인력 · 시스템 · 노우하우를 갖추어야 한다(고령화및미래사회위원회, 2005). 자산관리와 더불어, 치매 · 허약 · 인지능력 저하 등으로부터 노인의 권익을 보호하는 서비스가 필요하다.

④ 복지용구 부문

고령친화 기기산업은 제조업체의 영세성으로 2003년 기준으로 60%가 수입에 의존하고 있다. 이는 국가연구개발 사업의 상용화 미약, 품질 · 규격 인증 및 표준화 체계 미확립, 원격의료 관련 법규정 미흡에 기인한다. 이러한 제약요인을 극복하기 위하여 먼저, 연구개발 협의체를 구성하고 관련 부처 간 역할 분담을 통한 집중지원이 요구되고 있다. 즉, 인센티브 제도를 도입하여 선도기업을 집중 육성할 필요가 있으며, 노인용 복지용구의 개발을 활성화시키기 위하여 산업화지원센터 등 산업화 기반을 구축할 필요가 있다. 뿐만 아니라 국고로 지원되고 있는 노인복지시설에서 고령친화기기의 우선 구매 등 노인용 복지용구의 이용촉진을 위한 인센티브도 확대해야 하며, 재택 및 원격 의료가 가능하도록 관련 법령을 정비해 나가야 할 것이다(최영현, 2005). 복지용구를 개발 · 생산업체를 지원하기 위해서 정부의 지원뿐 아니라, 지

계속 살면서 노후소득을 보전해 주는 역모기지제도라 할 것이다. 일본에서는 이미 1981년 동경도 무사시노시가 최초로 복지공사를 설립하여 부동산을 담보로 복지자금대부를 시도한 사례가 있다. 한국에서 역모기지제도가 활성화하지 못하는 이유를 한림대(2005)는 ① 주택가격의 불확실성 ② 금리변동의 불확실성 ③ 장수로 인한 위험 ④ 자녀 상속 집착 등을 들었다. 반면, 미국(연방주택국)은 역모기지제도의 활성화를 위해 ① 대출금융기관에 대한 손실보증 ② 대출은행 파산시 생계비 보증 등을 활용하고 있어 참고할 만하다.

역혁신역량 강화 사업과 같이 대학·연구소·기업·자치단체가 협력 클러스트를 조성하는 것도 고려될 필요가 있다. 또한 생산제품의 안전성 확보, 표준화, 체계적 기술개발, 고충처리 등을 위해 공공전담조직이 필요한데, 이는 기존의 민·관 연구소가 분야별로 분담하고 이를 공공기관이 연계 통합하는 방법도 대안이 될 수 있다.

Ⅵ. 맺음말

한국은 그동안 지속적인 생활수준 향상과 보건의료기술의 발달로 국민들의 평균수명이 연장되면서 노인인구의 증가 속도가 대단히 빨라져, 고령화사회(2000년도)에서 초고령사회(2026년도)로의 진입이 불과 26년 정도밖에 안 걸릴 것으로 예상된다. 프랑스가 156년에 걸쳐 진행되었고, 영국은 91년, 미국은 88년, 독일은 78년 그리고 세계 최고의 장수국이라는 일본조차도 36년이 걸린 것과 비교하면, 한국의 고령화는 실로 그 유례를 찾아 볼 수 없을 정도로 급속하게 전개되고 있다. 문제는 이렇게 빠르게 고령화가 진행됨으로써 우리가 이에 대처할 시간적인 여유가 없다는 데에 있다. 따라서 우리보다 앞서 이 문제를 맞고 있는 다른 사회의 경험과 그 대응방안을 살펴보고 이로부터 교훈을 얻는 것이 필요한 바, 본고에서는 일본의 실버산업을 통해 한국의 고령친화산업의 발전방향과 활성화대책을 살펴보았다.

1963년 노인복지법이 공포되면서 시작된 일본의 실버산업은 70년대에 단기개호와 주간개호 사업을 실시하였고, 1989년 골드플랜과 1994년 신골드플랜을 거치면서 고령자 개호사업으로서의 기반을 정비하였다. 여기에 2000년부터 시행된 개호보험제도가 일본 실버산업이 활성화되는 기폭제가 되면서, 실버산업의 규모가 기하급수적으로 증가하고 있다. 즉 개호보험제도를 도입하면서 시장개념을 접목시켜 공공복지서비스를 민간산업으로 전환시킨 것이다.

이러한 일본의 실버산업시책은, 오랜 기간에 걸쳐 준비된 만큼 다수의 법이 촘촘하게 정비되어 내실있게 뒷받침하고 있을 뿐 아니라, 실버산업 진흥기관이나 지원기관 등 공공기관이 잘 정비되어 있고, 특히 다양한 정책으로 연구개발 지원, 전문인력 양성 등을 제도화하고 있다. 그러나 무엇보다 민간의 참여를 부추기고 경영기법을 복지에 접목시키려는 지속적인 노력을 통해 고령인구의 세분화되고 다양한 서비스 요구에 부응코자 한다는데 큰 특징이 있다 하겠다.

이에 비해 이제 막 시작단계에 접어든 한국의 고령친화산업은 여러 측면에서 정비되고 보완되어야 할 문제들을 안고 있다. 우선 정부의 노후소득보장정책 미흡 및 노인의 노후대책 준비 소홀, 정부의 실버산업 지원정책 및 제도 미비 그리고 국민들의 인식부족 등이 산업발전의 위협요인으로 작용하고 있으며, 이와 더불어 실버산업에 대한 홍보부족, 전문가 확보 미흡, 프로그램 부족과 실버산업 소비자의 확보 어려움 등이 그 약점으로 지적되고 있다. 따라서 한국의 고령친화산업의 발전을 위해서는 무엇보다 이 위협요인의 제거 및 약점요인에 대한 보완책 마련이 시급하다 할 것이다.

이를 위해 우선 국민 개개인의 경우 노인집단주거시설에 대한 부정적 시각과 노인대상의 이윤추구에 대한 매도의식을 버리는 등 국민의식이 전환되어야 하겠다. 노인 자신도 자율적이고 지혜로운 선택에 의해 삶의 질을 향상시키는 일에 지속적인 노력을 기울여야 할 것이다.

한편 기업의 경우는 사회발전과 국민복지에 대한 기업책임의 막중함을 인식하여, 기업자체의 이득이나 확장도 중요하지만 소비자로부터 얻은 이윤을 사회에 환원하고 재분배한다는 정신으로 실버산업에 참여해야 할 것이다.

그리고 무엇보다 정부의 경우 가족, 기업, 지역사회 등 노인의 외부 환경 요소를 지원하고 이 요소들을 적절히 조절함으로써 상호유기적으로 기능할 수 있게끔 하는 역할을 수행하여야 한다. 정부내부에서도 실버산업에 대한 인·허가 업무나 규제업무 등에 대해 유기적인 협조체제가 이루어지도록 부처간 협조가 이루어져야 한다.

결국 노인복지에 대한 국민들의 긍정적인 인식을 기초로, 정부차원에서의 적극적인 지원정책과 민간 업체의 적극적인 개발·육성이 상호 보완되어야 실버산업의 건전한 발전을 도모할 수 있는 것이다. 그러나 무엇보다도 실버산업 발전에 있어 일부 선진국의 개발 형태를 무조건적으로 수용할 것이 아니라 우리나라 고유의 전통과 실정에 알맞은 실버산업을 지속적으로 개발하고자 하는 노력이 우선되어야 할 것이다. 이는 현재 우리가 마련하고 있는 고령친화산업이 현재의 노인만을 대상으로 빨리 해결하고 치워야할 임시방편적·일회적 복지사업이 아니라, 향후의 예비노인, 궁극적으로는 전세대의 '한국인'을 위한 산업이기 때문에 더욱 그러한 것이다.

참 고 문 헌

고령화 및 미래사회위원회(2005), "고령친화산업 활성화 전략"
고정민, 정연승(2002), 고령화사회의 도래에 따른 기회와 위협, 삼성경제연구소.
고정자(2005), "노인과 실버산업에 관한 연구" 동아대 대학원논문집 제30집.
대한건설협회(1995), 「실버산업의 현황과 개발 방향」.
문현상 외 3인(1996), 실버산업의 현황과 정책과제, 한국보건사회연구원
박수천(2005), "일본의 실버산업을 통해 본 우리나라 고령친화산업의 정책대안", 노인복지연구 통권 28호, 한국노인복지학회.
박용수(1999), 우리나라 실버산업의 실태와 활성화방안, 사회과학연구 제 17집 1호
박재간 외(2003), 고령화 사회와 노인복지의 과제, 아시아아미디어리치.
보건복지부(2004), 2004년도 전국노인복지시설 현황, "실버산업육성정책 추진실적

및 향후추진계획" (내부자료)
보건복지부(2005), "2005 노인복지시설현황"
삼성경제연구소(2002), 「고령화사회의 도래에 따른 기회와 위협」.
유현순(2004), "실버산업 활성화를 위한 마케팅 전략", 숙대대학원 박사학위논문.
이민표(2000), "21세기 실버산업의 방향과 대책", 노인복지연구 통권 7호, 한국노인복지학회
이용호(2004), "실버산업의 통합적 서비스 접근" 「21세기 실버산업의 이슈와 전망」 제1회 한국실버산업의 활성화를 위한 심포지엄.
이인수(2000), 21세기 실버산업과 노후생활, 양지출판사
이인수 외(2004), 「국내외 노인복지와 실버산업」, 대왕사
전채근(2003), "우리나라 실버산업의 활성화 방안", 「한국노인복지학회, 제20집.
최성재 · 장인협(2003), 노인복지학, 서울대학교출판부.
최영옥(2005), 한국의 실버타운 운영평가 및 활성화 방안에 관한 연구, 경기대 대학원 박사학위논문.
최영현(2005), "고령친화산업 기반확대에 역점" 나라경제2005년 4월호.
최혜경 · 정순희(2001), 「노인과 실버산업」, 동인.
통계청(2002), 장래인구추계
한국개발연구원(2002).「비전 2011」
한국개발연구원(2005), "인구고령화와 거시경제"
한국노인문제연구소(1993), 실버산업개발전략: 노인복지와 민간부문의 역할, 홍익제
한국노인복지시설협회(2005a), 노인주거시설현황
__________________(2005b), 노인보건의료시설현황.
한국보건사회연구원(1996), 「실버산업의 현황과 정책과제」
________________(2003), 「우수재활보조기구업체 지정기준 연구」
________________(2005), 「2004년도 전국노인생활실태 및 복지욕구조사」
한국실버산업협회 · 한국실버산업연구소(2002)
한림대(2005), "고령친화산업육성 및 발전방안에 관한 연구"
허정무(2000), 현대사회의 노인문제와 노인복지, 협신사.
현외성 외(2005), 「실버산업론」, 학현사.
황경성 외(2001), 「일본의 고령자보건복지」, 학지사.
황의록(1992),한국노인산업의 현황과 전망, 「노령화사회와 노인소비자」, 한국소비자협회.
厚生勞動省(2005a), "고령자 개호의 현상과 과제" (자료편), 내부자료
_________(2005b), "개호보험제도개혁" (참고자료), 내부자료.

社會保險硏究所(2002), 「개호보험제도의 해설」
실버서비스 振興會(2005), "실버서비스진흥회의 안내"
테크노에이드(2005), "테크노에이드협회의 사업", 내부자료.
吉竹 弘行(2004), "日本のシルバ-産業の現況と課題", 「21세기 실버산업의 이슈와 전망」, 대한실버산업협회.
日本社會事業大學(2005), "NPO와 행정 파트너십", 한일사회복지학술심포지엄.

제7장 고령화사회 노인주거복지의 전망과 과제

Ⅰ. 머리말

우리나라의 고령자수는 2004년 말 현재 65세 이상이 전체인구의 8.7%수준인 420만명에 이르는 것으로 파악되고 있다. UN의 기준에 따르면, 한 사회 내 노령인구비율이 7%를 넘어서면 고령화사회(aging society), 14%를 넘어서면 고령사회(aged society), 그리고 20%를 넘어서면 초고령사회(super aged society)로 구분되는데, 우리나라의 경우 2000년 7월을 기점으로 65세 이상의 노령인구가 7.1%(337만 1천명)에 도달함으로써 고령화사회로 돌입하게 되었다. 이어 2026년에는 초고령사회에 진입할 것으로 전망되고 있어, 우리나라는 선진국들과 비교해 볼 때 매우 빠른 속도로 고령화가 진행되는 특징을 보이고 있다. 즉 고령화사회에서 초고령사회로 이행되는 데 걸리는 기간이 프랑스 156년, 영국 91년, 미국88년, 일본이 36년에 비해 우리나라는 26년 밖에 걸리지 않을 것으로 추정되고 있는 것이다. 이러한 우리사회의 급속한 고령화 현상은 취업구조의 노령화, 생산성의 저하, 실버산업의 등장 등 산업경제의 구조변화를 초래할 뿐만 아니라 주거 · 의료 · 사회보장 등 사회복지수요를 지속적으로 증대시킬 것으로 예상되고 있다.

인구의 고령화는 실업, 연금제도의 지속성, 의료비의 증가, 고령자의 주거보장 등 여러 가지 사회정책영역에서 많은 과제를 부여하고 있다. 특히 노인의 주거는 사회정책이 다루는 많은 다른 문제들과 광범위하게 관련이 되어 있다. 기본적으로 노인의 건강수준은 주거에 영향을 받으며, 교육, 고용, 사회서비스 등의 문제도 주거와 분리해서 생각할 수 없을 만큼 밀접하게 관련된 문제이다. 따라서 노인의 심리적 · 신체적 특성을 고려한 주거환경의 개선, 노인용 주택의 개발 및 노인주거시설의 확충 등 노인주택에 관한 정책의 효율적 추진은 모든 사회복지정책의 기초가 된다고 할 수 있을 것이다. 특히 자녀수 감소와 노부모 부양의무감의 약화로 인해 독립거주 노인이 증가하고 있는 점을 고려하면 노인주택정책의 필요성은 더욱 증대된다고 할 수 있다.

최근 정부는 고령화에 대응한 여러 제도를 도입하는 등 노인복지를 위한 기반을 조성하려고 노력하고 있다. 그러나 노인의 주거와 관련한 정책에 있어서는 수용 · 보호차원의 노인주거시설에 한정되어 있을 뿐 아직까지 일반주택에 거주하는 대다수의 노인들을 위한 주거환경개선이나 노인용 주택의 개발 등 종합적인 노인주택정책은 추진되지 않고 있는 실정이다.

이에 본 연구는 우리나라 노인주택문제의 해결을 위한 종합적이고 체계적인 대응책 마련이 시급하다는 점에 초점을 두어 현행 노인주택정책의 현황을 파악하여 문제점을 도출하고, 노인주택정책의 효율성을 제고시킬 수 있는 개선방안을 제시하려는 데 그 목적을 두었다. 또한 연구의 목적을 달성하기 위하여 고령화 사회와 노인주택정책의 의미, 그리고 외국의 노인주택정책에 대하여 살펴보았다.

Ⅱ. 고령화사회와 주거복지

1. 노인주거의 의미

인간에게는 주거의 욕구가 있다. 이 욕구는 낮게는 안전을 보장받고자 하는 욕구에서, 높게는 소속감과 연대의식을 통해 지역사회에 속하기를 원하는 사회문화적 욕구까지 다양한 모습으로 나타난다. 따라서 현대사회의 주거복지정책은 인간의 다양한 주거욕구를 만족시키기 위해 적합한 조건과 환경을 어떻게 보장해 줄 것인가에 중점을 두어야 한다. 이는 국가 또는 사회는 구성원들이 적절한 비용으로 안정된 주거생활을 영위할 수 있도록 주거의 최저기본권 즉 주거권에 대한 의무를 수행해야 함을 의미한다.

주거권(housing rights)이란 인간의 존엄성에 적합한 주택조건과 주거환경을 향유할 권리를 뜻하는 바, 그 기본원칙은 다음과 같다(하성규, 1998: 15-16). 첫째, 차별성 배제의 원칙이다. 주거하는 것에 대해서는 차별이 있어서는 안 된다. 어린이, 남성, 여성, 그리고 인종, 종교, 문화, 소득, 연령 고용상태 등 어떤 것도 거주차별의 요인이 되어서는 안 된다.

둘째, 접근-이용가능성의 원칙이다. 모든 사람들이 접근가능하고, 이용가능하며, 안전해야 하며, 평화롭게 살아갈 수 있어야 하며, 경제적 이용가치 역시 포함한 것이어야 한다.

셋째, 무주택자 우선의 원칙이다. 무주택자는 국가로부터 특별한 보호를 받으며 국가는 이들이 생명에 위협을 느끼지 않도록 적절한 주거를 제공하여야 한다.

넷째, 세입자보호 원칙이다. 모든 세입자는 정당한 사유 없이 자신의 의사에 반하여 강제퇴거 당하거나 철거당하는 일이 있어서는 안된다. 국가는 제도적인 조치를 취하여 세입자를 보호하여야 한다.

다섯째, 주거서비스 보장의 원칙이다. 모든 사람은 깨끗한 물, 전기, 채광, 상하수도, 도로 등 공공서비스와 지역사회 편의시설을 이용할 권리를 가진다.

이상의 주거권은 주거에 관한 국민생활최저선의 확보를 의미하여, 모든 사람은 인간다운 주생활을 누릴 수 있는 권리, 적절한 거처에서 생활할 권리를 가지며, 국가는 인간다운 주거환경을 확보하지 못하는 국민에 대하여 책임을 지어야 한다.

노인주거복지의 핵심은 바로 적합한 주거조건의 제공 및 주택의 배분과 주거권의 보장으로, 노인이 인간다운 삶의 질을 유지할 수 있도록 주거공간을 확보해주고 주거권을 보장해주는 사회보장 프로그램을 의미한다. 노년기에는 활동이 주로 가정 내에서 이루어지기 때문에 주거가 노인의 심리적, 정서적 안정에 크게 영향을 미친다. 노인에게 있어서 주거는 노인문제의 핵심이라 할 수 있다. '노인복지는 주택에서 시작하여 주택으로 끝난다' 는 표현이 과언이 아닐 정도로 적절한 주거의 제공은 노인복지의 기본이라고 할 수 있다. 그러나 노인이 단독으로 주거를 마련하고자 한다면 주택가격이나 전월세 가격이 비싼 우리나라에서 적절한 주거공간을 찾는 것은 어려운 일이다. 때문에 정부가 관심을 기울여야 할 일은 노인을 위한 적절한 주거공간을 마련하는 것이다.

2. 노인주거복지정책의 필요성

고령화의 진전이 예상되고 있는데 반해 현재 노인가구의 주거수준은 상대적으로 열악하다. 이는 우선 노인의 경제력 약화를 반영하고 있다. 또한 예전에 구입한 후 주거이동을 활발히 안한 이유로 노화된 주택,

노인의 건강상태가 배려되지 않은 주거시설, 그리고 노인복지주택공급의 부진 등에서도 열악한 모습을 찾아볼 수 있기에, 향후 노인주거문제는 사회문제로 대두될 우려가 있다. 즉 집 있는 노인의 경우 주택관리 부실로 주택의 노후화가 촉진될 우려가 있고, 집 없는 노인의 경우에는 저소득층으로 전락할 우려가 있다. 한편 집안에서의 안전사고로 인한 노화촉진이 우려되고 있고, 자녀와 동거하지 않는 1인 및 부부노인가구의 증대로 말미암아 그동안 가족중심으로 처리되었던 노인문제를 국가가 해결해야 하는 부담이 증대한다는 점, 그리고 노인계층과 이를 부양할 젊은 계층 간의 세대 간 갈등이 심화 될 가능성이 있다.

따라서 이에 대비한 종합적인 노인주거정책의 수립이 시급하다. 고령화는 노인의 건강 및 경제력 약화를 수반한다. 인생의 마지막 단계에 있는 노인들이 가능한 한 인간다운 존엄성을 유지하면서 고통을 최소화하고, 생계걱정 없이, 편안한 마음으로 생을 마감할 수 있도록 배려와 지원이 필요하다. 즉 현재의 노인계층에게는 '활력 있는 노후생활'을, 향후의 노인계층에게는 '활력 있는 노후 생활 설계'를 위한 정책마련이 요구되는 것이다. 이런 의미에서 노인계층의 삶의 질 향상을 위한 종합적인 지원방안이 필요한데, 이의 한 부분으로서 주거복지정책은 다음과 같은 측면에서 중요한 의미를 갖는다.

첫째, 평균수명이 고령화되면서 노년기의 확장은 건강하고 안락한 여생에 대한 관심을 증대시킨다. 즉 어디서 거주하고 어떻게 거주할 것인가 하는 문제는 노인의 삶의 질을 좌우하는 핵심과제 중 하나로 노인 당사자뿐 아니라 부양자 및 국가와 사회의 과제로 부상하고 있다.

둘째, 고령화사회에서는 심신기능의 저하로 일상생활수행능력이 저하되어 자립적인 생활이 어려운 의존성 노인이 증가한다. 이와 같은 만성적인 기능장애노인인구의 증가로 인해, 주거권의 확보 및 노인의 기능에 적합한 환경정비가 최우선의 과제가 되며, 따라서 인간의 존엄성을 유지하면서 독립적인 생활이 가능하도록 시설보호를 제공하거나 혹은 주택보수와 같은 안전하고 편리한 주거환경 정비가 필요하다.

셋째, 직장에서 퇴직한 노인의 주요 활동공간은 주로 주택이 되기 때문에 지역사회에 있는 주택에서 사회적 관계를 지속적으로 유지할 수 있도록 생활의 장으로서 노인주거보장이 필요하다.

넷째, 최근 산업화, 도시화, 핵가족화로 인하여 전반적으로 기혼자녀와의 동거는 줄어드는 반면, 자녀와 별거하여 노인 부부 혹은 노인 혼자 생활하는 노인단독세대의 비율이 증가하고 있다.[1] 특히 소가족화 현상과 기혼여성의 취업률증가로 인해 향후 노인에 대한 가족부양기능은 지속적으로 약화될 것이다.[2]

다섯째, 노인은 재정적으로 수입에 한계가 있기 때문에 주택수당제의 도입이나 무료 또는 저렴한 비용으로 주거공간을 마련해 주어야 한다.

Ⅲ. 외국의 노인주거정책

1. 일 본

1) 노인주거정책

주택 분야에서 고령자 시책은 1980년대 후반부터 활발하게 새로운

1) 노인 1인 가구가 일반가구에서 차지하는 비중은 1980년 0.9%에서 2000년에는 4.0%로 증가하였고, 노인부부가구는 1.2%에서 4.15%로 높아졌다(윤주현, 2002).

2) 노인부양비는 2003년 현재 생산연령인구 약 9명이 노인 1명을 부양하나, 2019년에는 5명의 생산연령인구가 노인 1명을 부양해야 할 것으로 예상되므로, 노인인구 증가에 따른 사회적 부담은 계속 증가할 전망이다(정경희 외, 2004).

시책을 발표하여 왔는데, ① 주택 전반에 장벽 없애기(barrier free)의 추진,[3] ② 기존 주택의 장벽 없애기를 위한 주택 개조의 추진, ③ 민간 임대주택 거주자의 각종 지원, ④ 고령자용 공공주택의 공급, ⑤ 각종 케어 서비스 제공 주택 등이 그것이다.

현재 노인의 자가 주택 비율이 높지만 앞으로 노인 부부 세대와 독거노인 세대의 증가와 함께 민간 임대주택의 수요가 증가할 것으로 예상되어 이에 따라 노인이 안심하고 살기 편안한 민간 임대주택의 확보가 과제가 되고 있다. 2001년에 제정된 「고령화 거주의 안전 확보에 관한 법률」은 노인이 안심하고 살 수 있는 민간주택의 확보에 중점을 두고 있다. 노인과 관련된 주택정책의 체계는 1980년대 후반부터 추진

3) 노인주거에 있어 '장벽없애기' 내용은 분야별로 다음과 같다.

구 분	내 용
Safety 위험요소를 제거	-자재 또는 형태에 있어서 걸려 넘어지기 어렵고 균형을 깨뜨리지 않는 배치, 만약에 걸려 넘어지더라도 다치지 않도록 배려 -화재를 미연에 방지하기 위해 또는 오동작 시키더라도 큰일이 발생하지 않는 설비기를 장착 -만일의 경우를 대비 즉각 감지하고 통보 가능하도록 배려, 아울러 보살핌이 쉽도록 설계
Amenity 고통을 제거	-고령자의 운동능력 및 감지 능력, 환경적응성을 고려, 쾌적성, 편리성을 향상. 특히, 건강유지관리에 필요한 각종 기능을 갖춘, 전기, 기계, 기기에 신경을 쓸 것
Visuality 알기 어려운 것을 제거	-각종 싸인 및 부재의 색채는 고령자의 시각장애를 고려, 인지성, 식별성이 뛰어난 것을 선택 -명랑한 고령자 라이프스타일 연출을 위해 비교적 명도가 높은 색채로 통일(안정성 및 작업성이 요구되는 공간인 경우, 인식성을 잃지 않도록 배려) -조명(조도)은 충분히 확보 -고령자의 시각능력을 고려, 각 장소의 용도에 맞는 채광, 조도, 색온도, 조명계획 -문자, 그림 -고령자의 시각능력 또는 이해력 저하를 고려하여 식별하기 쉬운 문자크기, 서채를 통일, 기능이 용이하게 이해할 수 있도록 그림문자사용, 사용하기 쉽고 이해가 쉬운 조작 패널 부착
Easy Handling 사용하기 불편한 것을 제거	-고령자에게도 쉽고 능률적인 것 -동선상 이동, 작업 -고저의 동작 작업 -기구조작 -설비 메인트넌스가 가능하도록 배치 -작업지지대 설치 및 각종기기 부재의 배치 및 조작의 용이성 등을 고려

해 왔다. 이 체계는 크게 5영역으로 나누어져 있고,[4] 세부적으로는 14영역으로 나누어져 있다.

2) 노인복지입소시설

일본에서의 입소시설은 우리나라의 요양원 격인 특별양호노인홈, 양로원 격인 양호노인홈 일반용과 맹인용이 있으며, 경비노인홈 A형, B형, 케어하우스, 그리고 노인복지관 격인 노인복지센터 특A형, A형, B형이 있고, 이용(통소)시설은 개호보험의 실시로 우리나라의 주간보호에 해당하는 노인당일이용개호시설이 이용개호로, 단기보호에 해당하는 노인단기입소시설은 단기입소생활개호로 명칭이 각각 변경되었다. 또 정보 제공과 상담을 주로 하는 노인개호지원센터가 있고, 노인보건법에 적용받고 있는 노인보건시설, 노인복지법에 적용받지 않는 유료노인홈 등이 있다. 일본 노인복지시설의 현황과 정원의 연차 추이는 〈표 1〉과 같다.

일본에서는 노인복지입소시설의 수가 급격하게 늘어났다. 여기에는 개호보험이 시작된 것이 중요한 요인이 될 수도 있지만 시설에서 보호해야만 하는 노인의 수가 많아졌다는 것을 들지 않을 수 없다. 특히 다양한 형태의 시설이 운영되고 있다는 점에서 우리나라에 시사하는 바가 클 것이다.

---

4) 제1에는 어떠한 주택이더라도 노인이 거주 가능하도록 장벽 없애기를 실현할 수 있어야 한다. 제2에는 기존 주택에 관한 장벽 없애기를 위한 주택 개조가 추진되고 있다. 요개호자의 경우는 개호보험에서 주택 개조비가 지급된다. 제3에는 민간 임대주택 거주자의 각종의 지원이 이루어지고 있다. 예를 들면 노인에 대한 채무보증제도와 같은 것들이다. 제4에는 고령자용 공공주택의 공급이다. 공영주택, 공단, 공사 등 임대주택에는 노인을 우선하여 입주시킨다. 제5에는 각종 케어서비스 제공 주택을 공급한다. 국토교통성이 관할하는 노인용 우량임대주택과 실버하우징, 후생노동성이 관할하는 케어하우스, 생활지원하우스, 그룹홈, 유료노인홈 등이 있다.

〈표 1〉 노인복지시설 수와 정원의 연차 추이

	시설수			정 원		
	1990	1995	2002	1990	1995	2002
총 수	6,506	12,904	33,419	246,881	316,420	533,709
양호노인홈(양로원)	950	947	954	67,938	67,219	66,686
양호노인홈(일반)	904	900	906	65,217	64,455	63,872
양호노인홈(맹인용)	46	47	48	2,721	2,764	2,814
특별양호노인홈(요양원)	2260	3201	4870	161,612	220,916	330,916
경비노인홈	295	551	1,714	17,331	27,666	72,364
경비노인홈(A)	254	252	241	15,371	15,152	14,293
경비노인홈(B)	38	38	36	1,810	1,808	1,688
경비노인홈(케어하우스)	3	261	1,437	150	10,706	56,383
노인복지센터	2,024	2,214	2,263			
노인복지센터(특A형)	241	266	270			
노인복지센터(A형)	1,457	1,594	1,606			
노인복지센터(B형)	366	354	387			
노인당일이용개호시설	977	3,948				
이용개호			10,485			
노인단기입소시설		15			619	
단기입소생활보호			5,149			36,743
노인개호지원센터		2,028	7,984			

*자료: 상형종, 2003.

2. 영 국

1) 노인주거정책

1945년 이후 지방정부는 사회주택의 건설과 관리에 대한 직접적 책임을 지니고 노인들의 주거 욕구를 충족하기 위하여 특수시설, 보호주택,

보호시설을 개발하기 시작하였다. 그러나 1970년대 이후 신자유주의적 정치이념의 영향으로 직접적 서비스 또는 주택 건설에 대한 국가의 역할은 축소되고, 주거에 대한 개인 책임이 강조되었다. 따라서 1970년대 후반에 주거보장정책은 주택 건설 보조에서 자산조사된 주거수당과 세금수당에 의한 개인 보조로 초점이 바뀌면서, 특별한 욕구나 장애를 가진 노인을 위한 다양한 주거서비스의 필요성이 인식되었다. 또한 사회통합원리에 의거하여 노인들이 현재 거주하고 있는 장소에서 계속 머물 수 있도록 주택 수리 및 개량서비스 지원정책이 추진되었다.

1980년대와 1990년대 주거보장정책은 사회정책의 다른 분야와 마찬가지로 혼합경제 복지의 발달과 더불어 공공서비스를 줄이고 주택시장 개발을 장려하였다. 그 결과 민간 주거보호시설 및 요양시설은 크게 확대되었고, 최근에는 식사 및 보호시설을 갖춘 보호주택이 민간 영리 부문에서 증가하고 있다. 1989년 지역사회보호백서는 주거서비스를 지역사회보호의 핵심적 요소로 간주하였고, 따라서 시설은 지역사회에 그 기반을 두고 역할을 확대하고 있다. 또한 개별화된 서비스에 대한 강조와 더불어 노인들이 일반주택, 특별주택, 보호주택, 보호시설 등 어느 곳에서 생활하든지 간에 보호서비스를 제공하는 정책이 추진되었다. 이러한 정책은 집중적인 재가서비스 제공, 보호주택에서 보호서비스 증가, 시설 내에서 보다 유연한 서비스 패키지 제공, 개인선택의 증가 등을 포함한다(이인수, 2005).

2000년 4월에 발행된 주택녹서(Housing Green Paper)에서는 주거서비스의 현대화와 개혁의 초점을 '질과 선택'에 두었고, 21세기 주거보장정책의 전반적 목표는 모든 사람들이 쾌적하고 구입 가능하고 적절한 주택을 마련할 수 있도록 기회를 제공함으로써 사회통합, 사회안녕, 그리고 자아의존을 증진하는 데 있다는 점을 명시하고 있다.[5]

5) 그 후속 문서(Quality and Choice for Older People's Housing-Strategic Framework)는 노인주택의 목표를 다음과 같이 제시하였다. 첫째, 노인들이 자신의 상황에 적합한 주택에서 자립을 확보하고 유지할 수 있도록 보장한다. 둘째, 노

2) 노인주거서비스

노인주거서비스에는 보호주택, 주택 수리 및 개량서비스, 그리고 주거급여, 역저당대부제도와 같은 경제적 지원 등이 있다. 보호주택(Sheltered House)은 1950년대에 처음으로 개발되어, 1960년대와 1970년대에 크게 확대되었는데, 노인주택을 건설할 경우 지방정부에게 보조금을 지급하도록 하거나, 민간주택 임차인에 대한 임대료 보조를 제도화하는 내용을 담고 있다. 보호주택의 가장 커다란 공급자는 지방정부와 주택협회이다(박광준, 2004).

보호주택의 유형은 노인들이 제공받는 도움의 정도에 따라 다양하지만, 특히 허약한 노인을 위한 특별보호주택은 식사제공과 응급통보시스템, 목욕실을 갖추고 있다. 또한 목욕이나 옷 갈아입히기, 간병등과 같은 대인적 보호서비스가 제공된다. 이러한 보호주택은 주로 80~90대 노인들이 거주하고 있으며, 높은 수준의 보호와 지원을 제공함으로써 시설보호의 대안적 역할을 하고 있다(이영환, 2001).

주택 수리 및 개량서비스는 1980년대에 공공 지출을 억제하는 정책을 추진하면서 비교적 비용이 적게 드는 정책을 마련하면서 도입되었다. 최초에는 주택법을 통해 세입자, 지주, 자가 소유자 모두 보조금 신청이 가능하도록 하였고, 1982년에는 개인들에게 비용의 90%까지 보조하였지만, 이후 공공 지출은 계속 삭감되었다. 현재 주택 수리 및 개량서비스 제공에 있어서 지방정부가 중심적 역할을 수행하고 있다. 이러한 서비스는 주로 민간주택을 대상으로 제공되지만, 자가 소유 주택의 경우 소유자가 수리와 개량에 대한 책임을 지므로 특별한 경우에만 도움이 제공된다.[6)]

인들이 적절한 주택을 확보할 수 있도록 서비스와 대안에 대한 조언을 제공함으로써 주거에 대한 그들의 선택을 보장한다. 또한 이 보고서는 주거정책과 서비스 개발에 있어서 다양성과 선택, 정보와 조언, 유연한 서비스, 서비스의 질, 그리고 협력에 우선순위를 두었다.

6) 현재 이 정책은 1996년 주택보조금, 건설 및 재개발법(Housing Grant, Construction

경제적지원은 노인을 포함한 저소득층의 임대료 부담을 경감시켜 주기 위하여 시행되는 주거급여제도를 통해 이루어지고 있다. 주거급여에는 공공임대주택 임차인을 위한 임대료 환불과 민간 임대주택 임차인을 위한 임대료 수당이 있다. 급여액은 신청자의 가족 규모와 구성, 수입, 저축 등에 의해 결정된다. 일반적으로 주거급여를 청구하는 지방정부주택과 사회주택 임차임의 비율은 연령이 높을수록 증가한다(한국노년학회, 2000).

또한 소득이나 재산이 충분하지 않은 자가 소유자를 지원하기 위한 것으로 역저당대부제도(Equity Release Scheme)가 있다. 이것은 노인이 가지고 있는 주택 자산을 담보로 생활비나 주택 수리비 등을 금융기관에서 융자받는 대신에 금융기관은 노인이 사망한 후에 주택에 대한 소유권을 갖는 제도이다. 또한 새로운 주택을 구입할 자금이 충분하지 않은 노인들은 주택공유제도를 활용할 수 있다. 이것은 주택의 일부는 매입하고 나머지는 임대하는 방식이다(이영환, 2001).

3. 스웨덴

1) 노인주거정책

스웨덴은 이미 1890년에 65세 이상 인구가 7%를 넘어서고, 1975년에는 14%를 능가하는 고령사회에 접어들었으며, 2000년 12월 현재 65세 이상 고령자의 비율이 17.4%, 80세 이상 고령자 비율이 5% 수준에 이르는 세계 최고수준의 고령화나라이다.

스웨덴의 노인주택정책은 초기에는 저소득층을 위한 노인전용주거시

---

and Regeneration Act)에 의해 수급자의 자격이나 작업의 성격에 따라 다양한 보조금을 지급하고 있다(이영환, 2001).

설 공급을 위주로 정책이 시행되었으나 1960년대 중반 이후 보편주의, 정상화(normalization)정신,[7] 반시설주의의 정신에 따라 일반 노인주택을 중심으로 보편적인 노인주택정책이 시행되고 있다. 1950년 현재 65세 이상의 고령자 가구의 90%가 독신 또는 고령자부부만의 가구로서 대부분이 일반주택에 거주하고 있으며, 85세 이상 후기 고령자는 절반이상이 노인홈이나 간호시설이 병립되어 있는 주택에 거주하고 있다.

1940년대까지 일반적으로 노부모와 자녀의 가족이 동거하는 것이 보편적이었기 때문에 고령자의 거주가 문제가 되는 상황은 아니었으며 저소득 노인의 거주는 구빈원을 통해 이루어지고 있었다. 그러나 2차 세계대전 이후 젊은 세대의 도시이주가 가속화되면서 노인과 자녀가 함께 거주하는 것이 거의 불가능해짐에 따라 노인거주문제가 부상되기 시작했다.

1946년 연금생활자가 거주하는 연금자 주택이 등장했으며, 1947년에는 구빈원에서 분리되어 노인홈이 지어지기 시작했다. 그러나 시간이 경과하면서 고령자만이 거주하기 때문에 야기되는 사회적인 소외감, 자립의식 결여 등의 문제와 신체적 약화로 인한 간호문제가 서서히 부각되어 시설중심의 노인주거 정책을 반대하는 현상이 나타났으며, 이러한 현상은 덴마크, 미국 등을 포함한 여러 나라에서의 국제적인 동향으로 1970년대의 반시설주의가 절정에 달하였다. 특히 스웨덴에서는 노인홈의 주거환경이 합숙, 잡거형식이 대부분이어서 주거공간으로서의 저질성이 문제점으로 부각되었고, 1960년대에 저질 노인홈의 실태가 사회문제화 되었다(김정기,

7) '정상화'란 고령자나 장애자의 특별한 존재가 아니며, 연령이나 장애에 관계없이 누구나 평범한 환경 속에서 생활을 할 수 있도록 주위환경을 정비해 나가는 것을 의미한다. 이 개념을 최초로 사용한 사람은 덴마크 정신장애자협회 회장인 Bank-Mikkelsen으로 '지능이 떨어지는 장애인의 생활을 가능한 한 통상의 생활상태에 접근하게 하려는 것'으로 정의하였다. 이후 1950년대말 스웨덴에서 체계화되어 1960년대말부터 스웨덴의 장애자 복지정책에 활용되었다. 그후 선진국에서 널리 사용되었으며 1970년대부터 사회복지의 기본이념으로 널리 사용되고 있다(박신영, 2005).

2005).

이를 계기로 독립된 주거와 각종 생활지원을 위한 서비스를 임의로 선택할 수 있는 거주형식의 하나로서 서비스하우스(Service House)가 공급되었으며, 서비스하우스에서는 고령자의 경제적, 물리적 자립을 위해 필요한 조건, 즉 프라이버시가 보장되는 주택, 양질의 서비스, 간호, 안전등이 구비되어 있다. 주택의 호수는 대략 40~70호로 지구 내에 데이케어센터(Day Care Center)가 병설되어 있는 경우가 많으며, 고령자는 데이케어센터에서 각종 서비스를 이용하고 레크리에이션을 즐길 수 있기 때문에 노인홈에서 생각하지 못했던 자유와 선택성을 누릴 수 있었다.

2) 노인주거서비스

자신의 주택이 아닌 시설거주를 배제하는 것이 사회주택정책의 최종목표인 스웨덴은, 시설에 수용된 노인, 장애인, 만성질환자 등이 일반가정에서와 같이 정상적인 생활을 영위할 수 있도록 주거서비스를 제공한다. 또한 일반주택에 살고 있는 허약한 노인들에게는 가사원조, 시간제로 순회하는 지역간호사, 휠체어 사용자를 위한 식사배달, 경보시스템, 데이케어센터, 정원손질과 눈 치우기, 일반 교통기관 또는 의료시설과의 연계체제를 갖춘 사회복지 서비스가 제공되고 있다.

즉, 스웨덴 노인주거정책의 특징은 일반주택에서는 대응할 수 없는 고령자를 위해서는 노인전용주택으로, 서비스하우스를 포함하여, 집합주택, 콜렉티브 하우징이 제공되나, 대부분의 경우는 별도의 노인전용주택을 공급하기 보다는 각 기초자치단체별로 잘 정비된 복지 서비스체계를 활용하여 노인이 현재 거주지에서 자립적인 생활이 가능하도록 도모한다는 것이다(박신영 외, 1999).

또한 노인도 일반주민과 더불어 생활하도록 하여 지역사회 보호를 강화하고 있다. 즉 거동이 불편하여 타인의 도움을 받아야 하는 노인들을 되도록 시설에 입주하도록 하지 않고 자신이 오랫동안 살아왔던 집에 그대로 머물게 하면서 불편 없이 노후생활을 유지할 수 있도록 하는 정책들을 운영하고 있다. 저소득가구에는 주택수당을 지급하고 있는데, 신체적 불편을 가족 있는 노인들을 위한 주택내부 개조비용을 보조해주는 것과 같은 것이다. 노인을 위한 주택의 유형은 일반주택과 연금자 주택, 서비스 주택, 경보체계 주택 등이 있으며, 현재 스웨덴 노인 중 90% 가량은 의료기술의 발달과 생활수준의 향상, 그리고 이와 같은 국가의 노력으로 자신이 젊었을 때 거주하던 집에서 노후를 보내고 있다.

Ⅳ. 한국 노인주거복지의 현황

1. 노인가구의 주거실태

1) 노인의 세대구성별 분포

노인들의 세대구성은 노인의 주거복지정책에도 큰 영향을 미치는데, 우리나라 노인세대는 주거지의 변동이 거의 없다는 특징을 지닌다. 이는 노인들이 장애형태나 삶의 형태에 따라 주거에 대한 욕구도 높지 않아서 노인의 주거형태가 크게 개발되지 않았기 때문이며, 또한 중증장애노인의 비율이 높지 않아 필요에 의한 주거의 변화를 추구하지 않았기 때문이라 여겨진다. 1994년부터 10년에 걸친 노인의 가구형태별 변화를 살펴보면 다음과 같다.

〈표 2〉 노인가구형태별 특성

(단위: %)

특 성			전 체	노인독신	노인부부	자녀동거	기타
전 체	1994 (명)		100.0(2,056)	11.9	29.1	53.8	5.2
	1998 (명)		100.0(2,372)	17.9	28.0	48.6	5.5
	2004 (명)		100.0(2,378)	20.6	34.4	38.6	6.4
성 별	1994	남자	100.0(39.7)	4.6	44.8	46.5	4.0
		여자	100.0(60.3)	16.7	18.8	58.6	5.9
	1998	남자	36.9	14.2	63.7	30.8	26.9
		여자	63.1	85.8	36.3	69.2	73.1
	2004	남자	38.3	12.3	60.6	33.1	33.1
		여자	61.7	87.7	39.4	66.9	66.39
연령별	1994	60-64	100.0(33.4)	8.6	33.7	52.0	5.7
		65-69	100.0(27.6)	11.6	36.4	47.6	4.4
		70-74	100.0(19.8)	16.9	36.4	47.6	4.4
		75세 이상	100.0(19.2)	13.1	15.2	66.5	5.2
	1998	65-69	38.1	35.3	48.6	33.4	34.8
		70-74	29.2	34.5	28.9	27.8	25.9
		75세 이상	32.7	30.3	22.5	38.8	39.3
	2004	65-69	37.8	29.9	46.8	34.6	34.1
		70-74	28.5	28.8	30.4	26.1	31.8
		75세 이상	33.7	41.3	22.8	39.3	34.1
	평균 (세)		72.5	72.9	71.9	72.7	72.6
지역별	1994	동부	100.0(56.9)	9.6	21.6	40.2	4.7
		읍·면부	100.0(43.1)	15.0	39.0	40.2	5.9
	1998	동부	100.0(63.0)	16.8	23.8	52.8	6.6
		읍·면부	100.0(37.0)	19.7	35.1	41.5	3.7
	2004	동부	100.0(67.9)	19.2	31.7	42.2	6.9
		읍·면부	100.0(32.1)	23.5	40.3	30.9	5.3

10년간의 변화를 살펴보면, 자녀와 동거하는 노인세대비율이 두드러지게 준 반면에 노인부부와 노인독신이 늘어났다. 성별로는 여자독신노인이 남자와 비교하여 압도적으로 비율이 높고, 연령별로 고연령 일수록 노인독신의 비율이 높아지고, 노인부부가 줄어들며, 자녀와의 동거는 약간 높아진다(조추용, 2005). 지역별로는 읍·면부의 노인독신

및 노인부부의 비율이 점점 높아져 가고 있고 상대적으로 자녀동거 비율이 점점 줄어들고 있다.

2) 노인의 주거점유형태

노인가구의 자가거주율은 76.0%로 일반가구의 54.2%보다 매우 높은 편이다. 특히 노인부부가구의 경우 자가거주율이 84.7%로 높으나, 노인1인가구(66.4%) 및 노인세대주미성년동거가구(70.5%)는 상대적으로 낮다.

노인가구의 월세 및 사글세 거주비율은 8.5%로 일반가구의 14.8%보다는 낮다. 그러나 노인1인가구 및 노인세대주미성년동거가구는 이 비율이 각각 14.0%, 14.4%로 나타나 상대적으로 경제력이 낮은 노인계층의 경우에는 주거불안이 높음을 알 수 있다. 노인가구의 자가거주율은 도농 간 차이가 매우 커서 읍면부는 90.6%에 이르는 반면 동부는 66.6%에 머물고 있다. 특히 도시지역노인1인가구의 경우 자가거주율이 44.2%로 매우 낮다.

〈표 3〉 노인가구 유형별 주거점유형태

(단위: 가구, %)

구 분	점유형태별					지역별		합계
	자기집	전세	보증금 있는월세	보증금 없는월세	사글세	동부	읍면부	
노인1인가구	66.41	13.44	7.34	3.24	3.46	44.2	86.9	363,703 (100.0)
노인부부가구	84.73	8.02	3.09	0.74	0.89	75.3	94.0	385,669 (100.0)
노인세대주동거가구	77.49	11.73	5.82	1.28	1.63	71.1	91.3	358,158 (100.0)
-미성년자만 동거	70.53	11.67	8.63	2.49	3.32	60.6	85.8	53,029 (100.0)
-일반세대원동거	78.67	11.75	5.33	1.07	1.34	72.7	92.5	305,128 (100.0)
노인세대원동거가구	75.33	15.28	5.45	0.93	1.00	69.2	90.1	628,841 (100.0)
합 계	76.00	12.55	5.40	1.44	1.62	66.6	90.6	1,734,369 (100.0)

※자료: 통계청. 2001. 「인구주택총조사」

3) 주거시설수준 및 노후도

노인가구 유형별로 주거시설수준을 비교해보면, 노인1인가구 특히 읍면지역에 거주하는 노인1인가구의 주거시설수준이 가장 열악하고, 노인부부가구, 노인세대주동거가구, 노인세대원동거가구의 순으로 시설수준이 좋았다.

노인가구의 71.1%가 상수도시설을 이용하고 있는 것으로 나타나 1990년의 57.6%에 비하여 상당히 개선되었음을 알 수 있으나, 여전히 상수도시설을 이용하지 못하고 있는 노인가구가 28.9%에 이르고 있다. 일반가구의 경우 13%가 상수도를 구비하지 못하고 있음에 비추어 볼 때 노인가구 주거시설수준의 열악함을 알 수 있다. 또한 지역별 차이도 매우 큰데, 동부는 노인가구의 95.6%가 상수도를 이용하나 읍면부의 경우 32.5%만이 상수도시설을 이용하고 있다.

건축경과연수는 가구주 연령이 높아질수록 오래된 주택에 거주하는 비율이 점차 높아지는 경향을 보이고 있다. 10년 이상된 주택에서 살고 있는 비율이 65-75세인 경우는 23.1%, 75-85세는 34.6%, 85세 이상은 46.8%로 나타나 주택이 노후로 인한 파손으로 개보수의 필요성이 있음을 보여주고 있다(윤주현, 2004).

노인가구의 주거환경을 살펴보면 1인당 주거면적, 자가점유율 등에서는 비교적 양호하나, 질적 측면에서는 열악한 상태라 할 수 있다. 〈표 4〉에서 보듯이, 전체가구의 1인당 주거면적은 7.3평인 반면, 노인가구의 1인당 주거면적은 이보다 넓은 8.5평으로 파악되고 있다. 이는 도시와 농촌지역을 불문한 전체의 평균 수치이므로 이농현상이 가속화되는 현실에서 농촌지역의 노인계층이 비교적 넓은 자가주택에 거주하고 있다는 점을 감안하여 해석할 필요가 있다.

한편, 주거의 질적 측면이라 할 수 있는 주거시설에 대해 살펴보면 노인가구의 입식부엌 구비율은 전체평균 수준이지만, 수세식 화장실과 온

수 목욕시설 구비율은 각각 66.5%, 76.3%로 전체평균에 미치지 못하고 있다. 그리고 노인가구가 평균적으로 훨씬 노후된 주택에 거주하는 것으로 나타났다.

〈표 4〉 가구유형별 주거실태

		전체가구	노인가구
총 가구수(천가구)		14,312	1,270
평균가구원수(명)		3.1	2.7
자가점유율(%)		54.2	85.5
1인당 주거면적(평)		7.3	8.5
주거시설(%)	입식부엌	90.9	90.1
	수세식화장실	83.4	66.5
	온수목욕시설	86.6	76.3
주택경과년수		13.3	19.9

※자료: 통계청(2001), 「2000 인구주택총조사」.

최저주거기준 미달가구 현황을 살펴보면 노인가구의 주거실태는 더욱 열악함을 알 수 있다. 〈표 5〉에서 보듯이 주거의 질적 측면에서 최저주거기준에 미달하는 노인가구의 입식부엌, 수세식 화장실, 온수목욕시설 구비율은 최저주거기준 미달가구의 평균수준보다 낮은 것으로 나타난다. 목욕시설이 없거나 더운 물이 나오지 않는 목욕시설이 각각 11.9%, 4.0%, 화장실의 경우는 노인가운데 약 20.1%, 목욕시설은 약 15.9%가 비위생적이고 불편한 주거환경 속에서 생활하고 있는 것으로 조사되었다. 이러한 비위생적이고 불편한 주거환경은 도시지역보다는 읍·면지역에 있어서 더욱 심각한 것으로 나타났다. 또한 최저주거기준에 미달하는 노인가구는 훨씬 노후된 주택에 거주하고 있다.

〈표 5〉 가구유형별 최저주거기준 미달가구의 주거실태

		기준미달가구 전체	기준미달가구중 노인가구
총 가구수(천가구)		3,344	189.8
평균가구원수(명)		2.8	2.6
자가점유율(%)		42.9	86.6
1인당 주거면적(평)		6.2	7.7
주거시설(%)	입식부엌	71.2	72.8
	수세식화장실	29.1	7.7
	온수목욕시설	50.7	43.7
주택경과년수		22.2	29.1

※자료: 건설교통부(2003), 「주택종합계획(2003-2012) 수립연구」에서 통계청의 2000년 인구주택총조사 표본추출 분석.

4) 노인주거복지시설 현황

한편 노인주거복지시설은 이용노인의 경제력과 부양자 유무에 따라 양로시설, 실비양로시설, 유료양로시설, 실비노인복지주택, 유료노인복지주택으로 분류된다.

양로시설은 일상생활에 지장이 없는 65세이상 노인가운데 국민기초수급노인과 수급노인은 아니지만 부양의무자로부터 적절한 부양을 받지 못하는 노인이 무료로 이용할 수 있다. 실비양로시설의 입소대상자는 정부에서 정한 일정한 소득 이하(2005년의 경우 1인당 월평균소득은 90만원)의 일상생활에 지장이 없는 65세 이상노인이다.

유료양로시설의 입소대상자는 단독치사 등 일상생활에 지장이 없는 60세 이상의 노인이다. 유료양로시설의 사업방식으로는 종신형과 임대형이 있으며, 법인이나 일반개인이 사업주체가 된다.[8)]

8) 종신형은 일종의 이용권형으로 입주금을 일시 지불하고 서비스 비용을 별도로 지불하는 형태이며, 임대형은 입주보증금을 지불하고 임대형태로 계약하여 입주하는 형태이다.

유료노인복지주택의 경우 사업방식으로는 분양형과 임대형이 있으며 주로 개인과 건축업체가 사업을 운영하고 있고, 각종 체력단련시설과 오락실을 부대시설로 갖추고 있다.

한편 2004년말 현재 노인주거복지시설 현황과 이용자수를 살펴보면, 〈표 6〉과 같이, 시설수는 139개이며 이 중 131개소(94.1%)가 무료, 실비, 유료양로시설이었고 나머지 8개소가 유료노인복지주택이었으며, 실비노인주택은 한곳도 운영되지 않았다. 양로시설 가운데 무료가 59.5%(78개소)를 차지하였고, 유료(31.3%), 실비(9.2%)순이었다. 이용노인수 역시 무료가 가장 많은 3,835명으로 63.7%를 차지하였다.

〈표 6〉 노인주거복지시설 현황과 분포(2004)

	소 계		무 료		실 비		유 료	
	시설수	이용자수	시설수	이용자수	시설수	이용자수	시설수	이용자수
양 로	131	6,024	78	3,835	12	230	41	1,959
주 택	8	1,043	-	-	-	-	8	1,043
계	139	7,067	78	3,835	12	230	49	3,002
동지역분포비율	66(47.5%)		43(55.1%)		3(25.0%)		20(40.8%)	

* 자료: 보건복지부(2004) 200년도 노인복지시설현황.

2. 노인가구의 주거의식

1) 자녀와의 동거

우리나라의 노인가구는 1980년부터 2000년 사이에 전체가구에서 차지하는 비율은 2.1%에서 8.9%로 빠르게 증가하였으며, 앞으로도 노인가구는 꾸준히 증가할 것으로 전망된다. 즉 노인1인가구와 노인부부가구를 포함한 노인가구수는 2000년 8.9%에서 2005년 10.1%, 2010년 12.2%, 2015년 14.3%, 2020년 16.8%로 지속적인 상승경향을 보일 것이다.

이런 상황에서 2004년 국토연구원이 실시한 노인가구 주거실태조사에 따르면, 현재 자녀가구와 동거하고 있는 노인가구는 조사대상의 56.1%이며 동거의 주된 이유는 '경제적 이유', '자녀가 도움을 필요', '전통이므로' 등으로 나타났다(〈표 7〉). 그러나 '현재 자녀와 동거하고 있지만 독립을 원하는 노인가구(22.1%)'가 '현재 자녀와 동거하고 있진 않지만 동거를 희망하는 노인가구(6.1%)'보다 훨씬 많은 것으로 나타나, 향후 독립생활을 하는 노인가구는 더욱 증가할 것으로 보여진다. 배우자가 없을 경우 자녀가구와의 동거희망은 크게 늘지 않고, 일반주택에의 독립거주희망은 40.0%로 크게 감소하였다.

건강이 나빠졌을 경우에는 현재 동거상황과 비교하여 '자녀와의 동거희망'이 52.4%로 약간 증가하나, '일반주택에의 독립 거주희망'은 17.5%로 급감하였다. 현재 동거하고 있는 가구 중에서도 약 40%로 급감하였다. 현재 동거하고 있는 가구중에서도 약 40%가 독립하여 살고 싶어하며, 현재 따로 살고 있는 노인가구의 86%가 자녀와 동거하지 않기를 희망하고 있어, 분석결과를 종합해 보면, 독립하고 싶으나 형편상 독립하지 못하는 노인이 많은 것으로 나타났다.

〈표 7〉 상황별 자녀와의 동거여부 희망

(단위: %)

구 분	현재 거주실태	현재의 희망			배우자 없을 경우	건강이 나빠질 경우
		현 동거	현재 비동거	계		
동 거	56.1	34.0	6.1	40.1	42.8	52.4
비동거	43.9	22.1	37.8	59.9	57.2	47.6

※자료: 국토연구원. 2004.「노인가구 주거실태조사」

2) 노인주택입주수요

자녀가구와 별거를 희망하는 가구는 59.9%로서 현재 독립거주하고 있는 비율인 43.9%를 크게 넘어섰다. 독립을 희망하는 경우 '일반주택, 거주희망'이 50.4%로 거의 대부분을 차지하고, '유료노인시설 및 노인주택 거주희망'은 3.9%에 불과하였다. 특히 가구구성면에서 노인1인가구의 경우, 그리고 노인세대주와 미성년으로 구성된 가구의 경우 무료시설을 선호하였다. 가구구성면에서는 뚜렷한 차이를 보이지는 않으나 노인부부가구의 경우 다른 가구유형보다 노인주택에 대한 선호도가 높았다.

배우자 부재시는 독립생활에 대한 선호가 배우자가 있을 때보다 약간 감소하는 경향을 보이고 있으나 그렇게 큰 차이를 보이고 있지는 않았다. 그런데 노인주택에 대한 선호는 7.1%로 그 이전에 비해 두 배 이상의 상승을 나타냈으며, 가구구성면에서는 노인부부가구가 다른 가구형태보다 확연히 높았다.

건강악화시에는 노인주택의 경우 배우자 부재시보다 다소 높아져서 8.9%의 응답을 보이고 있고 유료시설의 수요(3.3%)도 높게 나타났다.

노인복지주택에 입주하지 않으려는 이유는 전체적으로 볼 때 '경제적 능력부족', '현재 집에 만족' 이 높은 응답률을 보이고 있고, '자녀들과 떨어져서 사는 것이 싫어서'라는 응답과 '자녀반대'라는 응답은 소득이 높을수록 그 응답률이 높아졌다.

3. 노인주거정책의 문제점

사실 현재 우리나라의 노인주거정책은 그 수준이 대단히 낮다고 해도 과언이 아닐 것이다. 기본적으로 노인주거정책이 사회취약계층 주거정책의 일환으로 접근하고 있다는 점이 이를 잘 대변해 주고 있다. 최근 들어 노인문제의 심각성을 인식하여 주택정책에서 노인주거정책을 부분적으로 포함시키고 있으나, 아직 종합적이고 적극적인 노인주거정책 수립단계에는 이르지 못하는 실정이다. 건설교통부가 2004년 3월에 발표한 주택종합계획(2003~2012년)에는 국민주거복지수준의 향상을 위한 일환으로 고령사회, 가구구성 변화에 대응한 주택공급 계획이 포함되어 있고, 국민임대주택 공급시 신청자에 한하여 노인·장애인 시설을 제공한다고 발표하였다. 또한 노인주택에 대해서는 노후불량주택이 아니더라도 노인주거에 맞게 수선하거나 불량주택을 개량할 경우 지자체의 추천을 거쳐서 국민주택기금을 지원받을 수 있도록 검토하고 있다.

이렇듯 주택정책에서 노인주거문제를 최근들어 관심 있게 다루고 있으나 종합적이지 못하고, 관할부서의 이원화 및 연계부족으로 노인주거정책의 실효성이 미약하다. 건설교통부는 주택정책을, 보건복지부는 복지정책을 다룸으로써, 노인주거복지정책이 양쪽으로 나뉘어 있어 종합적으로 다루어지지 못하고 있다. 노인복지주택은 노인양로시설, 노인요양시설, 노인전문요양시설과 함께 노인복지시설로 구분되어 보건복지부의 노인복지정책의 일환으로 다루어지고 있으나, 생활복지 및 의료복지에 중점이 두어져 있어 주거복지의 비중은 크지 않은 상황이다. 노인시설의 편의시설은 '장애인·노인·임산부등의편의증진보장에관한법률'에 의거하여 고용공간에 대한 설치를 의무화하고 있으나, 주택 내의 시설을 규정하고 있지는 않다. 노인복지주택은 주택법의 적용을 받는 일반주택과 같은 지원(택지, 기금, 재정 등)이 이루어지고 있지 못하여 노인복지주택 공급이 극히 저조한 실정이다.

그 결과 노인주거관련 선택의 폭이 매우 제한을 받게 된다. 노인복지주택은 저렴한 비용으로 분양 또는 임대하는 실비노인복지주택과 유료노인복지주택이 있으나 실제로 공급된 실비 또는 무료 노인복지주택은 거의 없는 형편이다. 유료 노인복지주택은 이용료 부담이 너무 높아서 고소득층 노인만이 이용할 수 있기 때문에 다양한 계층의 수요가 충족되지 못하고 있다. 최저소득 계층의 일부는 영구임대주택이나 기초생계비지원의 대상이 되어 주거비지원을 받고 있고, 의료시설도 저렴하게 이용할 수 있으나 차상위계층이나 중산층의 경우 저렴하게 이용할 수 있는 노인시설이 거의 전무하다. 따라서 지역별로 다양한 계층이 선택할 수 있는 다양한 유형의 노인복지주택이 공급되어야 할 것이다.

우리나라에서 노인들의 주거보장과 관련되어 시행되고 있는 대부분의 정책은 노인들에게 직접적인 혜택을 제공하기보다는 노인의 부양을 장려하는 정책으로 노인과 동거하는 자녀세대에게 혜택을 제공하고 있다. 즉 65세 이상 부모와 동거하기 위해서 자녀가 소유하고 있던 주택을 팔 경우, 양도소득세의 면제혜택을 주고 있으며, 임대주택의 경우 65세 이상 직계존속을 1년 이상 부양하고 있는 무주택자에게 주택공급량의 10% 범위이내에서 임대주택을 우선 공급하고 있다. 또한 국민주택이 경우 65세 이상 직계존속을 3년이상 부양한 세대주에게 주택공급량의 10%범위내에서 우선 공급하고 있다(윤주현, 2004).[9] 그러나 여전히 노인부양가구에 대한 세제와 금융상 혜택의 실제 수혜가 저조하다. 주거정책과 복지정책 이외에도 노인가구 및 노인부양가구에 대한 조세지원 및 금융지원 방안이 있으나 대상에 대한 파악이 제대로 안 되어 있고, 이러한 제도에 대한 홍보가 부족한 데도 그 원인이 있다. 그러므로 노인부양가구지원에 대한 정책수립 못지않게 홍보도 중요하다 하겠다.

현행 노인주거복지정책의 근본적인 문제점은 다음과 같이 요약될 수 있을 것이다. 첫째, 노인주거복지정책에 대한 기본방향이 아직 설정되어 있지 않다. 노인주거복지의 개념이 정의되어 있지 않으며, 노인주거복지 향상을 위한 정책수단에 어떤 것이 포함되어야 하며 이를 위해 법령 등이 어떻게 정비되어야 하는지에 대한 그림이 그려지지 않은 상태이다.

9) 그러나 그나마 노인주거복지정책의 일환으로 배정된 주택공급량의 10% 가운데 노인인구가 입주한 실적은 배정물량의 15-30%에 불과한 실정이다(윤주현 외, 2004).

둘째, 관련 행정부처들 간의 역할분담이 명확하지 않다. 노인주거복지 향상문제에 관련된 기관으로는 건설교통부, 기획예산처, 보건복지부, 노동부, 여성부, 지방자치단체 등이 있다. 그러나 그 동안 이들이 가지고 있는 정책수단과 비전들이 어떻게 연계되어야 하는지에 대한 논의가 거의 없었다.

셋째, 노인주거복지의 문제를 물리적 시설차원의 문제로만 인식하고 있는 측면이 강하다. 노인주거정책에 대한 관심이 높아진 것이 비록 최근의 일이긴 하지만, 현재 논의의 방향은 주로 노인을 위해 어떠한 주택 또는 시설을 공급할 것인가에 집중되고 있다.

Ⅴ. 노인주거복지정책의 과제

1. 노인주택정책의 재정비

종합적이고 체계적인 노인주택정책의 수행을 위해서는 노인주택정책에 대한 기본적인 정책목표와 정책방향을 담은 노인주택정책종합계획의 그에 따르는 법령의 정비가 선행되어야 할 것이다. 인구의 고령화는 노인복지는 물론 경제 · 사회 전반적인 사회시스템 변화를 요구하는 사회구조적인 문제이므로 정부차원의 종합적이고 체계적인 대응을 요구하고 있다. 따라서 정부는 관련 행정체계를 개편 · 강화하고 고령사회에 대비한 종합적인 대책을 수립시행하여야 할 것이다.

우선 노인주택정책의 수립을 위해 기본적인 통계자료의 확보가 미흡하므로, 지역별, 계층별, 유형별 노인주거실태는 물론, 노인주택 입주실태, 주거비부담 등 특성을 분석하고 주거문제에 대한 노인가구의 주택 및 서비스 수요를 파악한 후 현실에 기초한 정책을 수립하는 것이 효과적이다. 따라서 노인주거실태 파악을 위한 충실한 통계조사가 실행되어야 할 것이며, 이에 기초한 실효성 있고 구체적인 노인주거정책의 추진계획이 수립되어야 한다.

노인주택은 노인복지문제이자 주택문제라는 복합적인 특징을 지니고 있다는 점에서 기본적인 정책목표, 정책방향 및 정책과제가 종합적이면서도 명확하게 수립되어, 단기적으로 시행가능한 구체적인 방안과 중장기적인 전략이 마련될 필요가 있다.[10)]

2. 행정체계의 효율적 개편

노인주거정책에 대한 전담기구의 통합 및 명확한 업무분담 역시 시급하다 하겠다. 노인주택행정과 관련된 행정조직체계를 살펴보면 중앙행정조직으로는 건설교통부의 주택담당부서와 보건복지부의 노인담당부서로 이원화되어 있으며 상호 긴밀한 연계체계를 갖지 못하고 있고, 중앙과 지방간의 협조체제도 미약한 문제점을 갖고 있다. 건설교통부는 주택 정책 및 주택법에서 노인주택 건설 지원을 포괄하되, 노인주택 운영에 있어서는 보건복지부와 연계하여 의료 및 생활 서비스를 제공할 필요가 있다. 그리고 보건복지부의 노인복지정책에서는 양로 및 보호시설 운영을 담당하되 노인시설뿐만 아니라 기존 주택에 거주하는 노인들에 대한 보건 복지 서비스도 함께 공급하여야 한다. 물론 향후 노인인구의 지속적인 증가를 고려할 때 노

10) 일본의 경우 1980년대 후반부터 고령사회에 대비한 노인문제를 해결하기 위하여 기본방향과 정책목표를 제시하고 이를 바탕으로 재원확보대책을 비롯한 구체적인 목표가 명시된 정책을 추진하고 있다. 1989년 '고령자보건복지추진 10개년 전략'(골드플랜)을 마련하였고, 1994년 '신골드플랜'을 수립하여 시행해왔으며, 1999년 12월에 향후 5개년의 고령자보건복지시책방향(신골드플랜21)이 책정되어 2000년부터 개시되어 오고 있다(유문무, 2006).

인의 주거복지를 위한 종합적이고 독립적인 전담기구의 구성은 필수적이라 할 것이다. 이 기구는 기존의 서비스와 프로그램을 종합하거나 조정하는 기능이외에도 노인주거보장의 모든 분야에 정책자원 지원 · 개발 및 관리역할을 담당해야 한다(한국임상사회사업학회, 2005: 199).

3. 노인주택 공급정책의 정비

우선 노인주택 건설기준이 강화되어야 한다. 계단, 욕실 등의 시설을 노인의 생활기능에 적합하도록 건축기준을 정비할 필요가 있으며, 일반 주택의 경우에 문턱을 없애거나 욕실의 미끄럼 방지기준을 만드는 등, 점차 보편적 설계(universal design) 기준을 적용하는 방안도 필요하다. 공공부문에서는 장벽없애기를 완비한 공공주택의 공급과 이들 시설에 대한 기술 및 금융지원 등을 제공해야 한다.

또한 기존 거주주택의 개보수를 통하여 노인 시설을 설치하도록 지원해야 한다. 일반주택에 사는 노인이 노인주거설비를 설치하기 위하여 주택을 개보수하거나, 가옥주가 노인에게 임대하기 위하여 노인주거설비를 설치하는 경우 건설교통부가 운영하고 있는 '국민주택기금'이나 보건복지부의 '편의시설설치촉진기금' 등에서 자금을 지원하는 방안을 마련해야 한다.

이와 함께, 노인주택 건설지원 제도를 확립해야 한다. 노인주택은 일반주택보다 비용이 많이 소요되므로 노인주택 건설에 민간업체가 스스로 참여하기 어려운 구조다. 따라서 노인주택 건설을 주택정책의 일환으로 편입하여 노인주택 건설시에도 기존의 공공임대주택에 대한 지원과 마찬가지로 택지, 기금, 규제, 조세 등의 지원이 필요하다(윤주현, 2004).

노인의 주거에 대한 선호가 소득계층별, 지역별로 다르므로 다양한 형태의 노인 주거공간을 공급함으로써 노인의 주거선택 폭을 확대해야 한다. 기존 주택에 노인시설을 구비한 일반주택 이외에도 노인주택을 독신용, 부부용, 3세대 동거형 등으로 다양하게 공급할 필요가 있다.[11)]노인 1인가구 및 노인부부가구의 증대에 대응하여 독신용 및 부부용의 중소형 노인주택공급을 확대해야 한다. 외국에서 시행되고 있고 우리나라에서는 새로운 형태로 소개되어 일부 시험적으로 시도되고 있는 소규모 노인공동생활주택(그룹홈)의 공급도 시행결과를 보아가며 적극 검토할 필요가 있다.

4. 공공임대주택의 공급확대

노인주택재고를 우선 확보하기 위한 수단으로 이미 계획이 수립되어 추진 중인 국민임대주택 100만호 공급계획 중 일부를 노인주택으로 공급하는 방안이 마련되어야 할 것이다. 즉, 국민임대주택 건설시 1개동 전체를 노인주택으로 건설하여 공급하되 의무화 비율은 지방자치단체와 협의하여 수요에 맞추어 결정할 수 있을 것이다. 이는 노인가구와 비노인가구가 주거생활에서는 독립성을 유지하되, 연계프로그램을 통해서 사회적 통합을 유도하자는 취지다. 더욱이 노인주택은 주거공간 제공뿐만 아니라 의료 및 생활 서비스와의 연계가 필요하므로 운영의 효율화를 위해서도 집단화가 필요하다(최항순 외, 2005).

한편 노인주택은 건설뿐만 아니라 운영 및 관리 서비스가 함께 제공되어야 하므로 장기적으로는 임대주택으로 공급되어야 한다. 분양주택으로 공급되는 경우 사유재산의 이전에 있어서 노인가구에만 매각해야 한다는 규정을 두기 어렵고, 노인가구 대신 젊은 계층이 입주하는 경우 대상가구의 감소로 운영의 지속성을 유지하기 어려울 수 있다. 이러한

11) 3세대 동거형 주택은 노인문제 해결을 위해 이상적인 주거형태이지만 현실적으로 외국에서도 성공사례가 적으므로 지역적 수요와 특성을 고려하여 제한적인 공급을 검토해야 할 것이다.

사항들을 반영하여 고령자전용국민임대주택을 건설하는 경우 우선 시범사업을 실시해 볼 필요가 있으며, 다음 두 가지 방향으로 추진해 볼만하다(윤주현, 2005).

첫째, 현재 추진 중인 국민임대주택단지 내에 교통과 환경이 우수한 지역을 선정하여 노인종합복지관, 전문병원 등 다양한 복지시설과 노인전용주택을 함께 건설하는 것이다. 이때, 노인들이 복지시설과 전용주택을 편리하게 이용할 수 있고 효과적으로 운영할 수 있도록 단지배치를 구상해야 한다.

둘째, 기존에 설치되어 운영되고 있는 노인종합복지관과 같은 노인편의시설에 쉽게 접근하고 이용할 수 있는 지역을 선정하여 노인전용주택을 공급하는 것이다. 추가적인 복지시설을 설치하지 않고 기존시설을 이용할 수 있으며 국민임대주택단지가 개발되고 있지 않은 지역에 건설이 가능하다는 장점이 있을 것이다.[12)]

5. 노인주택의 운영지원제도 확립

노인주택은 건설로 끝나는 것이 아니라 주택관리, 건강관리, 생활지원 등 운영지원도 함께 공급되어야 한다. 따라서 비영리단체의 육성, 지역의 의료시설 및 사회복지 서비스와의 연계 등이 필요하다. 우선 민간비영리단체를 육성하기 위한 지원제도를 확충해야 한다. 종교단체나 시민단체 등 공공적 기능을 할 수 있는 민간비영리단체를 육성하고 이들이 비영리로

12) 이를 위해서는 우선 주거비보조제도가 현실화되어야 할 것이다. 노인가구는 소득이 증대할 여력이 없고 오히려 감소할 가능성이 크기 때문에 임대료 보조 등 주거비보조가 함께 제공되어야 노인가구의 임대료 납부가 원활해진다. 현재의 주거비보조는 기초생활보장법에 의해 생계급여에 포함된 부분과 별도의 주거급여가 있으나 개개인의 소득과 지불임대료를 감안하여 현실성 있는 주거비보조가 실행되어야 할 것이다.

노인주택을 운영할 수 있도록 지원방안을 마련해야 한다. 수익을 확보하지는 못하더라도 비용보전이 될 수 있도록 다양한 지원방안이 검토되어야 할 것이다. 민간비영리단체가 활발히 활동하기 이전에는 현재 영구임대주택을 관리하는 주택관리공단이나 지방개발공사 등의 관리주체가 노인임대주택의 운영주체로 역할을 수행함으로써 기존의 업무인 시설관리 및 입주자 관리뿐만 아니라 운영관리, 나아가 사회복지시스템과의 연계기능까지도 담당하도록 하는 방안도 필요하다.

Ⅵ. 맺음말

주지하다시피 21세기 세계는 평균수명의 연장과 출산율 저하로 인하여 인구의 고령화가 급속히 진행될 것으로 전망되고 있다. 이로 인해 노인의 빈곤, 건강문제, 소외와 고독 등의 노인문제가 심각한 사회문제로 대두되고 있다. 이에 따라 UN은 2차에 걸친 고령화세계회의를 개최하여 노인문제에 대한 각국의 적극적인 대응을 권고하고 있다. 이미 고령화사회에 진입한 우리나라 역시 매우 빠른 고령화의 진행이 전망되므로, 노인문제의 해결을 위한 정부의 적극적인 개입이 요구되고 있다.

노인주거문제는 빈곤, 건강, 소외 등 각종 노인문제와 깊은 관련을 가지고 있으며, 노인의 경제적 빈곤으로 인하여 스스로 해결하기가 어렵다는 특징을 가지고 있기 때문에 노인주택문제의 해결에는 정부의 적극적인 개입이 요구되며, 노인주택정책의 시행은 장기적인 관점에서 종합적이고 체계적으로 접근할 필요가 있다.

본 연구는 이러한 인식 하에서 우리나라의 노인주거실태와 주거의식 및 노인주택정책의 현황을 검토하고 개선방안을 제시하였다. 노인가구의 주거실태와 주거복지수준을 분석·평가한 결과 노인가구는 일반가구에 비해 평균 소득이 낮고, 최저 생계비 미달가구가 많으며, 주거시설수준, 주거 밀도 및 노후도가 심각한 것으로 나타나 경제력과 주거환경 측면에서 취약한 것으로 파악되었다. 보다 구체적으로 주거복지수준 평가를 통해 주거문제를 살펴보면 노인가구는 주택의 적절성 및 노인접근성, 주거소비의 적합성, 주거비부담능력 등 모든 노인주거복지지표에서 낮은 수준을 보였고, 특히 노인1인가구 및 노인부부가구의 주거수준이 더욱 열악한 것으로 나타났다.

주거의식 분석결과 노인 독립세대 구성비율이 점차 증대하고 있으며, 앞으로도 자녀와 따로 살겠다는 희망이 점차 증대하고 있는 추세를 보였다. 그러나 노인복지주택에 대한 선호도는 별로 높지 않았으며, 대부분 일반주택에서 독립된 생활을 원하는 것으로 나타났다.

노인주거복지문제는 이상의 노인특성 및 환경과의 관련 하에서 해결되어야 한다. 따라서 노인주거복지정책을 추진할 때 다음과 같은 사항들이 반드시 고려되어야 할 것이다.

첫째, 노인주거복지정책의 기본방향이 올바르게 설정되어야 한다. 노인계층에 대한 주거지원은 궁극적인 목표가 아니고 수단임을 기억해야 한다. 즉, 최상위 목표는 노인계층의 사회통합증진이 되어야 할 것이다. 노인계층이 정부지원에 의해 주택을 제공받는 대신 사회적 배제 또는 분리를 경험하게 된다면 이것 또한 사회적 문제라고 할 수 있다. 따라서 노인을 위한 공동주택은 사회의 다른 사회집단으로부터 단절된 노인 밀집지구의 형태로 건설되는 것은 바람직하지 못하다.

둘째, 노인계층은 신체적으로 약점을 지니고 있다는 점에서 동일한 집단으로 인식되기 쉬우나, 재산상황, 부양가족유무 여부, 거주지역 등의 기준에 의해 차이를 보인다. 노인계층의 다양성을 인식하고 다양한 수요에 부응하는 정책대안을 강구해야 한다. 예를 들어 저소득 노인을 위한 전용임대주택건설 외에도 보건복지부에서 추진하고 있는 유료노인주택의 일종인 실버주택의 육성 또한 중요하다.

셋째, 자력생활이 어려운 노인계층을 위한 보호시설 공급을 확대하는 것도 필요하겠으나, 재가노인에 대한 지원방안을 마련하는 것이 매우 중요하다. 노인은 시설에 거주하기보다는 살던 자기 집에서 계속해서 독립적인 생활을 영위하는 것을 더욱 선호한다는 사실에 주목할 필요가 있다. 따라서 기존주택의 개조 등을 통한 시설측면의 편의증진 및 재가노인에 대한 삶의 질 향상방안에 대해서도 지속적인 관심을 기울일 필요가 있다.

넷째, 단순히 노인들이 거주하는 주택에만 초점을 맞추지 말고, 그 주택을 둘러싼 주거환경의 개선에도 관심을 가져야 한다. 이동편의를 증진시킬 수 있는 교통인프라 구축, 24시간 의료서비스 제공시설 확보, 공원 등 산책로 설치 등 노인친화적인 주거환경을 구비할 수 있도록 지원해야 한다. 이 문제는 노인용 공동주택단지 건설시 더욱 깊이 있게 검토되어야 한다.

이밖에도 노인관련 지원정책의 개선이 병행되어야 한다. 노인의 경제력 지원을 위한 연금제도 및 기초생활보호제도, 건강지원을 위한 의료보호제도, 주택 등 자산은 있으나 소득이 없는 노인들을 위한 역모기지제도 등 종합적인 제도개선이 병행되어야 한다.

참 고 문 헌

김정기. 2005.「노인주택정책의 현황과 문제점 및 개선방안에 관한 연구」, 성균관대 대학원 석사학위 논문.

박광준. 2004.「고령사회의 복지정책-국제비교적 관점」, 학현사.

박신영 외. 1999.「노인주택공급제도 개선 및 주공의 참여방안」, 대한주택공사 주택연구소.

박신영. 2004.「선진국 노인주택정책과 시사점」, 대한주택공사.

______. 2005. "실비노인주택 보급방안", 「국토」 통권 208호.
상형종. 2003. "21세기 고령화사회의 지역도시 대응방안", 한국지역사회발전학회 제57회 학술대회 발표문.
송하승. 2005. "고령회사회 노인주거실태와 주거의식", 「국토」 통권 208호.
유문무. 2006. "일본의 실버산업과 한국의 고령친화산업의 전망과 과제", 한국아시아학회 제8권 2호.
윤주현. 2002, 「한국의 주택」, 통계청.
윤주현 외. 2004. "고령화사회 노인주거의 현황과 정책과제" 인구고령화 협동연구 제1차 심포지엄 자료집.
이영환. 2001. "영국의 노인정책과 관련법", 사)한국노인문제연구소, 「노인복지정책 연구총서」, 21호.
이인수. 2005. 「노인주거복지와 실버산업」, 일진사.
이가옥 외. 1994. 「노인생활실태 분석 및 정책과제」, 한국보건사회연구원,
정경희 외. 1998. 「전국 노인생활실태 및 복지욕구조사」, 한국보건사회연구원.
정경희 외. 2004. 「전국 노인생활실태 및 복지욕구조사」, 한국보건사회연구원
조추용. 2005. "유료 노인복지산업의 현재와 미래" 노인복지연구 통권28호.
최항순. 2003. 「복지행정론」, 신원문화사.
최항순 외. 2005. "고령화사회의 노인주거복지정책: 추진방향과 과제를 중심으로" 한국공공관리학보 제19권 제1호.
하성규. 1998. "인간다운 생활과 주거권" 박광준 외, 「주택보장과 주택정책」, 세종출판사.

건설교통부. 2003. 「주택종합계획(2003-2012) 수립연구」.
국토연구원. 2004. 「노인가구 주거실태조사」
보건복지부. 2004. 「참여복지 5개년계획(2004-2008)」.
통계청. 2001. 「2000년 인구주택총조사」.
__________. 2003. 「2002년 사회통계조사보고서」.
__________. 2004. 「인구동태조사」.
한국노년학회. 2000. 「영국의 보호주택」.
한국노인문제연구소. 1996. 「외국의 노인복지정책」, 도서출판 동인.
한국임상사회사업학회. 2005. 「노인복지론」, 양서원.

第8장 정보화시대 노인교육을 통한 정보격차 해소방안

Ⅰ. 머리말

세계는 지금 디지털기술과 인터넷이 주도하는 "지식정보사회"로 급속히 변화하고 있다. 초고속정보통신망의 구축으로 인해 무한한 지식과 정보가 순식간에 전달되면서 이제 개인적 삶의 질과 경쟁력이 지식정보의 속도와 질에 따라 결정되는 시대인 것이다. 이에 따라 초래되는 부작용 중의 하나가 바로 정보격차(digital divide)라는 문제이다. 정보의 획득과 활용에 있어서의 불균형으로 대표되는 정보격차는, 정보통신기술이 발달함에 따라 사회적 소외계층이라고 볼 수 있는 집단에게 더 강하게 나타남으로써 기존의 사회불평등을 심화시킬 것으로 보인다. 특히 세계적으로 유례를 찾아보기 힘들 정도의 빠른 속도로 고령화사회로 진입하고 있는 우리로서는 고령자집단에 그 우선적인 초점이 모아질 수밖에 없다.

2003년 통계청의 고령자통계에 의하면 한국사회는 지금 급속히 늙어가고 있음을 알 수 있다. 저출산의 특징을 보이는 가운데 평균 수명은 크게 늘어나서, 1981년에는 남자 62.3세, 여자 70.5세였던 평균 수명이 2001년에는 각각 72.8세, 80.0세로 늘었고, 2030년에는 78.4세, 84.8세로 더 높아질 전망이다. 이에 따라 65세 이상 고령인구가 총인구에서 차지하는 비중도 2000년 7.2%에서 2010년 10.7%, 2020년 15.1%, 2030년 23.1%로 가파르게 높아질 것으로 추산되고 있다. 이것은 새로운 정보가 끊임없이 쏟아져 나오는 정보사회 속에서 점점 높은 사회구성비율을 차지할 수밖에 없는 고령자들로서는 이제 정보를 획득하지 못하면 사회적 생산성을 저하시킴은 물론 사회참여 및 교육기회의 제한으로 사회적 약자로 전락될 것이다.

이런 측면에서 전 가구 70%의 세계 1위의 초고속 인터넷 보급률과 전 국민 60%의 인터넷 이용률 세계 3위를 자랑하는 정보강국 한국에서, 고령층의 인터넷 이용률이 경제협력개발기구(OECD)회원국 중 최하위권을 차지하고 있다는 것은 한국이 정보격차문제에 있어 매우 심각한 국면에 처해 있음을 보여 주고 있다.

이에 따라 본 연구는 노인들의 정보화 실태를 중심으로, 정보격차의 현황 및 원인과 내용을 분석한 후, 노인교육을 통한 정보격차의 해소 정책을 살펴봄으로써, 궁극적으로 정보소외 계층인 노인에 대해 정보격차로 인한 상대적 박탈감을 해소하고 삶의 질 향상을 위한 방안을 제시하는 데 목적이 있다.

Ⅱ. 이론적 배경

1. 노인교육

가. 노인교육의 개념

노년기 교육은 노인을 위한 교육, 노인에 관한 교육, 노인에 의한 교육의 세 분야를 포함한다(한정란, 2001 ; 남기민 외, 2003).

첫째, 노인을 위한 교육은 노인 자신에 대한 긍정적인 개념을 주입시키고 변화해 가는 사회에 적절히 적응하며 다음 세대를 이해할 수 있게 하기 위해 실시되는 교육이다. 주로 대한노인회 각 지부, 교회, 복지관, 공공기관의 부설기관 등에서 보다 창조적인 노년기를 영위할 수 있도록 돕는 것을 목적으로 복지적 관점에서 노인들의 여가활동, 필요한 지식과 정보, 노인들의 관심사와 취미, 취업과 봉사를 위한 지식과 기술, 사회변화에 적응하기 위한 정보 등 노년기에 대한 지식을 전달하는 노년기 교육이 중심이다.

둘째, 노인에 관한 교육은 초·중·고 및 대학, 사회교육기관에서 이루어지는 노인에 관한 교육뿐만 아니라 퇴직을 앞둔 이들을 위한 퇴직준비교육, 노인과 관련된 직업에 종사하거나 그런 직업을 원하는 이들에 대한 노년학 관련 교육까지를 포함한다. 즉 노화과정과 노인의 특성에 관한 다양한 지식과 정보를 제공함으로써 젊은 세대들로 하여금 노인을 이해할 수 있도록 하고 미래에 자신들에게 다가올 노화에 대한 적절한 대비를 할 수 있게 하며, 노인들이 계속적으로 진행되어 가는 노화과정보다 잘 적응해 나가도록 돕고 노인과 관련된 직업에 종사하는 사람들에게 도움을 주는 데 그 의의가 있다.

셋째, 노인에 의한 교육은 노인들의 일생을 통해서 귀중한 경험과 지식 및 기술들을 교육이라는 장소와 제도를 통해 후세에 전하고, 사회에 환원시키는 것에 의미를 두는 것이다. 사회와 다음 세대에 기여할 수 있는 자원, 즉 지혜와 풍부한 경험을 가진 존재로서의 노인에 대한 교육적 고려로 노인들은 오랜 인생의 경험을 통하여 축적해 온 특별한 분야의 지식과 기술 그리고 지혜를 젊은 세대에 전수하는 교육자로서의 역할을 통하여 사회에 공헌할 수 있는 기회를 가지며 자기충족감을 높일 수 있도록 하는 노인 교육의 중요한 부분이다.

따라서 포괄적인 노년기 교육의 목적은 노화에 적절히 대응·준비하고 자신의 발달단계에서 잠재력을 최대한으로 발휘하고 사회변화에 보다 효율적으로 적응해 나갈 수 있도록 하는 데 있다. 즉 노인교육이란 사회교육의 영역으로서 노인을 대상으로 노인의 생활적응과 삶의 질을 향상시키려는 의도를 가지고 행하는 교육을 의미한다. 한편 1971년 노인에 대한 백악관회의(White House Conference on Aging)에서는 "노인에 대한 교육은 모든 노인의 기본권이며, 교육은 충만하고 의미 있는 생활을 하도록 노인에게 주어진 하나의 방법이며, 앞으로 계속되는 것이고, 사회경쟁을 위한 자원과 같이 그들의 잠재력을 개발하도록 돕는 방법이다"라고 규정하고 있다(허춘강, 1997: 16).

종합적으로 볼 때, 노인을 위한 교육은 노인을 피교육자로 하는 교육으로서 처방적·치료적인 성격을 가지는 교육이며, 노인에 관한 교육은 실증적인 노인교육의 분야로서 노인을 교육시키는 교육자나 전문가 및 노인에 대한 피보호자를 대상으로 하는 교육이며, 노인에 의한 교육은 노인의 사회적 역할과 관련된 분야로서 후세대에게 자신들의 지혜와 경험을 전달하는 교육이다. 그러므로, 이 세 가지 분야가 상호 밀접하게 연계될 때, 노인교육의 효과성과 효율성은 높아지며, 보다 높은 교육적 가치를 발휘 할 수 있다(한정란, 1994).

나. 노인교육의 필요성

오늘날 노인교육이 중요시되는 이유는 크게 사회적 환경의 변화와 노인의 교육적 욕구의 변화에서 찾을 수 있다. 우선 노인교육이 중요시되는 사회환경적인 이유는 다음과 같다(김선숙, 2000 ; 장창수, 2004).

첫째, 미래사회는 모든 연령층의 학습사회(learning society)를 요구한다. 즉 어느 연령층을 불문하고 생존하고 발전해 나가기 위해 그들이 지닌 지식과 기술을 확장시키고 새로운 지식과 기술을 발전시켜 나가는 사회를 학습사회라고 할 수 있으며, 노인도 여기에서 제외될 수 없음을 의미한다.

둘째, 노령화 사회에 대한 노인 스스로의 노후의 책임과 관련되어 있는데, 즉 교육은 자립심을 길러 주며, 노년기를 보다 창조적이고 효율적으로 가꾸어 주는 역할을 한다고 할 수 있다.

셋째, 노인에 대한 시각의 변화이다. 노인을 신체적 · 사회적 약자로 보기보다는 사회를 위해 공헌하고 봉사할 수 있는 잠재력을 지닌 자원으로 보아야 한다는 시각이 대두되면서 노인이 지닌 능력을 계발해야 할 교육에 초점이 맞추어짐으로써 노인교육의 필요성이 강조되고 있다. 한편, 선진국들을 중심으로 노인을 사회적 부담을 주는 존재가 아니라, 주체적이고 기여하는 존재로 인정하는 노력이 시작되고 있다(Midwinter, 1998).

넷째, 노인교육에 대한 수요의 증대이다. 노인인구의 질적인 변화 추세는 건강하고 경제력이 있으며, 교육 수준이 높은 노인들이 평생교육의 수단으로써 노인교육에 대한 수요를 창출할 것으로 기대된다.

다섯째, 지식기반사회의 도래로 평생교육의 욕구증가이다. 지식기반사회의 도래로 노인들은 사회에 적응하기 위해 지식이 필요하며, 노인문제해결의 소극적 자세보다 적극적 대안으로 노인교육과 취업에 중점을 두는 정책적 변화로 방향 전환이 요구되기 때문이다.

이러한 사회환경적 변화와 더불어, 노인들의 교육적 욕구는 다음의 다섯 가지 범주로 분류된다(McClusky, 1971 ; 남기민 외, 2003: 62-63, 재인용).

첫째, 노인들의 대처능력욕구(coping needs)이다. 자신의 노화에 따라 능력과 지식이 감퇴하여 일상생활에 곤란을 겪기 때문에, 이를 만회하고 사회에서 정상적인 기능을 유지하기 위해 교육을 받으려고 하는 욕구이다. 예를 들어 수입유지, 건강관리, 가족적응, 여가선용, 주택선택, 법률적 조언 등이 해당된다.

둘째, 표현적 욕구(expressive needs)이다. 이것은 노인들의 활동이나 단체활동에 대한 참여욕구를 말하는데, 노인들은 자발적인 신체운동, 사회적 활동, 그리고 새로운 경험, 그 자체로부터 새로운 것을 배우는 재미와 다른 동료들과의 교제로 심리적 적응과 보다 높은 정신건강 수준 유지를 바라는 노인들의 욕구이다.

셋째, 공헌적 욕구(contributive needs)이다. 노인들에게는 자신뿐만 아니라 남을 위해 헌신하고자 하는 욕구가 있는데, 노인들은 지역사회활동의 참여, 의료보건 및 사회복지 기관, 종교단체에 대한 자원봉사활동에 참여함으로써 자아개념을 충족시키고 스스로 만족을 구하게 되는 것을 말한다.

넷째, 영향력 욕구(influence needs)이다. 사람이 남의 영향을 단순히 받고만 있기보다는 적극적으로 사회 전체의 변화와 흐름에 대해 영향을 주고자 하는 것처럼 노인들도 사회단체, 노인단체, 종교단체, 봉사단체 등에 가입하여 많은 영향을 주려고 한다는 욕구이다.

다섯째, 초월적 욕구(transcendence needs)이다. 노인은 노년기에 현저히 나타나는 신체적 퇴락을 경험하면서 신체적 젊음보다 더 중요한 인생의 본질적 의미를 찾으려는 욕구가 있다.

이러한 사회환경적 변화, 노인의 교육적 욕구뿐만 아니라, 노인교육은 긍정적 자아개념의 형성을 돕고, 노년기의 삶의 질을 향상시켜주려는 의도에서 개발 및 진행되고 있으며 그 필요성이 제기되고 있다. 또한 성공적 노화의 중요성이 커지고, 생애발달적 관점에서 노년기에 이르는 교육의 중요성이 강조되는 평생교육적 관점에서도 노인교육의 중요성은 증대되고 있다.

결국, 노인교육의 필요성은 사회에 대한 적응력을 높여 보다 만족한 삶을 영위하도록 돕기 위한 것이라 할 때, 정보화와 관련된 노인교육의 효과는 다음과 같이 예상되어 진다.

첫째, 사회적 관계의 유지 및 확장이다. 사이버 상에서의 커뮤니케이션을 통한 타인과의 관계유지 및 확장은 자신의 존재를 인식하고 삶의 가치를 느끼며, 고독감을 극복할 수 있는 기회를 제공함으로써 노인들의 우울감이나 자존감 약화를 야기한 스트레스를 감소시킬 수 있다.

둘째, 다양한 정보획득을 통한 생활 편익의 증가이다. 인터넷상에서 새롭고 다양한 정보획득은 무료한 노년생활을 탈피할 수 있는 다양한 여가활동의 가능성을 증가시키고, 이는 곧 노인계층의 생활만족도 향상을 가져올 것이다.

셋째, 전반적인 실버산업의 증가가능성이 그것이다. 노인들은 그들만의 신체적 · 인지적 특성으로 인해 일반소비자와는 다른 편익을 제공하는 상품이 필요한데, 이를 인터넷이 지닌 편리성과 관련지어 볼 때, 전자상거래는 노인들의 상품구매에 큰 도움이 될 수 있으며, 궁극적으로는 전자상거래와 같은 인터넷 기반산업의 발전을 예측할 수도 있다.

2. 정보격차

가. 정보격차 개념

일반적으로 정보격차란 "정보보유층 (information haves)/정보풍요층 (information-rich) / 정보이익 집단(information advantaged)과 정보미보유층(information have-nots)/정보빈곤층(information-poor)/정보불이

익 집단(information disadvantaged)으로 분리되는 현상 또는 이들 계층간의 격차"로 정의되고 있다. 즉 정보격차란 정보통신기기 및 서비스에 대한 접근(access)과 이를 다룰 수 있는 이용능력(skills)의 차이는 물론 정보통신기기 및 서비스의 생산적인 활용수준의 차이로 정의할 수 있다.

정보격차 또는 정보불평등의 발생 원인을 밝히고 있는 주장들은 다음과 같다. 우선 사회경제의 불평등한 구조로 인해 정보불평등이 발생한다는 주장이다(Golding & Murdock, 1993). 1980년대 영국의 사례를 분석하고, 컴퓨터의 보급이 시장메커니즘에 의존하기 때문에 뉴미디어에 대한 접근은 지불능력에 따라 결정된다고 주장했다. 컴퓨터는 여전히 저소득층에게는 값비싼 기기이며, 운영비와 통신비용도 적지 않다. 따라서 그들은 저소득층이 컴퓨터를 구입하고 컴퓨터 통신을 활용하기에는 경제적으로 어렵다고 주장한다.

다음은 확산론적 분석이다. 대중적 인쇄매체를 통해 쏟아지는 각종 정보는 교육수준이 높고, 사회경제적 지위가 높은 수용자들에게 더욱 큰 효과를 가져다줌으로써 정보격차는 점점 확대된다는 점과 새로운 기술이 등장하는 시간적 간격이 점점 좁아지면서 한 사회내 정보격차도 증가하게 된다는 점을 강조하고 있다 (1970;Rogers, 1986).

세 번째로는 사회구조와 매체의 특성을 함께 고려하면서 정보격차의 발생을 설명하려는 입장이 있다. PC나 컴퓨터 네트워크의 불평등한 확산을 설명하기 위해서는 수용자의 지불능력과 더불어 교육수준이나 직업을 고려해야 한다는 것이다. PC나 컴퓨터네트워크는 TV나 비디오에 비해 정보기능을 많이 갖고 있기 때문에 그것들의 확산은 수용자의 문화적 능력과 기능적 욕구에 의해 크게 영향을 받게 된다. 그런데, 수용자의 문화적 능력과 기능적 욕구는 주로 사회학적 변수에 의해 결정되기 때문에 PC와 컴퓨터 네트워크의 확산, 혹은 그것들로 인한 정보격차에 대한 설명에는 교육수준, 직업 등과 같은 사회학적 변수가 반드시 포함되어야 한다는 것이다. 또한 첨단 정보기술은 그 사용에 있어서 커뮤니케이션 적응력 (communication competence)과 컴퓨터 해득력(computer literacy) 등을 요구하는데, 이러한 능력에 있어서의 차이가 곧 정보격차를 초래하고 있다는 것이다.

그런데 정보통신망과 정보통신서비스가 하루가 다르게 고도화되고 있는 시점에서 이 일반적인 정보격차 개념이 보다 확대될 필요가 있다고 본다. 이는 기존의 정보기기 및 정보인프라에 더하여 정보활용능력과 정보이용패턴에 있어서의 차이까지 포괄하는 방향으로서의 정보격차 개념을 의미한다. 이런 배경 속에서 최근 미국이나 유럽에서는, 정보를 가진 자와 못가진 자를 의미하는 이분법적인 '정보격차'라는 용어보다는 정보기회(digital opportunity) 혹은 정보참여(digital inclusion)라는 용어가 더 선호되고 있다. '정보기회'란 상대적으로 혜택을 덜 받고 있는 사회계층이 정보기술에 대한 지식을 얻어 사회 내의 다른 계층과 평등하게 될 수 있는 기회를 말하며(Kuttan & Peters, 2003), '정보참여'는 모든 시민이 디지털 경제사회에 포함(inclusion)되어야 한다는 점을 강조하고 있다는 점에서, 기존의 정보격차 개념보다 진일보되었다는 평가를 받고 있다. 즉 정보기술에 접근하여 그것을 이용하는 사람과 이용하지 못하는 사람과의 차이도 여전히 중요하지만, 정보기술 이용자 가운데, 그것을 생산적으로 활용하여 정보기술이 제공하는 잠재력을 최대한 실현하는 사람과 정보기술을 소비적으로 활용함으로써 그것이 제공하는 기회를 제대로 실현하지 못하는 사람과의 격차가 더 중요하게 되었다.

나. 정보격차의 사회적 함의

우리가 정보격차에 관심을 갖는 이유는 향후 정보사회가 고도화됨에 따라 정보격차가 사회적 자원배분의 중요요소로 작용하면서 사회적 불평등을 초래하기 때문이다. 초기의 미약한 차이는 점차 기술의 발전속도에 따라 더욱 심화됨으로써 종국에는 사회불평등이 된다. 특히, 정보격차는 사회구성원들의 연령, 성, 지역은 물론 학력이나 경제적 능력 등의 사회경제적 배경에 따라 격차의 정도가 크게 나타나기 때문에 개인적인 차원의 문제임과 동시에 사회구조적 차원의 문제라고 할 수 있다. 나아가 정보사회에 있어서 정보격차의 심각성은 그것이 단순한 불평등 요인이 아니라 다른 사회적 불평등 요소와 연계되어 상호 상승작용을 일으킴으로써 사회불평등을 증폭시키고, 사회갈등을 심화시키는 핵심적 문제요인으로 발전한다는 데 있다.

정보격차가 비록 개인적인 수용이나 적응의 문제에서 출발하지만 구조적인 문제로 나아가는 것은 정보격차가 정보접근 및 활용능력을 줄이고 정보를 활용하는 생활습관을 만들지 못함으로써 교육을 받을 수 있는 기회나 직업을 가질 수 있는 기회, 다양한 문화생활의 기회 등 여러 삶의 기회를 제약하고, 그를 통해 삶 자체를 제약하기 때문이다(서이종, 2001). 즉 정보사회에서 정보격차는 취업기회와 교육기회 및 생활기회를 제약함으로써 구조적으로 경제적 불평등과 교육·문화적 불평등으로 확대되어 전이된다. 정보사회 초기에는 경제적 불평등과 교육·문화적 불평등이 정보불평등을 형성하는데, 정보사회가 고도화됨에 따라 정보불평등은 경제적 불평등과 교육·문화적 불평등을 확대·재생산시키게 되며, 이 불평등은 다시 정보불평등과 구조적으로 얽히게 되는데, 이러한 복합적인 인과관계를 통하여 다시 정보격차 자체가 악순환적으로 '확대·재생산'되는 것이다.

결국 정보격차는 필연적으로 사회구조적 결과를 잉태하여 경제적 불평등과 교육·문화적 불평등이라는 문제를 초래하여, 사회발전과 사회통합을 저해하는 가장 중요한 사회불평등 요인으로 작용할 것이다. 따라서 정보사회가 고도화됨에 따라 사회적 형평성이나 삶의 질 향상이라는 유토피아적 기대는 사라지고 오히려 정보격차가 경제적 불평등과 교육·문화적 불평등을 확대 재생산시키는 적극적인 역할을 수행하게 되는 것이다. 그러므로 정보격차의 해소는 이러한 가능성을 방지하고 사회통합을 보다 앞당길 수 있는 중요한 정책수단이다.

요컨대, 정보격차는 심각한 시화문제이자 사회현상이기 때문에, 정보통신기술을 바탕으로 한 경제성장을 제고하고 사회불평등의 심화와 재생산을 차단하기 위해서는 정보격차의 해소가 필연적인 것이다.

Ⅲ. 정보화와 노인

1. 정보화사회에서의 노인

삶을 영위함에 있어서 궁극적인 목적이자 기본적 욕구는 삶의 질을 제고하여 생활에 만족하는 것으로, 이는 젊은 층은 물론 노인에게는 더욱 절실히 요청되는 것이다. 노인에게 제기되는 다양한 문제 중에서 고독감은 생활만족에 영향을 미치는 중요한 변수로 볼 수 있기 때문에 노인의 소외감에 대한 우려가 강조되고 있다.(Rathbone-McCuan & Hashini, 1982), 고독감과 관련되어 정상적 여가활동의 감소는 노인의 사회적 성취도를 감소시킬 뿐만 아니라 노인의 개인적, 사회적 욕구 및 선취권의 몰락을 가져옴으로써 생활에서의 만족감을 저하시킨다(Williams, 1978). 따라서 여러 학자들은 여가 만족의 수준이 높을수록 생활만족이 높아진다고 지적하였다. 이는 곧 노인의 여가활동이 고독감 해소와 더불어 생활의 질을 제고하고 삶에 대한 만족감을 향상시킬 수 있다는 것이다(오주희, 2001).

따라서 정보사회에서 노인들의 고독감(loneliness)을 해소하고 여가활동을 하기 위해서는 정보통신매체에 쉽게 접근토록 함으로써 궁극적으로는 삶의 질을 향상시킬 수 있다. 정보소외계층으로 볼 수 있는 노인들로 하여금 정보통신을 이용하게 하는 것은 일반인들에 비해서 상대적으로 기동성이나 신체적 능력이 부족한 경우 더욱더 절실히 필요한 것이며, 건강하고 경제력을 갖춘 노인의 경우에도 여가시간의 활용과 자기발전을 위해서는 정보통신매체를 이용할 필요성이 제기된다.

의료기술의 발달에 따른 노인수의 증가에 따라 이에 대한 문제해결이 필요하고 이러한 해결방법으로서 정보통신은 유용하다고 본다. 먼저 주변의 간호가 필요한 노인의 경우는 노인간호지원시스템의 정비로 원격진료서비스가 가능하도록 하며, 다음으로, 주변의 간호가 필요 없는 노인의 경우 정보사회에서 이들이 필요로 하는 요소는 무엇이 있는지를 알아볼 필요가 있다. 우리나라에서도 전체 인구에서 이들이 차지하는 비중은 늘어나고 있지만 급속한 정보화로 정보격차가 발생하고 있으므로 이에 대한 대책 마련이 시급하다. 이러한 정보격차를 줄이고 PC통신의 생활화로 인하여 서로 의사소통을 함으로써 정보의 축적과 여가활용이 가능하다고 본다. 따라서 정보사회에서의 노인은 더 이상 소외계층으로만 존재해서는 안되며 이들에게 제기되는 노인문제를 해결하기 위해서는 정보통신을 적극적으로 활용할 수 있도록 접근가능성을 높여 주며, 이를 이용할 수 있는 능력을 배양하는 것이 필요하다.

2. 노인정보격차 현황

인터넷 이용이 확산되면서 국내 인터넷의 이용자수는 2003년 12월 현재 2천 977만명으로 나타나 10년전인 94년 말의 이용자수 13만 8,000명이었음을 감안해 볼 때, 가히 폭발적인 증가추세를 보이고 있다(한국인터넷정보센터, 2002). 이는 불과 1년전인 2002년 6월 조사와 비교해 보아도 약 200만명이 증가한 숫자이다. 그러나 이러한 증가추세에도 불구하고

20대와 50대 이상의 인터넷 이용률 격차는 99년에 39%에서 2003년에 81% 포인트로 벌어졌다. 이것은 20대의 인터넷 이용률은 94.3%인데, 50대 이상은 13%에 불과하기 때문이다.

이 수치는 같은 연령 기준으로 분석한 미국의 인터넷 이용률 세대간 격차 31.5%포인트보다 월등히 높은 수치를 보이고 있으며, 영국의 45%, 스웨덴의 51%, 일본의 60.1% 포인트 격차보다 역시 큰 차이가 나고 있음을 보여 주고 있다. 고령층의 인터넷 이용률을 비교해 보면 영국은 44.0%, 스웨덴 39.0%, 미국 37.1%, 일본 28.0%로 모두 우리보다 훨씬 높다. 즉 영국의 고령층은 인터넷에 있어 한국보다 5배에 가까운 이용률을 보이고 있으며, 일본만 해도 3배의 높은 이용률을 보이고 있는 것이다.

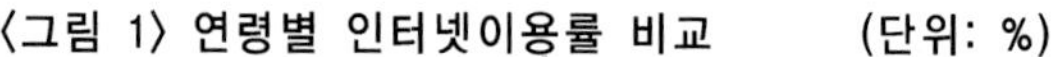
〈그림 1〉 연령별 인터넷이용률 비교 (단위: %)

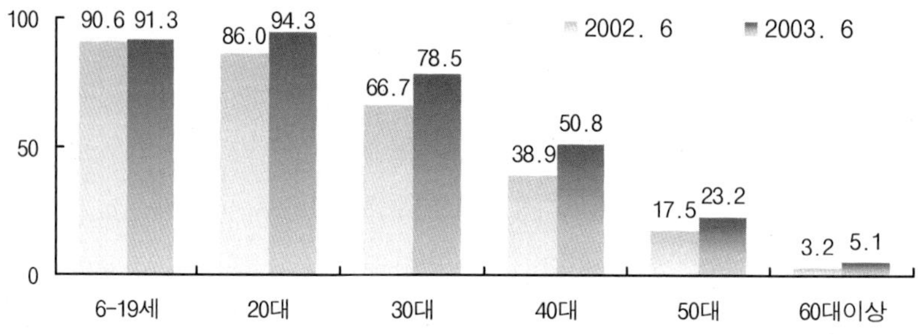

연령별로 살펴 본 정보격차 지수에서도 50대 이상이 다른 연령층에 비해서 현저히 낮은 지수 값을 나타내고 있다. 특히 정보화 인식과 정보매체의 접근지수보다, 다른 연령층과 비교해 볼때, 정보매체 이용역량과 정보매체 사용역량이 월등히 부족하다. 따라서 정보매체를 통해서 정보화에 대한 인식과 이러한 매체에 접근하는 것은 상대적으로 용이하지만, 이를 사용하고 실제로 이용할 수 있는 역량은 매우 한정되어 있다.

〈표 1〉 정보격차 지수 비교

지수 / 구분	정보화 인식지수	정보매체 접근지수	정보매체 이용역량지수	정보매체 사용지수	불평등 지수
50대 이상	49.3	47.4	8.7	8.6	30.9
40대	71.0	77.8	25.1	27.5	52.1
30대	81.4	81.9	45.6	46.8	65.7
20대	95.7	101.5	83.9	110.5	93.4
10대	100.0	100.0	100.0	100.0	100.0
격차	50.7	54.1	91.3	101.8	69.1

자료: 유지열(2002); 한국정보문화센터(2000)

한편 2001년 '정보화'나 '정보사회'에 관한 인지도를 묻는 질문에 대하여 전체 국민 54.7%가 정보화에 대해 알고 있는 반면, 50대 이상 고령층의 정보화 인지율은 16.2%에 불과해 일반 국민 대비 고령층의 정보화에 대한 인지수준은 낮은 상태로 나타났다.

또한 정보화에 따라 컴퓨터의 이용이 늘어나고 있는 상황에서 노인들의 경우 컴퓨터를 이용하고 있는 비율이 11.3%로 전체 국민 컴퓨터 이용률인 63%보다 51.6%가 낮은 수치이다. 한편 정부의 노인 정보화 지원사업 대상 연령층인 55세 이상 연령층(만 55세-74세)의 인터넷 이용률은 5.6%, 법정 노인 연령층인 65세 이상 연령층(만65세-74세)의 인터넷 이용률은 2.9%로 나타나고 있다. 따라서 컴퓨터 이용률 자체가 낮기 때문에 이들의 이용률을 높이고 이를 통해 습득한 정보를 활용하도록 하기 위해서는 많은 노력이 요구된다(한국인터넷정보센터, 2002).

정보화교육 경험의 유무를 묻는 질문에 6.8%가 교육수강경험이 있다고 응답함으로써, 50대 이상 고령층 10명 중 1명 정도만이 정보화교육 경험이 있는 것으로 나타났다. 노인들을 상대로 한 정보화교육의 경우는 매우 미약한 편으로, 최근 자치단체에서 정보화교육을 점차 실시하고 있지만 아직은 초기단계로 볼 수 있다. 그런데 정부에서 실행하고 있는 고령층 정보화 지원사업의 운영내용을 일정수준 이상으로 알고 있는 인지율이 5점 척도상 2.48로 낮게 나타나 정보화교육사업에 대한 인지도를 높이는 데 큰 노력이 필요한 것으로 보여진다.

한편 2002년 6월 현재 시행중이거나 계획 중인 고령층 정보화 지원사업의 필요성에 대해 알아본 결과 이 사업에 대한 필요성을 높게 평가함으로써 고령층 정보화 지원사업에 대한 높은 수요 욕구를 반영하고 있다. 그리고 '필요하다'는 응답 비율이 상대적으로 높은 정보화 지원사업은 '노인대상 무료 정보화 교육' 및 '노인대상 무료 컴퓨터 · 인터넷 이용시설의 설치 확대'로 나타났고, 정보화교육 비경험자중, 향후 정보화교육 수강 의향자의 주 희망 교육내용은 '컴퓨터/인터넷 기초이용 교육과정(87.9%)'으로 나타남으로써, 정보화교육 프로그램의 확대와 활성화의 시급한 추진이 이루어져야 할 필요가 있다(한국인터넷정보센터, 2002).

요컨대, 세대간의 정보격차는 중노년층을 위한 정보교육과 서비스 제공이 상대적으로 부족한 상황에서 정보기술이 급속하게 발전함에 따라서 점점 더 증가하게 됨에 따라, 이들에 대한 대책으로서 정보습득 능력 배양을 위한 교육의 활성화와 관련 서비스 프로그램의 다양화가 요구되며, 정보습득과 접근에 그치지 않고 이를 적극 이용할 수 있도록 생활화하는 것이 필요하다고 본다.

3. 노인정보격차 원인과 내용분석

세대간 정보격차의 실태를 통해서 정보격차가 나타나는 원인을 살펴보면 다음과 같다(오주희, 2001). 우선 무엇보다도, 노년층에게는 정보기술 활용이 어렵다는 점이다. 이는 다양한 정보통신매체에 대한 이용율이 젊은 층에 비해서 50대 이상 특히 노인들의 경우 현저하게 낮은 것으로 알 수 있다. 특히 복잡하거나 새로운 기술의 이용분야에서 더욱 뚜렷하게 나타나고 있는데, 이러한 기술들은 단순한 조작을 통한 사용보다 더 고도의 조작하는 능력을 요구하기 때문에 더욱 그렇다.

둘째로, 경제적인 이유를 들 수 있다. 일반전화의 경우는 초기의 비용에 비해서 많이 저렴해졌기 때문에 고령층도 보편적으로 이용하고 있는데 비해, 인터넷 등 컴퓨터와 관련된 서비스를 이용하고자 하는 경우는 상대적으로 고가의 경제적 비용을 치러야 하기 때문에 이에 대한 투자가 중·노년층들에게는 어려운 것을 알 수 있다.

셋째로, 교육기회가 매우 부족하다. 따라서 정보격차지수의 경우에서도 나타나고 있듯이 컴퓨터와 같은 정보통신매체를 통해서 정보에 접근하고자 하더라도 교육을 받지 않은 경우에는 거의 불가능하다고 본다. 최근에 이러한 교육기회가 점차 늘어나고는 있지만 이 또한 아직 초보단계이며 교육수준이 낮은 고령층의 경우에는 정보화교육에 대한 습득능력이 떨어지기 때문에 이 또한 정보격차를 유발하는 요인으로 작용할 수 있다.

넷째로, 중노년층을 위한 정보의 부족을 들 수 있다. 실제로 컴퓨터에 접속하더라도 노년층이 필요로 하는 정보 사이트가 위에서 살펴본 바와 같이 거의 없는 실정이다. 이는 노인들의 무관심으로 인하여 이용이 다른 연령층에 비해 상대적으로 매우 부족하기 때문에 수익이 확보되지 못한다는 이유로 관련 사이트를 만들지 않는 것도 하나의 원인으로 볼 수 있다. 이러한 이유로 이들이 더욱 소외되지 않게 하기 위해서는 젊은층과 공유할 수 있는 프로그램도 발굴해야 할 것이며, 같은 처지에 있는 노인들간의 정보교환을 위한 사이트를 만드는 것도 제고해야 할 것이다.

마지막으로, 고령층의 개개인의 관심부족을 들 수 있다. 지금까지의 환경변화의 속도와 정보화 사회로의 진입 후의 사회변화 속도 차이가 심하기 때문에 적극적으로 이에 대응하지 않으면 젊은 층의 경우도 이러한 속도에 따라가기가 힘든 상황이다. 그러나 노인들의 무관심으로 인해 이들은 더욱 소외되어 가고 있다는 것이다.

Ⅳ. 정책과제 및 방안

1. 노인교육의 일반적 과제

일반적으로 해결하여야 할 노인 교육 프로그램 과제는 다음과 같다(성혜영, 조희선, 2002). 첫째, 교육 내용을 다양화 · 전문화시키되, 그것을 노인의 심리적 · 신체적 · 정신적 특성을 고려한 명실공히 노인을 위한 교육 프로그램으로 재구성하는 것이 필요하다.

둘째, 교육 방법과 매체의 다양화이다. 현재 노인 대상 교육은 교실 안에서 이루어지는 집합 교육의 형태로 고안되어 실시되고 있으나, 좀 더 다양하게 여행을 이용하거나 봉사활동의 기회를 제공하는 등 다양한 프로그램이 필요하다. 과거 성인 대상의 원격교육은 TV나 라디오 등 일방향 매체를 중심으로 하여 이루어져 왔으나 최근에는 웹 기반의 가상 학습 환경이 제공됨으로써 이러한 일방향 교육의 한계를 극복하고 상호작용을 가능하게 하는 원격교육을 실시할 수 있게 되었다. on-line을 통한 e-learning 역시 가속화될 전망이므로 노인교육 역시 off-line 상에서의 교육과 병행하여 on-line교육에 적극적으로 대비하여야 할 필요성이 크다.

셋째, 노인교육을 보다 활성화시키기 위해서는 개발된 교육프로그램을 지속적으로 실행할 수 있어야 한다. 현재의 교육 프로그램들은 그 효과성을 측정하기 위해 실시된 경우를 제외하면 지속적으로 실행되고 있는 것이 거의 없는 실정이다. 따라서 개발된 교육프로그램에 따라

교육을 실시할 수 있는 장을 확보하는 것이 앞으로의 커다란 과제라고 할 수 있다. 각 구·동별 노인복지관이 있으며 노인대학 등의 기관에서 노인 대상 프로그램이 운영되고 있으나 그 질적 수준의 미흡성이 여러 번 지적되고 있으므로 이러한 교육의 장을 이용하여 양질의 교육 프로그램을 지속적으로 실행하려는 노력을 기울여야 할 것이다. 이를 위해서는 개발된 프로그램을 이들 시설 및 기관에 적극적으로 홍보하는 노력을 기울여야 하겠다.

2. 노인 정보화교육 활성화 방안

우리나라의 정보격차 해소 정책은 대부분 정부 주도로 이루어지고 있다는 점에서 무엇보다 범정부적 차원에서의 지원이 마련되어야 할 것이다. 우선 노인정보화 교육의 기본방향 및 정보화 추진 전략의 수립이 마련되어야 한다. 정보화교육에 나설 수 있는 교육기관에 대한 사업추진 체계를 다시 점검함과 동시에 교육의 실질화 및 사업관리의 충실화를 위한 사후관리 시스템을 구축해야 한다. 아울러 정부 내에서의 체계적이며 일관성 있는 정책시행 역시 시급히 요구된다. 현재 정부차원의 노인 정보화교육은 정보통신부와 보건복지부를 주무 부처로 하여 시행되고 있다. 2002년도 사업평가에 따르면 정통부의 실버넷 운동과 국민정보화 사업은 대체로 좋은 결과를 거둔 사업으로 평가받은 반면, 복지부의 노인정보화 사업은 지자체 중심으로 넘겨져 중앙부처는 제대로 관심을 기울이지 못한 것으로 나타났다(임춘식, 2003: 309). 따라서 정보화교육 추진 모델을 재점검하여 좀 더 효율적이며 집중적인 정보화 교육의 패러다임을 새롭게 구축할 필요가 있다.

또한 노인들의 자발적 참여를 위한 정보검색대회, 노인정보화 워크숍 개최 등 노인정보화 교육에 대한 대국민 인지도 제고에 큰 힘을 기울여야 한다. 이를 위해 언론사와 연계해 정보격차의 현실과 문제점을 널리 알리면서 정부에서 지원하는 노인 정보화 교육현황 및 성과를 지속적으로 홍보할 필요가 있다. 우리보다 앞선 선진국가들의 노인정보화 현황 실태를 소개하고 우리 노인들의 IT수준을 지속적으로 알리면서 이를 높이기 위한 전략을 홍보해야 한다.

좀 더 실질적이고 구체적인 방안으로는 각 지역의 각급 학교나 연구소 등 학습장소와 기자재를 공유하거나 재활용하고, 지역 강사풀제도를 활성화함으로써 정보화 교육의 물적 · 인적 자원의 수급에서 지역적 특성에 맞는 노인정보화 교육체제를 만들어야 한다. 현재 노인 대상 정보화 교육이 체계적으로 이루어지지 못하고 있는 이유 중 하나가 전용시설 부족과 강사공급 부족이기에 이에 대한 시급한 대책이 필요하다.

이와 더불어 노인들의 특성에 맞는 프로그램을 계획해야 한다. 즉 노인들의 인구사회학적 · 심리사회학적 다양성과 교육수준별 차별성에 기초하면서도 교육내용의 질이 담보된 효율적이며 다각적인 공급전략이 수립되어야 한다. 한국정보문화진흥원의 2002년도 노인정보화 교육지원 사업은 고령층의 정보 이용능력 함양을 통한 세대간 정보격차해소에 기여를 했다는 평가를 받았지만, 실제로 이 교육에 참여한 노인수강생들의 교육욕구를 제대로 반영하지는 못했다. 즉 이 교육의 평가가 수강생들의 수적 증가나 프로그램 개설수 증가 등의 정량평가지표에 의해 이루어진 반면, 교육프로그램의 효과성과 효율성에 대한 평가는 상대적으로 소홀했던 것이다. 따라서 노인 정보화 교육의 공급자들은 교육 대상인 노인 정보화교육 프로그램 내용과 운영방법 등 프로그램 전면에 대하여 어떻게 인식하고 있으며 어떠한 욕구가 있는지 심층적으로 조사해야 한다. 다시 말해 노인정보화 교육에 대한 추진모델을 새롭게 모색해야 한다. 물론 이를 위해서는 예산이 대폭 증액되어야 한다. 단순히 교육에 그칠 것이 아니라 노인들의 정보화교육을 통한 사회 참여로서의 취업지원까지 염두에 둔 사업으로 확대되기 위해서라도 더욱 그러하다.

한편 정보격차 해소의 문제는 비단 정부차원으로만 국한될 문제가 결코 아니다. 정부가 정보불평등 실태를 파악하여, 정책 방향을 제시하면 구체적인 실천방안은 시민단체와 지역의 공공기관이 마련하고 기업들은 이를 다양한 방법으로 지원할 필요가 있다. 그러나 현재 민간부문의 활동은 아직 구체적으로 정립되거나 활성화되지 못하고 있으며, 이들 민간기관들도 컴퓨터의 보급이나 인터넷교육에 한정되어 있다. 지난 95년에 개소한 한국복지정보통신협의회는 전국 각 지역 교육장을 통해 노인을 위한 정보화교육에 나서, 2003년 현재 7,500명의 수료생을 배출했으나, 미국이 노인들을 위해 Seniornet과 140여개 교육장을 통해 광범위한 노인정보화 교육에 나서고 있는 것에 비하면 실로 큰 격차가 아닐 수 없다.

국내와 달리 해외에서는 민간업체가 정보격차 해소를 위한 프로그램을 다양하게 운영하고 있다. 대표적인 기업이 MS사와 IBM, HP 등이다. 이 가운데 MS는 이미 10년전 디지털화에 따른 혜택을 모든 계층이 골고루 나누어 갖도록 하는 프로그램을 마련했다. 빌게이츠 도서관재단은 98년 한해에만 1,000여개에 달하는 정보낙후 지역의 학교와 도서관에 인터넷 접속을 지원했다. 특히 노인정보화 교육과 관련하여 웨스트버지니아 주 정부와 협력해 웨스트버지니아 주 농촌지역에 거주하는 노인들이 컴퓨터와 인터넷에 손쉽게 접근할 수 있도록 12만 5,000달러 상당의 하드웨어와 소프트웨어, 학습용 프로그램을 제공하는 '신고령자 기술훈련 프로그램(New Senior Technology Training Program)'을 진행하기도 했다(디지털타임스, 2004년 7월 22일). IBM은 미국의 대표적인 노인 커뮤니티인 Seniornet과 공동으로 노인들이 편리하게 인터넷생활을 즐길 수 있도록 도와주는 소프트웨어를 개발하고 있다. 이 제품은 손떨림이나 시각장애가 있는 사람도 손쉽게 웹서핑을 할 수 있도록 하는 프로그램으로, 마우스나 키보드조작이 힘든 노인들이 쉽게 컴퓨터에 접근하는 데 큰 도움을 줄 것으로 전망된다.

사실 노인들은 신체적 제약상 일반인을 위해 제조된 정보통신기기를 이용하기가 어렵기 때문에 세대 간 정보격차를 줄이기 위해서는 '그들만의' 첨단정보기기 지원과 교육시스템이 필요하다. 노인의 신체적 장애는 정부와 민간기업의 복지정보통신에 대한 관심이 없을 경우 당연히 정보의 장애로 이어질 수밖에 없다. 따라서 노인들이 사용할 기기들은 핸즈프리 기능을 비롯해 편리한 조작, 긴급통보, 보청기 접속, 음성안내 등의 부가기능이 포함되어야 한다. 그러나 이를 생산하는 민간기업 입장에서는 이러한 다품종 소량생산 위주의 통신기기는 단가도 높을 뿐 아니라 경쟁력도 보장할 수 없는 상황이므로, 생산의 어려움에 처하게 된다. 따라서 정부는 복지차원에서 정보소외계층을 위한 정보단말기 생산에 일정부문 지원하는 정책을 마련하고, 기업은 제조업체의 수익논리보다는 정보취득의 기회를 균등하게 보장하는 정보평등권 측면에서 노인이나 장애인들을 위한 단말기 개발에 관심을 기울여야 할 것이다.

Ⅴ. 맺음말

현재 정보화와 관련된 노인들의 전반적인 정보실태를 요약하면, 우선 노인들은 정보화가 자신들의 일상생활을 매우 편리하게 할 것으로 인식하고 있지만 한편으로 상대적 불평등의 심화 또는 부담의 증가에 대한 우려도 동시에 갖고 있다. 그러므로 노인들은 컴퓨터 이용활성화를 위한 과제로 단말기기의 저가보급 및 보조기기의 보급확대를 요구하고 있으며, 정보통신 서비스에 대한 체계적인 교육의 기회가 확대되기를 강하게 바라고 있다.

노인의 정보화교육은 노인의 정보이용능력을 높임으로써 세대간 정보격차 문제를 해소해 사회통합에 기여할 수 있다는 점에 그 의의가 있다. 또한 지식정보사회 세대의 적응력을 제공할 수 있음은 물론 고령층의 축적된 삶의 경험을 정보통신기술에 접목해 인력활용의 효율성을 도모할 수 있기에 교육의 중요성은 제기되고 있다. 이런 의미에서 노인들의 정보화교육은 더 시급히 비중을 높여 재검토되어야 할 필요가 있다. 그러나 현재 정부차원에서의 세대간 정보격차해소 노력은 대단히 미흡한 수준에 그치고 있다. 정부는 2001년 1월 '정보격차해소에관한법률'제정과 2003년 전담기관의 설립을 시작으로 14개 부처가 중심으로 정보격차종합계획(2001-2005)을 수립하여 시행중에 있지만 세대간 정보격차 해소를 위한 사업은 전체 사업계획 대비 1%에도 못미치는 총예산 23억원에 불과한 단 3개의 사업에 그치고 있는 실정이다.

정보격차가 지속됨으로써 정보소외계층은 지식과 정보의 이용이라는 본질적인 권리를 제약받게 될 뿐만 아니라 사회적인 차원에서 정보격차는 기존의 사회·경제적 격차를 더욱 확대·재생산함으로써 경제적 격차와 문화적 단절을 심화시켜 사회통합을 저해하는 요인으로 작용할 것이다. 국가적인 차원에서도 인적자원의 공급이 제한되고 사회복지비용이 증가함으로써 국가경쟁력의 약화를 초래할 것이다.

그러므로 발달하는 정보통신기술에 의한 정보화 진전은 정보격차를 최소화한 노인복지 서비스의 향상을 통해 고령화사회의 중요한 사회문제로 대두되는 노인문제에 효과적으로 대처를 가능하게 한다. 물론 이러한 기술의 적용을 통한 노인복지의 향상까지는 많은 사회적 비용과 어려움이 따를 것이다. 그러나 이러한 노력이 자칫 소홀했을 때 향후 발생할 사회적 비용에 비하면 극히 사소한 것이므로, 노인 정보화 교육에 드는 일체를 '비용'이 아닌 '투자'로 간주하여, 다름 아닌 노인복지향상차원에서 노인 정보화교육을 위한 기술개발과 정책발굴에 노력해야 할 것이다.

참 고 문 헌

강홍렬(2002).「정보격차에 대한 사회경제적 함의」. 정보통신정책연구원.

김문조 · 김종길(2002). "정보격차의 이론적 · 정책적 재고" 한국사회학 36(4).

김선숙(2000). "주요국의 노인교육 비교분석", 홍익대학교 교육대학원 석사학위논문.

남기민 외(2003).『현대노인 교육론』, 현학사.

디지털타임스(2004). "노인정보화,사회적관심얼마나", 7월22일자, http: //www.dt.co.kr

류종훈 · 임창덕 · 윤인호 · 김동석 · 오지혜(2002). 『노인교육의 이론과 실제』,서울: 학문사.

박석돈(1998). "노인의 욕구변화와 노인교육", 노인학연구 2, 영남대학교 부설 노인학연구소.

서이종(2001). "디지털 정보격차의 구조화와 사회문제화," 정보와 사회 2.

______(1998).『정보사회학』, 서울대학교 출판부.

송호근 (편), 2001.『세계화와 복지국가: 사회정책의 대전환』, 나남

______(2002). "정보복지와 복지정책" http: //www.snu.ac.kr.

성혜영 · 조희선(2002). "노인 교육 프로그램의 현황과 과제", 생활과학연구.

신용주(2000), "노인교육의 새로운 패러다임 모색", 평생교육학연구, 6(2).

유지열,(2002). "우리나라의 정보격차에 관한 지수접근연구," 한국사회학, 36(1).

오주희,(2001). "세대간 정보격차분석과 해소방안" http: //tgnconed.taegu.ac.kr.

이순희(2001). "노인교육 프로그램 개발 및 결과분석", 한국노년학, 21(2).

이은경 · 김남줄(2000). "삶의 질 향상을 위한 노인교육의 발전방안", 한국가족복지학, 5(1).

이인수(1998). "노인학교 개념정립에 관한 고찰", 노인복지연구.

______(2001).『노인복지론』, 서울: 양서원

이화정(2000). "문화적 전환을 위한 노인교육의 새로운 과제", 평생교육학연구, 6(1).

임춘식(2003).『고령화 사회의 도전』, 나남출판,

장창수(2004).「고령자사회에 대응한 노인교육 활성화 연구」, 대전발전연구원.

정보통신부(2001).「정보격차 해소에 관한 법률」.

정인억 외(2001).「세계정보격차 현황 및 해소를 위한 정책방안 연구」, 한국정보문화센터.

정종식(1999). "평생교육차원에서의 노인교육",『건전사회교육연구』.

조경욱(2004). "노인교육과 사회관계, 생활만족에 관한 사례연구", 노인복지연구, 23.

조정문(2001). 정보격차 현황 및 정책의 발전 방향, 한국전산원.

최두진 · 김지희(2004).「정보격차패러다임의 전환과 생산적 정보활용 방안」, 한국정

보문화진흥원.
통계청(1993). "1990년 인구주택센서스 보고"
_____(2003). 「장래 인구추계」.
최성재 · 장인협(2002). 『노인복지학』, 서울: 서울대학교 출판부.
최순남(2000). "노년기 교육의 이론과 실제", 노인복지정책연구, 18호.
한국인터넷정보센터(2002), 인터넷 이용자 수 및 이용행태에 관한 설문조사.
한국전산원(2000). 국가정보화백서.
_________(2003). 정보취약계층 실태조사.
한국정보문화센터(2000). 국민 정보화인식 및 정보생활 실태조사.
______________(2002). 정보생활 실태 및 정보화 인식 조사.
한정란(1994). "세대공동체를 통한 노인교육 교육과정의 예시적 실천연구", 한국노년학, 14(1).
_____(2001). 『교육노년학』, 학지사.
허명숙 · 조유향 · 김학렬 · 김기순(2000). "노인교육수강자와 비수강자의 노인교육프로그램 요구조사", 한국노년학연구, 10.
허정무(2000). 『노인교육론』,충북: 협신사.
허춘강(1997). "한국 노인교육 프로그램 평가에 관한 연구", 광운대 박사학위논문.
Campaine, Benjamin M(ed)(2001). *The Digital Divide: Facing a Crisis or creating a Myth?* MIT Press.
Golding, P and G. Murdock(1993). "계급과 소득분배에 따른 정보불평등 현상" 정보사회 정치경제학. 김승현 편역. 나남
Kuttan, A & L. Peters(2003). *From Digital Divide to Digital Opportunity*, The Scarecrow Press.
McClusky, H. Y(1971). *Education: Background Paper for 1971 White House Conference on Aging.* Washington, D.C: White House Conference on Aging
Midwinter, E. (1998). *Age and Opportunity: Education and Older People (eds). The Social Policy of Old Age.* London: CPA.
Rathbone McCuan, E. & Hashini, J.(1982). *Isolated elders.* Rockville, MD: Aspen Publication.
Rogers, E. (1986). *The New Media in Society: Communication Technology.* New York: The Free Press. 김영석 역, 1988. *현대사회와 뉴미디어*. 나남.
Williams, L. M. (1978). "A concept of loneliness in the elderly". *Journal of the American Geriatric Society*, 24.

제9장 청소년 성매매 현상의 원인과 대책

"성매매는 성교를 통하여 자아를 파괴시키고 여성을 비인간화시키는 성적 착취이다. …인간이 육체로 환원되고, 동의가 있건 없건 타인에 대한 성적 서비스로 대상화될 때, 인간에 대한 침해는 이미 발생한 것이다."(Kathleen Barry, 1995).

Ⅰ. 머리말

최근 우리사회에서는 익명성이 잘 보장되는, 컴퓨터, 휴대폰 등의 첨단 통신매체를 이용한 개인적 접촉이 원활해짐에 따라, 원조교제와 같은 새로운 유형의 청소년 성매매가 급격히 증가하고 있다. 이 청소년 성매매는 일반 성인들 사이의 매매춘 행위와 같은 형태로 청소년이 직업적 거래로 돈을 벌기 위하여 다른 성인에게 성을 팔아 돈을 받는 행위이다. 그러나 청소년의 성매매는 단지 돈과 금품을 매개로 행해지는 성의 거래라는 성매매적 특수성뿐 아니라, 그 사회에서 청소년이 차지하는 존재적 특수성을 반영한다. 더욱이 청소년 성매매가 일시적인 현상에 머무는 것이 아니라, 사회의 한 부분을 차지하며 일반화되고 있다는 사실을 인정한다면, 청소년 성매매는 그 문제를 파악하고 해결을 모색하기 위해서도 더욱 섬세하고 다층적인 분석과 설명을 요구한다.

사실 청소년들이 성매매에 유입되는 과정은 일반적으로 생각하는 것보다 더 길고 복잡하다. 그 과정이 길고 복잡하다는 것은 시간적이거나 공간적인 의미가 아니라, 그 유입과정에 청소년들만이 갖는 다양한 형태의 욕구와 그 욕구실현을 위한 노력과 좌절 등의 경험이 고스란히 반영된다는 것을 의미한다. 그러므로 청소년 성매매에 대한 이해는 한국 사회의 성매매 구조 전반에 대한 인식과 더불어, 청소년을 둘러싼 문화가 어떻게 변화하고 있는지에 대한 이해를 요구한다.

청소년 성매매와 관련된 기존의 연구들을 살펴보면, 청소년성보호법 및 신상공개제도와 관련된 연구들[1], 그리고 청소년 성매매에 대한 청소년들의 성의식에 관한 연구들[2]이 주를 이루고 있다. 이들 연구들의 공통적인 특징은 성매매의 실태와 법률적 측면의 문제점들에 대한 초점을 주로 사회구조 및 환경적 측면에 두었다는 것이다. 그러나 법이나 제도연구의 상당수는 법령 자료들과 간접적인 진술에 근거하고 있기 때문에 청소년 성매매의 법률적 측면에서 발생한 실태만을 간접적으로 파악할 수 있을 뿐이며, 또한 의식조사 연구들은 특정 비행청소년들을 대상으로 청소년 성매매에 대한 성의식을 조사했으나 양적 연구를 통해 피상적인 수준에 머물고 있다.

한편 실태 및 원인분석에 관한 연구[3]들은 주로 청소년 성매매의 정의, 특징, 유형, 영향, 생활 그리고 청소년의 미래계획 등 청소년 성매매에 대한 탐색적 연구들로 대부분이 양적연구방법과 이론적 모색에 치우쳐 있다.

---

1) 대표적인 연구로는 방은령(2000),이경재(2001), 허경미(2003), 고정숙(2003), 이진순(2003), 박영규(2004) 등이 있다.

2) 고성혜(2000), 윤가현(2000), 한국청소년개발원(2001), 김연주(2003) 등의 연구가 있다.

3) 이에는 심의보(1999), 이용교(2000), 김종휘(2001), 박성동(2001), 정규석 · 김영종(2003), 박성수(2004) 등이 있다.

그러기에 이들 연구는 청소년 성매매의 문제적 요소와 실태에 대한 평면적 모습만을 보여줌으로써, 청소년들의 성매매 원인과 처방에 대한 총체적 분석에는 한계를 지니고 있다.

청소년 성매매의 문제는 청소년들이 움직이는 모든 공간, 그들이 넘나드는 모든 영역에 대한 고려를 바탕으로 그 해결을 모색해야 한다. 청소년들이 삶에 있어서나 문화적으로 또한 자기 자신에 대한 인식이나 정체성에 있어 유동적이라고 하는 사실은, 이들이 단순히 한 공간의 정체성에 매어있지 않으며, 다양한 조건과 영향에 개방적이라는 사실을 보여준다. 청소년들의 성매매 유입을 방지하기 위해, 성매매를 경험한 청소년들에게 부과될 다양한 부정적 영향들을 최소화하고, 이들의 성매매 중단을 지원하기 위해서도, 이들이 가지고 있는 이러한 문화적 특성을 이해하고 이들의 욕구와 기대를 고려하면서 이들이 왜 성매매에 빠지는지를 찾아보고 그 원인에 따른 다양한 정책들이 모색되어야 할 것이다. 청소년 성매매 문제는 '청소년 성매매'라는 사건 중심의 사고를 통해서는 해결될 수 없다. 그보다는 성매매를 전후하여 청소년들이 움직이는 모든 공간들 안에서 이에 대한 고려와 배려, 이해를 전제로 해결이 모색되어야 할 것이다.

이러한 문제의식 하에 본 연구는 기성세대와 대별되는 청소년의 개별적 특성과 그들을 둘러싼 사회문화적 특성에서 비롯된 청소년 성매매의 실태와 그 원인을 분석하고 이를 바탕으로 다각적인 측면에서 마련되어야 할 청소년 성매매 문제에 대한 대처방안을 모색해 보고자 한다.

Ⅱ. 성매매산업과 청소년

한국만의 특수한 상황 속에서 1970년부터 성장하기 시작한 성매매산업은 한국사회내 모든 성매매의 온실이라는 점에서 청소년 성매매와 너무나 밀접한 관계를 갖고 있다. 이에 우선 한국 성매매산업의 유형과 그에 따른 시장규모를 살펴보고, 이 구조와 연결된 청소년 성매매의 실상을 살펴본다.

1. 한국의 성매매산업 현황

전체 성매매 시장규모를 정확히 파악하기는 그 특성상 어려우나, 전반적인 성매매의 경제규모를 추정하여 보면 다음과 같다.[4] 우선 성매매 알선업소 수는 약 8만여 개로 우리나라 중소기업 수(2000년 기준)의 2.8%에 해당되며, 성매매 종사여성 수는 최소 33만 명이 전문적 형태로 성매매에 가담, 생계를 유지하는 것으로 추정된다. 이는 우리나라 20-39세 여성인구(8,090명)의 4.1%, 같은 연령대의 취업 여성인구(4,124천명, 2002.9. 기준)의 8.0%를 차지하는 규모이다. 여기에 일시적·비정규적 형태로 가담하는 인구까지 포함하면, 종사여성 수의 규모는 이보다 훨씬 더 커져, 그 범위가 최대로는 200만까지 추정되고 있다.

이러한 수치는 물론 성매매 유형에 따라 차이가 크게 나타난다. 성매매 유형을 구분할 때 기존에는 시대적 기준에 의해 '전통형 대 산업형'[5]으로

4) 여기서 정리할 성매매산업 실태에 관한 주요내용은 2002년도에 여성부가 한국형사정책연구원에 의뢰하여 수행된 '성매매 실태 및 경제규모에 관한 전국조사'에 근거한다.

5) '전통형'은 성매매 자체를 목적으로 하는 집창촌에서 행해지는 성매매이며, 향락업소

구분되었으나, 최근 성매매 시장이 복잡해지면서 이러한 구분보다, 영업형태에 따른 구분이 더 큰 의미를 지닌다. 더욱이 텔레커뮤니케이션의 발달로 기존의 시대적 구분을 나타내는 성매매 유형 분류가 점차 무의미해지고 있다. 따라서 성매매영업형태는 성매매 매개체의 특성에 따라서 '업소형 성매매'와 '개인형 성매매'로 구분되는데, 이중 업소형은 서비스 목적 및 영업특성에 따라서 '전업형 성매매'와 '겸업형 성매매'로 다시 세분된다. 그리고 개인형 역시 '인적매개형' '전자알선형' '직거래형' 등으로 나눌 수 있는데, 이를 표로 정리하면 다음과 같다.

좀 더 구체적으로 살펴보면, '전업형 성매매'란 소위 홍등가, 사창가, 기지촌 등 성매매를 일차적 영업 목적으로 특정지역에 집중된 업소에서 이루어지는 직접 성매매를 의미하며, "집결지"란 해당 지역민들에 의해서 소위 "사창가" 또는 "윤락가"로 인지되는 특정한 밀집지역을 의미한다.

'겸업형 성매매'는 유흥주점, 단란주점, 간이주점, 마사지업, 증기탕, 이발소, 티켓다방, 노래방 등 정부가 인정하는 유흥접객 서비스업의 사업장을 매개로 이루어지는 간접 성매매를 의미한다. 주로 음식 및 숙박업 등의 3차 서비스 산업을 중심으로 이루어는데, 여기에서는 음식을 팔고, 숙박을 제공하는 것을 주업으로 하면서, 그곳에 종사하는 여성들에 의해 또는 '보도'라는 일종의 공급책을 통하여 성매매가 이루어진다. 이곳을 매개로 호스티스, 콜걸, 면도사, 안마사 등과 같은 새로운 소위 '겸업형 성매매' 직업군이 등장하면서, 성산업의 확산이 보다 가속화되었고, 이는 성매매 방식에도 큰 변화를 가져왔다. 즉 "전업형 성매매"로부터 신종 서비스업과 결합된 "겸업형 성매매"가 보다 주류적인 성매매 형식으로 바뀌어 가고 있는 것이다.

이 유형을 중심으로 살펴본 성매매시장의 규모는 다음과 같다.

등에서 겸업적으로 이루어지는 것은 '산업형'성매매로 볼 수 있다.

〈표 1〉 성매매의 유형

<table>
<tr><th colspan="2">유 형</th><th>업소형태</th><th>내 용</th><th>주요특성</th></tr>
<tr><td rowspan="7">업소형</td><td rowspan="2">전업형
성매매</td><td>대규모
성매매집결지</td><td>서울 용산, 청량리 588, 영등포, 미아리텍사스, 부산 완월동, 인천 학익동, 대구 자갈마당 및 용주골 등 기지촌</td><td rowspan="2">· 성매매가 일차적 업종인 경우
· 특정 성매매 밀집 지역으로 가시화
· 여성은 성매매를 통해서만 생계유지</td></tr>
<tr><td>소규모
성매매업소</td><td>군소규모의 윤락장소로 널리 알려지지 않은 지역들 (흔히 '판자집' 또는 '벌집' '펨푸집'이라고 알려진 장소들)</td></tr>
<tr><td rowspan="4">겸업형
성매매</td><td>식품접객
업소</td><td>휴게음식점(다방), 일반음식점(카페, 레스토랑, 인삼찻집), 단란주점, 유흥주점(룸살롱, 외국인 관광클럽)을 통해 이루어지는 성매매</td><td rowspan="4">· 본래 업종의 서비스와 더불어 2차 서비스 형태로 성매매를 제공 · 알선
· 업소의 서비스를 매개로 업소 내 또는 업소밖에서 이루어지는 성매매</td></tr>
<tr><td>공중위생
업소</td><td>· 호텔이나 여관 등의 숙박업소
· 사우나, 증기탕 등의 특수목욕장 업소
· 이발소 등에서 이루어지는 성매매</td></tr>
<tr><td>마사지 업소</td><td>안마시술소 및 스포츠마사지 업소 등에서 안마사 및 보조원 등을 통해 이루어지는 성매매 최근엔 출장마사지의 형태로 전자적 매체를 통해서 고객과 직접 연결시켜 주기도 함.</td></tr>
<tr><td>풍속영업
관련업소</td><td>노래연습장(노래빠), 무도학원 및 무도장, 비디오방, 게임방 등에서 이루어지는 성매매</td></tr>
<tr><td rowspan="8">개인형</td><td rowspan="3">인적
매개형
성매매</td><td>인력
공급업체
(보도방)</td><td>각종 유흥업소 및 노래방 또는 호텔 · 여관 등에 접대부(매춘여성)를 직접 공급하여 성매매 알선 또는 성매매 영업을 하는 형태</td><td rowspan="3">· 구인자와 구직자를 연결 · 소개하는 방식 또는 남녀교제를 주선하는 방식으로 성매매를 알선 · 매개하는 형태
· 일종의 출장형 성매매</td></tr>
<tr><td>이벤트사</td><td>주부, 직업여성, 미혼여성, 대학생 등을 대상으로 직업상담소, 결혼상담소, 이벤트사 등을 차려놓고, 성매매를 알선 또는 영업하는 형태</td></tr>
<tr><td>연예계
성매매</td><td>특정인의 소개로 여자 연예인, 고급 콜걸들이 사회고위층을 상대로 하는 성매매</td></tr>
<tr><td rowspan="2">전자
알선형
성매매</td><td>전화방/폰팅
/화상대화방</td><td>전화방/080전화서비스 및 폰팅/화상대화방 등을 통해 남성회원과 여성회원을 연결시켜줌으로써, 성매매를 알선 매개하는 경우와 전문 성매매여성을 확보하여, 출장성매매 서비스를 매개 영업하는 경우가 있음</td><td rowspan="2">· 회원간에 만남, 교제를 주선하는 방식으로 성매매를 알선 · 영업하는 형태</td></tr>
<tr><td>사이버
성매매</td><td>사이버 공간 내 성매매 알선사이트나 채팅 등을 통하여 이루어지는 성매매(특히 원조교제)</td></tr>
<tr><td rowspan="3">직거래
형
성매매</td><td>박카스아줌마
/들병이</td><td>등산객, 운전자, 탑골공원의 노인 등 대상으로 직접 호객하는 성매매</td><td rowspan="3">· 성매매 종사여성이 직접 고객을 찾아 나서 1: 1로 성매매를 하는 형태</td></tr>
<tr><td>거리 성매매</td><td>고속도로나 거리에서 이루어지는 성매매</td></tr>
<tr><td>계약동거형
성매매</td><td>미국 및 장기체류 외국인과의 지속적 성적 서비스와 가사서비스 제공형태의 성매매</td></tr>
</table>

(자료: 김은경, (2004) 재구성)

〈표 2〉 2002년 한국 성매매 시장의 유형별 규모추정

	업소수	종사여성 수	연간 거래량(만건)	연간 매출액(억원)
겸업형 성매매	57,938	241,114	10,732	164,966
전업형 성매매	2,938	9,092	2,100	18,318
기타 성매매	(19,224)	79,012	4,052	57,879
합 계	80,100	329,218	16,884	241,163

(자료: 여성부, 2002)

이러한 규모는 2002년을 기준으로 할 때, 국내총생산(GDP) 578.8조 원의 4.1%를 차지하는데, 이는 전기가스수도사업의 비중(2001년 기준 2.90%)를 크게 초과하고, 농림어업 비중(2001년 기준 4.4%)에 맞먹는 거대한 규모(약 24조 712억 원)로 형성하고 있다. 특히 가장 큰 비중을 차지하고 있는 겸업형 성매매의 시장 규모를 살펴보면, 우선 전국의 2002년 기준 7개 업종 20만 2천여개 중에서 5만 7,938개소가 겸업형 성매매 알선업체로 추정되며, 이 산업을 주도하는 주요 7대 업종의 성매매 알선비율을 보면, 전국적으로는 일반유흥주점업소가 79.9%, 무도유흥주점은 45.6%, 간이주점은 9.0%의 비율을 나타내고 있다. 중소도시와 농어촌의 경우 다방의 알선율은 38.7%, 마사지업소는 37.9%, 노래방은 18.2%, 이발소는 11.3%로 추정된다. 한편, 업종별 업소당 평균 성매매 종사여성 수는 4.16명이며, 업소당 평균 성매매 고객 수는 6.17명, 겸업형 성매매의 평균 대가는 15만 4천 원이고, 이들 업종의 1일 평균 매출액은 559억 원, 연간 거래량은 10.732만 건, 연간 매출액은 16조 4,966억 원인 것으로 나타났다.

한편, 최근 성매매산업의 중요한 변화중 하나가 '전자알선형'의 규모가 점점 커지고 있다는 점이다. 인터넷과 모바일 폰 등 전기통신매체의 급속한 발전에 기인하여, 전화방, 휴게방, 화상대화방, 섹스숍, 비디오방, 게임방 등이 과거 성매매를 알선·매개하던 '보도방'의 기능과 역할을 대체하는 형태로 바뀌어 가고 있는 실정이다. 이 전자형 성매

매의 출현은 시·공간의 제약을 넘어서 성매매 활동영역이 비가시적인 형태로 크게 확장될 수 있도록 만들었다. 특히 이성간 만남을 주선하는 각종 폰팅 서비스와 인터넷상의 채팅이나 성인사이트가 등장하고, 더욱이 과거 "여관발이 성매매"가 인적·전자적 방법에 의한 마사지 출장형 성매매로 탈바꿈해 가면서, 전자형은 더욱 그 영역을 넓히고 있다. 그런데 이 신종 성매매산업은 적발 가능성이 극히 적고 익명성과 비밀성이 보장되므로, 비전문적인 인력을 끌어들이는 좋은 수단이 되고 있기에, 인터넷과 핸드폰이 생활화된 청소년에게는 그 어떤 경로보다 성매매가 유입되는 주요통로로 작용하여, '원조교제'를 비롯한 청소년 성매매의 매체로 자연스럽게 자리 잡고 있는 실정이다.

2. 청소년 성매매 실태

청소년 성매매가 우선 손쉽게 이루어 질 수 있는 것은 무엇보다 인터넷과 핸드폰 등 전자통신매체가 생활 속에 자리하고 있기 때문이다. 수요자와 공급자는 집이나 PC방에서 인터넷 채팅방을 통하여 가벼운 대화를 나누다 분위기가 익으면 본격적으로 성매매의 의사를 확인하고, 대가를 흥정한 뒤 시간과 장소를 정하면 된다. 이러한 과정은 매우 개인적인 영역에서 일어나는 것이기 때문에 매춘보다 훨씬 익명성과 비밀성을 보장할 수 있다는 특성을 갖는다. 성매매 경험 청소년들 중 절반 이상인 66.7%가 인터넷을 이용하여 청소년 성매매를 하게 되었다는 조사결과가 이를 뒷받침해준다(신미식, 2001). 즉 청소년 성매매에 있어서 인터넷을 통한 채팅은 가장 큰 매개 역할을 하고 있다. 특히 채팅사이트는 성매매나 가출 등의 청소년 일탈의 매개체가 되는 등 문제가 심각하다는 것을 단적으로 나타내고 있다[6].

6) 특히 가장 청소년 성매매의 수단이 되고 있는 인터넷 채팅 사이트로 세이클럽, 오마

다음 청소년 성매매의 특징 중 하나가 대상 청소년의 연령이 점차 낮아지고 있다는 것이다. 성매매 청소년은 2002년 1,221명으로 2001년의 1,102명보다 119명(10.8%)이나 증가하였는데, 연령별로 12세 이하가 2001년 9명에서 2002년 20명으로, 13~14세가 142명에서 187명으로 증가하는 등 평균 증가율을 훨씬 웃돌았다. 즉 성매매 청소년이 증가하는 가운데 14세 이하 청소년의 성매매가 전체 증가율을 넘어서고 있는 실정이다.

〈표 3〉 성매매 대상청소년 연령별 수

구 분	계	12세이하·	13~14세	15~16세	17~18세
2001	1,102	9	142	511	440
2002	1,221	20	187	503	511

(자료: 경찰청 여성 청소년과)

이러한 사실은 2003년도 청소년보호위원회의 조사에서도 뒷받침된다. 이 조사에 따르면 성매수 대상 청소년의 연령은 15세가 24.5%, 16세가 22.4%, 17세가 19.4%를 차지하고 있다. 즉 15~17세가 전체의 66.3%를 차지하고, 14세 이하가 23.5%나 되어 성매수 대상 청소년이 점차 저연령화되고 있음을 보여주고 있다.

한편 이런 성매매가 청소년들 사이에 보편화되어 가고 있는 것으로 나타난다. 성매매 청소년들 중에는 중 · 고교에 재학중인 학생이 45.7%, 비가출 상태의 학생도 46.4%에 이르고 있다(청소년보호위원회, 2003). 초등생과 중학생이 2001년 3명과 165명에서 2002년에는 11명, 236명으로 늘었다. 결국 전체적으로 학교를 다니는 청소년의 성매매가 늘어나는 것을 알

이러브, HADURI 등이 거론되고 있다. 이는 그만큼 인터넷 환경이 위험 수위를 넘어선 것으로 분석되는데, 특히 인터넷상의 음란물과 쓰레기(스팸) 메일의 공세는 청소년성매매 환경조성에 주요요인이 되고 있다. 쓰레기 메일 중 음란성 정보는 1999년엔 전체의 8.4%에 불과했으나 2002년에는 61.0%로 급증했다(박성수,2004).

수 있다. 이러한 사실은 청소년 성매매가 일부 비행학생 및 가출학생 집단으로부터 학생 일반으로 확산되는 경향을 보여주고 있다. 즉 청소년 성매매가 과거처럼 특정 청소년 집단에 한정된 경험이 아닌 것이다. 이는 '개인형 성매매'가 청소년의 생활공간에서 더 이상 낯선 것이 아니기 때문에, 청소년 성매매는 가출 청소년 집안이나 학업 중단 청소년 집단에 한정되어 있지 않으며, 거의 모든 조건의 청소년들에게 접근 가능한 경험이 되고 있다. 이것은 성매수 대상청소년이 고정된 형태로 존재하는 것이 아니라 특수한 조건과 상황에서 누구라도 성매수 대상이 될 수 있다는 사실을 의미한다.

〈표 4〉 성매매 대상청소년 직업별 현황

구 분	계	초등학생	중학생	고등학생	학원생	무 직	기 타
2001	1,102	3	165	316	21	517	80
2002	1,221	11	236	322	20	480	152

(자료: 경찰청 여성청소년과).

다음으로 성매매 청소년들의 범행동기는 주로 경제적인 것으로 나타난다. 50%이상이 유흥비부족이며, 그 다음으로 생활비마련으로 나타나 성매매 주요 동기가 금전적인 필요에 의해 발생하는 것을 알 수 있다. 청소년들은 대중문화가 빚어내는 소비문화에 대단히 민감하며 또한 또래 문화에 대한 동조성이 강하다. 따라서 또래의 소비문화에 동참하고자 하는 욕구 역시 강할 수밖에 없으나, 청소년은 단기적 저임금 아르바이트 이외에는 수입원을 찾을 수가 없는 실정이다. 특히 성매매 동기가 생활비마련이라는 것은 가출이후에 발생하는 성매매인 바, 이는 청소년들의 가출이 청소년비행과 성매매로 직결된다고 볼 수 있게 해준다. 결국 청소년 성매매는 직업적으로 돈을 벌기 위해서라기보다는, 가출 후에는 생활비 조달을 위해서, 또한 가출을 하지 않더라도 또래의 소비문화에 동참하기위한 단기적 아르바이트의 특성을 지니고 있는 것이다.

여기서 알 수 있듯이 청소년 성매매가 확산되는 이유는 청소년들의 문화적 환경과 경제적 욕구가 성매매와의 친화성을 가지고 있기 때문이다. 청소년을 둘러싼 자본주의 소비문화속에서 '성'은 이미 자연스러운 놀이문화의 하나로 자리하고 있으며, 또한 '돈벌이'에의 욕구 또한 이들에게는 일반적이다. 또한 여자 청소년들의 경우는 자신들의 '여성/성'이 거래의 자원이 될 수 있으며, 자신들의 '젊음/몸'이 사회적으로 어떠한 시선과 평가에 노출되어 있는지를 잘 알고 있다. 이러한 상황에서 청소년들에게 성매매는 더이상 의심과 경계의 대상이 아니라, 선택과 기호의 대상으로 다가서고 있는 것이다.

Ⅲ. 청소년 성매매의 원인

1. 개인적 환경

1) 정신분석학적 요인

청소년기에 대한 정신분석학적 접근은 발달과정에서 나타날 수 있는 성적 욕구와 그의 조건과의 관계에서 형성된 의식이나 무의식 및 잠재의식의 표출 뿐 아니라, 청소년 개인과 그가 속한 주변 문화들과의 사회적 관계 속에서 생산되는 무의식적인 것들의 형성들에 관해서도 고찰이 가능하기 때문에 그 의의가 크다 하겠다.

프로이드(Freud)에 따르면 사춘기에 맞는 이 제2차적 성적 징후는 어린 시절에 경험했던 최초의 성적 경험에 의해 숙명적으로 결정지어질 뿐 아니라, 장차 성인의 성적 의식과 생활에도 결정적 요인이 된다. 즉 삶을 향한 강한 충동이자 성적 욕구인 Libido가 출생이후 사춘기까지의 성장과정에서 최초의 성적 욕구의 대상인 어머니나 아버지와의 관계에서 어떻게 다루어지느냐에 따라 그의 성적 의식과 무의식을 지배하게 된다는 것이다. 만약 유아기 과정에서 어린이가 자신의 성적 욕구를 정상적으로 성취하지 못하고 심하게 성적 학대나 유린을 당했다거나 혹은 유혹을 받아 성적 호기심이나 만족을 일찍 체험하게 되는 경우에는 이후 변태적인 성향을 가지게 되고 이는 매춘의 원인이 되기도 한다고 말하고 있다(Freud, 1963). 즉 매춘행위를 하게 되는 이유는 행위주체의 자의가 아니라 정상적인 성적 호기심과 체험의 발달과정이 외부 조건에 의해 강압적으로 방해받은 결과이다.

한국의 청소년 성매매와 관련하여 이루어진 몇몇 연구들은 프로이드의 이러한 이론위에 그 근거를 두고 있다. 이민희(2001)의 조사[7]는 청소년 성매매의 가장 큰 원인으로 '성관계에 대한 호기심'(98명), '성적인 욕구'(34명), '과거의 성적학대경험'(23명) 등으로 대답한 것으로 보아 이에 대한 정신분석학적 차원에서의 대책마련이 필요함을 시사하고 있다. 한편 성적 학대를 받은 청소년들은 자기비난이나 낮은 자존감, 약물복용, 알코올중독, 정신분열적 질병, 무력감, 죄책감, 성에 대한 부적절한 태도 등의 부정적인 발달 결과를 보이고 있다(심의보, 1999: 43-50). 또한 십대 소녀들의 매매춘 연구에서, 매매춘 청소년의 가출경험은 아동기에 성적 학대를 당한 청소년에 비해 높다는 연구결과를 바탕으로 성적학대-가출-매매춘으로 이어지는 경로를 추론가능성을 제시하고 있는데, 이 연구 역시 청소년 성매매의 원인규명에 정신분석학적 접근이 필요한 것임을 보여 주고 있다

7) 2001년 9월 전국 광역시 중고 남녀청소년 1288명을 대상으로 청소년 성매매의 주요원인에 대하여 실시한 〈청소년 성매매에 관한 의식 및 실태조사〉(이하 의식조사)로 응답수와 비율은 아래 표와 같다.

(김시업, 2000: 18-19). 따라서 어린 유아기 이후의 성적 학대는 후에 매춘으로의 유입에 원인 제공을 하고 있다고 볼 수 있으며 이에 대한 조기 대책이 마련된다면 청소년의 성매매를 줄일 수 있다고 할 것이다.

2) 사회심리학적 요인

청소년 발달의 신체적 특성, 지적·사회적 특성, 정서적 특성 중에서 청소년 성매매의 원인과 가장 가까운 발달적 특성은 무엇보다도 신체적 성숙에 의한 성적 성숙과 성의식이 달라지는 변화를 말할 수 있다.

청소년 성매매의 가장 큰 원인은?	응답수	비율
1) 전화방, 핸드폰 등 손쉬운 원조교제 환경 때문이다	207	18.2
2) 사고싶은 것을 살려면 돈이 필요하기 때문이다	150	12.3
3) 집이 가난하기 때문이다	140	11.6
4) 성관계에 대한 호기심이 많기 때문이다	98	8.6
5) 인터넷 등 음란성 유해매체가 널려있어서 이다	95	8.3
6) 친구의 나쁜 영향을 받았기 때문이다	88	7.7
7) 남성위주 성인들의 문란한 성문화 때문이다	76	6.7
8) 가정, 학교, 사회에서 성교육이 제대로 없기 때문이다	64	5.6
9) 성인들의 건전한 도덕성이 부족하기 때문이다	53	4.7
10) 일본의 저질문화에 영향을 받아서 이다	47	4.1
11) 우리사회에 섹스가 상업화 되어있기 때문이다	34	3.0
12) 성적 욕구를 참지 못하기 때문이다	34	3.0
13) 우리사회의 억압된 성문화 때문이다	31	2.7
14) 청소년들이 마땅히 일 할 곳이 없어서이다	29	2.5
15) 당장 의식주 문제를 해결하기 위해서 이다	26	2.3
16) 부모가 전혀 관심을 가져주지 않아서 이다	24	2.1
17) 부모 중 한 분이 안계시기 때문이다	24	2.1
18) 과거에 성적으로 괴롭힘을 당한 경험 때문이다	23	2.0
19) 한국의 입시제도를 포함한 교육제도 때문이다	15	1.3
20) 청소년들은 성에 대한 의식이 많이 개방적이기 때문이다	10	0.9
21) 이성 친구가 강하게 성관계를 요구해서이다	6	0.5
22) 집을 뛰쳐나왔기 때문이다	5	0.4
23) 학교를 중도에서 그만두기 때문이다	4	0.4
24) 부모에게 불만이 많아 반항하기 위해서이다	3	0.3
25) 자기 자신에 대한 자신감이 없기 때문이다	2	0.2
계	1288	100.0

남녀의 성차가 명확해지고 성적 욕구가 강하게 되어 이성에 관심을 가지게 되는 현상이다. 이외에 자아정체성의 확립과 독립의 요구에 따른 심리적 이유기의 현상으로 부모에 대한 신뢰감이나 존경심이 줄고 모든 것을 자기중심으로 판단하기 때문에 대체로 비판적이고 반항적인 정서반응을 나타낸다.

즉 청소년기는 발달심리학적으로 신체적 변화에 따른 정서가 매우 불안정하고 자의식과 정체성이 강한 시기여서 부모로부터 독립하려는 심리가 강하고 기성 성인세대를 거부하는 시기이므로, 이 시기의 청소년들은 자기와 가치관과 행동양식, 정서를 공감하고 함께 행위할 수 있는 동질성을 가진 동료들과 가까워지려는 사회성이 형성된다. 청소년 자신이 자주적으로 선택한 친구와 상호대응 · 수평적 입장에서 자신의 내면적 생활에 대한 의견을 교환할 수 있는 친구에의 의존도를 높이고, 제도와 관습이 강요한 것을 거부하며, 자신의 정신적 자주성을 강하게 주장하면서 스스로의 세계를 형성하고자 하는 것이다.

사회심리학적으로 청소년의 성매매문제를 살펴볼 때, 청소년기 또래문화의 형성과 기능에 주목하면, 우선 집단정체감(group identity)을 획득하고자 하는 청소년들의 욕구를 인식함으로써, 성매매를 하는 동료들에 대한 관심과 주의를 건전한 또래문화가 있는 곳으로 끌어낼 수 있는 다양한 기회를 마련하는 대책이 요구된다. 청소년 성매매의 원인에 대한 그들의 의식조사에서 상당히 많은 수의 청소년들이 '친구의 나쁜 영향'(88명)이라고 응답한 것을 볼 때 청소년 성매매에 대한 사회심리학적 접근이 더욱 요청된다 하겠다(이민희, 2001).

한편 청소년 성매매의 사회적 요인의 고찰에서는 청소년들의 사회화(socialization) 과정에서 가장 중요한 요소로서 인간의 기본적인 생계 및 생활과 밀접한 관계를 가지고 있는 사회 경제와 가정문제를 중심으로 논의하는 것이 필요하다.

사회계층에 따른 경제적 차이가 얼마나 청소년들의 성매매유입에 요인이 되는가 하는 문제를 들여다보는 것을 의미한다. 낮은 사회경제적 여건에 놓여있는 청소년들은 가정과 사회 그리고 국가에 대한 불만과 자신감 및 자아 존중의 결여, 가출의 충동, 학교 부적응, 절도 · 폭력 · 약물남용 등에 쉽게 자신을 포기하는 경향이 많을 수밖에 없는 것이다. 특히 낮은 계층의 가정일수록 부부싸움이 잦고, 이혼율이 높으며, 성적 학대와 폭력 등 정서적으로 안정을 찾거나 부모로부터 애정을 받기가 상대적으로 더욱 어렵기 때문에 이러한 사회경제적 조건에 놓여있는 청소년들은 구조적으로 방황하고 일탈하게 되어 있는 상황이다. 청소년 성매매의 원인에 관한 청소년들의 의식조사에서도 이러한 사회경제적 요인은 거의 최상위에 속하고 있는데 매우 많은 청소년들이 성매매의 원인이 "사고싶은 것을 살려면 돈이 필요하기 때문이다(150명)"와 "집이 가난하기 때문이다(140명)"라고 응답하였고, 적지 않은 수의 청소년들이 "당장 의식주 문제를 해결하기 위해서다(26명)"라고 답한 것을 볼 수 있다. 따라서 이러한 경제적으로 어려움에 처해 있는 청소년들과 그의 가정을 위해서 정부는 사회복지 및 사회교육적 대책을 마련하는 것이 무엇보다 시급하다고 할 수 있다.

2. 사회문화적 환경

1) 가정의 해체

가정은 인간의 사회화 과정의 기관 중에서도 가장 최초의 또 가장 최고의 중요성을 지닌 곳이기에, 질풍노도의 시기에 처해 있는 청소년에게 미치는 영향은 거의 절대적이라 할 수 있다. 그러나 산업사회 이후의 근대사회로 넘어오면서부터 가정이 청소년에게 갖고 있던 전통적 통제의 메커니즘이 와해되면서, 청소년과 가정의 관계는 안정과 질서의 관계에서 불안과 어긋남의 관계로 급속히 변화되었고, 이로 인해 청소년일탈이 급증하고 있음이 지적되고 있다(Shorter, 1988, 이민희, 2001에서 재인용). 특히 개인의 자유로운 성생활과 자기실현에 대한 욕구와 가치가 높아져 가면서 가정생활의 최고 목적이 파트너간 애정의 충족과 개인의 만족이지 더이상 자녀들의 행복에 있지 않게 되었다는 것이다. 결국 이러한 부부관계와 성적 만족이 우선됨으로써, 가정에서 청소년들의 사회화에 대한 관심은 부수적으로 되었으며, 이렇게 변화된 가정의 양상과 모자의 관계는 청소년들에게 전달되면서, 이들은 일찍부터 그들의 정서적 결속을 그들의 또래 문화 속에서 찾게 되었을 뿐만 아니라, 청소년들의 성이나 순결에 관한 의식도 자연 부모들의 쾌락추구의 성문화를 모방하게 되는 상황이 되어버렸다는 것이다(Shorter, 1988).

또한 우리 시대 가정의 기능장애가 청소년들의 비행을 촉진한다고 보고 있는 견해에 따르면 첫째, 결혼생활의 갈등과 불화로 인해 가정이 붕괴되고 둘째, 가족 구성원들간의 갈등이 더욱 심해지고 있으며 셋째, 부모들이 자기 아이들의 행동 및 정서적 문제에 관심을 기울이지 않아 대화부족, 애정결핍, 양육불성실, 가정교육 부재의 현상이 나타나고 있으며, 넷째, 가정 속에서 일탈 부모의 행위가 그대로 자녀에게 전수되고 있다고 가족의 해체를 지적하고 있다(Siegel & Senna, 2000). 특히 우리사회의 경우 성매매 청소년의 대부분이 가정문제로 인해 가출한 청소년들임을 고려해 볼 때 가정의 해체가 청소년 성매매에 미치는 영향은 지대하다 할 수 있겠다. 청소년 성매매 원인조사에서 '부모의 무관심'(25명), '부모 중 한쪽 부재'(24명), '부모에 대한 반항'(3명) 등의 응답이 보여 주듯이, 청소년들의 복잡한 문제를 가장 잘 해결할 수 있고, 성매매의 위기를 맞은 청소년들을 애정과 관심 그리고 올바른 교육으로 가장 잘 치료할 수 있는 곳 역시 가정인 것이다(이민희, 2001).

한편 가정의 해체와 연결되는 지점이 바로 교육의 부재이다. 즉 가정의 해체로 가정에서 이루어져야 할 사회화가 제대로 이루어지지 않고 주로 학교라는 다른 기관으로 그 책임이 위임되지만 학교 역시 그 역할을 제대로 못하고 있다는 것이다. 특히 한국에서의 상황은 더욱 심각하다 하겠다. 한국의 입시위주 교육은 청소년들에게 가장 많이 스트레스를 주는 제도로 청소년들의 비행과 일탈, 학교 부적응에 직접적인 영향을 미치고 있다고 할 수 있다. 이러한 입시위주의 교육환경에서 청소년들이 성장하면서 그들에게 중요한 인성교육이나, 건강한 신체 형성, 특기적성 교육은 뒷전으로 밀려있을 뿐만 아니라, 형식적으로 마지못해 행해지고 있는 것이 우리의 교육현실이다. 우리의 청소년 성매매도 직접 또는 간접적으로 잘못된 교육환경이 원인일 수 있다는 것은 부인할 수 없는 사실이다. 또한 청소년들의 사춘기에 반드시 필요한 성교육도 아주 간헐적인 형식적운영이 이루어지고 있다. 이러한 성교육의 부재는 사실 가정에서부터 이루어져야 함에도 불구하고 가정의 기능장애로 인해 제대로 이루어지지 못하고 있는 것이다[8]. 어머니의 애정이 담긴 상담과 배려 및 교육을 통해서 사춘기의 불안한 정서가 안정되며, 자신의 성에 대한 가치와 중요성을 인식하고 의식화하게 되고, 이를 통해 자신의 성에 대하여 소중하게 생각하면서 자아 존중감이 형성될 수 있는 것이다. 따라서 가정에서 일찍부터 부모에 의한 사려 깊은 성교육은 조기에 청소년들의 성매매를 막을 수 있는 기본 처방이라고 할 수 있다.

결국 가정환경이 청소년의 성매매유입에 가장 큰 요인으로 작용하고 있으며, 가정해체에서 비롯된 부모의 방관적 양육태도, 신체적 학대, 가족거부, 빈곤 등이 이들에게 직접적인 영향을 미치고 있는 것이다(유은주, 2004: 175).

---

8) 청소년 성매매의 원인 조사(이민희, 2001)에서 '성교육 부재(64명)'와 '입시위주 교육제도'(15명)에 적지 않은 수가 응답을 하였고, 적은 수지만 '학교포기'(4명)라는 응답이 나왔는데 이는 모두 우리의 교육과 관련된 원인들이라 할 수 있다.

2) 소비문화의 만연

청소년 성매매의 가장 큰 동기는 무엇보다 경제적인 것에 있지만, 그 이면에는 대중문화 속에 들어있는 자본주의의적 상업주의에 판단력이 흐려진 청소년들이 대량 소비사회의 환각에 취해있기 때문이다. 즉 우리의 청소년 성매매는 우리 사회에 만연되어 있는 성인들의 사치성 소비향락 문화가 비판적 수용능력이 없는 청소년들에게도 모방이 되어서 거침없이 무분별한 소비문화를 형성해가고 있는 것이다. 이에 따라 현재 청소년 성매매는 유행에 뒤처지지 않을 뿐 아니라 과소비를 위해 돈을 벌기 위한 목적 하에 이루어지는 경향이 점차 뚜렷해지고 있다. '청소년 성매매가 확산되는 이유'나 '청소년 성매매충동을 느끼는 이유'에 대해 학생들의 응답내용이 "쉽게 돈 벌고 내 마음대로 쓸 수 있으므로(62.9%)" "용돈이 부족해서 (39%)"로 나타난 것으로 보아 청소년 성매매의 주된 원인은 역시 청소년들의 소비행태나 소비문화와 절대적으로 관련이 있다고 할 수 있다(우장훈, 2001).

우리나라의 청소년 성매매추이도 점차 일본의 원조교제 양상으로 변하고 있는데, 성매매 청소년들의 성매매 원인조사 결과 '가출생활비'(36.9%)를 마련하기 위한 것보다 '용돈 마련'(44.7%)을 위한 성매매가 이미 앞지르고 있다는 것이 이를 뒷받침해준다(박성동, 2001).

또한 청소년 성매매의식조사(이민희, 2001)에서도 '사고 싶은 것을 살려면 돈이 필요하기 때문'(150명), '집이 가난하기 때문'(140명)이라는 응답이 성매매원인의 2위와 3위를 차지하고 있다. 특히 성매매의 원인이 가난이라는 학생들의 경우, 정말 생계를 이어가기 힘든 절대적 가난이라기보다 청소년들의 충동적인 소비욕구를 충분히 만족시킬 수 없는 상대적 가난을 염두에 둔 응답이라 생각된다.

중요한 것은 청소년들의 이러한 소비행태가 일부 부유층 자녀들에 국한되는 것이 아니고 유행처럼 일반 청소년들에게까지 파고들 우려에 유의해야 한다는 점이다. 따라서 우리 사회는 이러한 청소년들의 소비문화가 청소년 성매매의 주된 원인의 하나임을 인식하고, 이에 대한 대책을 마련함으로써, 일본의 원조교제에서와 같이 정상적인 가정의 청소년들이 성매매 유혹에 빠지지 않도록 적극적인 예방조치를 취하도록 하여야 한다.

3) 사이버문화의 발달

의식조사에서 사이버문화와 관련하여 청소년들이 청소년 성매매의 원인이라고 응답한 사항을 살펴보면, "전화방, 핸드폰 등 손쉬운 원조교제 환경 때문"(207명)이 1위의 응답률을 보였고, 또한 상당히 많은 수의 청소년들이 "인터넷 등 음란성 유해매체가 널려있어서"(95명)라는 원인에 응답을 했다.

이와 같은 청소년의 '사이버일탈'은 시간이 흐를수록 증가하는 추세를 보이고 있어 정보화 사회의 새로운 유해환경으로 부상해 각종 심각한 청소년문제와 비행의 원인이 되고 있다. 청소년 성매매 사범에 대한 수사기록에 의하면 성매매 참여자가 최초 접촉시 사용된 방법을 물어보았을 때 아래의 표에서 볼 수 있듯이 2001년에는 845명(67%)가 2002년에는 916명(72%)가 인터넷을 통해 중개된 것으로 나타났다(경찰청, 2003).

〈표 5〉 청소년 성매매 최초 성립장소 유형

	계	인터넷	전화방	휴대폰	대 면	기 타
2001	1,255	845	136	46	102	126
2002	1,270	916	44	61	106	143

(자료: 경찰청 여성청소년과)

청소년 성매매를 위한 상호간 접촉이 주로 '인터넷 채팅'을 통하기 때문에, 이를 실행하기 위해서는 그 이용장소가 대부분 PC방이 압도적이므로, 일본 원조교제나 초기 우리의 청소년 성매매 접촉 장소로 많이 사용되었던 전화방보다 훨씬 문제의 유해환경으로 주목하여야 하고 이에 대한 차단의 수단을 강구해야 할 것이다.

사이버문화의 발달과 함께 마련된 사이버공간은 분명 청소년에게 긍정적인 삶의 공간이 된다. 틀에 박힌 획일화된 입시교육, 학교와 집을 오가는 지루한 일상, 부모님의 지나친 간섭, 여가생활의 부족 등에서 오는 축적된 스트레스를 해소해 줄 수 있는 자유의 공간이자 해방구임에는 틀림없다. 특히 개방성, 능동성, 다양성, 그리고 익명성으로 특징지어지는 사이버공간은 현실에 구속되어 있던 청소년들이 마음껏 자유를 누릴 수 있는 새로운 세상인 것이다.

그러나 익명의 공간에서 자유롭게 의견을 교환하는 가운데 자아가 확립되지 못한 청소년의 경우 현실자아와 가상공간의 자아 간에 정체성 혼란의 유발은 물론, 손쉽게 접근가능한 포르노사이트를 통해 성적 호기심에 대한 욕구가 잘못된 방향으로 나아가기 쉬운 곳 또한 이 공간이기도 하다. 특히 음란물, 원조교제, 엽기 그리고 성폭력 등의 사이버일탈은 성적 충동이 가장 강한 성장 시기에 있는 청소년들의 성적 호기심을 자극시키고 성적 충동을 부추김으로써, 청소년 성매매의 주요요인으로 작용하고 있는 것이다.

4) 향락산업의 확산

청소년들이 성매매에 큰 죄의식 없이 빠져드는 원인 가운데 하나가 바로 성인들의 무분별하고 불건전한 성중심의 향락문화가 아닐 수 없다. 이는 청소년 성매매의 원인을 "남성위주 성인들의 문란한 성문화 때문(76명)", "성인들의 건전한 도덕성 부족(53명)"때문이라고 응답한 의식조사에서도 잘 나타나고 있다[9].

우리나라의 향락문화는 1970년대 이후 급속한 산업의 팽창과 함께 폭발적으로 증가하여,성의 상품화 현상을 더욱 심화시키고, 남성의 외도문화를 일상화시킴으로써 한국의 성문화에 큰 영향을 미쳤다.

지난 30년 동안 '유흥향락산업'을 대표하는 업소유형들의 증가 추세는 매우 급속한 것으로 판단된다. 숙박업소는 2배 이상 증가하였고, 유흥주점(단란주점 포함)은 70년에 1,388개에서 2001년에는 45,056개소로 약 33배가 넘는 엄청난 증가폭을 기록하였다. 다방은 80년을 기준으로 볼 때, 지난 20년 동안 약 2.7배 증가하였다. 1994년을 기준으로 살펴보아도, 최근 8-9년 간 성매매 알선 가능성이 있는 풍속영업소의 증가 추세는 지속적으로 상승되어, 94년 대비 약 18%의 증가율을 보이고 있다. 이 기간 동안(1994-2001) 유흥주점은 약 56%, 단란주점 역시 63% 및 노래연습장 역시 각각 40%의 큰 폭으로 증가하였다. 최근의 풍속영업들은 과거에 비해 음주 · 가무를 중심으로 빠르게 성장하고 있다. 특히 영업소간 상호 경쟁이 치열해지면서 날로 대형화 · 고급화 · 신종화되어 가는 추세를 보이고 있으며, 그 결과 예전에는 성매매 알선업과는 전혀 관련이 없던 업소 유형들까지도, 점차 향락화 · 성매매화되어 가는 세태를 보여주고 있다. 최근 노래방 등에서 활동하는 '도우미'라는 신종 직종의 등장이 암시해 주듯이, 풍속관련 업소들의 변태영업 및 음란 · 퇴폐영업이 점차 확산되고 있는 추세이다[10].

9) 이외에도 적지 않은 수의 청소년이 "일본의 저질문화에 영향을 받아서(47명)", "청소년들의 성에 대한 의식이 많이 개방적이기 때문(10명)"이라는 응답을 했다. 사실상 '섹스'라는 문화코드를 지닌 일본문화가 개방되었고, 우리사회가 이젠 공중파방송에서도 성에 관한 담론이 자유롭다는 점을 비추어 볼 때 이런 응답은 수긍이 간다. 한편 "우리사회의 억압된 성문화 때문(31명)"에도 적지 않은 청소년들이 청소년 성매매의 가장 큰 원인으로 생각하고 있는데, 이는 본능이지만 억압되어 있기에 오히려 어둡고 음습한 곳에서 자라난 왜곡된 성지식이 죄의식없는 성매매의 원인이 되는 것이 아닌가 하는 분석을 가능케 한다.

10) 경찰의 풍속영업단속현황을 보면, 윤락 · 음란행위 단속실적은 94년도에 1,251건이던 것이 98년에는 1,901건으로 52% 증가하였고, 이듬해인 99년에는 3,306건(94년 대비 2.6배), 2002년에는 5,453건으로 94년에 비해 4.4배 이상 크게 증가하였다(경

이처럼 한국 사회에서 향락산업이 급팽창하게 된 배경은 다음과 같다. 1970-80년대 개발독재하에서 정부는 관광사업의 일환으로 외화를 벌어들이기 위해서 외면적으로는 윤락행위를 법적으로 금지하면서도 다른 한편으론 기생관광 등 퇴폐 · 향락산업을 장려 · 증진시키는 이중적 · 모순적 개발정책을 추진한 바 있다. 이 과정에서 고급호텔, 관광요정 등 성산업의 급증을 유도하였다. 그리고 산업화과정에서 정경유착 및 비합법적 · 음성적 거래를 위한 접대문화는 성산업이 높은 부가가치를 누릴 수 있는 발판을 제공하였다. 여기에 성 차별적인 고용정책으로 접객 서비스업에 여성 노동력의 공급이 증가되고, 향락업소를 매개로 호스티스, 콜걸, 면도사, 안마사 등과 같은 새로운 '겸업형 성매매' 직업군이 등장한 것은 성산업의 확산을 보다 가속화시켰다.

여기에 최근 향락산업의 급팽창은 1997년부터 도래한 IMF에 기인한 바가 크다. IMF 대응전략으로 시작된 각종 규제개혁조치, 특히 식품접객업 허가제의 신고제로의 전환, 영업시간제한 철폐 등 풍속영업 관련 규제개혁 조치들은 풍속 관련영업들이 손쉽게 급속하게 확장될 수 있는 제도적 기반으로 작용하였다. IMF 이후의 사회경제적 불안정과 실직 · 가족해체 등에 기인한 불안심리 · 좌절감은 남성들로 하여금 술 소비의 증가와 함께 성매매 가담을 자극하였다. 남성 고객조사에 따르면 성매매에 가담하는 주된 계기는 주점 등에서 술을 먹고 난 후에 2차 형태로 경험하는 것이었다(김은경, 2000). 따라서 주점의 증가는 그만큼 성매매 발생률을 높일 개연성이 높으며, 실제 97년 이후 술을 매개로 한 풍속영업소(일부 노래방 포함)는 급격하게 증가하였다. 그리고 여기에 소위 '영계'를 찾는 남성주의적, 가부장적 성문화가 가세해 청소년 성매매 수요는 점점 증가하고 있는 실정이다[11].

찰백서, 2003 참조). 이러한 수치들은 최근 증가된 각종 풍속영업소에서 성매매 현상이 상당히 급속히 확산되고 있음을 잠정적으로 시사한다.

11) 영계에 대한 성매매 탐닉은 여성의 몸에 대한 지배 · 권력감의 획득을 의미한다. IMF 이후 상처받은 '헤게모니적 남성성과 가부장적 권위'는 여성의 몸에 대한 지배

Ⅳ. 청소년 성매매의 대책

1. 청소년 성문화 의식 제고

청소년 성매매는 기성세대 남성들의 성에 관한 이중적이고 삐뚤어진 성의식과 성행동, 그리고 무분별한 향락문화, 특히 영계를 선호하는 문화에 기인하는 바가 크다. 따라서 성에 대하여 왜곡되어 있는 의식의 개혁을 통해 건전한 사회문화를 형성하는 것이 중요하다. 그러나 무엇보다 청소년들이 자신의 몸에 대한 소중함을 깨우치게 하는 것이 시급하다(심영희, 2001: 25). 이러한 노력은 가정과 학교는 물론, 사회의 모든 영역에서 총합적으로 시행되지 않으면 그 효과를 달성하기 어려우므로 국가에 의한 제도적 뒷받침 아래 체계성을 가지고 지속적으로 시행되어야 할 것으로 보인다.

이를 위해 우선 올바른 성교육의 실시가 필요하다. 청소년이나 어른 모두 올바른 성지식과 성의식을 갖게 된다면, 자신의 성을 함부로 하지 않는 건강한 성 태도를 지니게 될 것이다. 앞에서 살펴보았듯이 청소년 성매매의 연령이 점차 낮아지고 있으며, 향락문화의 만연으로 청소년이나 성인 모두 성매매에 대한 도덕불감증 현상도 심각한 수준이다. 그러므로 아직 성정체성조차 확립하지 못한 채 유혹의 대상이 되고 있는 청소년들이 먼저 건전한 성가치관을 확립할 수 있도록 성교육을 실시하여야 할 것이다.

성교육에 포함되어야 할 내용은 다음과 같다. 첫째, 유혹에 흔들리지 않고 건전한 삶을 살아갈 수 있도록 자아정체감을 확립하도록 돕고 자신을 소중하게 여기는 자아 존중감을 갖도록 해야 할 것이다. 둘째, 아

를 통해 보상을 추구하도록 자극하였다. 감정적 친밀성이 배제된 섹스는 바로 팔루스적 지배(phallic power)를 확신하는 수단이기 때문이다(Giddens, 1992). 팔루스는 가부장적 상징으로, 항상 발기해 있는 무한한 정력의 남근이라는 점에서, 생물학적 성기인 페니스와 구별된다.

름다운 성과 이성교제가 어떠한 것인가에 대해 다룸으로 잘못된 의식을 교정하고 성의 육체적 측면뿐만 아니라 정서적, 사회적 측면에서의 이해를 돕고 건전한 이성교제를 위한 지침을 제공해야 할 것이다. 셋째, 청소년기의 생리적 발달, 성병, 임신·피임, 그리고 생명의 존엄성에 대한 지식과 의식을 형성하도록 도와야 할 것이다. 넷째, 성적 충동을 일으키는 자극적인 것 즉, 인터넷의 음란물, 음란비디오, 음란인쇄매체 등의 부정적 영향에 대해 미리 알게 함으로 이에 대한 비판적 사고를 기르고 성 가치관의 왜곡을 예방한다. 다섯째, 성행동의 윤리기준을 형성하도록 돕는다(윤가현, 2000). 인간적 차원의 성관계는 사랑과 함께 이루어져야 하며, 상대가 원하지 않는 상황에서의 성행위는 범죄에 해당함으로 상대의 동의를 필요로 한다는 등의 기준을 내면화하도록 도와야 할 것이다. 여섯째, 생활중의 성적충동을 체육·문화 활동 등으로 승화시키도록 지도해야 할 것이다.

성교육은 국가와 학교 및 가정에서도 제대로 실시되어야 하지만, 언론의 역할도 매우 중요하다고 본다. 일반적으로 언론들은 성문제를 다룰 때에 대중의 호기심을 자극하거나 관심을 끄는 것에 초점을 두고 다루는 경향이 있다. 독자의 관심을 끌기 위해서나 재미를 위해 성에 대한 문제를 다룰 경우, 사람들에게 성에 대한 인식을 왜곡시킬 우려가 있으며, 특히 청소년들에게 미치는 영향은 더욱 클 수밖에 없다. 따라서 언론은 보다 신중하고 진지하게 이러한 문제를 다루어야하며, 꾸준히 관심을 갖고 독자들이 성을 바르게 알고 사용할 수 있도록 계도하는데 큰 역할을 하여야 할 것이다.

한편 청소년들로 하여금 천민주의의 영향을 받은 잘못된 소비문화를 고쳐 근검절약하는 습관을 갖도록 이끌어야 할 것이다. 즉 건전한 물질관과 직업관을 확립하도록 교육을 실시하여야 할 것이다. 청소년 수준에 맞는 용돈의 규모와 소비생활에 대해 교육함으로써 지나친 소비에 대해 절제하도록 해야 할 것이며 또한 건전한 아르바이트와 불건전한 아르바이트에 대한 교육을 통해 유해환경에 휩쓸리지 않도록 해야 할 것이다.

2. 가정의 역량 제고

청소년 성매매의 원인으로서 가정의 해체 및 결손이 주요한 원인으로 지적되는 바, 자녀들에 대한 부모의 지도와 관련된 제도와 관심을 고양시키고 가정의 중요성을 깨닫게 하기 위한 방안의 강구가 필요하다. 부모의 자녀에 대한 지도역량을 강화시키기 위하여 우선적으로 부모와 자녀의 갈등을 해결하고 관계를 개선하는 노력이 필요하다. 함께 대화하는 시간을 갖도록 하고, 메시지교환 등의 효과적 의사소통방법을 습득하도록 하며, 갈등이 있을 때 문제해결과정 등을 통하여 상호만족할 만한 해결책에 이르도록 돕는 가족상담이 필요하다.

또한, 현재의 부모자녀지도 방식이 자녀에게 미치는 영향과 청소년기의 자녀에 대한 효과적인 지도방식 등에 관한 부모교육이 필요하다. 그리고, 부모의 이혼, 부모의 불화로 가정이 제 기능을 발휘하지 못할 때에는 청소년과의 개인상담을 통해 부모의 이혼에 대한 이해와 정서적 안정을 돕고, 부부상담을 통하여 부부관계를 개선하는 것이 필요하다.

가정의 역량강화는 곧 부모와 자녀의 긍정적인 유대가 핵심인 바, 이는 청소년의 건전한 발달과 사회화에 있어서 필수적인 요소라 할 것이다. 허쉬(Hirschi, 1969)는 자신이 제시한 청소년 비행의 통제요인 중 '애착'에서 부모와 자녀간의 관계를 매우 중요시하고 있다. 즉 부모에 대한 애착이란 부모에 대한 감정적인 유대를 의미하는 것으로 감정적인 유대가 강할수록 자녀는 부모가 자신에게 내리는 평가에 관심을 쏟기 때문에 비행을 통제하게 된다는 것이다. 결국 부모와 자녀간의 관계가 좋을수록 비행을 통제하는 힘이 강하다는 의미이다. 즉 부모와 자녀의 좋은 관계라는 것은 감독이나 훈육 등의 직접적 통제와 달리 감정적이고 내면화된 관계를 의미한다. 설혹 구체적인 상황에서 부모가 옆에 없다 하더라도 자녀가 부모를 '가상적으로 인식'하여 '부모가 나의 이러한 행동에 대하여 어떻게 반응할 것인가'를 생각하게 하여 자녀의 행동을 간접적으로 통제하는 것을 지칭한다. 가정의 역량을 제고시킴은 무엇보다 이와 같은 부모와 자녀간의 정서적 친밀성의 강화를 의미한다(김준호 외, 2003: 161). 자녀가 힘들거나 어려운 일이 있을 때 부모가 힘이 되는지, 부모와 자녀가 얼마나 많은 시간을 함께 하는지, 얼마나 다정하게 대화를 나누는지, 허물없이 대화가 가능한지 등을 포함한다.

한편 가족 가치관의 변화로 급속하게 별거나 이혼가정이 증가하고 있는데, 이로 인한 경제적 어려움이 청소년일탈을 더욱 부추기고 있다. 이혼가정은 개인주의나 경제적 어려움으로 자녀의 양육을 서로 기피하며, 이로 인해 자녀의 생존권이 침해당하고 있다. 특히 이혼 후 자녀양육을 맡은 부모는 수입의 감소로 인해 경제적 곤란과 함께 심리적 부담이라는 이중적 부담이 일반적이며, 이러한 어려움은 결국 고스란히 자녀의 피해로 이어지게 마련이다. 가정의 빈곤에 대해서는 국민기초생활보장법 등의 제반 사회복지제도와 장학기금 등의 지역사회자원을 활용하여 경제적으로 지원함으로써 가정의 역량을 강화하는 것이 필요하다.

가정에서 방치되거나 방출되는 청소년에 대한 일차적인 복지서비스는 지역복지접근의 관점을 필요로 하는 지점이다. 이를 위해 지자체는 지역자원을 활용해 가출청소년에게 잠자리와 음식을 제공하는 일시보호센터를 운영할 수 있으며, 청소년취업정보센터, 소외계층의 아동과 청소년에게 멘토링 서비스, 생계지원 및 일자리를 제공할 수 있다(원미혜, 2003). 또한 '가족상담'지원을 통해 가출 및 성매매와 같은 자녀문제를 겪고 있는 부모나 가족들을 위한 서비스를 제공할 수 있다. 이 가족상담지원은 가출자의 부모를 위로하는 것에서부터 가출 및 성매매를 경험하는 자녀와의 대화기술, 전문상담소나 쉼터 등을 제공할 수 있는 것이다.

3. 학교사회사업제도 정립

청소년 성매매가 그동안 주로 가출청소년들을 중심으로 이루어졌으나 이제는 청소년들 중 재학생의 비중이 점차 높아지고 있다는 점에서 학교를 중심으로 한 청소년문제 예방노력에 대한 논의가 절실한 시점이라 할 것이다. 우선 재학생청소년들의 성 매매 증가현상에 대한 증상적 대책에 대해서는 청소년 성 매매가 7월과 8월 사이에 급증한다는 것과 청소년성매매의 주경로가 인터넷 채팅이라는 점에 주목할 필요가 있다. 7,8월은 학생들의 방학기간이자, 휴가철이고, 날씨가 더워 집 밖에서 밤을 새우는데 어려움이 없는 것은 물론, 이로 인해 청소년가출이 증가하는 시기이다. 또한 학생 청소년들의 대부분이 인터넷을 사용한다는 점과 학생 청소년들의 인터넷 주 사용시간대가 한밤중이라는 것도 재학생청소년들의 성매매 경험을 증가시키는 원인이라고 볼 수 있다. 밤 시간은 가족들이 모두 잠든 시간이어서 청소년들이 부적절한 인터넷사이트에 몰입되도록 유혹하게 된다.

그러나 이것은 학생 청소년들이 학교생활과 과외활동으로 낮 시간 동안에는 거의 인터넷을 사용할 수 없다는 현실적인 여건이, 한밤중에 채팅에 쉽게 몰입하게 하고, 성매매의 유혹이나 제안에 노출되게 만들어, 결과적으로 재학생의 성매매비율을 높여주게 된다는 점을 간파해서는 안 될 것이다. 그러므로 재학생 청소년들의 성 매매현상을 감소시키려면, 방학동안 경제적 부담 없이 즐겁고 유익하게 청소년들이 참여할 수 있는 프로그램을 보급하는 일과 평소 청소년들의 인터넷 사용 환경을 개선시켜주는 것이 급선무이다. 이러한 여건이 조성되면 청소년들이 불건전한 채팅에 몰입되어 성매매유혹에 노출되거나 성매매를 경험하는 일들이 줄어들게 될 것이다. 그러나 이와 같은 방안은 교육제도와 같은 근본적인 측면에서의 개선이 이루어지지 않고는 불가능한 것이므로, 교육전반을 포함한 청소년 정책에 대한 전반적인 재검토가 이루어져야 할 것이다.

이런 측면에서 검토될 사항이 학교사회사업제도의 정립이라 하겠다. 청소년 성매매의 주요 대상인 가출청소년들의 가출을 미리 막고, 재학생들의 성매매 유혹을 예방하기 위해서는 학생들의 학교적응도를 높이고 학교-가정-지역사회의 공동적 노력이 필요한데, 이러한 노력은 학교사회사업제도를 통하여 효과적으로 수행되어질 수 있다. 학교사업이란 학교를 실천장소로 하여 학생과 환경(학교, 가족, 지역사회 등) 사이의 역기능적 상호작용에 의해 발생하는 심리사회적 문제를 예방 · 치료할 뿐만 아니라 학생의 잠재력을 키워줌으로써 학생의 복지를 증진하고 궁극적으로 전인교육의 실현에 기여하는 사회복지의 전문영역을 말한다(한인영 외, 1999).

미국, 캐나다, 영국, 스웨덴, 홍콩 등 여러 나라에서 학교사회사업제도를 활용하고 있으며, 특히 미국에서는 약 100년 전부터 학교에서 학생들의 학교적응을 돕고 학생문제를 예방 · 치료하기 위해 활동해왔다. 학교사회사업가의 역할을 간략하게 살펴보면 다음과 같다(한인영 외, 1999). 첫째, 학생과 가족에 대한 직접적 서비스 제공자로서 대상자의 필요에 따라 개인상담, 집단상담, 가족상담 등을 실시한다. 둘째, 학생과 가족을 지역사회기관에 연계시키는 연계자로서의 역할이다. 이러한 역할을 효과적으로 수행하기 위해서는 학생과 가족의 욕구에 대한 정확한 사정과 지역사회자원에 대한 폭넓은 이해와 지역사회와의 공조체계의 형성이 전제되며 또한 효과적 연계를 위한 지역사회자원개발이 요구된다.

셋째, 청소년 문제와 관련하여 학생, 교사, 행정가에게 교육함으로써 청소년 문제에 대한 이해를 돕고 궁극적으로 문제를 예방 · 치료하는 교육자로서의 역할이다. 성교육, 약물남용예방교육, 가출예방교육 등이 주요 내용이 될 수 있다. 넷째, 학생의 학교적응을 방해하는 학교 · 지역사회의 제도와 문화를 변화시키는 정책형성가로서의 역할이다. 입시위주의 교육과정을 전인교육과정으로, 처벌위주의 학생지도에서 선도위주의 학생지도로, 지역사회 유해환경을 건전한 환경으로 변화시키기 위하여 학교행정가 및 지역사회 관련자와 협력하여 일한다.

학교사회사업가의 이러한 활동은 많은 연구들을 통해 그 효과성이 평가

되어 왔으며 긍정적인 결과를 보여주고 있다. 즉, 학교사회사업서비스를 받은 학생의 졸업율과 학업성취도가 향상되었고 자아존중감, 사회성 기술, 가족관계 등이 향상된 것으로 나타났다(한인영 외, 1999). 현재 우리나라에서는 제도화 전 단계로서 1996년 이후 서울시 교육청 · 교육부의 주관으로 서울 혹은 전국에서 학교사회사업 사범사업이 이루어져 왔으며 많은 긍정적인 평가결과들이 보고되고 있다. 2002년도부터 시범사업은 전국 20여 개의 학교로 확대되었으며(정규석 · 김영종, 2003: 84) 이러한 시범사업이 효과적으로 수행되고, 긍정적 평가결과가 축적되면 학교 사회사업의 제도화에 크게 기여할 것으로 생각된다. 요약하면, 학교사회사업제도는 현재의 상담교사제도와 더불어 학교의 학생지도 역량을 강화하는 데 효과적인 제도라고 생각한다.

4. 성매매의 통제체계 강화

2000년 7월 이전까지 청소년 성매매에 관한 처벌은 1997년 제정되고 1999년 개정된 「청소년보호법」에 근거하였다. 이 법은 유흥업소에 미성년자를 고용하거나 고용을 알선하거나, 술시중을 들게 하거나, 미성년자에게 이성혼숙을 허용하거나, 미성년자에게 금품 등을 제공하고 성교를 하는 행위 등을 보다 강하게 처벌하고, 청소년의 고용을 금지하는 업소의 범위를 확대하는 것을 내용으로 하고 있다. 그러나 이법의 시행에도 불구하고 청소년의 성매매가 줄어들지 않자 여야합의로 「청소년성보호법」이 2003년 3월 제정되고 동년 7월부터 시행되었다.

이 법은 성매매를 한 청소년에 대해서는 윤락행위방지법의 규정을 적용하지 아니하고 소년법상의 보호사건으로 처리할 수 있도록 규정하고 있다. 그러나 이 법이 시행된 2000년 7월부터 2001년 6월까지 성매매 청소년에 대한 보호처분 사건은 불과 21건에 불과하며, 그나마 시행된 보호조치들조차 인적, 물적 자원의 미비로 인해 청소년들은 거의 방치되어 왔다. 좀더 구체적으로 살펴보면 2001년 1월에서 6월까지 서울경찰청에서 다룬 248건의 청소년 성매매 사건 중에서 경찰단계에서 성매매 청소년을 보호자에게 인계한 경우가 전체의 86.4%인 214건 이었고, 다음으로 소년보호사건으로 가정법원에 송치한 경우가 4.8%인 12건, 보호시설로 인계한 경우가 4.0%인 10건, 그리고 죄질이 나빠서 형사입건한 경우가 4.0%인 10건으로 나타났다(김지선, 2001). 사실상 경찰단계에서 성매매 청소년들은 거의 모두 귀가조치되고 있다해도 과언이 아니다. 성판매자들에 대한 접근에서 무엇보다 효과적인 방법은 단속과 체포과정에서의 개입이라는 측면에서 볼 때, 이는 대단히 미흡한 통제체계라 아니할 수 없다. 영국 맨체스터 성매매포럼에서 시행하고 있는 프로젝트(Real Choices)처럼 체포시점에서 개입하는 등 단속 · 체포 · 판결 과정 곳곳에 개입하여 적극적으로 대안적 서비스를 제공해야 할 것이다(원미혜, 2001: 247).

그러다보니 이 법은 그동안 처벌의 사각지대에 있었던 성을 산 사람들 주로 성인 남성에 대해서만 강력한 처벌을 초점으로 하고 있다는 지적을 받으면서 그 내용 중 특히 신상공개조항에 대한 찬반논의가 이어졌던 것이다[12]. 청소년의 성을 사는 행위를 한 자는 3년 이하의 징역 또는 2천만원 이하의 벌금에 처하고 성명, 연령, 직업 등의 신상을 공개할 수 있도록 규정하고 있다. 물론 신상공개와 관련된 논의는 지금까지 이어지고 있지만 청소년과 우리사회를 왜곡된 향락문화로부터 보호하기 위해

12) 신상공개에 대한 찬반 입장의 요지는 다음과 같다(김지선 · 이병희, 2001: 28-30). 우선 반대 입장은 첫째, 기본권의 하나인 사생활의 비밀을 침해할 소지가 있다. 둘째, 가족들에게는 일종의 연좌제다. 셋째, 다른 법과 형평의 원칙에 위배된다. 넷째, 겉으로는 행정형이지만 실질적으로는 명예형이므로 이중처벌에 해당된다는 것이다. 반면 찬성하는 입장의 요지는 다음과 같다. 첫째, 이중처벌이라는 지적에 대해, 공개된 내용은 범죄의 사례일 뿐 형벌을 내린 것이 아니기 때문에 사법기관에서 같은 범죄에 대해 처벌을 금지하는 이중처벌과는 다르다. 둘째, 일반국민들이 청소년을 대상으로 한 성범죄자에 대해 강력한 처벌을 바라고 있으며, YMCA조사에서 찬성 92.9% 반대 4.5%로 나타났듯이 국민대다수가 신상공개를 지지하고 있다는 점이다.

서는 이와 같은 조치가 필요하다고 생각한다.

이와 더불어 왜곡된 향락문화를 강화시키고 있는 윤락업소, 유흥업소, 전화방, 연락방, 보도방 등에 대한 통제의 강화도 병행되어야 할 것이며, 성매매 알선과 같은 불법영업에 대해서는 철저하고도 지속적으로 단속해야 할 것이다(한국형사 정책연구소, 2000). 이들 업소 혹은 환경이 청소년에게 주는 부정적 영향을 막기 위하여 청소년 유해환경감시단의 활동을 활성화시켜야 할 것이다. 시민단체, 종교단체의 자원봉사자들을 적극적으로 활용하여 감시단의 규모도 확대하고 지속적인 감시활동을 펼쳐나가야 할 것이다(김성경, 1999). 이를 위해서 TV와 라디오 등 대중매체를 통해 성매매가 우리 사회와 성매매 참여자에게 미치는 부정적 영향에 대해 알리고 건전한 성가치관을 확립하도록 돕는 시민교육이 필요하다.

그리고 인터넷 발달과 관련한 음란물 접촉의 보편화와 채팅사이트의 청소년 성매매 창구화 현상에 대처하기 위해서는 먼저 청소년 차원에서의 건전한 인터넷 사용을 위한 교육이 필요하겠고, 다음으로 청소년에게 유해하거나 성매매를 조장하는 내용에 대한 사이버범죄수사단 등을 통한 통제와 더불어 채팅사이트 대화방의 실명운영 방안도 생각해 볼 수 있다(방은령, 2000).

또한 미국에서 활용하고 있는 '성구매자재범방지교육'(John school)도 우리 사회의 왜곡된 향락문화를 뿌리 뽑는데 좋은 방법이 될 것이다. 이는 성매매방지 접근방식을 성구매자에게 둔 대표적인 것으로, 성판매 여성을 주로 기소하는 기존의 방식에서 탈피하여 남성구매자들을 교육 또는 기소하는 방식이다. 즉 매춘부를 사려다고 단속에 걸린 남성에게 성의식 개선교육을 받도록 하는 프로그램이다. 샌프란시스코에서 존 스쿨을 실시한 후 재범률이 현저히 낮아지는 효과를 거두면서[13] 미국 내 28개 관할구로 확

13) 예컨대 샌프란시스코에서는 1995년까지 수료한 2,000명의 남성 중 단지 18명만이 성매매와 관련된 범죄로 다시 체포된 것으로 보고되고 있다. 또한 존 스쿨 참가자에게 집행요금을 내게 하고 그 집행요금을 성판매 여성 및 소녀들의 회

대 · 도입되었고, 캐나다에서도 이를 도입하여 2001년 현재 14개의 지역에서 실시하고 있다(원미혜, 2001: 239).

5. 성매매의 유입방지 프로그램 체계화

청소년의 성매매를 줄일 수 있는 조치 중 하나는 청소년들이 성매매 시스템으로 유입되는 것을 사전에 방지하는 것이라 하겠다. 따라서 이에 대한 사전조치적 프로그램이 필요하다. 성산업에 유입되지 않도록 예방하기 위한 노력은 개인과 공동체, 사회전반에 걸쳐 이루어지고, 대상의 특성에 따라 내용과 방법을 달리하여 실행되어야 한다. 교육프로그램은 아래와 같이 청소년을 비롯하여 부모, 지역사회 공동체, 교사, 검찰, 경찰, 사회복지사 등 다양한 대상에게 실시됨을 원칙으로 한다. 교육내용은 크게 세 부분으로 나눠볼 수 있는데, 첫째, 청소년 성매매의 위험성과 성 착취 등 성매매 실태에 관한 부분, 둘째, 청소년의 권리, 성교육 등 가치관 변화와 의식고양에 관한 영역, 셋째, 성매매에 유입되지 않도록 다른 가능성을 제시하는 방법 등으로 구분될 수 있다(원미혜, 2001: 251).

그러나 청소년이 성매매에 연루되지 않도록 예방하기 위한 프로그램은 교육에만 치중할 것이 아니라 홍보 및 캠페인, 조사 등의 영역에 걸쳐서도 심도있게 이루어져야 할 것이다. 우선 성매매를 예방하기 위한 홍보 및 캠페인의 목적은 청소년 성매매의 위험성과 실태를 알리고 이와 관련된 정보를 확산하여 의식변화를 가져옴으로써 교육효과를 높일 수 있다. 홍보 및 캠페인은 교내 라디오 프로그램이나 전시회, 비디오 등을 통해 성매매의 실태와 청소년의 권리에 관한 내용을 다루고, 지역사회 대상의 캠페인은, 성 착취에 관한 포럼, 세미나, 토론회 등의

복과 치유를 위한 프로그램비용에 투입함으로써 사회적 비용을 절감하는 효과를 거두고 있다.

개최를 통해 효과를 높일 수 있다. 전문가들을 위한 청소년 성매매 예방 핸드북 개발은 청소년 성매매에 대한 전문성을 확보하고 예방능력을 향상하기 위한 노력이라고 할 수 있다.

〈표 6〉 청소년 성산업 유입방지 교육 프로그램

교육대상	교육내용	특 징
청소년	· 성매매 위험성, 착취과정, 탈출전략	학교 교과과정에서 실시
	· 성교육 (HIV/AIDS, 성희롱, 젠더역할 등) · 공동체 교육 (리더십개발, 인간관계 훈련 · 청소년의 권리, 의식고양 · 생활 기술 훈련 (사회적응 훈련) · 전통음악, 춤 등 강좌개설 · 장학금 지급	가치, 태도, 의식변화, 과외활동 활성화, 지속적 공교육 기회제공
	· 기술개발 훈련, 직업훈련 · 직업기회와 마케팅 기회를 살펴보기 위한 연구여행 · 소규모 경제활동 체험	성매매가 아닌 대안적인 경제활동, 생활방식 선택 가능성 제시, 대안적 경제활동 실습
부모	· 성매매 실태, 청소년의 권리	부모상담, 가족치료
지역사회	· 상업적 성 착취의 실태	
교사, 경찰, 검찰, 성직자, 사회복지사 등 관련 담당자	· 성매매의 원인과 효과, 예방과 조기 개입 방법, 최근 경향, 접근 방식	정보제공, 기술훈련, 전문성 공유, 예방과 중재능력 향상

(자료: 원미혜, 2001)

한편 성산업 유입 방지를 위한 자료수집 및 사례조사 과정은 성매매 실태를 파악하고 위험한 상황에 있는 청소년 · 가족 · 지역을 대상으로 실시할 프로그램 개발을 위해 필요하다. 자료 수집과 사례 연구 과정을 통해 예방 프로그램의 효과를 극대화시키고, 프로그램 대상자들의 참여를 높일 수 있는 계기를 마련한다는 점에서 지속적이며 체계적으로 운영될 필요가 있다.

6. 성매매 청소년 재활 프로그램 확충

성매매를 경험하는 청소년들은 일시적인 잘못이나 판단착오로 인하여 청소년 성매매에 빠지는 경우도 많다. 또 청소년들은 나이가 어리므로 사회복귀 가능성도 매우 큰 집단이다. 또 청소년들이 사회에서 그들만의 건전한 공간을 마련해 준다면 이들의 일탈행위를 많이 막을 수 있는 것도 사실이다. 따라서 국가와 사회가 이들 청소년들에 대하여 꾸준하게 선도하고, 나아가 이들이 자신들의 시간을 건전하게 보내고 꿈과 이상을 실현할 수 있는 프로그램의 개발과 공간의 마련을 위해 노력하여야 한다.

현재 가출청소년에 대한 현재의 대책으로는 귀가조치를 최우선으로 하고 있으며, 이들을 원조하는 사회적 서비스는 매우 미비한 상태이다. 가출청소년을 이미 청소년에 대한 보호능력이 결여되어 있거나 보호에 실패했던 보호자에게 아무런 환경의 개선도 없이 가정으로 그대로 돌려보낸다는 것은 이들을 다시 성매매의 길로 들어서게 하는 것과 다름이 없다. 따라서 청소년들의 재활을 위한 직업훈련프로그램을 개발하고 취업기회를 확대하여 자립을 도움으로써 성매매에의 접근을 막고, 보호시설을 확충하거나 새로이 마련하여 대상청소년에 대한 교육과 보호를 통해 건전한 성의식을 가질 수 있는 기회를 마련하는 것이 필요하다(김지선, 2001: 36). 성매매 청소년들의 효과적인 사회복귀를 위해서는 정부의 통제나 지도, 감독보다도 청소년에 대한 공적 서비스를 확충하고, 민간의 청소년 활동을 정부가 법률과 행정 · 재정적으로 지원하는 것에 우선성을 두어야 한다.

현행 법률에 따르면 성매매 청소년을 선도하기 위해 형사처벌을 면제하고 네 가지 종류의 보호처분을 할 수 있도록 규정하고 있다. 그러나 현재 시설, 인력, 재정, 프로그램의 부족으로 이러한 선도의 목적을 이루지 못하고 있는 실정이며 앞으로 적절한 사회적 지원이 관리시설에 주어져야 할 것이다. 예를 들면, 기존 선도보호시설의 시설 현대화, 전문상담원의 증원, 프로그램 내실화를 위한 재정적 지원의 확대와 상담원의 전문성 제고를 위한 교육기회의 확대 등이 필요하다. 또한 선도보호시설이 청소년 개인의 욕구를 충족시키지 못하는 경우나 혹은 시설에서 성공적으로 프로그램을 마친 청소년이라 할지라도 귀가시키는 것이 부적절하다고 판단될 경우에는 그룹홈에 연계시키는 것이 필요하다. 그룹홈을 통해 청소년들은 의식주와 같은 기본적 문제를 해결하고 그룹홈 지도자의 지도하에 교육을 받거나 직장을 구하는 등 독립적인 생활을 준비할 수 있을 것이다. 이를 위해서는 청소년을 위한 그룹홈의 수가 대폭 증대되어야 할 것이다. 미국에서는 이러한 그룹홈 제도를 가족문제로 인해 독립생활을 하고자 하는 청소년을 위해 활발하게 활용하고 있다(정규석 · 김영종, 2003: 85-86).

다음으로는 성매매 청소년을 위한 보호시설과 재활프로그램을 확충하는 일이다. 현행법에서는 보호처분을 받은 성매매 대상청소년들을 청소년보호센터와 청소년재활센터에 선도보호를 위탁하도록 되어 있으나(청소년성보호법 제15조), 현재 청소년보호센터나 재활센터는 설립되어 있고, 선도보호시설에 선도보호를 위탁하도록 하고 있다. 그러나 선도보호시설은 현재(2002년 10월 기준) 전국에 22개소뿐이며, 그것도 서울 지역에 9개소가 집중되어 있고, 인천, 광주, 울산, 강원, 충북, 제주지역에는 1개소도 개설되어 있지 않은 실정이다. 따라서 성매매 청소년들을 선도보호조치 할 수 있는 여건이 현실적으로 대단히 미흡한 상태이므로, 이것은 성매매 청소년들에 대한 선도보호조치가 제도적으로 보완되기 어렵다는 것을 말해준다. 그러므로 전국 각지에 선도보호시설과 청소년성보호센터를 설립하는 일이 급선무이며, 이곳에서 계도 및 재활프로그램이 전문적으로 진행될 수 있도록, 관련 전문가를 확보하고 제도적인 장치를 마련해야 할 것이다.

V. 맺음말

청소년 성매매는 청소년에게 신체적·정신적 손상을 초래하며 자아 발달에 부정적인 영향을 미친다. 임신·낙태 혹은 성병으로 신체적 건강에 해를 초래할 수 있고 임신과 낙태를 가볍게 생각함으로써 생명의 존귀함에 대한 의식이 약화되며 자신의 성을 놀이와 돈벌이의 수단으로 여기게 되어 성가치관이 왜곡될 수 있다. 또한 성매매 청소년은 나중에 자신이 한 일을 후회하게 되고 부모나 미래의 배우자에 대한 죄의식으로 인하여 부정적인 자아개념을 형성하게 된다(조성연, 2000). 이러한 부정적 자아개념은 타인과의 건전한 인간관계를 형성하는 데 장애가 되며 미래에 대한 의지를 소멸 혹은 약화시킴으로써 청소년의 건전한 성장에 치명적 영향을 미친다.

사회적으로도 청소년 성매매는 성문란을 부추김으로써 사회의 건전한 성윤리를 파괴하며, 우리 사회를 배금주의·쾌락주의에 물들게 함으로써 가정과 사회를 파괴시킨다. 또한, 청소년 성매매는 제 2의 범죄 즉, 영아살해, 살인, 강간, 성폭력, 절도 등의 범죄를 양산하여 우리 사회를 더욱 병들게 한다.

청소년 성매매문제의 심각성에 대한 인식을 바탕으로 본 연구는 성매매의 원인을 분석하고 이를 바탕으로 청소년 성매매문제에 대한 대처방안을 다양한 측면에서 모색해 보았다. 청소년 성매매의 원인은 개인뿐 아니라, 가족, 친구, 학교, 지역사회 등이 포함된 사회문화적 구조속에서 제대로 볼 수 있다. 청소년들의 성매매를 막기 위한 사전적 예방방법으로는 성매매를 야기시키는 가정환경의 재구성, 유해환경의 정화 그리고 이를 뒷받침해 줄 제도보완이 필요하다.

청소년 성매매문제에 대한 효과적으로 대처하기 위해서는 학교사회사업을 제도화함으로써 학교의 학생에 대한 지도역량을 강화하며 또한 지역사회에 청소년관련 복지시설과 서비스를 확대하는 것이 필요하다. 이를 바탕으로 교육을 통하여 청소년들이 건전한 성가치관 · 물질관 · 직업관을 확립하도록 돕고, 집중적 상담서비스를 통하여 학교중퇴와 가출을 예방하는 것이 필요하다. 또한 가족상담, 부모교육, 경제적 지원 등을 통하여 부모의 자녀에 대한 지도역량을 강화하고, 또래집단의 부정적 영향을 차단하고 긍정적 영향을 유도해야 할 것이다. 우리 사회의 왜곡된 향락문화를 뿌리뽑고 건전한 성가치관을 형성하기 위한 시민교육과 성의식 개선교육, 성산업과 유해한 인터넷 문화에 대한 사회적 통제강화, 건전한 시민 · 청소년의 여가 · 놀이문화의 활성화가 요청된다. 결국 법이나 제도적 정비 이전에 사회저변에 건전한 성문화 풍토를 정착시키는 분위기를 조성하여 각자가 먼저 올바른 인식을 확립할 수 있도록 하여야 할 것이다.

참 고 문 헌

김준호 외 (2003), 『청소년비행론』, 청록출판사.

고성혜 (2000). 『원조교제 실상과 대책』. 자녀안심운동 서울협의회.

고정숙 (2003). "성매매청소년의 처우실태와 처우개선방안에 관한 연구-청소년보호법을 중심으로" 성대 대학원 석사학위논문.

김성경 (1999). "성산업 유입 청소년의 사회복귀에 관한 대안". 청소년보호위원회 향락 산업으로부터 아들딸 지키기 연속토론회 발표 논문.

김시업 (2000), 『청소년의 원조교제와 매매춘에 관한 심리학적 연구』.청소년보호위원회

김연주 (2003), "원조교제를 통해 본 청소년의 섹슈얼리티와 행위자성", 연세대대학원 석사논문.

김은경 (2004), "한국의 성매매 현황과 형사법적 대응실태", 조국 편. 「성매매-새로운 법적 대책의 모색」, 123-170, 사람생각.

김종휘 (2001). "청소년 성매매의 실태와 분석." 한국형사정책학회.『형사정책』13퀵 2호.

김지선 (2001). 『성매매 청소년의 처우실태에 관한 연구』. 한국형사정책연구원 연구

보고서 01-16.

김지선 · 이병희 (2001).『청소년 성보호 현황과 대책연구』. 청소년보호위원회.

박성동 (2001). "청소년 성매매의 실태 및 대책". 자녀안심운동 서울협의회.『성매매 청소년 보호대책 심포지움 자료집』

박성수 (2004), "청소년 성매매의 현황과 방지대책에 관한 연구" 한국경찰학회보 제7호.

박영규 (2004). "청소년보호법상 신상공개제도의 문제점과 개선방안" 한국교정학회.

방은령 (2000). "원조교제에 대한 연구 3: 처벌과 보호대책". 한국 청소년복지학회 춘계 학술대회 발표논문.

심영희 (2001). "청소년 성매매 담론의 문제와 대책." 한국형사정책학회.『형사정책』. 제13권 제2호.

심의보 (1999), "청소년 매매춘의 실태와 대책", 충청생활연구 제7집.

여성부 (2002),「성매매 실태 및 경제규모에 관한 전국조사」. (연구기관: 한국형사정책연구원).

원미혜 (2001), "성매매를 방지하기 위한 외국의 전략들", 여성학논집 제18집. 이화여대 한국어성연구원.

______(2003), "청소년들의 성매매 유입방지와 중단을 위한 모색"『2000년』 통권 240호.

유은주 (2004), "성매매 청소년의 경험과정 연구: 근거이론적 접근" 성균관대학교 대학원 박사학위논문.

윤가현 (2000). "한국 10대청소년들의 성행동 양상". 청소년복지연구, 2권 2호, pp.31-42.

이경재 (2001). "청소년성보호법의 문제점과 개선방안: 청소년 성매매를 중심으로" 한국형사정책학회.『형사정책』. 제13권 2호.

이민희 (2001), "청소년 성매매의 원인에 대한 고찰" 한국청소년연구 제12권 제2호.

이용교 (2000). "원조교제에 대한 연구 2: 10대 청소년 원조교제의 실태". 한국청소년복지학회 춘계 학술대회 발표논문.

이진순 (2003). "청소년보호법의 제정과 적용에 관한 연구" 연대대학원 석사학위논문.

정규석 · 김영종 (2003). "다체계적 관점에서 본 청소년 성매매의 원인과 대처방안" 사회과학연구 제19집, 경성대학교.

조성연 (2000). "원조교제에 대한 연구1: 원조교제가 청소년에 미치는 영향". 한국청소년복지학회 춘계 학술대회 발표논문.

청소년보호위원회 (2002),『성매수 대상 청소년 심층조사연구』,서울: 청소년보호위원회.

_______________ (2003). "성매수대상통계분석표". 서울: 청소년보호위원회.

한국청소년개발원 (2001). "성매매 청소년문제 실태와 해결방안에 관한 연구". 서울: 한국청소년개발원.

한국형사정책연구원 (2000). 『신종 성폭력 연구』. 서울: 한국형사정책연구원.

한인영 · 홍순혜 · 김혜란 · 김기환 (1999). 『학교와 사회복지: 학교사회사업의 이론과 실제』. 서울: 학문사.

허경미 (2003). "청소년의 성매매규제 관련법의 쟁점에 관한 연구", 경찰학연구 제4호.

경찰청. (2003). 여성청소년과 내부자료.

Freud, S (1963). An Outline of Psychoanalysis, translated by James Strachey. New York: Norton

Giddens, A. (1992). *Transformation for Intimacy-Sexuality, Love and Eroticism in Modern Societies.* 배은경 · 황정미 역 (1994), 『현대사회의 성 · 사랑 · 에로티시즘』, 새물결.

Greenberg, David. (1977). "Delinquency and the Age Structure of Society." Contemporary Crises. April.

Hirschi, T. (1969). *Causes of Delinquency*, Berkely: Univ. of California Press.

Kathleen Barry, (1995). The Prostitution of Sexuality

Shorter, E, (1988). "Jugend, Gewalt und soziale Kontrolle in drei Jahrhunderten," in Ferrhoff, WOlk, T. (eds.) Jugend in Internationalen Vergleich (Weinheim und Munchen: Javenta).

Siegel, Larry. (2000). *Criminology*. 7th Ed. Wadsworth/Tompson Learning Company.

Siegel, L & Senna, J. (2000) Juvenile Delinquency: Theory, Practice and Law CA: Worthworth/Thompson Learnig.

제10장 사이버공동체 내 청소년의 일탈문화와 대응방안

Ⅰ. 서 론

인터넷의 발달은 많은 사회적 변화를 가져왔다. 인터넷을 기반으로 형성된 수많은 사이버커뮤니티들은 사람들 간의 행동패턴과 사회적 상호작용의 형태를 전혀 다른 새로운 형태로 바꾸어 놓고 있다. 특히, 인터넷을 통한 커뮤니케이션의 발달은, 합리성과 주체성이라는 근대사회의 기본적인 문화적 특성에도 변화를 가져오고 있다.

인터넷이라는 전자적 커뮤니케이션의 발달은 기존의 말하기, 글쓰기와는 질적으로 전혀 다른 언어적 경험을 창출하였을 뿐 아니라, 사회적 커뮤니케이션의 시간과 공간을 축약시켰다(Poster, 1990). 이로 인해 새로운 사회적 관계망과 행동패턴이 나타나게 되었고, 이것은 다시 인터넷을 기반으로 온라인에서 가치와 취향을 공유하는 사이버공동체의 발달로 연결되었다. 기존의 공동체가 일정한 지리적 영역을 바탕으로 두터운 사회적 상호작용을 통해 구성된 것인데 반해, 사이버커뮤니티는 네트워크 속의 다양한 형태의 유대를 바탕으로 한다. 이제 사이버공동체는 근대화, 도시화의 전개와 더불어 나타난 '공동체의 상실'을 회복하고 새로운 형태의 공동체의 발달을 가져올 것으로 기대되고 있다.

이런 의미에서 사이버공동체는 지역적 영역을 벗어난 네트워크의 의미로 새롭게 이해되어야 한다. 사이버공동체는 또한 기존의 공동체가 제공해 왔던 소속감이나 안정감, 상호작용의 욕구를 새로운 형태에서 발현할 수 있도록 도와준다. 즉, 인터넷 기술의 발달과 네트워크의 확산으로 네트워크 개인주의(networked individualism)가 발달하게 되는데 이것은 과거의 고립된 개인주의가 아니라 네트워크 안에서 자신의 신념과 가치를 표현하고 이를 공유하는 집단과 교류하는 새로운 사회적 상호작용의 발달은 가져왔던 것이다.

이렇게 새로운 사회적 상호작용의 패턴을 가져온 사이버공동체는 한국사회에서 상당한 수준으로 발달하고 있다. 특히, 초고속 인터넷 망이 전국적으로 구축됨에 따라 다양한 형태의 사이버 커뮤니티가 속속 출현하고 있다. 인터넷의 발달과 함께 이러한 변화를 주도하는 세대는 기성세대가 아니라 바로 청소년세대이다. 물론 인터넷의 파고가 단지 청소년층에만 국한되어 나타나는 현상은 아니지만 정보통신기술의 발전과 함께 등장하여 생활영역 전반에 커다란 영향을 미치는 사이버공간은 일차적으로 청소년을 중심으로 확대·발전하고 있음은 분명한 사실인 것이다. 그러다보니 자연히 사이버공간이 갖는 역기능 속에서 부정적이고 일탈적인 사이버문화에 가장 많이 노출되어 있는 것 역시 청소년세대일 수밖에 없다.

이 글은 정보사회에서 사이버공간과 사이버공동체가 갖는 사회문화적 함의를 살펴보고, 이 속에서 나타나는 청소년의 일탈적 사이버문화에 대한 예방과 대책을 모색하기 위해 마련되었다. 먼저 정보사회와 사이버공간에 대한 이해를 이론적 입장에서 정리하고, 현재 한국사회에서의 사이버공동체 현황을 살펴본다. 이어 이 사이버공동체에서 청소년들이 접하고 있는 일탈적 사이버문화의 실태를 알아본 후, 그 문제점을 점검한다. 끝으로 사이버공동체와 청소년문화가 갖는 선택적 친화력에 주목하여, 교육적·환경적·제도적 측면에서 청소년들의 일탈적 사이버문화에 대한 대응방안을 모색하고자 한다.

Ⅱ. 이론적 배경

1. 정보사회에 대한 이해

1) 낙관론

낙관론의 입장은 산업사회와 자본주의사회의 문제점들이 정보사회에 이르러 대부분 해소된다는 것이다. 산업사회나 자본주의사회와는 질적으로 다른 정보사회의 사회적 독자성을 인정하는 이 낙관론은 자본주의사회의 불평등과 갈등의 문제들이 해소됨으로써 컴퓨토피아가 실현될 것이라는 입장이다. 이들이 상정하는 컴퓨토피아는 다음과 같은 특징을 지닌다. 첫째, 각 개인이 시간가치를 추구하고 이러한 시간가치 실현에 대한 결정의 자유와 기회의 균등을 가진다. 둘째, 정보에 기반한 생산력이 생존적 노동으로부터 인간을 해방시켜 다양한 자발적 공동체가 많이 형성되고, 셋째, 개인과 집단이 공동목표의 달성을 위해 협동하는 상호간 의존적이고 상승효과를 갖는 사회가 형성될 것이다. 넷째, 이 사회는 개인의 독립성이 집단의 질서와 조화를 이루는 상승효과사회이기 때문에 지배 권력이 없는 사회의 모습을 구현한다.

우선 토플러는 정보화 사회를 자급자족적 생존경제의 농업사회 문명이 대량생산방식에 따른 시장경제의 산업사회 문명으로 전환했던 것에 비교할 만한 문명사적 전환이라고 규정한다. 특히 산업사회 조직원리인 표준화, 집중화, 동시화, 대형화에서 컴퓨터와 커뮤니케이션 기술의 발달로 정보사회의 조직원리가 산업사회와는 반대의 방향으로 바뀌어가고 있음을 강조한다. 즉 비표준화, 분산화, 분권화, 소규모화 등의 방향으로 전환되어 간다고 예상하였다(Toffler, 1989).

벨 또한 전산업사회, 산업사회에 이은 후기산업사회의 도래를 예고하면서 후기산업사회의 특징을 다음과 같이 보고 있다. 첫째, 경제생활의 중심이 물자의 생산에서 지식 정보서비스 생산으로 이동하며, 둘째, 직업분포에서는 전문직, 관리직, 기술직, 사무직 등의 정신노동자층이 산업사회의 상징인 육체노동자층을 넘어서며, 셋째, 과학적. 이론적 지식이 사회혁신과 정책결정의 원천이 되며, 넷째, 기술통제와 평가를 통한 미래설계가 가능해지며, 다섯째, 정책결정의 중요도가 증가함에 따라 연구 집약적인 지식산업이 융성하는 단계가 바로 그것이다(Bell, 1973). 결국 벨은 후기산업사회의 '복잡성의 관리'를 위한 지식, 특히 이론적. 추상적 지식인 전문적 지식이 가장 중요한 생산요소가 되고 이것이 권력의 원천으로 자리 잡는다고 보고있다. 네이스빗 역시 낙관적인 견해를 펴고 있는데 그는 사회조직의 원리가 위계적인 피라미드형 구조에서 수평적인 네트워크형 구조로 전환되어 간다고 주장한다(Naisbit,1982).

이러한 낙관론적 정보 사회론자들의 견해는 다음과 같이 요약될 수 있다. 정보사회는 경제적 영역에서 자본주의적 산업생산이 사라질 것이다. 따라서 산업사회의 요소인 집중화, 팽창, 표준화, 동시화 및 착취가 사라질 것이다. 노동의 영역에서 전자체계가 인간의 힘든 일을 떠맡게 되고, 로봇의 등장으로 인간의 여가시간이 창출된다. 그리고 다양화된 시장에서 서비스생산으로 이행될 것이다. 정치적 영역은 참여적 민주주의가 나타난다. 정치적 결정은 탈 집중화되고, 모든 시민들의 정보에 대한 좀더 많은 접근권으로 인해 권력이 정부엘리트에서 전자 국민투표에 의한 진정한 민주적 과정으로 이행하도록 한다(Hamelink, 1986).

2) 비관론

정보사회에 대한 비관론은 정보사회가 결코 새로운 사회가 아니라는 인식에서 출발하고 있다. 정보사회는 정보기술의 발달에 힘입어 후기 자본주의의 구조적 모순을 봉합하기 위해 등장한 사회이며, 따라서 자본주의사회이고, 자본주의적 사회구성이 안고 있는 구조적 특성을 그대로 배태하고 있는 사회라는 것이다. 정보사회는 자본주의사회의 연장선에 불과한 만큼 자본주의적 모순과 병폐를 그대로 안고 있으며 경우에 따라서는 더욱 악화될 수 있는 위험성을 경고한다. 따라서 자본주의와 마찬가지로 극복하여야 할 대상이라는 것이다. 이들은 자본주의의 문제인 계급간 불평등이나 권력의 독점과 같은 현상이 정보사회라고 해서 결코 수그러지지 않는다고 보는 것이다.

정보권력의 독점에 따른 전자사회의 이미지는 판옵티콘(Panopticon)에 비유된다. 벤담에 의해 제시된 이 원형감옥은 중앙감시탑의 간수가 독방에 감금되어 있는 죄수들의 일거수 일투족을 감시하게 되어있으나 죄수들은 감시탑의 간수를 보지 못하게끔 설계되어 있는 감옥이다. 이 원형감옥의 가치는 죄수들이 실제로는 감시를 당하지 않을 때에도 항상 감시를 당한다고 느끼게 됨으로써 권력은 그것을 실제로 행사하지 않아도 그 효과를 충분히 나타낸다는 데에 있다. 비관론자들은 정보통신혁명으로 인한 감시체제의 발달로 이 원형감옥의 권력개념이 전사회적으로 적용될 수 있게 되었다고 주장하고 있다(Robins and Webster, 1988: 57-60).

또한 이 사회에서는 컴퓨터를 통제하고 이용하는 사람들의 권한은 강화되나 그렇지 못한 사람들은 기계의 노예로 전락할 것이라고까지 전망하고 있다. 비관론자들은 전산화가 작업을 비인간화시키고 단조로운 반복 작업을 강요하고 실업을 증가시키고 사회를 경직화시키며 생활을 무미건조하게 만들 것이라고 주장하고 있다 (시몽 노라 · 알랭 밍크, 1988).

한편 포스터는 전자통신의 사회적 상호작용의 언어적 차원을 설명하기 위해서 맑스의 생산양식 개념을 모방한 정보양식의 개념틀을 제시한다. 그에 따르면 구어적 단계와 인쇄단계를 거쳐 세 번째 전자단계에 이르러 자아는 끊임없는 불안정 속에 탈중심화되고 분산되면서 다중화된다. 전자통신은 의미의 시공간분리를 축소시킴으로써 말과 사물의 관계는 복잡하게 된다. 즉 전자 커뮤니케이션에 의해 근대사회의 제도적 장치들 허물어지면서, 주체는 데이터베이스에 따라 다중화되고, 컴퓨터 메시지와 회의에 따라 분산되고, 텔레비전 광고로 탈맥락화되고 다시 동일성이 부여되며, 상징적 기호의 전자적 전달로 지속적으로 해체되면서 새로운 형체를 띠게 된다(Poster, 1990). 결국 포스트에게서 정보화는 사회관계망과 자아의 성격을 규정하는 정보양식의 변화로 해석된다. 이는 아직 분명한 사회적 성격을 드러내지는 않았지만 비실재적인 기호의 시뮬레이션이 실재를 대체하고 자아가 해체될 가능성이 있는 비관적인 형태로 재구성될 것으로 포스터는 전망하고 있는 것이다.

2. 사이버공간의 특징

사이버공간은 정보사회 속에서 형성된다. 즉 전자 커뮤니케이션을 통해 정보의 축적, 처리, 분석과 전달능력이 획기적으로 증대하면서, 인터넷과 ISDN같은 다양한 멀티미디어 통신망 구축으로 인해 사회 전 부분을 아우르는 사이버공간이 탄생한다. 일반적으로 컴퓨터 네트워크로 연결된 공간 곧 인터넷과 PC통신 등의 통신망을 통해 정보의 교환이 이루어지는 만남의 장을 사이버공간이라 일컫는다. 여기서의 공간은 어떤 물체가 차지하는 현실의 공간이 아니라 마치 실제처럼 여겨지는 가상현실을 의미한다. 즉 사이버공간은 광범위한 컴퓨터 네트워크 체제로 이루어진다. 그러나 사이버공간도 다른 매체와 마찬가지로 사람들의 참여가 필수적이므로 사이버공간은 참여자가 일상세계의 틀과 수많은 정보 속에서 자신의 방향을 제시해주는 공간으로써 의미가 부여된다.

이런 의미를 지니는 사이버공간의 특징은 다음과 같다. 첫째, 사이버공간은 네트워크 그 자체이다. 사이버공간은 개개의 사람과 사람을 연결시키는 커뮤니케이션 통로이다. 네티즌들은 전자우편을 통해 서로의 의사를 전달하고, 뉴스그룹을 통해 관심있는 현안을 토론하고, 채팅을 통해 실시간으로 대화를 나눈다. 사이버공간을 통하여 지식과 정보, 관심과 정서가 끊임없이 상호작용하고 있다(정찬모 외, 2003). 둘째, 익명성이다. 인터넷 환경에서는 '아이디'와 '비밀번호'만 필요할 뿐, 실명은 물론 이용자의 얼굴, 음성, 신체구조 등을 밝힐 이유가 없기 때문이다. 이러한 특징이 네티즌으로 하여금 감정의 조절이나 표현에 대한 억제력을 약화시키는 원인이 된다. 셋째, 비대면성이다. 사람들은 사이버공간에서 활동을 하는 동안 상대방을 일일이 만날 필요가 없다. 이 특징으로 인해 사이버공간에서는 책임감이 약화된다. 이에 따라 언어와 감정 표현이 대단히 솔직하고 직선적이며, 더 나아가 확인되지 않은 사실을 전파함으로써, 명예훼손의 원인이 된다. 넷째, 시간과 공간의 개념이 무의미하다. 첨단 통신수단은 24시간 실시간 의사소통을 가능하게 해주고, 의사소통에 방해가 되는 국경, 바다, 산맥 등 현실에서의 모든 장애물을 한순간에 걷어낸다. 이는 사이버공간의 열린사회의 특징을 잘 보여준다(황상민 외, 1999). 다섯째, 미디어로서의 특징이다. 정보의 바다인 사이버공간은 수평적 개방성에 기초하여 동시에 다수의 이용자가 접속하는 것이 가능한데, 이들은 모두 정보의 생산자임과 동시에 송신자이며 또한 수신자이며 자기정보의 관리자 역할을 하고 있다. 이에 따라 홈페이지, 게시판, 웹진 등 다양한 사이트들이 사이버공간을 구성하고 있다. 더욱이 사이버공간의 미디어적 성격은 상업적, 정치적 성격으로부터 자유롭기 때문에 시장성이 없거나, 이단적 견해를 비롯한 다양한 정보들이 쉽게 제공되는데, 최근 폭발적으로 늘고 있는 '블로그(Blog)'가 그 대표적이라 할 수 있다.

요약하면, 사이버공간은 정보기술에 의해 신체가 드러나지 않는 탈육체성과 익명성, 시간과 공간의 제약이 현실공간에 비해 크게 감소되는 시공간적 축약과 확장이 가능하다. 또한 쌍방향 커뮤니케이션이 용이하며, 정보가 디지털화되어 손쉽게 조작가능하다. 사이버공간 내에서는 현실세계에서보다 행위의 자유와 가능성이 증대하면서 다양한 사이버문화 및 사이버공동체가 구현된다(황주성 외, 2002).

3. 사이버공동체의 개념 및 특성

1) 개 념

사이버공간의 확산으로 인한 사회관계망 변화의 한 부분으로 최근 급속히 증대되고 있는 현상이 바로 '사이버공동체이다. '가상 공동체(virtual community)', '온라인 공동체(online community)', '전자적 공동체(electronic community)'등으로 불리우는 '사이버 공동체'는, 지역성에 기초를 둔 전통적인 공동체와는 달리, 공통의 목적과 관심의 유사성에 기반하는 새로운 연결망의 하나이다. 기본적으로 공동체의 주요 구성요소는 지역성, 사회적 상호작용, 공동의 연대이다. 공동체의 발전정도를 세단계로 나누어 보면, 먼저 그 성원들 간에 같은 피를 나눈 관계인 혈연공동체를 들 수 있으며 일정한 시간과 공간의 장 속에서 경험을 공유하는 관계를 중심으로 형성되는 연고공동체 그리고, 마지막으로 이념이나 가치관, 이해관계 등 추상성을 지닌 공동의 목표나 공유된 가치를 중심으로 형성되는 자발적 공동체를 들 수 있다.

이런 측면에서 사이버 공동체 개념을 새로운 기술공간으로서가 아니라, 사회, 문화적 요인을 동시에 고려하여 정립하려는 시도들이 다양하게 나오고 있으며, 이를 정리해보면 다음과 같다.

〈표 1〉 사이버공동체 논의

학 자	사이버공동체의 정의
Smith et al.(1996)	통신망에 연결된 컴퓨터를 통해 일어나는 일련의 지속적이고 다양한 상호작용의 집합체
Rheingold(1993)	네트(Net)로부터 출현한 사회적 집단들. 가상공간에서 많은 수의 사람들이 충분한 인간적 감정을 지니고, 인간적 관계망을 만들기 위해 장기간 그들의 관심사에 대한 공공토론을 수행
Fernback & Thompson(1995)	주제에 대한 관심에 따라 특정한 경계 내에서 반복적인 접촉을 통해 사회적 관계가 가상공간에 만들어진 것
Hagel & Armstrong(1997)	컴퓨터가 매개한 공간(Computer mediated space)

출처: 정찬모 외(2003).

요약하면 사이버공동체는 통신망을 매개로 한 공통의 공간에 유사한 이해 관심과 목적을 가진 사람들이 최소한의 상호작용을 함으로써 형성되는 사회적 네트워크라고 할 수 있다. 사이버공간에서 공동체라고 할 수 있는 경험은 상호간의 관심과 목적에 대해서 일정정도 이상의 지속적인 상호작용을 통하여 호혜성에 기초한 교환의 질서나 사회적 자본을 발현하는 것을 의미한다. 곧 사이버 공동체는 자발적 공동체의 한 형태로서 호혜성과 신뢰라는 근본 속성을 공유하는데, 이 사이버공동체가 폭발적으로 증가하는 주된 이유는 다음과 같이 세 가지를 들 수 있다. 첫째, 기술적 요인인 인터넷의 발전에 기인한다. 인터넷으로 인해 사람들은 물리적, 사회적 거리에 관계없이 서로 의사소통할 수 있게 되었고, 그 결과 각 개인들은 사이버 공간에서 정보검색 차원을 넘어 자신과 같은 관심과 취미, 같은 기호를 갖는 사람들과 상호작용할 수 있게 되었고 이에 따라 다양한 사이버 공동체가 생겨나게 되었다. 둘째, 사회·문화적 요인으로 인터넷 이용자들의 공동체적 욕구 발현을 들 수 있다. 산업화와 근대화로 인해 공동체가 해체되는 위기에 직면하였고 이에 개인들은 다른 사람들과의 친밀한 상호작용에 대한 욕구가 일어났으며 인터넷이라는 새로운 매체를 통해 사람들은 결핍된 공동체적 욕구를 실현할 수 있게 되었다는 것이다. 셋째, 인터넷의 상업화 현상에서 비롯되었다. 즉 인터넷을 상업화시킨 수많은 기업들이 사이버 공동체를 '비즈니즈 모델'로 채택하였기 때문이다. 이러한 기업들은 컨텐츠의 생산, 유통 및 소비를 위한 안정적 시장을 확보하기 위해 '사이버 공동체' 라는 커뮤니티 서비스(community service)를 통해 이용자들의 공동체 욕구를 충족시키고 있다는 것이다.

사이버공동체는 커뮤니티 구성원간의 상호성의 형태에 따라 교회형, 극장형, 카페형 커뮤니티로 분류되기도 한다. 교회형은 공통의 관심사와 가치에 기초하여 구성되며 운영자는 신부나 목사같은 역할을 한다. '역사탐방'이나 '당뇨클리닉'같은 모임들이다. 극장형은 공통의 관심사나 취미를 기반으로 구성된 커뮤니티로 관심사나 취미를 실현하는 것을 목적으로 한다. '오페라 단체관람'이나 '연극모임'등이 대표적이다. 카페형은 공통의 이해관계와 관심사를 기반으로 친목도모를 목적으로 하며 회원들 간의 수평적 상호성이 매우 중요하다. '육아교실'이나 '노인만세'같은 모임이다. 이외에도 개설 취지나 목적에 따라 다양한 커뮤니티가 존재한다(서이종, 2002).

2) 특 성

한국사회에서 사이버공동체에 대한 관심이 본격적으로 일기 시작한 것은 2000년 '아이러브스쿨(모교사랑)'이 등장하면서부터이다. 2000년도 후반에는 '프리챌'이 등장하였고, '다음'이 이메일 가입을 촉진한 후 다양한 카페를 통해 회원들을 모집했다. 2003~2004년에 커뮤니티는 또한번 급격한 변화의 조짐을 보이기 시작했다. 디지털카메라 붐이 일면서 '디씨인사이드'와 같은 이미지 중심의 커뮤니티가 관심을 높여가고 있다. 또한 '프리챌'의 유료화 시도로 많은 네티즌들이 '싸이월드'로 이사했다. '네이버'는 커뮤니티를 오픈하면서 '다음'과 커뮤니티 명칭을 놓고 양사 간의 법적 분쟁 조짐으로까지 이어지기도 했었다. 대표적인 사이버공동체의 현황은 다음과 같다.

〈표 2〉 주요 사이버공동체 비교

	다음카페	프리챌	아이러브스쿨	싸이월드
URL	cafe.daum.net	www.frechal.com	www.iloveschool.co.kr	www.cyworld.com
규 모	회원-2,400만명 카페-250만개	회원-1,200만명 커뮤니티-40만개	회원-1,000만명 커뮤니티-100만개	회원-350만명 동호회-40만개
개시일	1999.5.25	2000.1	1999.10	1999.9
특 징	-국내최대규모 -하루1만여개새로개설	-커뮤니티 전문	-동창 및 친구찾기 -실명제 도입	-인맥기반의 커뮤니티 -실명제 도입

출처: 송경재(2003).

국내 인터넷 사이트 방문순위를 보면 다음이 선두를 차지하고 그 뒤를 야후, 네이버, 네띠앙, 드림위즈 등이 잇고 있다. 이들은 모두 검색포털 사이로서 대부분 카페형식의 커뮤니티 서비스를 제공하고 있다. 최근에는 동호회와 별도의 블로그(blog)를 개설하여 커뮤니티의 적인 서비스를 확장시켜 나가고 있다. 이는 곧 사이버공동체 기능이 강화되고 있음을 보여 준다. 블로그는 개설자가 정기적으로 특정주제나 현상에 대해 자신들의 생각을 적어나가고 이 주제에 대해 관심을 갖고 있는 이용자들과 상호교류를 하는 일종의 개인중심의 공동체이다. 전체 인터넷 사용자의 약 36%에 해당되는 인원이 블로그를 사용하는 것으로 나타났는데 이는 인터넷의 공동체로서의 영역이 더욱 확대되고 있음을 의미한다(송경재, 2002). 즉 사이버공동체는 포탈 사이트 업체의 무료 개인 홈페이지 서비스와 커뮤니티 서비스의 결합에 의해 급속도로 증가하고 있음을 알 수 있다.

이에 따라 대부분의 사이버공동체가 개인 홈페이지 형식을 띠고 있는 경우가 많지만, 점차 회원관리(회원제)를 전제로 하는 동호회 형태가 사이버 공동체 문화를 대표하게 되었다. 이러한 회원제 중심의 동호회 증가 현상은 '우리끼리'의 성격이 강하고 내집단 중심의 강한 유대성을 보이는 한국인의 집단주의적 정서가 반영된 것이며, 또한 사이버공동체의 구성원들이 메일이나 메신저보다 게시판을 더 자주 이용하는 성향도 개인적인 커뮤니케이션 수단보다 집단적인 커뮤니케이션 수단을 더 선호한다는 점에서 집단적 가치를 우선시하는 한국인의 정서를 반영한다고 보여진다.

이를 좀더 자세히 살펴보면 사이버 공간에서 강한 유대를 보이는 사이버공동체는 오프라인 기반의 현실공동체가 사이버공간으로 확장되었다는 점이 강조 될 수 있다. 사이버공동체가 온라인과 익명성을 전제로 하지만, 강한 유대의 사이버 공동체는 오프라인의 사회관계를 기반으로 진화, 발전된 것이다(송경재, 2003). 따라서 동창회 사이트, 향우회 사이트 등의 연고형 공동체와 같이 사이버공간 상에서 나타나는 "현실공동체의 사이버화 경향"(서이종, 2002)은 대부분의 사이버공동체가 현실공간에 존재하는 공동체의 활동영역이 사이버공간으로 확대되었다는 것을 말해준다. 인터넷동창 사이트인 '아이러브스쿨'은 물론이고 '다음 커뮤니케이션'이나 '프리챌' 등 유명한 커뮤니티 사이트 중 가장 많은 분야가 바로 중·고교, 대학 등 동문회, 동창회 부문으로, 그야말로 오프라인 상에서 벌어지는 학맥, 지연, 연령별 모임이 그대로 온라인 상에서 재현되고 있다는 것이다. 바로 이러한 현상은 '인맥'과 '정'을 중요시하는 한국인 특유의 정서와 '우리'라는 유대 의식을 중요시하는 한국적 풍토가 온라인 상에서도 반영된 것이라 볼 수 있을 것이다.

한편 인터넷의 확산 초기에는 강한 유대의 사이버공동체들이 크게 활성되었지만, 사이버공동체의 발전과 분화 과정은 점차 연고중심의 공동체에서 보다 개방적이고 느슨한 응집성을 추구하는 개인들의 자율과 개성에 기반한 공동체로 변모하고 있다. 물론 그 이유는 핸드폰, 디지털 카메라, 그리고 PC 등의 보급에 따라 개인의 소통 능력이 급격하게 증가하였기 때문이다(서이종, 2002). 사이버공간에서 약한 유대를 보이는 사이버공동체로는 '소리바다', '푸르나', '구루구루', 'E-donkey' 등과 같은 P2P 커뮤니티를 들 수 있다. P2P란 "Peer to Peer"의 약자로 "개인 대 개인"이란 뜻이다. P2P 기술이란 서버가 모든 데이터를 관리하고 전송하던 기존의 "클라이언트 서버" 방식과 상반되는 것으로, 개인의 컴퓨터가 클라이언트는 물론 서버 역할까지 할 수 있게 구현해 주는 기술이다. 한마디로 개개인들이 정보제공자가 되어 중앙 서버를 통하지 않고, 직접 정보를 교류할 수 있는 방식을 말한다. 이는 음악 파일인 MP3를 주고받을 수 있는 '냅스터'와 '소리바다' 덕분에 유명해졌다. 이러한 P2P 커뮤니티의 가장 중요한 특징은 개인 중심의 사이버공동체라는 것이다. 집단으로서가 아니라 개인이 스스로 정체성을 부여하고 본인의 의도 하에 형성하는 자발적 공동체라고 할 수 있다.

결국 약한 유대의 사이버공동체는 오프라인적 사회관계로부터 분리된 개인들이 자율적으로 형성・발전시켜 나가는 공동체라는 점에서, 또한 개인의 선택 가능성이 높은 자발적 공동체라는 점에서 '개인주의적 사이버공동체'라 하겠다. 즉 개인의 소통능력의 향상에 힘입어 자신의 개성과 관심에 따라 다양한 사회적 관계를 맺으려는 '네트워크화된 개인주의(networked individualism)'가 발현되는 개인 중심의 공동체라는 점이다.

Ⅲ. 청소년과 일탈적 사이버문화

1. 청소년의 사이버활동 실태

2004년에 국무총리산하 청소년보호위원회에서 조사한 우리나라 청소년의 인터넷 이용행태를 보면 하루 평균 인터넷 이용시간은 2시간 12분이며 응답자의 46.5%가 "한번 접속하면 시간가는 줄 모른다"고 대답했으며 "거의 매일 빠짐없이 인터넷에 접속한다"는 응답도 44.8%에 달하였다. 컴퓨터 보유율은 전체 97.2%로 나타났으며 초등학생이 44.6%로 가장 높았고 컴퓨터의 위치는 거실(31.2%)〉부모님 방(28.7%)〉자기방(25.3%) 순으로 나타났다. 인터넷 활용 용도는 게임용(75.4%) 검색용(59.2%), 학습용(56.4%), 커뮤니케이션용(51.6%) 순이었다.

전국 초중고교생 1,865명을 대상으로 한 이 조사에서, 우선 사이버 커뮤니티 이용실태를 살펴보면 전체 응답자의 71.6%가 커뮤니티/동호회 사이트를 이용해 본 경험이 있으며 주로 활동하는 사이트는 '다음까페'(63.7%)가 가장 많았으며 다음으로 '싸이월드(22.3%)가 차지하였는데 이용빈도는 "거의 매일"이 30.6%로 나왔다.

성인사이트 접속 경험율은 23.2%이며 접속방법은 "포털사이트 검색을 통해서"가 65.7%로 가장 높았으며 다음으로는 "전자우편(이메일)을 통해서"가 59.7%로 나타났다. 성인사이트를 처음 접한 시기는 중학교 때가 52.6%로 가장 많았으며 그 계기는 "친구들에게 이야기를 듣고 직접 가본 경우"(29.9%), "커뮤니티/사이트 접속과 동시에 팝업창으로 성인사이트가 떠서"(22.0%)순으로 나타났으며, 커뮤니티/동호회 사이트 이용자 중 음란물을 다운받기 위해 동호회/커뮤니티 사이트를 이용하는 빈도는 "일주일에 1~2번 정도"가 27.3%인 것으로 조사되었다.

온라인 게임 이용실태를 살펴보면, 청소년 중 86.2%가 온라인 게임을 해 본 경험이 있으며 이중 25.4%가 매일 온라인 게임을 하고 있고 게임 1회당 평균 접촉시간은 1시간 46분에 달하는 것으로 나타났다. 특히 초등학생의 경우도 84.4%가 온라인 게임을 해 본 경험이 있는 것으로 나타나 온라인 게임의 접촉 연령이 점차 낮아지고 있음을 보여주고 있다. 가장 하고 싶어서 접속해 본 유료 온라인 게임은 '바람의 나라'였으며, 그 다음은 '리니지'였다.

한편 온라인 채팅의 경우 전체응답자의 49.3%(초등학생 36.4%, 중학생 52.1%, 고등학생 68.1%)가 경험하였고, 가장 많이 이용하는 채팅 사이트는 세이클럽(40.3%)이었다. 이중 화상채팅의 비중은 전체 온라인 채팅 중 평균 19.82%로 나타났으며 고학년보다 초등학생의 화상채팅 비중이 가장 많이 차지하고 있다(27.4%). 온라인 채팅시 성과 관련된 대화방에 참여하는 비율은 14.2%이며 그 계기로는 "대화방 제목을 보고 호기심에서"가 가장 많은 66.4%, 그 다음이 "타인으로부터 쪽지를 받아서(22.1%)"로 나타났다. 온라인 채팅 시 성관련 채팅에 참여하는 빈도는 일주일에 1~2회가 19.1%로 가장 많았고, 특히 초등학생의 경우 그 비율이 50.0%에 달하였다. 채팅 중 성매매 제안을 받아본 경험은 22.2%이며 남자는6.9%, 여자는 35.8%이며 제안 받은 평균횟수는 13.73으로 성별로는 여자가, 학년별로는 고등학생이 가장 많았으며, 이러한 제안에 대한 대처방안은 "무시하고 대화방을 그냥 나온다"가 가장 많은 78.0%였으나 그 제안에 응해 직접 만난 경우가 4.5%이며 직접 만난 평균 횟수는 6.89번으로 나타나 충격을 주고 있다.

P2P 공유사이트 이용실태를 살펴보면 P2P사이트를 통해 자료를 주고받은 경험이 있는 경우가 54.6% (초등학생 37.8%, 중학생 63.0%, 고등학생 74.8%)이며, 가장 많이 이용하는 사이트는 소리바다(67.6%), 당나귀(24.4%)로 나타났다. P2P사이트를 통해 가장 자주 다운받는 자료로는 "MP3, 영화파일 등 동영상 자료"가 62.8%로 가장 많았으며 다음

이 "게임/오락물 등의 S/W가 23.9%로 나타났다. P2P를 통해 음란물을 다운로드 받아본 적이 있는 경우가 전체의 28.2%로, 특히 남자가, 학년이 높을수록 비율이 높아졌으며 자료 종류로는 "야한 동영상"이 86.8%로 가장 많았으며 그다음이 "야한 사진"(49.5%)로 나타났다. 음란물 검색을 위해 P2P 사이트를 이용하는 빈도는 "일주일에 1~2회정도"가 22.0%이나 "매일하는 경우"도 6.6%로 나타났다. 유해사이트 중 가장 해롭다고 생각하는 사이트로는 자살사이트, 음란/성인사이트, 성매매 사이트 순으로 나타났으며 가장 쉽게 접할 수 있는 사이트는 음란/성인사이트(60.9%)란 응답이 가장 많았고, 다음으로는 온라인게임/도박사이트(55.8%)가 뒤를 이었다. 특히 인터넷의 부정적인 영향으로는 "공부할 시간을 빼앗긴다"가 64.5%로 가장 높으며 다음으로 "수면부족, 시력저하, 신체피로"라는 응답이 나타나 인터넷 과다 사용이 청소년들의 신체건강에 영향을 미치는 것으로 조사되었다.

결국 한국의 청소년들은 인터넷을 사용하는 목적으로는 주로 자료/정보 찾기와 이메일 송·수신 등 실용적인 이유에서 인터넷을 이용하는 다른 연령층과는 달리, 주로 게임이나 채팅 등의 도구로 활용하면서, 초등학생 저학년 단계에서부터 인터넷 역기능에 노출되어 있으므로 초등학생을 대상으로 한 건전한 사이버 윤리 교육의 실시가 시급히 요구되고 있음을 보여준다. 또한 인터넷에 거의 탐닉증세를 보이며, 일상생활보다 사이버 세계에서 오히려 즐거움을 느끼는 집단에 속하는 것으로 조사되어, 인터넷 과다 사용이 청소년들의 신체건강에 영향을 미치고 있어 이에 대한 면밀한 검토가 요청된다. 아울러 청소년들의 건전한 인터넷 문화 형성과 청소년 스스로가 사이버 공간의 주체로서 자신들의 창의성과 잠재된 능력을 적극 발휘할 수 있도록 조성하는 정책이 시급히 마련되어야 함을 보여주고 있다.

2. 사이버일탈의 유형

1) 사이버폭력

사이버폭력이란 게시판이나 대화방, 채팅, 이메일 등에서 대화 내용 중 상대에게 욕설이나 비방, 허위정보를 올리는 행위로, 욕설, 인신공격과 같은 무례하고, 격렬한 적대감의 표출을 뜻한다(이철선, 2003). 이는 사이버공간에서 일어나는 폭력범죄에 해당되는 행동으로써, 상대방에 대한 단순한 욕설과 비속어의 사용은 물론, 허위정보나 유언비어 유포, 명예훼손 행위, 그리고 음란한 대화나 글을 올리는 성희롱 등의 형태를 포함하고 있다. 즉 사이버폭력은 넓은 의미에서 욕설과 비속어의 적대감 표출 및 사이버명예훼손 그리고 사이버 성폭력을 의미한다.

사이버 공간의 주요 특징 중 하나가 익명성이다. 현실에서의 대면적 상황과 달리 자신의 신분이 노출되지 않을 뿐만 아니라 자신이 누군지도 숨길 수 있는 익명적인 특성이 있기에, 사이버공간에서는 주로 아이디나 아바타를 이용하여 자신을 감추고 대화를 나눌 수 있다. 그런데 익명의 상황에서는 서로의 존재를 확인할 수 없기 때문에 남의 존재를 덜 느끼고, 남에 대한 배려가 상대적으로 약해지며, 충동적으로 거침없이 행동하는 탈억제 현상이 가능하며, 이로 인해 즉흥적으로 무절제하게 상대를 비방하는 경향이 높게 된다. 사이버공간에서의 익명의 상황은 게시판, 채팅 등에서 상대에게 욕설을 하고 인식공격을 하는 등의 언어폭력의 가능성이 높아진다.

또한 익명의 상황에서는 자신의 얼굴은 물론 신분이 노출되지 않게 됨으로 해서 남의 시선을 의식하지 않는 공적 자아의식이 감소하게 되는데, 이러한 이유가 무책임하고 반규범적인 행동의 가능성을 높인다고 볼 수 있다. 곧 내적인 사회금기와 제약으로부터 벗어나 사회규범의식이 약화되고, 자신이 평소 생각해 왔던 내적 기준과 달리 자기 조절됨

이 없이 절제되지 않은 행동을 할 수 있다. 즉 익명의 상황은 개인으로 하여금 사회금기와 제약으로부터 벗어나게 하고, 내적 규제와 감정조절도 어렵게 하여 욕구와 충동을 통제하지 못하고 방출하게 만들 수 있다(Postmes and Spears, 1998).

사이버공간에서의 대화는 면대면 대화의 경우와 달리 상대가 텍스트 상에서만 존재하기 때문에 사회실재감이 매우 낮다. 사이버 공간에서는 상대를 덜 인지하게 되고, 상대를 덜 친밀하게, 그리고 더 업무적으로 만나게 된다고 본다. 사회적 맥락의 단서가 제한적일 때에는 특히 익명적일 때 사람들의 행동은 자기중심적이고, 사회규범의 영향력이 약화되어, 규제되지 않은 행동의 가능성이 높다(Kiesler et al., 1984)

사이버공간에서의 익명의 상황에서는 발각과 처벌의 가능성이 낮아 자신의 반규범적 행동을 큰 두려움 없이 표출할 수 있다고 볼 수 있다. 아울러 자신의 언행에 대한 상대로부터 물리적 보복이 없다는 사실이 사이버상의 언어폭력을 야기할 수도 있다. 폭력의 경우는 상대의 힘이 어느 정도인가에 따라 폭력여부가 결정되기도 한다. 그렇지만 상대가 신체적으로 작거나 물리적 보복의 우려가 없을 때 거리낌 없이 폭력을 행사할 수 있다(Felson, 1996). 즉 사이버공간은 상대와 면대면이 아닌 상황이기 때문에 그럴 염려가 없기 때문에 폭력의 가능성은 높은데, 특히 익명의 상황에서는 물리적 손해나 보복의 위험이 더 적다는 점에서 사이버폭력의 가능성은 더욱 높아진다.

익명성이외의 변인들의 영향력을 보면 비행친구와의 접촉의 영향력이 가장 큰 것으로 나타나 익명성과 상관없이도 비행친구와 사귀는 아이들이 사이버 언어폭력을 더 하는 것으로 나타났고, 또한 자기통제력의 영향력도 비행친구와의 접촉보다는 그 영향력이 작았지만 유의미하게 작용하는 것으로 나타나 자기통제력이 낮고 충동적인 아이들이 언어폭력을 더 하는 것을 알 수 있었다. 그리고 그 영향력은 익명상황보다 크게 나타나 사이버 공간상의 언어폭력은 익명의 상황이외에 행위자들의 사회, 개인적인 요인으로서 비행친구와의 접촉이라든가, 낮은 자기통제력에 의해 더 잘 설명될 수 있다는 것을 알 수 있었다.

2) 사이버중독

사이버중독이란 정보이용자가 지나치게 컴퓨터에 접속하여 일상생활에 심각한 사회적 정신적 육체적 및 금전적 지장을 받고 있는 상태 즉 의존성, 내성 및 금단증상이 발현됨을 의미한다. 원인으로는 인터넷사용이 주는 다음과 같은 특성으로 인해 나타난다. 우선 인터넷을 통한 의사소통으로 인해 이용자간에 유대감을 느끼며 사회적 지지를 나누게 된다. 둘째, 온라인을 통해 신체접촉의 부담없이 자유롭게 성을 표현할 수 있으므로 성적인 만족을 얻을 수 있다. 셋째, 온라인을 통해 자신을 새로운 사람으로 변형시킴으로 현실에서 충족되지 않은 욕구를 해소할 수 있다. 넷째, 가상공간에서의 게임 등을 통하여 잠재된 성격을 발휘함으로써 해방감을 느낄 수 있다. 다섯째, 가상공간에서의 캐릭터와 현실의 자기를 동일시하고 실제자신과 게임속의 자신이 경계를 허물어뜨릴 수 있다(한국청소년상담원, 2000). 특히 청소년 중독자들은 인터넷을 하는 동안 시간가는 줄도 몰라 인터넷이용을 중단하기 힘들어지고, 현실과 가상공간과의 경계를 상실하고 혼란에 빠지며, 자아 통제력을 상실하게 되는 경우가 많다. 그러므로 통제상실, 내성, 금단증세, 학업실패, 사회부적응 등 개인적이고 사회적인 문제가 유발될 가능성이 높다.

컴퓨터 게임 중독은 네트워크 게임의 특성상 매번 다른 상대와 게임을 진행하게 되어 참여자로 하여금 새롭게 자꾸 게임에 빠지게 만든다. 현실공간은 재미가 없고 지루한 반면 가상공간에서의 게임은 현실을 잊게 해주며 자신의 캐릭터를 통해 대리만족을 얻는다. 폭력게임의 경우 인간에게 잠재되어 있는 파괴본능을 만족시킨다. 청소년의 경우

게임중독에 빠지면 밤새워 게임을 함으로써 일상생활과 학업에 지장을 주는 것은 물론 체력저하와 대인기피증, 강박감, 편집증세 등이 발생하기도 한다. 지나친 승부욕과 폭력성에 노출됨과 동시에 현실공간과 가상공간을 혼동함으로써 현실에서 폭력적 행동을 쉽게 보인다.

한편 음란 사이트 역시 사이버중독의 위험이 있는 것으로 판명되었다. 주로 집, PC방, 친구 집 등에서 주로 음란 사이트에 접속하면서, 야사(야한 사진), 야동(야한 동영상), 야겜(야한 게임), 야설(야한 소설), 야음(음란한 소리), 음란 만화 등을 다운로드받고 있다. 기존의 음란물과 달리 컴퓨터 음란물은 방대한 양이 아무 여과 과정없이 심지어 변태적 내용까지 고화질 동영상으로 그대로 전달되고 있다. 컴퓨터 음란물 중독현상을 보이는 청소년들은 대체로 지속적으로 장기간에 걸쳐 음란물에 접근함으로써 죄의식과 함께 신경쇠약증세를 보이고 이후 연상작용으로 인해 성충동의 증가를 경험함으로써 학업과 일상생활에 지장을 받고 있다. 최근에는 초등학생까지 화상 채팅을 통한 음란 대화가 청소년들 사이에 유행처럼 번지고 있다.

인터넷을 통한 불법 복제물의 유포는 대부분 와레즈(warez) 사이트를 통해 이루어지고 있다. 와레즈는 정품 소프트웨어를 불법으로 다운받을 수 있는 사이트를 총칭한다. 원래는 프로그램에 걸린 일종의 락을 풀어서 누구나 제한 없이 사용할 수 있게 한 일종의 크랙버전을 이르는 말이었는데 이런 의미는 사라지고 지금의 의미를 가지게 되었다. 상용 프로그램은 물론이고 각종게임, MP3, 음란물 등 저작권자의 허락없이 멋대로 유통되는 모든 디지털 저작물을 통칭하는 말이다. 바로 이렇게 고가의 소프트웨어를 앉은자리에서 쉽게 구할 수 있다는 점에서 와레즈는 청소년들에게 인기를 얻고 있다. 그러나 와레즈 사이트를 통해 거래되고 있는 프로그램들은 타인의 지적 재산권을 무단으로 침해한 것이 많으며, 특히 와레즈 사이트의 게시판은 불법정보를 교류하는 통로로 악용되고 있어 청소년들의 윤리관 및 준법성에 상당히 해로운 영향을 미치고 있다. 또한 소프트웨어 및 멀티미디어 컨텐츠의 불법 복제는 관련 국내 산업을 고사시키고 통상 마찰의 빌미를 제공할 우려가 있다.

사행심 조장 사이트 역시 사이버중독을 유발하는 주요원천이다. 특히 피라미드식 돈벌기 사이트, 사이버도박 사이트 등은 청소년들에게 쉽게 돈을 벌 수 있다는 그럴듯한 미끼를 내세워 청소년들의 정신 건강을 해치고 있다. 일부 청소년들은 몇 천원만 투자하면 수천만 원이나 수억 원을 벌 수 있다는 유혹에 빠져 학업을 게을리 한 채 현실적으로 불가능한 회원 모집을 위해 많은 시간과 노력을 허비하고 있다. 또한, 사이버도박에 빠진 일부 청소년들은 사이버머니를 벌기 위해 해킹을 하는 등 범죄 행위에 쉽게 빠져들고 있다. 한편 일부 사이트는 경품이나 사이버머니를 미끼로 하여 필요 이상의 개인 정보를 수집하고 있기 때문에, 청소년들의 개인 정보가 쉽게 유출되는 문제점을 드러내고 있다.

3. 사이버일탈의 문제점

우선 컴퓨터게임의 경우 최근의 컴퓨터게임은 통신을 이용해 대화를 하면서 사람과 사람 간의 게임으로 다양한 전술을 체험하며 일대일뿐만 아니라 다수간의 대결도 가능해졌기 때문에 중독의 가능성은 더욱 커지고 있다. 게임 중독의 문제점은 무엇보다 폭력을 모방할 가능성이 높아진다는 것이다. 이는 점화이론에 의해서도 뒷받침된다. 점화이론에 의하면 단순히 총이나 칼과 같은 무기를 실제로 혹은 단순히 영상매체를 통해서 노출만 시켜도 공격성 수준이 증가되는데, 이때 무기가 공격성과 관련된 자극요소로 작용하여, 공격적 사고나 정서를 점화시키는 단서 역할을 한다는 것이다(권준모, 이훈구, 이수정, 1988). 그러므로 무기의 노출보다 훨씬 큰 자극이, 현란한 그래픽에 심하게 그려지는 사이버게임에서는 더욱 그 모방의 정도가 높아지게 마련이다. 한편 청소년들이 가상공간과 현실공간을 혼동함으로써, 가상세계에서의 폭력이나 살인이 모방의 형태로 현실사회에 나타날 가능성은 더욱 커진다.

다음 사이버일탈로서의 음란물 유통은 인터넷이 고속화되고 새로운 서비스가 제공되면서 더욱 교묘해지고 있다. 인터넷에 하드디스크 기능을 하는 저장 공간을 주는 '웹 폴더' 서비스를 이용해 방대한 음란물이 공유되고, '클럽', '카페'라고 불리는 커뮤니티 서비스를 이용해 음란물 유통이 이루어지고 있다. 음란물은 청소년들에게 강한 성충동을 일으킨다. 청소년기의 성충동은 성행위를 모방하고 싶은 강한 욕구를 갖게 하고, 심한 경우 강간, 성폭행 등 우발적인 성범죄를 유발시킨다.

음란물은 호기심을 유발하기 위해 점점 더 자극적인 장면을 담고 있다. 따라서 성에 대한 기본 지식이 부족한 청소년들에게 잘못된 인식을 심어줄 수 있고, 아무런 죄의식 없이 성범죄를 일으키게도 할 수 있다. 더욱이 최근에는 '소리바다'나 '푸르나'등의 P2P 프로그램을 통해 너무나 손쉽게 다운받음으로써, 사실상 사이버공간에서의 청소년들은 원초적인 성적 욕망에 그대로 노출되어 있는 실정이다. 그래서 쉽게 이성을 만날 수 있는 채팅 사이트에서 음란한 대화를 시도하고, 이 과정에서 일어나는 사이버 성폭력에 대한 죄의식은 부족하다. 그 결과 남학생들은 채팅 사이트에서 만나 소위 '번개팅'을 통해 여학생을 성폭행하거나, 성매매를 주선하기도 하고, 여학생들은 채팅을 통해 쉽게 원조교제 상대를 물색한다. 청소년 음란물 접속에 대한 대책이 시급하다(김종숙, 2004).

한편 반사회적 사이트 역시 청소년들에게 심각하게 영향을 끼치고 있다. 자살 사이트, 해킹 사이트, 폭탄제조 사이트, 사이비종교 사이트, 병역기피 사이트, 반국가 사이트 등이 그것인데, 이러한 사이트는 사회의 건전한 미풍양속을 해칠 뿐만 아니라, 때로는 자살 사이트의 경우처럼 본래의 개설 의도와는 달리 이용하는 사람들에 의해 악용되는 경우가 많기 때문에 특히 청소년들에게 매우 위험한 사이트가 될 수 있다. 특히 해킹 사이트나 폭탄제조 사이트는 청소년들을 쉽게 범죄에 빠지게 만드는 범죄 유발형 정보를 제공하고 있기에 청소년들에게 매우 유해한 사이트이다.

요약하면 사이버일탈은 청소년들의 의식과 행동면에 중요한 부정적 영향을 미치고 있다. 의식적 영향으로는 왜곡된 성의식, 성충동, 불안, 폭력적 충동, 현실도피의식 등을 들 수 있으며, 행동적 측면으로는 중독현상, 시력저하, 성추행 등이 두드러진다. 인터넷을 많이 하는 학생들은 낮은 학업성취도, 원만하지 못한 교우관계, 사회생활 부적응, 심리적 불안증세를 보인다. 한편 인터넷의 이용경력과 빈도가 증가할수록 음란정보에의 노출이 증가하는 경향이 있다.

Ⅳ. 예방과 대책

1. 교육적 측면

사이버 공간에서는 여러 형태의 역기능과 반사회적 행위가 빈발하고 합리적인 사고보다는 감정적인 주장과 논리가 여론을 오도하기도 하는데, 이는 바로 현실공간과 사이버 공간이 유기적으로 연결되어 있다는 점을 간과하고, 사이버 공간을 현실과 유리되고 독립된 세계로 인식하는 데서 비롯된다. 따라서 이러한 인식을 불식시키고 청소년들에게 표현의 자유와 사회적 책임을 강조하기 위해서는 무엇보다 먼저 사이버 윤리 교육이 요구된다.

사이버윤리란 정보사회에서 야기되고 있는 윤리적 문제들을 해결하기 위한 규범 체계이다. 정보사회의 도래를 촉진한 정보 통신 기술은 일정한 논리에 따라서 작동하지만, 우리 인간은 선과 악, 옳음과 그름을 구별하는 윤리에 따라 행동하는 존재이다. 그러므로 사이버사회가 인간의 존엄성이 고양되는 사회가 되기 위해서는 기술의 논리가 아닌 사이버윤리에 의해 지배되는 사회가 되어야 한다.

우리나라에서 정보사회의 역기능은 주로 정보 통신 기술의 특성인 익명성과 정보 접근의 용이성에 기초하여 발생하고 있는바, 그 근본원인은 물질주의적 · 수단주의적 가치 체계라고 할 수 있다. 그 결과, 우리 사회에서는 산업사회의 경제적 불평등의 문제가 정보 격차로 이어지고 있고, 물리적 폭력과 범죄가 사이버 폭력과 범죄로 이어지고, 다양한 현실의 사회악이 사이버 공동체에서 재현되고 있는 실정이다. 하지만 이러한 문제들에 대한 기술적 · 제도적 대책은 쉽게 찾기 어려운 실정이다. 따라서 인간이 더욱 인간다워질 수 있는 인간의 가치를 최대한 지키고 보장하려는 사이버윤리의 확립이 필수적이라고 할 수 있다.

사이버 공간에서 건전한 네티즌으로 행동하기 위해 갖추어야 할 도덕적 덕목은 일반적으로 존중 · 책임감 · 정의 · 해악금지 · 공동체 의식 원리에 기초한다(추병완, 2002). 첫째, 존중의 원리이다. 존중은 사람이나 사물이 지닌 고귀한 가치에 대해서 경의를 표하는 것을 뜻한다. 존중은 먼저 자신에 대한 존중을 의미하는 것이며, 자신에 대한 존중은 우리 자신의 생명과 몸을 소중한 것으로 대우할 것을 요구한다. 또한 존중은 다른 사람에 대한 존중을 의미한다. 특히 다른 사람에 대한 존중은 다른 사람의 지적 재산권, 사생활, 다양성을 인정하고 존중하는 것을 뜻한다. 사이버 공간에서는 익명적 상황 속에서 많은 행동이 일어나므로, 상대방의 존재를 적극적으로 인정하려는 존중의 원리가 절대적으로 필요하다. 둘째, 책임의 원리이다. 책임이란 자기에게 주어진 일을 다하는 것을 뜻한다. 사이버공간에서는 통일적 정체감의 상실, 역할의 상실에 따른 책임 회피가 쉽게 일어날 수 있으므로, 현실 공간에 비해 더욱 수준 높은 책임 의식이 요구된다. 셋째, 정의의 원리이다. 사이버공간에서는 정의의 원리에 따라서 참되고 공정한 정보를 교환해야하고, 정보화의 혜택이 고르게 보편적으로 돌아갈 수 있게 해야 하며, 타인의 권리를 함부로 침해해서는 안된다. 또한, 인간의 자유를 구속하려는 옳지 못한 법이나 규칙에 대해서는 적극적으로 대응해 나가야 한다. 넷째, 해악 금지의 원리이다. 해악 금지란 남에게 피해를 주지 않는 것을 뜻한다. 그러므로 사이버 공간에서 다른 사람에게 폭력을 행사하는 것, 해킹을 하거나 바이러스를 퍼뜨리는 것, 타인을 비방하거나 욕설을 일삼는 것과 같은 행동들은 남에게 해로움을 주는 것이므로, 마땅히 해서는 안되는 것이다. 다섯째, 공동체의 원리이다. 사이버 공간에서는 타인의 존재를 망각하기가 쉽다. 타인의 존재를 망각하게 되면 고립된 개인주의나 지나친 이기주의적 심리가 강해져서 타인의 존재 및 사이버 공간의 모든 구성원들에 대한 적극적인 관심과 배려가 소홀하게 된다. 그러므로 네티즌은 공동체 의식을 가질 필요가 있다. 공동체를 망각한 개인의 이기적인 욕망추구는 자신을 포함한 사회 전체에 커다란 해로움을 수반하게 된다는 것을 깨달아, 네티즌은 공익 및 공동체를 소중히 여기는 자세를 지녀야 한다.

2. 환경적 측면

사이버공간에서 일탈문화를 추방하기 위해서는 윤리교육과 함께 사회문화차원의 정화노력이 요구된다. 이는 사이버공간상의 유해 환경을 정화하는 일 못지않게, 현실 공간의 유해 환경을 정화하는 작업이 이루어져야 함을 의미한다. 성을 상품화하고 여성을 성적 대상으로 표현하고 있는 대중문화의 현실, 겉으로는 도덕적 엄격성을 요구하면서 속으로는 퇴폐적 향락성을 추구하는 우리 사회의 이중적인 의식 구조, 대화나 타협보다는 폭력적인 방식으로 문제해결 방식 등 우리 사회의 모순구조가 청소년들의 사이버공간 속에서의 일탈문화 형성에 큰 영향을 미치고 있음을 인식해야만 한다. 청소년들은 우리 사회의 성인들 사이에서 행해지고 있는 이러한 부정적인 모습들을 비판적인 눈으로 바라보면서도 한편으로는 이를 수용하고 답습하는 경향을 보이고 있기 때문이다.

그러므로 드러나는 현실의 결과만을 가지고 청소년의 사이버 문화를 일방적으로 판단하지 말고, 사이버 일탈 행위가 발생한 근본적인 원인과 과정을 보다 중요시해야 한다. 자살 사이트를 문제 삼기 전에 왜 청소년들이 자살 사이트를 기웃거리게 되는지를 먼저 분석해 보아야 한다. 청소년들의 일탈 행위는 현실 세계에 대한 반항이다. 청소년들이 왜 자살 사이트를 기웃거리고, 조폭 사이트에 관심을 가지며, 음란 사이트에 접속하며, 인터넷에 중독되고 있는지 그 근본적인 이유를 먼저 찾아보는 노력을 기울여야 한다.

한편 사이버일탈 문화와 관련하여 사이버공간에 대한 차단, 금지. 통제 위주의 정책에서 벗어나, 청소년의 자율적인 평가력. 감식력. 문제해결력을 키워주는 방향의 정책을 채택할 필요가 있다. 통제 위주의 대책방안은 오히려 청소년들의 불필요한 호기심을 자극하고, 과도한 죄의식이나 수치심을 갖게 하며 기성세대에 대한 맹목적인 저항감을 심어줄 수 있다는 점에 유의할 필요가 있다. 음란물의 경우, 인터넷을 통한 음란물의 유통을 막기란 현실적으로 어려운 상황에서, 현재처럼 현실공간에서 성에 대한 담론이 폐쇄적으로 이루어질 경우 인터넷을 통한 성적 담론의 확대는 걷잡을 수 없이 커질 수밖에 없다. 그러므로 우리는 성에 대해 개방적이고 솔직하게 논의할 수 있는 사회 분위기를 만들 필요가 있다. 청소년들의 자율성 강화정책은 또한 청소년의 자기통제력 육성훈련과도 맥을 같이 한다. 자기통제력이 낮은 충동적인 아이들이 상대에 대한 배려가 부족하고 사이버폭력을 더 많이 한다는 점에서 상대를 배려할 줄 알고, 또 신중하게 생각하여 자신이 행한 행동의 결과를 항시 생각할 수 있도록 하는 가정이나 학교에서의 사회문화적 환경이 조성되어야 할 것이다.

이와 함께 갖추어져야 할 것이 유익한 정보서비스의 제공이다. 이를 위해서는 먼저 청소년들에 대한 인식의 전환이 필요하다. 그들을 정보사회에 필수적인 정보화 능력을 지닌 실질적 존재로 보고 그들이 지닌 역동적이고 창의적인 에너지가 사회 발전에 긍정적으로 기여할 수 있다는 인식을 가져야 한다. 이러한 인식을 바탕으로 청소년들에게 유익한 정보 서비스를 실시하는 방향으로 그 내용이 전환되어야 한다. 따라서 우리는 이제 그들에게 무엇을 제공해 줌으로써 그들의 사회문화적 권리를 보호할 것인가에 대해 정책적 관심을 기울여, 청소년들의 다양한 사이버 욕구에 부응하는 특성화 및 다양화된 정보 서비스를 제공함으로써, 청소년들의 창조적인 정보 활용 능력이 발현될 수 있도록 해야 한다.

3. 제도적 측면

인터넷 시대에 부합하는 법제도를 마련해야 한다. 현재 우리의 법제도는 인터넷과 관련된 여러 법률들이 상호 연계성 없이 혼재되어 있어 체계적인 법 적용에 많은 어려움이 있다. 인터넷이라는 특수한 매체의 등장에도 불구하고, 우리나라에서는 전화 혹은 PC통신을 기반으로 하는 법 개념이 그대로 통용되고 있다. 청소년 보호를 위한 가장 강력한 법이라고 할 수 있는 청소년보호법만 하더라도 종전 오프라인 매체 기준의 법조문을 그대로 온라인에 적용하고 있어 현실과 상당한 괴리가 있다는 비판이 일고 있다. 예를 들어, 청소년보호법상의 청소년 유해 매체물 결정·고시제도는 오프라인 매체에 있어서는 비교적 적용 범위와 대상이 분명하지만, 인터넷 환경에서 법적 의무의 주체는 명확하지 않은 실정이다. 따라서 인터넷 컨텐츠에 대한 청소년 유해 매체물 제도에 대해서는 청소년보호법에 별도의 장을 마련하여 체계적으로 규정할 필요가 있다.

청소년에게 유해한 정보를 차단할 수 있는 기술적 접근을 마련하되,

오직 하나의 기술보다는 다양한 기술의 종합적 적용 방안을 모색해야 한다(김성조, 2000). 기술적으로나 경제적인 문제로 인하여 유해정보의 완벽한 차단은 현실적으로 매우 어렵다는 것이 국내외 전문가들의 진단이다. 유해 정보의 차단은 자율규제를 원칙으로 하여야 하지만, 판단력이 미숙한 청소년들이 유해 정보에 노출되는 것을 최대한 방지하기 위해서는 현재 수준에서 적용 가능한 여러 가지 기법을 이용한 다단계 차단이 이루어져야 한다. 또한, 유해 정보 차단은 어느 한 인터넷 접속 지점에서 완벽하게 이루어질 수 없으므로, 여러 단위 별로 그리고 단계적으로 적용 가능한 추진 전략이 필요하다. 그러므로 유해 사이트 차단 소프트웨어, 내용 등급 자율 표시제, ISP에 의한 필터링 서비스, 유해 정보 데이터베이스 구축, 연령 확인 기술, 전자 서명 등의 방안 등에 대한 계속적인 연구 개발이 이루어져야 한다.

이와 더불어 민간단체 주도의 인터넷 감시 네트워크를 활성화할 필요가 있다. 현재 〈학부모정보감시단〉, 〈한국사이버감시단〉, 〈청소년사이버감시단〉, 〈안전넷〉, 〈청소년 유해환경 감시단〉 등 온라인 감시 단체들이 활동하고 있으나, 현재 활동 중인 민간단체 주도의 인터넷 감시 네트워크는 체계적인 운영과 상호 협력을 위한 네트워크 구축의 미비로 실질적 효과 면에서 아직은 상당히 부족한 면을 많이 보이고 있다. 또한 언론사 중심의 캠페인들은 그 역할과 의지가 중요함에도, 이벤트성 단발 행사로 그쳐 자율 규제의 기본틀을 정착시키기에는 역부족이다. 그러므로 인터넷 감시 단체 육성을 위한 다각도의 참여와 지원이 확대되어야 하며, 감시 단체간의 원활한 네트워킹이 이루어질 수 있도록 상호 정보 교류나 활동 공조 체제가 마련되어야 한다. 또한, 건전한 사이버 문화를 청소년 스스로 지켜 나간다는 책임감을 인식시켜 줄 수 있는 청소년 인터넷 유해 정보 감시단 활동을 더욱 활성화할 필요가 있다.

Ⅴ. 맺음말

결국 일탈적 사이버문화로부터 청소년을 보호하는 방안은 매우 종합적이고 장기적인 계획에 바탕을 두고, 현실공간과 사이버공간을 동시에 개선해 나가려는 계획에 바탕을 두고 마련되어야 한다. 이를 위해서는 법제도의 정비, 기술적 전략, 미디어 교육, 자율 규제 방안, 정보 격차 해소 방안, 정보윤리 교육 확대방안 등이 통합적이며, 총체적으로 활용되어야 할 것이다.

또한, 강제나 규제 못지않게 청소년 스스로의 자정 능력을 길러주는 것에도 많은 비중을 두어야 한다. 이를 위해서는 넓은 의미에서의 미디어 교육이 필요하다. 미디어 교육을 통해 청소년들로 하여금 정보 사회에 대한 바른 이해, 인터넷 내용에 대한 비판적 변별력 함양, 사이버 윤리의 확립, 미디어 생산자 및 소비자로서의 책임의식과 의무감 함양, 미디어를 능동적으로 즐길 줄 아는 능력을 습득할 수 있게 해주어야 한다. 특히 미디어 교육에서는 사이버공간의 올바른 활용을 독려함과 동시에 그러한 활용을 촉진할 수 있는 다양한 유인체계를 마련해 주어야 한다. 그리고 미디어 교육에서는 네티켓 및 사이버윤리에 대한 청소년들의 인식을 제고해야 한다. 또한 탈육체성을 기반으로 하는 네트문화 체제에서는 자칫 육체에 대한 관심이 소홀해질 수 있으므로 육체의 소중함을 일깨워주는 다양한 형태의 교육이 강조되어야 한다. 이렇게 함으로써, 그들 스스로 사이버 공간을 정화해 나갈 수 있는 자율적인 능력을 길러주는 방향으로 전개되어야 한다.

사이버공간 속에서 청소년을 건전하게 육성하는 것은 종합적이고 지속적인 노력을 필요로 함을 인식해야한다. 결국 인터넷 혁명의 파고 속에서 청소년을 건전하게 육성하는 것은 가정, 학교, 사회, 정부의 유기적인 협조 체제 속에서 가능한 것이지, 어느 한 부분의 노력만으로는 결코 해결될 수 없는 것이다. 그러므로 우리는 인터넷 유해 환경으로부터 청소년을 건전하게 육성하는 것을 우리 시대의 제일 의무라는 공감대를 형성하고, 이에 대한 대응 방안을 합의를 통해 모색해 가려는 진지함을 보여 주어야 한다. 중요한 점은 사이버공간에서 드러나는 많은 일탈행위 등이 결국 현실공간의 사회문제를 반영한다는 것이다. 사이버공간의 역기능이 기술의 본래적 속성도 아니고 일부 병리적 심성을 지닌 이용자들의 특성도 아니라는 점을 명심하고, 사이버공간의 반사회적 행위나 부작용을 통해 현실사회의 문제를 들여다보고 현실공간에서 그 뿌리를 찾아내려는 노력이 요구된다. 이를 통해 비로소 인간 중심적인 차원의 사이버공간, 삶의 질과 생명 가치가 중시되는 사이버공동체의 정립이 가능할 것이기 때문이다.

참 고 문 헌

김관규. (2001). "Computer-mediated Communication을 통한 인간관계와 현실공간 인간관계의 비교", 『한국방송학보』 16(1), 73-109.

김성국. (1998). "정보사회의 정치생활: 시민사회와 민주주의", 정보사회학회 편, 『정보사회의 이해』, 나남.

______, (2000). "사이버공동체 형성의 과제: 자유해방주의적(Libertarian) 관점에서", 『사회이론』(봄/여름호), 한국사회이론학회.

김종길. (2002). "지식정보사회의 새로운 공동체 실험 '붉은 악마'", 『정보화정책』 제9권 제3호(가을호), 한국전산원, pp.123-142.

김종숙. (2004). 『정보화사회의 사회학적 접근』, 한국문화사.

김평호, (2001). "인터넷 확산현상에 대한 사회학적 시론: 사적 영역의 확장(영문)", 한국언론학회 정기학술회의 발표문.

노상규. (2001). 『가상 커뮤니티의 집합재(Collective Goods)에 관한 연구』, 서울대 경영학 석사논문.

도준호 외, (2000). 『인터넷의 사회.문화적 영향 연구』, 정보통신정책연구원.

목진자. (2002). "통합적 시각으로 본 사이버공동체", 2002년 한국언론학회 정기학술대회 발표문.

박수호. (2003). “동아리에서 동호회로: 관계의 연성화와 욕구의 다양화,” 『덕성여대신문』 2003. 3. 31일자.

박준식. (1999). “네트워크 공동체의 출현조건”, 정보사회학회 창립기념 학술심포지엄 사료집.

박창호. (2001). “사이버공간의 탈근대성: 공동체와 자아의 의미”, 『담론 201』 제11집(가을·겨울호), 한국사회역사학회.

배진아. (2001). 『인터넷 사이트에 대한 충성도 형성 과정 연구』, 이화여대 박사논문.

백욱인. (1999). “네트 사용자의 사회적 성격”, 『동향과 전망』 제40호.

서이종. (2002). 『인터넷 커뮤티와 한국사회』. 서울: 한울아카데미.

송경재. (2002). “사이버커뮤니티와 사회적 자본”. 미발표논문.

______. (2003). 한국의 사이버공동체와 정치참여에 관한 연구. 경희대 정치학과 박사학위 논문.

시몽 노라·알랭 밍크. (1988). 이민웅,안동근 역 『현대자본주의와 정보: 텔리마띠크와 국가정책사회』, 나남.

윤성이. (2001). “정보사회의 명암과 시민사회의 역할”, 한국정치학회.한국사회학회 공동학술회의 발표문.

윤영민. (2003). 『사이버공간의 사회』. 한양대 출판부.

이 건. (2001). “싸이버스페이스의 열린 공동체”, 홍성욱·백욱인 편, 『2001 싸이버스페이스 오디세이』, 창작과 비평사, pp.118-140.

이명진. (2001). 사이버공간의 가능성과 한계: 온라인상의 익명성을 중심으로, 한국사회 제4집, 한국사회연구소. 119-144.

이재현. (2000). 『인터넷과 사이버 사회,』 서울: 커뮤니케이션북스.

이철선. (2003). “가상공동체에서의 플레이밍에 관한 연구”, 마케팅연구 18(1).

이호규. (2002) “가상공동체 개념 정립: 공간, 장소 그리고 신뢰를 중심으로”, 『언론과 사회』 제10권 3호(여름호), pp.88-116.

장용호. (2002). 『사이버공동체 형성의 역동적 모형』. 서울: 집문당.

정연정. (2002). 인터넷과 집단행동 논리: 올슨(Olson)의 집단행동의 논리를 중심으로, 한국정치학회보 제36집 1호(봄호), 69-86.

정찬모 외. (2003). 『사이버공동체에서의 규범형성과 유지형태』, 정보통신정책연구원.

조동기 외. (2001). 『사이버문화의 특성과 사회적 영향』, 정보통신정책연구원.

청소년보호위원회 (2005). 『2004청소년 인터넷 이용 실태조사』.

추병완. (2002). 『정보사회와 윤리』, 울력.

황상민 외. (1999). 『사이버공간과 심리』, 박영사.

황주성 외. (2002). 『사이버문화 및 사이버공동체 활성화 정책방안 연구』, 정보통신

정책연구원.

Bell, D.(1973). *The Coming of Post-Industrial Society: A Venture in social Forecasting*, New York: Basic Books.

Burrows, R. (1995). *Cyberpunk as Social Theory*, Mimeo.

Castells, Manuel, (2001). *The Internet Galaxy: Reflections on the Internet, Business and Society*, Oxford University Press.

Cohen, A. (1985) *The Symbolic Construction of Community*, London: Tavistock.

Doheny-Farina, Stephen. (1996). *The Wired Neighborhood*, Yale University Press.

Felson, R. B. (1996). "Big people hit Little people: sex differences in physical power and interpersonal violence", *Criminology*, 34(3).

Foster, Derek. (1997) "Community and Identity in the Electronic Village", David Porter(ed.), *Internet Culture*, N.Y. & London: Routledge, pp. 23-37.

Hamelink, C, J. (1986). "Is there life after the Information Revolution?" Michael Traver, ed., *The Myth of the Information Revolution*, Newbury Park, C.A: Sage.

Holmes, David. (1997) "Virtual Identity: Communities of Broadcast, Communities of Interactivity", David Holmes(ed.), *Virtual Politics: Identity and Community in Cyberspace*, Sage Publications. 26-45.

Jones, S. (1995). Understanding Community in the Information Age, Steve Jones(ed.), *Cyber Society: Computer-mediated Communication and Community*, CA: Sage Publications.

Kiesler, S. J. and MaGuire, T. W. (1984). Social Psychological aspects of computer-mediated communication. *American Psychologist*, 39.

Levine, Peter. (2000). "The Internet and Civil Society", *Philosophy and Public Policy*, vol.20, no.4.

Naisbit, J. (1982). *Megatrends*, New York: Warner Books.

Poster, M. (1990). The Mode of Information: Poststructualism and Social Context, Polity Press. 김성기 역, 『뉴미디어의 철학』.

Postmes, T. and Spears, R. (1988). Deindividuation and anti-normative behavior: A meta-analysis. *Psychological Bulletin*, 102.

Robins, Kebin and Frank Webster (1988). "Cybernetic Capitalism: Information, Technology, Everyday life", in V. Mosco and J. Wasco, eds., *The Political Economy of Information*, Madison: The University of Wisconsin Press.

Toffler, A. (1989). The Third Wave, 이돈행 역 『제3의 물결』, 한국경제신문사.

제11장 청소년문화정책의 현황 및 대안모색

Ⅰ. 머리말

우리사회는 정보화, 세계화, 급속한 기술혁명 등으로 대별되는 시대적 조류로 인하여 많은 변화를 겪고 있다. 변화의 물결은 그 어느 때보다도 빠른 속도를 보이고 있으며, 변화의 폭 또한 대단히 심대하다. 따라서 자칫 그 방향에 대한 철저한 모색과 현명한 대응이 결여된다면 우리사회는 대전환의 파고속에서 헤어나지 못하게 될 것임은 자명한 이치다. 그러므로 이는 곧 우리로 하여금 미래에 대해 현재를 반성하고, 이를 토대로 향후 21세기 우리사회의 운영원리에 대한 고민과 더 근본적으로는 삶의 기본철학에 대한 재구성을 요구하고 있는 것이다. 사실 한국사회는 70년대 이후 짧은 기간 동안 급속한 경제 성장을 바탕으로 산업화, 도시화를 거치면서 사회 각 부문 모두 불안한 구조적 현상을 경험하였다.

그 결과 전통적 가치관은 약화되거나 혹은 파괴되었고, 불균형 발전으로 지역간, 계층간에 상대적 박탈감은 심화되고, 수단의 중요성과 물질의 효율성을 우선시하는 '사고틀'이 지배하게 되었다.

우리 전체사회의 이런 상황은 자연히 청소년세대의 문화에도 그대로 적용될 수밖에 없다. 시대의 변화 속에서 미래의 주역인 청소년들이 올바른 가치관을 정립하여 사회에 대해 책임의식을 갖는 건강한 인격체로 자라게끔 하는 것이 기성세대의 역할이라 할 때, 지금의 기성세대는 바람직한 청소년문화를 정립하는데 있어 훌륭한 모델이 아닌 것만큼은 분명하다. 현재 우리가 경험하고 있는 학교폭력, 도덕적 타락 등의 청소년 문제는 그동안 우리사회의 발전목표와 방향이 어떤 것이었나 하는 것을 극명하게 보여주고 있다. 바로 오늘날의 청소년 문제란 기성세대의 사회문화적 문제에서 비롯되고 있다는 것이다. 곧 무분별한 외래문화의 수용으로 인한 가치관의 혼란, 가정기능의 약화, 폭력적·상업주의적 대중문화에서의 무비판적 노출, 퇴폐적 유해환경의 무방비적 증가와 범람, 그리고 지역사회내 청소년 문화환경의 약화 등이 청소년문제를 야기시키는 주요인이다.

그러므로 청소년문제에 대한 접근은, 21세기라는 대전환의 시대 속에서 이러한 사회문화적 문제요소로부터 어떻게 청소년을 지키고, 더 나아가 이들이 자신들의 문화를 스스로 창조하면서 이를 토대로 기존의 사회문화를 어떻게 능동적으로 변화시킬 수 있는가에 그 초점이 모여져야 한다고 보인다.

지금까지의 청소년에 대한 연구는 대부분이 기성세대에 대한 이들의 비동조적인 측면, 즉 비행 등을 중심으로 한 일탈적인 문화지대에 주로 초점을 두고 있는 실정이다. 그러므로 그 현상을 '문제'가 아닌 '현실'로 인식하지 못함으로써 궁극적으로는 청소년 문제를 총체적으로 이해하지 못하고 있다는 지적이다. 이에 따라 X, Y세대나 N세대로 구별되는 그들의 사고방식과 문화적 특성에 관한 연구는 부족한 실정이다. 특히 오늘날 대중문화를 중심으로 형성되고 있는 정보문화지대는 그야말로 요즘 청소년 문화의 현주소를 대변하는 영역임에도, 이 부분에 있어서의 정확한 현실인식을 기초로 한 정책대안을 찾아보기란 결코 쉽지 않다.

결국 지금까지의 청소년에 대한 인식과 접근방법이 바뀌어야 할 필요가 있다. 기성세대와 청소년들과의 삶의 거리는 더욱 멀어져가고 있으며, 단순히 세대차이로 설명할 수 없는 틈들은 갈수록 커지고 있다.

그럼에도 이 틈을 메울만한 기성세대의 리더십은 고갈된 상태이다. 청소년과 관련된 수많은 사건, 사고에서 보듯이 기성세대가 마련해놓은 청소년의 생활공간은 결코 건강한 삶과 거리가 먼 것임이 입증되고 있다. 결국 청소년에 비친 기성세대는 권위주의, 독선, 향락, 게다가 위선적이기까지 하여, 청소년에 대한 지도력을 상실했으며 우리사회의 희망있는 비전을 제시해주지 못하는 것으로 비쳐지고 있다.

따라서 이제 기성세대가 청소년을 대상으로 리더십을 발휘할 것이 아니라 함께 새로운 사회를 설계하는 '동반자'로 대우하고 그들과 함께하는 '파트너십'이 필요한 때이다. 즉 청소년을 바라보는 시각의 재정립이 필요한 때이다.

이 글은 이런 입장에서 청소년문화정책의 현황과 그 대안을 지역사회의 역할과 관련지어 모색해보고자 하는 것으로, 글의 구성은 우선 기존의 기성문화에 의해 만들어진 현재의 청소년문화가 현재 어떠한 특징을 지니고 있는가, 이어 현재 이를 계속해서 구조화시키고 있는 청소년정책의 문제점과 이를 극복할 발전방향은 무엇인지, 마지막으로 이를 위해 청소년의 생활공간으로 자리하고 있는 지역사회가 담당해야 할 청소년문화 활성방안은 무엇인지를 살펴보는 방향으로 이루어진다.

Ⅱ. 청소년의 사회문화적 환경

1. 사회문화적 특성

우선 현재 한국 청소년들의 사회문화적 성격을 살펴보도록 하겠다.
삶의 가치관 측면에서 청소년들은 '출세주의'적인 성향이 현저하게 약화되어 가는 대신 '쾌락주의적' 삶의 추구성향이 강하게 나타난다. 기성세대가 사회적 성공이라는 목표를 위해 개인적 욕망을 희생해 온 세대라면 청소년세대는 자신의 삶, 자신의 자아실현의 영역을 여가시간까지 확대시키려 한다. 즉 인생을 즐기면서 살아가려는 인생관을 형성해 가고 있다(안귀덕 외, 1999: 113-5).

한편 사회의식으로는, 청소년들은 한국사회가 많은 문제를 안고 있는데 그중 대표적이며 심각한 것들이 부의 편중과 불평등, 부정부패, 퇴폐향락과 과소비, 환경오염의 심화, 범죄의 증가라고 생각한다(안귀덕 외, 1999; 노경숙, 1997: 178-9). 이들은 이에 대해서 전반적인 변화와 개혁이 필요하다는 '개혁지향적' 사회의식을 지니고 있으며, 이러한 사회의식은 한국사회의 중요한 문제들이 계속 잔존하는한 계속되겠으나, 이는 80년대의 학생운동권의 급진적인 사회인식과는 거리가 있는 것으로 보여진다. 따라서 사회주의 붕괴에서 비롯된 탈이념화로 인해 이러한 비판적 의식의 탈정치화 현상은 더욱 심화될 것으로 전망된다. 그리고 이러한 청소년세대의 탈정치적 사회의식은 향후 환경운동, 소비자운동, 지역사회운동 등과 같은 탈계급적 성격의 시민사회운동으로 이어지는 이른바 신사회운동에의 능동적 참여로 표출될 것으로 전망된다(임희섭, 1997).

다음으로 이해되어야 할 그들의 특성 가운데 하나가 '영상세대'라는 점이다. 현재의 청소년들은 'TV age'라고 할 정도로 영상이미지에 어릴 때부터 민감하게 단련된 세대이다. 청소년들에게 절대적 영향을 끼치고 있는 상업주의적 대중문화는 이들이 태어날 때부터 그들 곁에서 그들과 함께 호흡을 같이 했다. 유년기부터 TV를 보며 듣고 흉내내면서 자란 이들 세대는, 조금이라도 여가시간이 나면, TV, 만화, 비디오, 전자게임 등에 대부분의 시간을 할애한다. 물론 이는 그들이 마음놓고 움직일 건전하고 창조적인 문화활동 공간이 없다는 문제와 연관된다. 한편 청소년들은 학교체제 속에서 자기 자신의 문화적 욕구를 주체적으로 갈무리하고 표현할 수 있는 기회를 얻지 못하며 또한 그러한 방법을 교육받지 못하는 상태에서 대중문화를 통해 자신의 정체성을 확인하려 한다. 이들에게 엘리트문화는 어른들의 문화, 상류계층의 문화로 인식되어 있다. 그런데 대중문화는 문화산업에 의해 대량생산되는 문화상품이라 할 수 있으므로, 문화의 창조성보다는 시장성을 앞세운 상업주의적 놀이문화에 한정되어 있다. 이렇게 성장한 영상세대의 기본적 세계관을 기성세대로 대표되는 문자세대와 비교해보면 〈표 1〉과 같다(정근원, 1993).

〈표 1〉 문자세대와 영상세대의 가치관 비교

문자세대	영상세대
이성중심	감성중심
옳고 그름으로 판단	좋고 싫음으로 판단
논리적 심사숙고	감각적 판단에 따른 행동
미래의 득실이 기준	당사자의 호(好) 불호가 기준
동질지향 가치관	이질지향 가치관
'남들처럼 살고 싶다'	'남들과 다르게 살고 싶다'
자기 절제	자기 표현
남이 창조한 가치에 동조	스스로 창조
남에 대한 의식함	자기지향성
억제된 감성	해방된 감성
정적인 문화	동적인 문화
소유에 대한 욕구	사용가치의 중시

이상의 논의를 종합해보면, 우리나라 청소년세대의 특징은 기성세대와 비교해 볼 때 긍정적인 측면과 부정적인 측면을 함께 지니고 있다. 긍정적인 측면은 무엇보다도 청소년세대가 이제는 더이상 기성세대와 같은 출세주의적 삶의 목표에 집착하지 않는다는 것이다. 그리고 그들의 자아관념이 훨씬 긍정적이고 행동양식 역시 개방적이면서도 불필요한 엘리트의식에서 벗어나 있다는 점이다.

부정적 측면으로는 지나치게 대중문화취향의 문화환경에 처해있고 상업주의적 추구를 벗어나지 못하고 있어 엘리트문화와는 큰 단절을 가짐으로써 문화적 소외현상을 초래한다는 점이다. 행동양식으로는 이기주의적이고 도구주의적인 특성을 띤다.

그런데 이와 같은 부정적 특성은 전적으로 기성세대가 만들어 놓은 비문화적 환경과 부도덕한 사회환경 속에 방치해 둠으로써 야기된 결과라는 것이다. 그러므로 오늘의 기성세대는 청소년세대에게 물질적 풍요만이 아닌 보다 도덕적이고 문화적인 환경과 창의성을 개발하는 교육환경을 조성함으로써 청소년문화 활성화에 이바지해야 할 의무를 지니고 있다. 그렇다면 과연 현재의 청소년 문화를 만들어 낸 단초가 된 한국의 사회문화적 환경은 과연 어떠한 것일까?

2. 사회문화적 배경

청소년문화는 기성세대가 일구어 낸 주류문화로부터 그 자양분은 공급받고 기성세대와의 긴밀한 의사소통을 통해 형성되는 문화체제이다. 이들이 지금 향유하는 문화물은 부분적으로 기성세대가 형성해 놓은 정치 · 경제 · 사회 · 문화의 토대와 연계되어 있다. 즉 70년대 후반이후 80년대 중 · 후반 사이에 출생한 이들의 문화는 우선 그것이 기성세대에 의해 형성되었다는 점에서 우리 현대사의 가장 급격한 변화의 과정을 담고 있다. 동시에, 이들의 문화는 기성세대의 그것과 달리 일정하게 변화 발전해 가는 이질적인 특성을 담고 있다(김 민, 1997).

우선 우리사회의 변화과정을 살펴보면, 정치적으로는 70-80년대의 권위주의적인 정치가 90년대 들어서면서 문민정부로 바뀌었다. 98년에 소위 평화적 정권교체로 인해 국민의 정부가 들어서게 되었다. 그러나 아직 참여민주주의가 정착되었다고 보기는 어렵고 이제 비로소 각종 이익집단들과 시민단체들이 나름대로의 조직적인 정치참여를 활성화하는 시작단계에 들어서고 있다.

경제적 측면에서 한국사회는 70년대에 산업사회로 진입하면서 80년대 후반 중화학공업을 중심으로 고도의 자본집약적 산업구조를 발전시켰고, 90년대부터는 정보산업사회로 그 이행을 거듭하고 있다. 경제발전을 계기로 70년대 후반 한국사회는 중간계급의 사회모습을 보여주고 있는데 70년대 중반 이후 소득분배구조가 악화되면서 부의 편중화와 경제력 집중이 심화되어 왔고, 특히 97년 IMF체제를 거치면서 한국사회내 특정 소수 집단으로의 부의 집중은 대단히 급속히 진행되고 있다.

사회적으로는 지난 한세대 동안 급속한 산업화, 도시화, 대중문화의 확산 등으로 본격적인 대중사회로 변화되었다. 이 과정에서 전통적 공동체가 무너져가고 있으나 아직 이를 대체할 새로운 시민공동체가 제대로 형성되어 있지 못한 실정이다. 대신 혈연, 지연, 학연을 매개로 한 사회적 연줄망과 종교적공동체를 통해 공동체적 욕구를 부분적으로 충족시켜 가고 있다.

가족구조는 70년대 이후 소가족 · 핵가족화의 변화를 진행시켰다. 전통적인 가부장적 이데올로기는 서서히 약화되어가고 가족내의 권력구조 의사결정구조는 상당히 평등화되었다.

문화적 구조는 70년대 TV를 비롯한 대중매체의 보급으로 대중문화가 대단히 빠른 속도로 확산되었고 현재는 활자매체에 비해 전파매체 곧 영상매체의 시대가 본격화되어 있다.

여기에 더해 고려되어야 할 장기적 차원에서의 변화가 곧 정보화사회로의 이행이다. 정보화사회란 컴퓨터와 정보통신기술이 결합하여 뉴미디어가 창출되고 이를 통해 정보통신기술의 중요성이 강조되는 사회이다. 그러므로 정보화사회란 하루가 다르게 발달되는 정보통신기술에 의해 지식과 정보의 생산과 유통 · 분배가 사회적 원동력으로 가능함에 따라 지식과 정보 자체가 새로운 문화적 기제가 되고, 컴퓨터와 정보통신기술을 어느 정도 활용하고 생활화하는가에 따라 삶의 질적 측면이 결정되는 이른바, 정보활용에 의해 삶의 계층화가 이루어지는 사회이다. 청소년세대는 정보문화에의 수용과 정보통신기술의 활용이라는 측면에서 기성세대보다 월등히 높은 수준을 갖고 있는 것으로 보고되고 있으며, 곧 정보문화에의 수용과 통신기술의 활용이 세대간의 격차를 심화시킬 주요인으로 등장할 것으로 보인다.

이러한 사회적 역사적 상황 속에서 기성세대와는 다른 새롭고 바람직한 청소년문화의 정립이 주요한 과제라 할 때 이에 걸림돌이 되는 주요 요인을 들자면 다음과 같다(양 훈, 1994: 125).

첫째, 기성세대가 전통적인 유교가치관에 입각한 주종관계를 강조하는 의식이 여전히 남아 있다. 따라서 가족관계에서의 부모와 자식 세대간의 상하관계가 일반사회관계까지 확대됨으로써, 청소년들의 자율성은 그만큼 약화되고 이는 결국 청소년문화의 대두를 막는 요인이 되고 있다. 둘째, 교육제도 역시 청소년을 자율적인 사람으로 길러내지 못하고 있다. 고등학교에 이르는 동안 자율능력은 계속 줄어들고 대학에 들어서면서 급격하게 자율성이 증가하는데, 이 자율성면에서의 단절을 의식함에 따라 그들은 소위 정체의식의 위기를 느끼게 된다. 셋째, 상업주의적 미디어 매체에의 노출이다.

이상에서 살펴 본 한국사회의 구조적 여건은 바람직한 청소년문화 건설에 여러 가지 문제점과 제한점을 야기시켰을 것으로 보이며, 이를 현재 청소년문제와 연관지어 살펴보면 다음과 같다(김광휘, 1998, 김신일, 1992).

첫째, 세대간의 격차가 더욱 심화되고 있다. 핵가족화와 부모들 사회활동의 증가 등으로 가족 간의 대화가 부족하여 상호 의사소통의 기회가 적어짐으로써 세대간 격차가 더욱 커지고 있다.

둘째, 무비판적인 대중문화의 수용 문제이다. 상업주의와 성전주의로 중무장한 채 영화, 음악, 패션 그리고 이제 만화의 영역까지 철저하게 청소년들의 눈과 귀를 사로잡고 있는 대중문화는 청소년 문화를 이윤추구의 대상으로만 인식하여 건강한 청소년문화 생활에 큰 걸림돌이 되고 있다.

셋째, 사회 전반에 걸친 향락, 퇴폐주의가 청소년문화를 오도한다. 기성문화의 향락주의 및 황금만능주의 등의 부산물로 만들어진 각종 퇴폐문화가 곧 청소년들을 그 희생자로 만들고 있다.

넷째, 청소년들간의 문화불평등 역시 문제로 부각되고 있다. 청소년이라는 동일 집단 내에서도 계층간, 도 · 농간, 심지어 남 · 여간 문화불평등이 형성되어 있는 바, 이는 결국 기존에 형성된 사회구조의 결과로써, 이들간의 이질성은 전체사회의 이질성과 연결되어 있음을 나타낸다.

다섯째, 학교교육제도가 안고 있는 본질적 문제이다. 흔히 한국의 학교문화가 지니고 있는 특성은 획일성, 위계성, 체벌과 시험의 일상화, 교육내용의 질적 빈약, 여유의 부족, 형식주의와 결과지향주의, 권위주의에 대한 순종, 비교우위주의 및 이중성으로 요약된다(이용숙, 1992: 17-29). 이는 곧 한국의 청소년들이 학교생활 속에서 일상적인 억압과 획일적 통제를 경험하고 있음을 반증한다.

결국 이상의 사회구조적 여건들, 즉 가족제도의 변화, 제도교육의 모순, 그리고 상업주의적 대중매체에의 무방비적 노출, 향락적 사회풍조, 불평등의 심화 등의 요소가 자율적이며 바람직한 청소년문화의 결핍을 진행시켜 왔던 것으로 보인다.

Ⅲ. 청소년문화정책의 현황, 문제점 및 발전 방향

1. 현 황

우리나라 청소년정책은 60년대 후반부터 시작되었지만 80년대 중반까지만 하더라도 뚜렷한 법적 뒷받침 없이 그때그때 필요에 따라 시책이 시행되어 왔다. 청소년정책에 획기적인 전기가 마련된 것은 87년 11월 '청소년육성법'이 제정되고 부터이다. 이후 88년 체육부내에 '청소년국'이 설치되고 각 시 도단위에 '청소년과'가 신설되었다. 그 후 91년 청소년정책실이 설치되면서 우리나라 최초의 청소년 육성에 과한 10개년 장기계획이 수립되고 정부주도의 청소년기본법이 제정되었다. 이어 97년 '청소년보호법'이 제정되고 청소년보호위원회가 설치되었다.

그러나 현재의 청소년정책은 정부의 일방통행적인 성격을 띠고 있고, 이에 따라 지역유관기관들과의 협력관계가 부족하며, 그러면서도 여전히 제도나 기구상 그 체계가 미흡하다. 60년대 이후 청소년정책의 변화과정을 개략적으로 살펴보면 다음과 같다(조현재, 1998: 66).

〈표 2〉 청소년 관련 정책기구

구 분	60년대	70년대	80년대	90년대
청소년정책 전담부서	내무부	내무부	총리실(81)→교육부(83)→총리실(85)→체육부(88)	체육청소년부(91)→문화체육부(93)→문화관광부
청소년대책 관련법령	미성년자보호법(61) 아동복리법(61) 청소년보호대책 위원회령(64)	청소년대책 위원회령(77)	청소년육성법(88)	청소년기본법(91)→청소년보호법(97)
청소년정책 우선순위	요보호아동대책, 청소년비행대책	청소년비행대책	청소년비행대책	청소년육성, 청소년유해환경정화

2. 문제점

우선 청소년관계 정비조직 및 기구의 정비가 미흡하다. 현재 청소년 정책업무는 문화관광부내의 청소년국에서 청소년 육성업무를 총괄하고 국무총리실 산하 청소년 보호위원회에서 유해환경으로부터 청소년을 보호하기 위한 보호업무를 담당하고 있다. 즉 이원화된 업무추진 체제를 갖추고 있다. 그러나 청소년관련 정책업무는 그 특성상 대단히 광범위하고 종합적인 시각이 요청될 뿐 아니라 관련업무간의 통합적인 추진이 필요하다. 그러므로 청소년 정책을 총괄하여 실질적이며 체계적으로 수행할 수 있는 정부조직의 정비가 필요하다(최윤진, 1999).

한편 청소년정책의 수립과 집행과정에서 청소년의 참여가 전혀 이루어지지 못함으로써 청소년들의 의견이 제대로 반영되지 못하고 있는 실정이다. 사실 이러한 현실은 그동안 정책입안자들을 기성세대가 청소년문화를 보는 관점에서 비롯된다고 보이는데 비롯하여 기존의 청소년문화 시각은 대략 다음과 같다. 첫째, 청소년 문화는 미숙한 문화다. 둘째, 청소년 문화는 비행문화다. 셋째, 청소년 문화는 대항문화, 또는 반문화다. 넷째, 청소년 문화는 하위문화에 불과하다. 그러다 보니 정책입안자들에게 있어, 미숙한 문화이며 하위문화에 불과하고 더군다나 비행문화를 구성하고 있는 청소년들의 의견을 듣고 이를 정책에 반영한다는 생각은 처음부터 기대할 수가 없는 것이다.

다음으로 정부의 일방적 주도로 인해 학교 및 지역사회의 유기적이며 자발적인 협력관계가 부족하다(조현재, 1998). 청소년정책은 그 특성상 여러 관련기관들과의 협력이 필수적이다. 특히 지역사회 청소년단체들의 협력은 사회교육차원에서 매우 중요한 것이다. 그러나 관이 주도하면서 나타나는 특성상, 지역사회 내 관련기관들과의 자발적이며 능동적인 협력과 지원이 제대로 이루어지지 못하고 있다. 지역사회내의 청소년문제는 각 기관들이 보다 개방적이고 협력적인 자세로 다양한 프로그램과 사업을 펼쳐나가고, 관련 주민들과 기관의 적극적 참여로 스스로 해결해 나가도록 하여야 할 것이다.

이상과 같은 상황은 사실 청소년에 대한 문제해결을 위해 소극적으로 대응하는 정책적 자세였다. 결코 적극적이며 능동적으로 문화차원까지 닿으려는 노력에는 그 시초의 관점이나 정책방향에서부터 대단히 미흡한 것이었다.

3. 발전방향

다행히 신정부 들어 그동안의 청소년정책에서 나타난 관점과 달리 조금은 진일보된 '청소년 육성 5개년 개획' (1998-2002)이 "청소년의 꿈과 희망을 이루는 건강한 사회건설"을 목표로 하여 수립되었다.

지금까지의 청소년정책이, 청소년을 공부하는 '학생'과 '미래의 주역'에 치중하여 청소년이 현재의 삶에서 유리되고 유보되어옴으로써, 청소년문제와 청소년의 삶의 질적 측면을 근원적으로 다루지 못하고 있다. 이런 의식하에서 전향적으로 마련된 청소년정책 방향은 다음과 같다(한국청소년개발원, 1998).

1) 미래의 주인공으로 권리유보→오늘의 사회구성원으로 권익증진

청소년을 미성숙한 존재로 보고 성인중심의 시각에서 보호 선도하고자 한 기존 시각에서 벗어나, 청소년의 자율성과 참여증진을 기본원칙으로 하는 정책수행이 우선되어야 한다.

2) 성인주도 정책대상의 청소년→청소년참여 정책주체로의 청소년

기성세대의 시각에서 판단하여 결정하는 정책이 아니라, 정책의 주인공이 될 청소년의 요구와 희망에 근거하여 정책을 개발할 수 있도록 열린 정책과정 체계를 구축하고 공식적인 청소년 의견수렴의 장을 마련할 필요가 있다.

3) 소수 문제청소년의 지도 보호→다수 건강한 청소년의 활동지원

소수 문제청소년과 청소년 비행문제에 대한 예방 선도 위주의 정책에서 다수의 건강한 청소년들이 생활활동의 현장에서 그들의 자생적 문화를 형성하고 다양한 활동을 할 수 있도록 지원하는 정책으로 전환

하되 소수 어려운 청소년에 대한 지속적인 관심과 지원이 필요하다.

4) 공급자 시설위주의 양적 성장→수요자 프로그램 중심의 질적 성장

각종 청소년 관련 서비스 개발 및 제공을 공급자 편의중심에서 수요자 중심으로 전환하여, 다양하고 특성화된 프로그램 확대와 수요자 평가체제 도입 등을 통해 수요자인 청소년의 선택권과 의사반영 통로를 대폭 확대한다. 또한 그 동안의 시설위주의 양적성장 중심에서 창의적인 프로그램의 개발 운영을 위한 인적 역량 개발 필요가 있다.

5) 중앙중심의 규제와 닫힌 운영→지역 현장중심의 자율과 열린 운영

규제와 통제적 성격의 운영방식을 전환하여 자율과 책무를 중심으로 자체 운영되도록 하며, 중앙단위보다는 지역과 현장중심으로, 그 지역 특성과 지역 청소년들의 삶의 현장과 활동현장에 맞는 자율적 사업이 확대되도록 하여야 한다.

Ⅳ. 지역사회와 청소년문화

1. 지역사회의 역할

지역사회는 지리적 공간 그 자체만으로 이해하는 것은 무의미하고 인간생활과 밀접한 관련을 가질 때 그 의미를 갖게 되고, 자연지리적 특성보다는 지역적 생활 그 자체가 지역사회의 핵심부분이 된다. 즉 지역사회란 사람들이 단순히 일정한 지역에서 함께 거주하는 것 이상으로 연대를 갖고 사회적 상호관계를 맺으면서 서로의 생활과 행동에 영향을 미치는 상호의존적인 결합체이다.

청소년문화 활성화는 넓게는 그들을 위한 사회복지적 의미를 담고 있다. 청소년들의 인격을 발전시키고 미래의 시민으로서 올바르게 살아가도록 스스로의 문화를 창조할 수 있도록 돕는데 있다. 행복하고 건강한 청소년상의 형성, 각자의 능력을 최대한 성취할 수 있는 기회의 확대, 각자의 지역사회에서 안정된 가정생활규범향수로 정리된다(김광휘, 1998: 32).

청소년문화의 활성화는 한편 문화민주주의를 지향하는 개념이다. 이는 곧 청소년의 자발적인 참여에 의해 문화활동이 이루어져야 하며 청소년들을 위한 활동이어야 한다는 것이다. 즉 지역사회집단의 생활양식과 정서에 영향을 미치는 모든 종류의 활동 속에서 청소년으로 하여금 자신을 발견하고, 자신을 보다 분명히 표현하고, 그 자신의 문제뿐 아니라 세계속에서 자신의 위치를 이해할 수 있도록 하는 경험을 갖게 함으로써 청소년집단의 바람직한 부분문화를 생산할 수 있도록 도와주는 것이다.

그러나 지역사회에서 청소년문화 활성화는 오직 청소년만을 위한 일은 아니다. 청소년은 지역사회 주민들과 별개의 집단으로 존재하는 것이 아니고, 함께 존재하는 것이며 청소년 문화도 주민들의 문화생활 안에서 공유되고 창조되는 것이기 때문이다. 따라서 지역사회 문화활성화의 환경조성 없이는 청소년을 위한 문화활성화는 본질적으로 불가능하다. 존엄한 인간의 가치와 인권 또한 개개인의 개성과 창조성을 존중하는 지역사회의 문화가 형성되지 않고서는 청소년을 위한 사업도 지속적으로 이루어질 수 없기 때문이다.

그런 의미에서 한국의 지방자치시대 속에서 지역문화 활성화가 갖는 중요성은 다음과 같다. 첫째, 지역문화는 지역 공동체 성원이 공유하고 함께 만들어 가는 생활양식 및 정서체제로 그 나름대로의 독특한 개성을 갖고 있다. 따라서 지역문화가 갖고 있는 독특한 개성을 신장시킴으로써 정서적 심미적인 충족은 물론 창의성과 혁신성을 함양시킨다. 셋째, 지역주민들에게 정체성과 공동체성을 심어주며 지역의 뿌리를 알려준다. 지역주민들은 지역의 특수성에 바탕을 둔 지역문화를 공유함으로써 지역에 대한 정체성과 자긍심을 가질 수 있다.

이러한 인식에 기초한 청소년 문화형성 및 그 활성화를 위한 지역사회의 목표는 다음과 같이 정리할 수 있다 (서울 YMCA 청소년상담실, 1995: 48).

① 지구촌시대의 바람직한 시민의식의 형성

② 지역사회 공동체의 형성에 청소년들의 적극적인 참여 도모

③ 청소년 건전문화 육성과 교육개혁을 위한 지역사회 공론화 하였다.

④ 자생적 자율적 지역사회 청소년 네트워크 형성

⑤ 지속가능한 인간사회 형성에 참여하는 청소년 사회의 대안적인 삶의 양식 실천

⑥ 청소년의 바른 성장을 돕는 학교문화 형성

⑦ 지역사회의 활발한 의사소통

⑧ 가정 학교의 지역사회 교육운동 참여 및 지역사회 청소년 문화형성

그리고 이상의 목표달성을 위한 지역사회의 역할은 대체적으로 다음과 같이 요약된다(표갑수, 1993: 378-9).

① 지역사회 조직화 작업에 주력하며 지역사회의 역량을 결집시키고, 이들이 유기적으로 상호 협조할 수 있는 체계구축에 힘써야 한다.

② 지방의회를 비롯한 지방자치단체 등 제도권내에 있는 당국은 제도적으로 이를 뒷받침해야 된다.

③ 이 사업은 막대한 재정과 인력 및 시설을 필요로 하는 바, 민간참여의 기회를 확대하기 위하여 민간투자의 활성화를 검토해야 한다.

④ 중앙 의존적인 획일성보다는 지역의 특수성을 살리는 방향으로, 미래지향적이고 가치지향적인 문화개발에 주력할 수 있는 추진태세를 갖추어야 한다.

⑤ 레크레이션 중심의 청소년 지도 프로그램에서 벗어나서, 사회교육이나 상담 등 실적 중심의 정책 및 프로그램이 모색되어야 한다.

2. 청소년문화 활성화 방안

(1) 지방자치단체

1) 청소년 육성 전담부서와 행정전문가를 확보한다.

청소년업무 영역이 점점 넓어지고 있으므로 이를 총괄하는 전담부서의 설치가 필요하다. 또한 전문성을 확보하기 위해 장기적으로 업무를 수행할 수 있는 담당인력을 다양한 교육과 연수를 통해 준비시켜야 한다. 청소년 정책이 단지 체육관 건설이나 먹고 마시고 즐겁게 노는 소위 놀이시설로서의 공간확보 마련에 대부분을 차지하고 있는 현실도 오랫동안 청소년문제를 고민하고 대책을 마련하는 전문가가 제대로 갖춰지지 못한데서 비롯된다.

2) 지역개발에 있어 우선순위로 청소년 시설을 고려한다.

지역개발에 있어 청소년을 위한 여가시설과 공간이 마련되어야 한다. 청소년극장이나 체육시설 등을 설치하여 바람직한 청소년 문화형성을 유도할 수 있어야 한다. 청소년문화가 진정 긍정적으로 자리를 잡게 하기 위해서는 청소년들이 그들만의 '멋'과 '맛', 그리고 '끼'를 마음껏 발산할 수 있는 건강한 공간마련이 무엇보다 먼저 마련되어야 한다.

3) 청소년백서를 발간한다.

청소년에 관한 모든 내용, 즉 인구(지역별, 연령별, 성별, 학교학급별 등), 시설, 의식과 가치관, 일상생활, 문화활동, 진로와 취업문제, 사업과 정책, 사업실적 및 향우계획, 지도자, 문제 근로청소년 등의 내용을 포함하는 백서가 출간되어 교육기관과 사회단체 등에 배부할 필요가 있다.

4) 청소년위원회 혹은 청소년발전특별위원회를 설치한다.

청소년의 참여를 제도적으로 보장하고 청소년사업에 대한 시민의 의견을 적극 반영하기 위해 지역사회 의회에 기구를 상설화 할 필요가 있다. 이외에도 청소년정책연구모임도 가능할 것이다.

5) 지역단위 청소년단체를 적극 육성시킨다.

특정지역이나 특정학교를 연고로 하는 작은 규모의 청소년단체 활동을 육성하고 이와 함께 이를 지도할 수 있는 전문가양성을 지원한다(김광휘, 1998: 91). "-을 지키는 청소년 모임" "-을 가꾸는 청소년 모임"이나 방학동안에는 청소년을 위한 문화교육 예술강연회 등을 개최하도록 재정적 행정적 지원을 해야 한다.

6) 지역단위 청소년 유해환경에 대한 규제와 '사전예방적' 차원의 시책을 마련한다. 청소년문제의 해결은 구체적인 생활현장으로서의 지역사회를 중심으로 모색되어야 하며, 문제 청소년에 대한 보호 등의 소극적 차원이 아니라 지역사회 전체가 청소년 유해환경을 정화하고 유익한 환경을 조장하는 사회적 여건을 마련하는데 지방자치단체의 역할이 요청된다. 현실적으로 청소년들에게 유해하다고 판단되는 환경들은 〈표 3〉처럼 이론적으로 예시될 수 있다(한준상, 1999: 362).

〈표 3〉 청소년 유해환경의 유형

구 분	심리적 유해환경	제도적 유해환경	물리적 유해환경
가정	부적절한 양육 부모자녀관계	가족제도 변화	빈곤가정 불량주거공간
학교	교사-학생 관계 또래집단	병리적 교육구조	과밀학교 불량환경
사회	기성세대의 의식과 행동 미래 또래집단	세대간 갈등 빈부격차	매스미디어 유해장소 유해물질

(2) 학교와 교사

1) 교사문화의 우선적인 변화가 필요하다.

청소년 개개인의 개성과 특성을 이해하고 수용할 수 있는 교사문화의 문화적 수용력이 요구된다. 즉 청소년들이 갖고 있는 문화적 기반과 특성을 그들의 입장에서 바라보고 이해할 인식의 전환이 선행되어야 한다. 이를 위해서는 요즈음 청소년들의 문화적 의식, 규범, 특성들을 끊임없이 관찰하고 살펴보는 자세와 연구관심이 요구된다(김민, 1999: 26).

2) 지역사회 단체들과 협력할 수 있는 방안을 마련하다.

청소년들이 지역사회의 청소년단체와 사회복지기관의 프로그램 개발이나 봉사활동에 참여할 수 있는 장을 마련해야 한다. 청소년들의 자원봉사활동은 청소년들이 자기 자신을 발견하며, 사회를 인식할 수 있는 중요한 활동이다. 이는 쓰레기 줍기나 자연보호 등 단순한 봉사활동 등에서 그치는 것이 아니라 좀더 다변화된 높은 수준의 봉사활동으로 이어져야 한다.

3) 문화생활교육을 체계화시킨다.

문화예술활동이 일상생활화 할 수 있도록 한다. 중고등학교 시절에 한가지 악기 한가지 운동 등을 취미로 생활할 수 있게 하며, 졸업 후에는 자연스럽게 시민사회의 각종단체들과 연계되도록 한다. 동아리 활동을 전문화하고 시간을 늘려 전문화할 필요가 있다. 예로 대중문화반도 음악, 영화, 연극, 비디오, TV 등으로 구분할 필요가 있고 나아가 음악도 장르별로 세분화 할 수 있을 것이다.

4) 대중매체를 비판적으로 수용하는 미디어 교육을 실시한다.

오늘날 청소년들은 신문, 라디오, TV는 물론 인터넷까지 다양한 미디어들이 창출해내는 문화 속에서 성장하고 있으며, 이 매체들이 청소년들의 정서 및 행동발달 등 일상생활에 끼치는 영향은 날로 증대하고 있다. 특히 한국의 대중문화는 체제지향적, 향락주의적, 상업주의적, 그리고 문화식민주의적 특성을 강하게 띠고 있다는 점에서, 학교에서는 이들 대중매체가 갖는 부정적 요소들을 가려낼 수 있는 비판적 수용교육을 커리큘럼화 할 필요가 있고, 특히 요즘 문제가 되는 인터넷상의 음란물 유통 및 언어폭력에 대한 대책을 위해서는 정보통신 윤리의식에 대한 교육과정 마련도 시급한 실정이다(유문무, 1994).

5) 시민사회가 함께 할 수 있는 학교축제를 개최한다.

학생 교사 학부모 그리고 졸업생이 함께 하는 대동제를 만든다.

(3) 지역시민사회

1) 청소년을 위한 사회환경 조성에 우선적 노력을 한다.

지역사회 개발에 있어 이익단체와 소수주민의 이익이 공익에 반해 우선되는 잘못된 지역사회 개발이 안되도록 시민들의 부단한 감시가 이루어져야 하며, 이를 발견 시에는 시민운동적 차원에서의 시정요구와 압력이 필요하다.

이와 함께 주택단지 주변에 있는 각종 방 (노래방, 비디오방, PC방, 소주방 등)은 물론 유흥음식점 등이 청소년들에게 유해환경이 되지 않도록 지속적인 감시활동이 필요하다. 아파트부녀회, 입주자대표회, 상가번영회 등이 연대하여 체계적인 활동이 이루어져야 할 것이다.

2) 주택단지 및 관리실 등에 문화활동공간을 확보한다.

주택의 지하실이나 옥상 등을 활용하여 노래방이나 문화카페 독서실

탁구장 등을 만들 수 있을 것이다. 문화카페는 오전에는 주부, 오후에는 청소년을 위한 독서공간, 밤시간에는 가족단위의 티타임공간으로 사용할 수 있다.

3) 체육시설을 설치하여 청소년스포츠 교실을 만든다.

지역사회 및 주택단지별로 체육시설을 강화하여 농구, 테니스, 배드민턴 등의 체육행사를 활성화하고, 특히 방학동안에는 이를 더욱 강화한다.

4) 작은 문화모임을 활성화한다.

주민들끼리 독서 체육동호인 문화활동, 역사탐방, 혹은 토론회 등을 통한 소모임을 조직하고 이에 적극 참여한다. 청소년들이 개별가족의 울타리를 벗어나서 공동체활동을 할 수 있도록 부모가 배려하는 활동이다.

5) 마을축제를 열어 주민공동체를 형성한다.

대보름 윷놀이 대회 등 마을 주민이 참석할 수 있는 마을대회를 개최하면서, 노래자랑, 장기자랑, 백일장, 벼룩시장, 바자회 등과 연계해 주민들간 친목도모에 그칠 것이 아니라 청소년들의 적극적인 참여를 유도하도록 한다.

(4) 시민단체 및 청소년단체

1) 청소년정책에 대한 모니터, 평가, 감시활동 등을 적극적으로 추진한다.

청소년의 자율참여와 권리증진 등 새로운 정책목표들이 제대로 실현되고 있는지, 청소년 관련예산 등이 제대로 확보되고 또 적절하게 집행되고 있는지에 관한 감시활동이 적극적으로 이루어져야 한다. 정부정책집행에 대한 감시활동은 물론이며 청소년 생활환경 개선을 위한 각 지역단위별

관계기관, 업소 등에 대한 감시와 평가활동 등도 함께 추진되어야 한다.

2) 청소년들의 '사회교육의 장'으로서 역할을 해야한다.

청소년들의 자주적이며 창조적인 문화가 형성될 수 있도록 노력을 해야 한다. 청소년 클럽을 지원하고 지도하는 일에 사명을 다해서 그들이 미래 우리사회에 희망을 주는 새로운 문화를 만들 수 있도록 협력해야 할 것이다. 이를 위해 청소년 중심의 자주적이고 창조적인 소모임을 육성할 필요가 있다. 청소년들이 주체가 되어 자신들의 삶을 소망해보며, 내일의 대안문화를 창조해내는 문화적 소모임을 꾸준히 육성해야 한다. 더 나아가 청소년 문화·예술활동의 동아리 네트워크 구성도 고려해볼 수 있다(이종원, 1998: 71). 내일의 지역사회문화는 오늘의 청소년들이 자신들의 문화활동을 통해서 이루어지는 것이기 때문이다.

3) 청소년 정보공동체 형성의 구심점이 되어야 한다.

지역사회 청소년들을 위한 상담 문화활동시설이나 프로그램안내, 각종 정책의 소개, 동아리활동 안내, 의견제시 등을 위한 청소년정보공동체를 구축한다. 처음에는 상담에서 시작하여 점차 전국규모의 자료들을 데이터베이스화 할 수 있도록 한다. 이와 함께 청소년들의 생활과 의식에 관한 실태조사를 지속적으로 함으로써 조사연구기관으로서의 역할도 기대된다.

4) 정책을 제안한다.

여론조사나 기획조사 등을 통해 지역사회의 현안을 수렴하여 지방자치단체에 정책을 건의한다. 뿐만 아니라 단체장의 공약 실현이나 의회의 활동 등을 모니터해서 지속적인 정책 감시자로서의 역할도 담당한다.

5) 청소년 지도자 교육을 실시한다.

학교운영위원회, 학부모회 대표, 아파트 입주자 대표회의 임원, 부녀회 임원, 시민단체 실무자, 교회학교 교사 등 청소년을 지도하는 위치에 있거나 지역의 여론층 또는 지망자들을 대상으로 청소년지도자 교육을 실시한다. 이를 통해 자연스럽게 청소년 지도자 결집체로서의 역할을 맡는다. 이와 함께 청소년지도자들의 의식전환에 대한 활발한 토론 및 자세수정도 이루어져야 한다. 청소년 문화에 대한 진정한 이해와 그 문화의 활성화를 위해서는 그들이 고민하는 거점으로 달려가(out) 그들의 가슴에 와닿는(reach), 그래서 청소년들과 더불어 바닥을 기는 활동(outreach)이 청소년 프로그램의 기본이 되고 체질화되어야 한다(한준상, 1999: 371).

Ⅴ. 맺음말

현재의 청소년문화는 아노미 상태에 빠져있다고 해도 과언은 아닐 것이다. 즉 기존전통의 붕괴와 무력화, 급속한 생활환경의 변화, 산업주의, 물질주의, 편법주의, 도구주의, 청소년 특유의 정체의식의 미확립, 창조적인 문화모델의 부재 등으로 인해 청소년문화는 무규범상태에 처해있게 됨으로써 희망찬 문화발전보다는 상업적 퇴폐문화로 접근하는 토대가 되고 있는 것이다. 이러한 상황 속에서도 이를 극복 대처해야 할 청소년문화정책은 '공부하는 학생', 현재가 아닌 '미래의 주역'에 그 초점을 맞춰 그들의 현재의 삶을 묶어두고 유보시킴으로써 삶의 질을 근원적으로 해결하지 못하고 있다. 즉 청소년문화의 개발은 커녕 오히려 일정부분 문제야기의 원인까지 되고 있는 실정이다.

따라서 향후 청소년 정책은 청소년을 오늘의 사회구성원으로서 권익을 보장하고 독립된 인격체로서 자율적인 활동을 통해 인간다운 삶을 영위토록 하고 청소년을 정책결정과정에 직접 참여케 하여 그들의 요구와 희망에 근거하여 청소년과 함께하는 정책을 추진함으로써 정책의 효율성을 증대시킬 필요가 있다.

이렇게 되었을 때 비로소 청소년세대는 그들의 개혁지향적 사회의식과 참여지향적 민주시민의식을 통해 한국사회를 보다 도덕적이고 민주적이며 창의적인 선진사회로 이끌어 갈 주인공들로 성장해 나갈 수 있다.

지역사회 청소년문화 활성화를 위해 우리가 관심을 갖는 부분이 지역사회의 역할이다. 지금까지의 청소년정책은 사실 그들의 생활권중심 활동에 비중을 약하게 두었기 때문에 대부분 선언적 의미로만 남을 수밖에 없었다. 그러므로 향후 세대간 의사소통의 연결, 가족 간 대화의 회복, 생활권과 학교교육의 접목, 지역공동체로의 청소년 참여 등이 지속적이며 효율적으로 이루어지기 위해서는 지방자치단체나 지역사회단체 그리고 교육기관들의 역할이 그 어느 때보다도 중요하다 할 것이다.

이를 위해 지역사회 청소년 문화형성을 위한 지원방안이 적극적으로 모색되어야 하는데, 지역사회의 역할 중 가장 중요한 것은 청소년들이 여가를 적절히 보낼 수 있는 문화공간 마련과 프로그램의 공급, 지도자의 교육과 확보방안, 지역사회 역량의 조직화 등이 바로 그 것이다.

이제 청소년들에게 불리하게 작용하는 삶의 요소들을 제거하고 이 시기에 건강한 성장과 발달을 완성할 수 있도록 사회체제가 변화하는 것은 결코 미룰 수 없는 시대적 요구이며 동시에 청소년 문화정립을 위한 실천적 과제이다. 무엇을 위해, 왜 할 것인가라는 사회적 합의가 이루어졌다면 남은 과제는 어떻게 하느냐이다. 청소년을 삶의 동반자로 인정한다면 결국 그들과의 협력적인 관계를 구축하고 그들만의 문화의 장을 창조해 내도록 해야 한다.

"청소년의 인간다운 삶을 보장하고 청소년 스스로 행복을 가꾸며 살아갈 수 있도록 여건과 환경을 조성한다"는 청소년 현장이 단지 선언문으로 그치게 해서는 안 될 것이다. 청소년은 지역사회의 문화를 창조하는, 이미 우리 곁에 다가온 세대이기 때문이다.

참 고 문 헌

김광휘, 1998, “지역사회 청소년문화 활성화 방안 연구” 중앙대 석사논문.

김 민, 1997, “신세대 문화 읽기” 「오늘의 청소년」11월호, 한국 청소년단체 협의회.

______, 1999, “청소년복지실현의 과제: 학교 문화를 중심으로” 「청소년문화복지: 새로운 시각과 접근」, 한국청소년복지학회 학술대회 주제발표 논문.

김신일, 1992, “청소년문화의 의미와 성격” 「청소년문화론」, 한국청소년연구원.

노경숙, 1997. “한국신세대의 특성과 의식구조”, 「청소년문제연구보고서」15집, 서울시.

안귀덕 외, 1999, 「한국청소년문화」, 한국정신문화연구원.

양 훈, 1994, 「청소년문제와 노인문제」, 정음사.

유문무, 1994, “자본주의와 대중문화” 「오늘의 한국사회」, 나나미.

임희섭, 1997. 「한국의 사회변동과 가치관」, 나남.

이용숙, 1992, “한국중등학교 문화의 특성” 한국청소년연구 제3권 제2호.

이종원, 1998, “청소년 문화활동의 실태와 자율참여의 과제” 「청소년 문화의 현실진단과 대안모색」, 한국청소년학회.

정근원, 1993, “영상세대의 출현과 인식론의 혁명” 계간 「세계의 문학」, 1993 여름.

조현재, 1998, “IMF체제와 청소년정책의 방향”, 「IMF시대의 청소년 문화와 정책」, 청소년문화센터 심포지움 주제발표 논문.

최윤진, 1999, “청소년정책의 방향과 시민단체의 역할”, http: //www.youthnet.re.kr/sossik

표갑수, 1993, “지역사회와 국가의 역할”, 「청소년문제론」, 한국청소년개발원.

서울 YMCA 청소년상담실, 1995, 「서울YMCA 청소년상담실 자료집」.

한국청소년개발원, 1998, 「청소년육성 5개년 계획」.

한준상, 1999, 「청소년학 연구」. 연세대학교 출판부.

[3편 **지역사회와 정보복지**]

제12장 위험사회와 한국사회 그리고 안전사회

Ⅰ. 머리말

지난 반세기에 걸친 한국의 급격한 사회변동의 와중에서 우리는 사회 도처에 여러 가지 위험요소를 안게 되었다. 이러한 위험사회의 현상은 비단 우리만의 문제는 아니고, 실제 성격은 다르지만 거의 모든 국가가 안전으로부터 자유롭지 못한데, 문제의 심각성은 인류가 편의를 위해 만든 과학 기술 문명 자체가 바로 위험사회의 주된 요인이라는 점에 있다.

1980년대 중반 벡(U. Beck)이 '위험사회'라는 개념을 통하여 환경위기를 비롯한 서구 선진산업사회의 위험과 이것의 생성 및 전개구조를 비판적으로 진단하기 시작했을 때, 그의 이론은 독일은 물론이고 전세계 사회학계에 적지 않은 반향을 불러일으켰다. 1986년 소련 체르노빌의 원전사고라는 대형참사가 '위험사회'에 대한 문제의식을 한층 돋보이게 만드는 계기로 작용했음도 부인할 수 없다. 그러나 이후 전 세계적으로 대형참사와 재난들이 이어지면서 위험이론은 확고한 지위를 차지하게 되었다. 즉 우주왕복선 챌린저 폭발(1986), 체르노빌 원자로 누출(1986), 엑손발데즈 유조선 침몰(1989), 도쿄 지하철의 사린가스 살포

(1995), 오클라호마 연방청사 폭탄테러(1995), 드리마일 아일랜드 원자로 누출(1997), 세계무역센터와 펜타곤에 대한 테러공격(2001), 우주왕복선 디스카버리호 폭발(2002) 등은 대형재난 발생의 잠재력이 현대문명에 깊숙이 자리잡고 있음을 인식하게 하는 계기가 되었다.

비록 서구사회를 분석대상으로 삼는 이론이지만 '위험사회'론은 한국사회에 대해서 중요한 의미를 가진다고 보여진다. 무엇보다 한국사회만의 특수한 산업화 정책을 감안하면 위험과 관련된 앞으로의 사회변화 방향은 예측가능하기 때문이다. 나아가 성수대교 및 삼풍아파트 붕괴와 대구 가스폭발사고 등 크고 작은 재난을 겪으면서, 이제 우리사회도 산업사회에서의 위험과 안전을 주제로 하는 사회학적 이론의 필요성이 요청되고 있기 때문이다.

한국의 경우는 서구의 200여년에 걸친 근대화의 역사를 불과 30여년으로 단축시켜 시행하였고, 전근대적, 근대적, 후근대적 형태가 함께 하는 '비동시적인 것의 동시적 병존'상태를 초래하였다. 전후좌우 가리지 않고 앞만 보고 달린 산업화의 과정에서 한국사회는 위험에 대한 인식조차 제대로 못한 채 사고와 재난을 맞이하고 있는 실정이다. 더욱이 비정상적인 정치구조로 인해 사회 제부문이 왜곡되어 발전하는 특성과 맞물려 한국사회는 이중 삼중의 복합적 위험사회의 형태를 띠고 있다.

특히 중요한 문제는 우리가 사고와 위험을 겪으면서도 그것에 대한 철저한 문제의식과 성찰이 부족한 관계로 위험과 재난이 줄어들지 않고 있다는 사실이다. 정부의 대책이라고는 사후약방문격이며, 사회적으로도 매스컴을 통하여 관련분야의 전문가가 일반인에게는 생소한 전문용어와 자료를 바탕으로 사고원인을 분석하면서 안전성의 재확보를 약속하지만, 대형참사는 곧 다른 사회문제들 속에 묻혀 버리고 개인과 사회의 관심은 다시 일상생활로 향한다. 이러한 과정이 반복되면서 개인과 사회는 산업사회의 곳곳에 내재된 위험들에 대해 점차 무감각해지고 있다.

이런 문제의식 하에 본고는 현대사회를 위험사회로 보는 일군의 학자들 -루만, 하버마스, 기든스, 벡 - 을 중심으로, 그들이 진단하는 현대사회의 모습을 살펴보고, 이어 유례를 찾기 힘들 정도의 특수한 산업화를 일구어낸 한국의 근대화가 어느 정도의 위험수준, 어떤 형태의 위험구조를 안고 있는지를 '파행적 근대화'를 키워드로 하여 찾아본 후, 결론적으로 안전과 복지사회를 향한 우리의 노력은 과연 무엇이어야 하는가에 그 연구초점을 두고자 한다.

Ⅱ. 현대사회의 진단

1. 루만(Luhmann)

18세기 들어 근대로 진입하게 된 서구 사회의 가장 큰 변화가, 사회의 제부문들이 전문화되었음을 의미하는, '사회의 체계화'와 '기능적 분화'인데, 루만은 이러한 사회분화의 이론을 기능주의적 체계이론으로 현실사회에 맞게 재구성하고자 한다. 그의 사회이론은 '분절적 사회에서 계층적 분화를 거쳐 기능적 분화'로 축약되는 사회진화론이다. 즉 선사시대 사회에서는 분절적인, 그리고 전통적 사회에서는 계층적 분화형식이 지배한 반면, 현대사회에서는 기능적 분화가 사회발전의 지배적 원리로 자리를 굳히는데, 이렇게 진화가 진행되면서 사회의 복합성은 증가한다는 것이다(Luhmann, 2002: 39-40).

계층적인 사회에서 기능적인 분화로의 이행은, 연속성과 불연속성이 동시에 병존하는 역사적 과정으로, 기능적으로 분화된 현대사회에서도 계층화 및 분절화는 지속적으로 유지될 뿐 아니라 기능적 분화의 결과들을 통해 재생산된다. 다양한 기능체계로 분화된 현대사회는 더 이상 '중앙기관'을 갖고 있지 못하며, 자율성과 새로운 형태의 자기조종 능력을 갖춘 다수의 자율적 체계들이 출현한다. 이런 입장하에서 루만은 생태위기와 같은 현대사회의 새로운 문제상황에 대한 분석을 시도한다. 즉 "왜 현대사회는 생태학적 위협에 적절하게 대처할 수 없는가?"라는 질문을 통해 생태학적 위협의 문제를 정면으로 다루고 있다. 그에 따르면, 현대사회는 그 내적논리로 인해 발생한 위험에 직면해 있다는 것이다. 여기서 현대사회의 논리란 바로 우리가 계획적으로 의도하지도 않았고 또한 다른 질서를 통해 대체할 수도 없는 사회질서 형태, 곧 중심기관이 없는 기능적 분화에 따른 논리를 말한다(Luhmann, 2002: 13-14).

루만에 따르면 복잡한 환경 속에서 사회체계는 복잡성을 감소시키기 위한 행위자들의 선택을 통해 환경과의 경계를 형성하면서 자기생산체계를 구성하게 되는데, 이 체계는 의사소통에 기초한 네트워크를 통해서만 생산하는 폐쇄적, 순환적 체계이다. 사회는 다름 아닌 의사소통으로 이루어졌으며 의사소통에 의한 의사소통의 재생산을 진행하면서 다른 종류의 체계의 환경과 경계를 짓는다. 이런 방식으로 진화의 복잡성이 증대된다. 그런데 루만에 따르면 사회는 발전초기 단계부터 환경을 변화시키고 파괴시켜 왔지만, 오늘날은 의사소통을 왜곡하는 지경에 이를 정도로 심각한데, 생태학적 문제에 대응하는 데 있어서, 집합적인 의사결정을 생산하는 정치 체계의 수단은 의사소통을 용이하게 하고 의사소통을 강요하므로, 그는 정체체계의 기능에 대한 기대를 높이고 있다.

그러나 루만에게는 정치든 사회운동이든 체계의 전체성을 체계내에서 확립하려는 시도는 불가능하다. 사회는 분화된 단위로서만 환경에 반응할 수 있기에 부분체계적 합리성을 추구해야 하기 때문이다. 즉 루만은, 하버마스가 주장하듯이 의사소통을 통한 사회전체의 합리성을 추구하는 것은 불가능하다고 보기에, 생태학적 커뮤니케이션이 우리사회의 긴급한 환경문제 해결에 기여할 수 있는 방법을 해명할 수 있으리라는 희망은 곧 실망으로 이어질 뿐이라는 지적을 하면서, 사회전체의 일반적인 합의가 전제되는 '규범'이 부재한 시대에서 그는 자연스럽게 '불안'이라는 주제를 선택하고 있다. 곧 불안은 생태학적 위협을 비롯한 다양한 위험들이 체계내에서 주제화되는 방식을 보여준다(Luhmann,2001: 200-201).

과학기술 및 문명의 발전과 더불어 기능적 분화와 복잡성의 증대가 이루어진 현대사회는 각각의 기능 체계들이 불안을 완화시키기 위해 위험부담 속에서 결정을 해야 하는 상황에 놓여있다. 이런 의미에서 현대사회는 '위험사회'다. 위험은 결정의 당사자가 자신의 결정 여하에 따라 손해를 볼 수도 있고, 회피할 수도 있는 경우인데, 현대사회는 지식 및 기술발달을 통해 이 결정가능성을 확대시킴으로써 위험을 증대시키고 있는 것이다.

그런데 위험은 양가적이다. 현재에서는 정보에 기반한 합리적 결정이 가능하지만, 현재의 합리적 결정이 미래의 합리성을 보증해주지는 못하기 때문이다. 더구나 위험을 극복하기 위해 합리성에 의지하지만, 합리성이 오히려 위험의 생산에 결정적으로 기여할 수도 있다(Luhmann, 2001: 69). 에너지의 결핍을 해결하기 위해 원자력 발전에 의존한 것이 오히려 더 큰 위험을 가져다 주었다. 산업화와 자연개발은 물질적 풍요를 가져다주었지만 이로 인해 환경위기가 심화되고 있다. 이것이 바로 현대사회가 안고 있는 합리성의 역설이다. 이러한 불확실한 미래가 기능적으로 분화된 현대사회체계의 운명이다.

루만에게서 현대사회는 복잡성의 증대에 따라 분화된 기능적 체계들로 인해, 생태학적 위협과 위험을 알면서도 총체적으로 대응하지 못하고 부분적 합리성들에 만족하면서 불확실성 속에서 살아가야 하는 것이다. 루만의 체계이론은 결국 현대사회를 기능적으로 분화된 폐쇄적 체계들의 우연적 상호작용으로 이해함으로써 전체사회를 포괄하는 문제에 대해서는 근원적 해결책을 제시할 수 없다는 것을 전제로 하여, 생태학적 위협과 위험의 극복가능성에 대해 근원적인 한계를 설정해 놓고 있다고 하겠다.

2. 하버마스(Habermas)

하버마스는 루만의 체계이론적 틀을 부분적으로 수용하면서도 루만과 달리 현대성 비판의 규범적 준거 제시가 가능하다고 본다. 하버마스는 체계에 의한 생활세계의 식민화라는 틀에서 생태학적 위험을 다루면서, 생활세계 속에서의 의사소통 능력을 통해 위험 극복의 전망을 적극적으로 제시하고 있다.

근대성을 옹호하는 입장에서 하버마스는 계몽사상에 의해 대변되는 서구 모더니즘의 계획을 오늘날의 현실세계에 맞게 재활성화시키려고 노력한다. 그에 따르면, 18세기 계몽사상가들에 의해 이루어진 모더니즘 계획은 과학, 도덕, 그리고 예술이 자연의 힘에 대한 통제를 증대시킬 뿐 아니라 세계와 자신에 대한 이해, 도덕적 진보 나아가 인간의 행복을 증진시킬 것이라 믿었으나 20세기에 들어오면서 이러한 낙관주의가 무너지게 되었다. 결국 과학 도덕 예술의 각 영역은 전문직업의 상응하도록 만들어져 모든 문제가 특수 전문가의 관심사로 다루어지게 되면서 인지적-도구적, 도덕적-실질적, 그리고 미학적-표현적 합리성의 구조들이 숙련된 전문가의 통제하에 놓이게 되었다. 이런 유형의 문화적 합리화로 인해 일상세계는 더욱 궁핍화의 위험에 빠져들게 되지만, 하버마스는 의사소통행위를 통해 이러한 병리현상을 제거하자는 주장을 전개한다(Habermas, 1991).

사회는 체계와 생활세계로 이루어지는데, 체계는 경제와 관료 행정의 영역이 대표하는 공간이며, 생활세계는 상징적으로 구조지워진 일상적 실천의 영역이다. 그런데 근대화 과정은 생활세계의 구조적 분화를 야기하면서 동시에 효율성의 원칙이 지배하는 재생산과정을 생활세계의 의사소통 행위로부터 분리시키게 된다. 자족적 하위체계로 독립한 경제와 관료행정 영역은 대상에 대한 도구적 제어에 전념하며, 행위자도 조작의 대상으로 화한다. 그 결과 체계는 의사소통에 수반되는 성찰적인 일상적 실천으로부터 멀어지며, 궁극적으로는 생활세계의 지평을 파괴하려 한다. 하버마스는 이처럼 현대사회의 위기를 목적합리적인 체계에 의한 '생활세계의 식민지화'로 파악함으로써, 현대사회의 위기를 일면적으로 생활세계의 합리화과정 또는 체계의 복잡성이 심화되는 것으로 파악하려는 어떠한 시도도 거부한다.

현대성의 병리의 핵심은, 화폐와 권력으로 상징되는 체계의 논리가 경제 및 관료행정이 경계 내에서 멈추지 않고 생활세계의 영역까지 침투해 들어오는 현상을 말한다. 곧 화폐와 권력을 매체로 한 체계의 도구적 합리성이 상호이해와 합의라는 생활세계적 맥락과 그 통합구조를 침범 파괴하고 있기 때문에 현대사회는 위기에 직면하고 있으며 이것이 바로 현대의 병리인 것이다(Habermas,1994). 따라서 체계적 합리화와 생활세계적 합리화 사이의 일그러진 균형관계를 회복시키는 것은, 해방과 계몽을 지향하는 비판사회이론의 새로운 목표로 부상한다.

그렇다면 왜 의사소통적 행위영역인 생활세계가 체계의 성공지향적 행위에 의해 쉽게 식민지화 되는가? 하버마스에 의하면 생활세계의 합리화는 일상적 의식이, 분화된 생활세계를 종합하는 힘과 '활동력을 상실하면서 파편화된 의식으로 전락한다는 것이다. 파편화된 의식은 후기자본주의 사회에서 발전의 원동력이자 사회진보의 합법적 근거로 간주되는 과학과 기술에 쉽게 굴복한다(Habermas,1991: 33-35). 과학이 보급하는 전문지식과 생활세계에서 통용되는 일상적 의식이 가지고 있는 소박성과 불명료성에 대해 쉽게 우위를 확보하기 때문이다. 현대사회에서는 '과학성' '전문성' 자체가 사람들이 아무런 의심없이 쉽게 받아들이게 만드는 합법성의 근거이기 때문에 파편화된 일상의식은 과학과 기술의 전문적 합리성에 쉽게 굴복하게 되고, 생활세계의 식민지화는 마치 제국주의가 원시사회에 침입하여 그들에게 동화를 강요하듯 쉽게 이루어진다. 또한 과학과 기술의 새로운 이데올로기는 객관성과 전문성을 기반으로 하여 전통적 이데올로기보다 저항을 덜 받음으로써 부드러운 지배, 오래가는 지배를 가능하게 하여 결국 대중을 탈정치화시키는 능력을 발휘한다.

하버마스의 체계-생활세계 이론은 루만처럼 생태학적 위협이나 위험의 문제를 중심적으로 다루지는 않으며, 이러한 문제가 발생하는 메커니즘을 적극적으로 분석하는 것도 아니다. 다만 이것을 생활세계의 식민화의 부분적인 문제로 다룰 뿐이다. 하지만 하버마스가 생태학적 위협이나 위험의 문제를 다루는 방식은 루만의 체계이론이 지니는 한계를 드러내준다. 루만에게서 생태학적 위협이나 위험에 대한 대응은 원칙적으로 분화된 자기생산적 부분 체계들에 전이될 수 있을 뿐이다. 따라서 생태학적 위협이나 위험에 대한 대응은 원칙적으로 분화된 자기생산적 부분 체계들 속에서만 이루어질 수 있으며, 기껏해야 반향의 방식으로 다른 체계들에 전이될 수 있을 뿐이다(Habermas,1991: 140). 의사소통 역시 각 기능 체계들 속에서 특수한 코드와 프로그램으로 구조화되어 있을 뿐이다. 그러므로 생태학적 위협이나 위험을 극복할 수 있는 길은 부분 체계들의 능력에 달려있으며, 그것이 바로 기능적으로 분화된 현대사회체계의 운명이다. 하지만 하버마스는 "상호 충돌하는 다양한 생활세계들은 서로 이해하지 못한 채 '병렬적으로' 존립하고 있는 것은 아니"라고 본다. 모든 공론장은 다른 공론장을 지시한다. 이 공론장에서 전체 사회는 자신에 관한 지식, 즉 반성적 지식을 형성한다(Habermas,1989).

하버마스에게서 의사소통은 체계의 합리성이 낳은 생활세계의 식민화를 전체적으로 반성할 수 있도록 하는 중요한 계기를 제공한다. 왜냐하면 도구적 합리성이 문제되는 물질적 배분보다는 의사소통 행위의 구조적 왜곡이 이러한 사회갈등의 주요 원인이기 때문이다. 그러므로 오늘날 사회비판의 주된 동력은 생활세계의 식민화에 대한 저항에서 찾게 되어, 결국 후기산업사회에서 왜곡된 생활세계의 의사소통적 합리성을 되살리려는 사회운동으로서, 환경운동과 평화운동 등이 나타남을 목격하고 있다. 새로운 사회운동이라고 불리는 움직임이 삶의 질, 동등권, 자아실현, 의사결정 과정에의 적극적 참여, 인권신장 등에 주로 관심을 가지고 있는 것을 볼 때 그 성격이 한층 분명해진다. 이러한 사회운동을 공통적으로 규정하는 특징은 의사소통의 재활성화에 대한 욕구인 것이다. 따라서 생활세계와 체계사이의 전선은 오늘의 세계에서 새로운 의미를 획득한다(Habermas,1991: 15-160). 원전 반대 움직임, 소비자 운동, 신도시 주민들의 청원운동, 공명선거 감시운동 등은 모두 체계의 원리가 생활세계의 기반을 침탈 붕괴시키려는데 대항하는 풀뿌리 저항운동의 생생한 실례들인 것이다.

하버마스에게서 새로운 사회운동은 체계가 전가하는 생태학적 문제나 위험들로부터 생활세계를 방어하는 적극적인 힘이다. 이 과정에서 의사소통은 부분적 합리성을 중재하는 중심적 조정장치인 것이다. 이처럼 하버마스는 현대성뿐만 아니라 의사소통적 조정이나 사회운동의 가능성에 대해서도 루만과 상반된 전망을 내놓고 있다 물론 루만의 체계이론은 기능적 하위체계들로의 분화로 인해 부분체계의 반향이 의도하지 않은 결과를 낳을 수 있으며 이로 인해 전체적 합리성의 추구가 어렵다는 점을 보여준다는 점에서 현대사회의 중요한 특징을 사고할 수 있도록 해준다고 볼 수 있다.

하버마스는 인간의 상징적 상호작용에 근거한 변증법과 자기반성, 그리고 해방간의 관계를 재발견함으로써 고도로 발달한 기술문명의 지배력을 분석할 수 있는 방법을 제시하고 있다. 바로 이것은 현실을 정당화하는 실증주의적 사고에 의해 사라진 비판의식을 구제하려는 노력이다. 여기서 우리는 지배관계를 지양하기 위해서 공공여론이나 의사소통을 통해 집단들간의 수평적 연대를 이끌어냄으로써 지배 이데올로기를 비판적으로 해체하고 합리적인 의사소통구조를 사회전반에 확장하기 위한 하버마스의 시도를 이해할 수 있다.

3. 기든스(Giddens)

기든스는 현대성에 대한 제도적 분석에 주목하면서 현대사회가 탈현대성의 시대로 접어들고 있다기보다는 현대성의 결과들이 더욱 급진화되고 보편화되는 시대로 옮아가고 있다고 진단한다. 기든스는 현대성의 이중성을 인도의 신화에 나오는 '질주하는 대형트럭'(juggernaut)에 비유하고 있다. 이 트럭은 안전하게 통제되면 잘 사용될 수 있는 동시에 통제 한계를 벗어나 질주 끝에 산산조각이 날 위험성도 지니고 있는데, 이는 곧 존재론적 안전과 실존적 불안이 상충적으로 공존하고 있다는 것이다(Giddens,1991: 145).

이러한 관점에서 기든스는 '탈현대성'을 비판하면서 '급진화된 현대성'이라는 개념을 제시한다. 그는 우선 안전 대 위해, 신뢰 대 위험이라는 현대성의 양면성을 네 가지 제도적 차원- 산업주의, 자본주의, 감시(행정적 집중화), 군사력(폭력 수단에 대한 통제)-에서 분석하고 있다. 산업주의는 기계의 발명과 자원의 이용에 따라 자연을 변형시켜 '인위적 환경'으로 만드는 메커니즘이다 자본주의는 생산수단의 사적 소유에 기반하여 경쟁적인 노동과 상품시장 안에서 자본을 축적하는 제도이다. 감시는 행정적 집중화를 통한 정보의 통제와 사회적 감독이 이루어지는 것을 말한다. 군사력은 폭력수단의 독점과 전쟁의 산업화라는 맥락에서 폭력수단의 통제를 말한다(Giddens,1991).

이 제도적 차원들의 배후에는 현대적 역동성의 세 가지 원천, 즉 시간과 공간의 분리, 이탈(disembedding), 그리고 성찰성이 자리잡고 있다. 우선, 시간과 공간의 분리를 보면, 현대성의 팽창과 더불어 세계적으로 표준화된 달력과 지역을 가로지르는 시간의 표준화가 이루어졌다. 다음으로 이탈은 사회적 관계를 지역적 상호작용의 맥락에서 '풀어놓는 것'을 의미한다. 기든스는 이러한 이탈 메커니즘으로 화폐와 같은 '상징적 징표'의 창안과 '전문가체계'의 확립을 제시하면서, 이것들을 '추상체계'(abstract systems)라 부른다. 사실 그에게서 화폐와 전문가체계는 현대사회에서 안전과 위해, 신뢰와 위험의 문제를 해명하는 핵심적인 메커니즘들이다. 화폐와 전문가 체계는 모두 분리되어 있는 시간-공간을 가로지

르며 기대에 대한 '보증'을 제공함으로써 이탈을 가능하게 하는 것이다. 셋째, 성찰성은 모든 인간 행위를 규정하는 특성으로서, 특히 현대성의 특징은 전반적인 성찰성을 가정하는데 있다고 본다(Giddens, 1998).

현대성의 세 원천들은 기든스가 '탈현대주의'(post-modernism) 주장에 반대하는 근거가 된다. 현대성에 대한 기든스의 주목할 만한 공헌은 현대의 상황을 탈현대성이 아닌 후기(late) 또는 '급진화된' 현대성으로 이해할 것을 제안한다는 데 있다. 즉 현대사회는 현대적 제도와 문화가 새로운 방식으로 조직화되고 있으나, 기존의 현대성과도 완전히 단절되지는 않은 상황으로 이해될 수 있다는 것이다. 서구의 헤게모니가 점차로 쇠퇴하고 현대적 제도가 전세계적으로 확장하는 세계화는 현대성의 이런 급진화된 성격을 잘 보여주고 있는데, 세계화는 우리의 개인적, 사회적 삶을 새로운 방식을 구조화하고 있음에도 불구하고 현대성의 제도적 특징을 탈각하는 것은 아니기 때문이다.

한편 기든스는 새로운 탈현대 질서의 규범적 윤곽, 곧 자본주의, 산업주의, 군사적 힘, 감시체제에의 대응방안을 설명한다. 이 네 가지 제도들은 현대성의 역동적 원천들로 인해 역사적인 이행이 이루어지는데, 그 중심은 바로 '지구화'이다. 지구화는 시공간적인 확장 과정을 의미하며 지구 전체적 수준에서 다양한 사회적, 지역적 관계망이 형성되는 것을 의미한다. 그래서 현대성의 네 제도들은 지구화의 차원들로 확장되면서, 그것은 각각 국제적 노동분업, 세계 자본주의 경제, 민족국가 체계, 세계 군사질서의 특징을 갖는다(Giddens, 1991: 50).

한편 추상체계의 확장에 따라 지구화되고 있는 현대성의 제도들에서도 위험은 증대하고 있다. 핵전쟁의 가능성, 생태학적 재난, 인구폭발, 지구적 경제교역의 붕괴, 그리고 잠재적인 지구적 대재앙 등은 무기력하게 하는 위험들의 지평을 모든 사람들에게 보여준다. 기든스는 현대사회가 위험환경이 제도적으로 구조화되어 있다는 점에서 전현대사회와 다르다고 본다. 현대사회 체계는 위험을 통해 구성되며 거의 모든 사람에게 영향을 미친다는 것이다.

기든스는 현대성의 위험들에 대한 네 가지 적응 양식들-실용적 수용, 일관된 낙천주의, 냉소적 비관주의, 사회운동-이 있다고 보면서, 유토피아적 현실주의를 대안으로 제시한다. 현재 상존하는 현대성의 강도 높은 위험들은 다음과 같다. 경제성장 메커니즘의 붕괴, 생태학적 붕괴와 재앙, 핵전쟁과 대규모 전쟁, 전체주의 권력의 성장들이 그것이다. 미래 유토피아는 이에 대항하여 후기 절약 체계와 사회화된 경제조직, 기술의 인간화와 지구보호체계, 탈군사화와 전쟁의 극복, 다층화된 민주적 참여와 통합된 세계질서의 가능성을 추구하여야 한다. 여기서 급진적 참여 양식으로서의 사회운동은 잠재적인 미래의 변형을 위한 중요한 지침이 되는데, 특히 생태학적 운동은 산업발달이 초래한 강도 높은 위험에 대한 자각의 증대를 반영하고 있다(Giddens, 1991: 119-121 ; 정태석,1999: 27).

4. 벡(Beck)

벡은 현대사회를 위험사회라 진단하고 이를 치료할 수 있는 대안으로 성찰적 근대화모델을 제시하고 있다. 물질적 풍요로움을 비롯한 안락한 개인적 삶을 인간에게 제공하는 현대산업사회가 가능할 수 있는 원천이 기술공학이라 본 벡은 이로 인해 결국 거대 기술공학적 지식에 종속된 현대산업사회의 모습을 위험사회라 지칭하였다. 지속적 경제성장을 국가정책의 제일 중요한 목표로 삼을 수밖에 없는 현대사회는 높은 생산성을 이루기 위해 새롭게 계속 개발 발전되는 기술이 안고 있는 부작용에 대해서 현대인은 무감각한 반응을 보인다. 벡은 위험사회 개념의 의미를 분명히 하기 위해 위험을 시대별로 구분하고 있다(Beck, 1998: 54-57). 이는 단순히 현대사회에서 위험이 증대되었다는 사실을 보여주려는 것이 아니라 위험의 성격이 근본적으로 변화하였으며 이러한 변화는 현대성의 자기해체 또는 재귀적 현대화라는 현대성의 모순적 발전과정에 기반하고 있다는 점을 보여주려고 한다. 벡은 '고전적 산업사회'와 '새로운 형태의 산업사회' 간의, 즉 '산업사회'와 '위험사회' 간의 단절에 주목하면서, 이것을 현대성의 내적인 연속과 단절의 모순이라는 관점에서 다루고자 한다.

산업사회가 결핍사회의 문제를 해결하기 위한 부의 생산 및 분배와 연관되어 있다면, 위험사회는 부의 생산이 초래하는 위험의 생산 및 분배와 연관되어있다. 오늘날의 위해들은 산업적 과잉생산에 기반하고 있으면서 빈곤, 질병, 교통사고, 산업재해 등과 같은 초기 산업사회적 위험들과 달리 계산 불가능하고 통제 불가능한 위험들을 발생시키고 있다. 그래서 산업사회 초기의 위험들과 달리 보험조차 불가능하다. 벡은 위험과 부의 차이를 분명히 하기 위해 다섯 가지 위험의 특수한 성격 -'초계급적 보편성', '비가시성과 사회적 구성성', '지식 의존성', '상업성', '정치적 폭발력'-에 주목하고 있다(Beck, 1997: 57-59).

우선 위험은 '초계급적인 보편성'을 지닌다. "결핍은 위계서열적이고, 스모그는 민주적이다." "객관적으로 위험은 그 범위 내부에서 그리고 그로부터 영향을 받는 사람들 사이에서 평등화 효과를 보여준다." 온실효과가 좋은 예가 되고 생태재해와 원자낙진은 국경을 무시한다. 부자와 권력가라고 해도 이것으로부터 안전하지 않다. 이런 의미에서 위험사회는 세계적 위험사회이다.

또한 위험은 계급사회의 가시성과 달리 '비가시성'으로 인해 사회적으로 구성되는 경향을 지니고 있다. 그리하여 위험의 규정을 둘러싸고 공방을 벌이는 대중매체, 과학자, 법 전문가 등이 사회적으로 중요한 집단이 된다. 이는 곧 위험의 '지식 의존성'과 연관 될 수밖에 없다. "건강을 해치거나 자연을 파괴하는 것은 우리의 감각기관으로 인지할 수 없으며, 겉보기에 쉽게 구분되는 곳에서조차 문제를 '객관적으로' 결정하기 위해서는 자격있는 전문가의 판정이 필요하다"(Beck, 1997: 63). 그래서 "위험의 결정에는 학문분과, 시민집단, 공장, 정부와 정치 사이의 거리를 넘어선 협조가 요구되지만, 그 과정에서 이러한 여러 가지 요소들이 서로 적대적인 규정을 제출하고 자신의 규정에 따라 투쟁하는 경우가 흔하다." 이처럼 지식에 의존하는 위험의 특성으로 인해 위험의 규정에서 합리성에 대한 과학의 독점이 분쇄된다. 과학적 합리성과 사회적 합리성이 서로 결합하며 또 서로 경쟁하게 되는 것이다(Beck, 1997: 66-68). 이러한 위험사회의 규정관계는 위험의 규정을 둘러싼 적대와 갈등의 관계이며, 이것은 곧 '정치적 폭발력'의 기반이 된다. 이제까지 알려져 온 현대화의 기초는 의문시되며 이러한 의문은 합리성들의 경쟁을 불러일으킨다.

벡은 나아가 이 위험이 '개인적' 위험, '특정집단'의 위험이 아니라, 국경을 넘어서서 지구전체에 퍼져나가는 지구화의 경향을 지닌 '전사회적 · 지구적' 위험에 주목한다(Beck, 1997: 44 ; 2000: 66-67). 생태적 위험과 고도기술의 위험은 산업시설과 같은 특정한 지역에 국한된 위험과는 질적으로 다른, 모든 생명의 자기파멸의 위협인 것이다.

여기서 벡은 위험사회로 규정된 현대사회를 치유할 수 있는 적극적 대안으로 성찰적 근대화를 제안한다. 사회가 근대화될수록 행위자는 자기존재의 사회적 조건을 더 많이 반성하고, 그리하여 그 조건을 변화시킬 수 있는 능력을 획득하게 된다. 자본주의 체제에 근본적인 신뢰를 보내는 벡은 근대화과정이 일단은 산업화에 의한 물질적 풍요로움을 가져다주었다는 사실 하나만으로 자본주의는 그 정당성을 갖고 있다고 보면서, 위험이 더 이상 간과되어서는 안되는 현실을 숨기지 말고, 오히려 위험의 실상을 겉으로 드러내 놓고 이를 제대로 파악하여 그에 대한 적극적인 통제와 대응책을 찾는 노력이 우리 주변생활의 각종 위험을 극복할 수 있는 방법이다. 이렇게 축소되지 않고, 과장되지도 않은 위험에 대한 바른 인식은 근대이후 인류를 꾸준히 계몽해온 이론을 제시한 학문과 실제의 행동을 주도한 정치에 새로운 역할을 기대하게 된다. 사회적으로 엄청난 파급효과를 가져오며, 체계적으로 지식화되는 현대의 위험에 적절하게 대처하는 주체를 새로운 정치와 학문에서 찾았으며,

이 새로운 풍토가 풍미하는 근대화를 성찰적 근대화라고 하였다. 즉 성찰적 근대화란 자기의식을 갖춘 개인이나 집단이 자신과 자기사회에 대해 지식을 비판적으로 적용시키는 능력이 점차 늘어나면서 '한 시대 전체, 즉 산업사회 시대의 창조적(자기)파괴 가능성'이 열림을 의미한다.

벡이 말하는 위험사회란 사회구성원들 간에 위험에 대한 공포의 연대가 형성되고, 그 공포가 정치적 힘으로 전환된 사회유형을 의미한다. 현 사회에 내재된 위험의 가공할 만한 잠재성을 제대로 인식할 때 종래의 단선적이고 맹목적이던 근대화에서 성찰적 근대화로의 패러다임 전환이 가능해지며, 지금이 위험사회라는 인식 자체가 전환의 계기가 되어서 더 이상 위험을 선택하지 않는 결정을 내리는 방향으로 역사적 행보를 바꿀 수 있게 된다는 것이다. 그러나 벡은 산업사회를 위험사회로 몰고 간 배후인 '기술진보'와 끊임없는 '확대재생산'의 논리로 자연생태계를 파괴하고 위험을 생산해 온 자본주의 문명의 경제적 추동력을 간과하고 있다. 단지 사람들이 위험사회가 출현했다고 인식하는 것만으로 경제적 결정에서 정치적 결정으로 옮겨갈 수 있다는 논리는 지나친 비약이거나 환상일 뿐이다. 따라서, 성찰적 근대화가 진정으로 추진되기 위해서는 현 사회체제와 사회구성원들을 지배하고 있는 자본주의 문명의 작동원리에 대한 보다 철저한 분석과 평가가 선행되어야만 할 것이다.

5. 정리 · 평가

우선 전반적인 이론틀을 비교해 보면, 루만은 '체계와 환경의 차이'라는 틀 속에서 생태학적 위협을 체계이론에 통합시키려고 한 반면에, 하버마스는 생태학적 위기나 위험의 문제를 본격적인 주제로 다루고 있지는 않지만 체계-생활세계 이론을 통해 루만의 체계이론을 비판함으로써 이러한 문제들을 다룰 대안적 방법을 제시하였다. 루만과 하버마스가 환경/체계 또는 체계/생활세계라는 일반적인 문제틀 속에서 생태학적 위협이나 위험의 문제를 다소 추상적으로 다루고 있다면 기든스와 벡은 현대사회의 역동성 속에서 생태학적 위기와 위험이 전개되어 가는 방식을 보다 구체적인 사회적 맥락 속에서 다루고 있다.

근대화와 관련하여서는, 기든스는 현대성의 연속성에 주목하면서, 위험을 급진화된 현대성, 고도 현대성, 후기현대성의 틀에서 보고 있다. 반면 벡은 단순 현대와 재귀적 현대 간의 단절을 강조하면서 위험의 새로운 성격에 주목한다. 기든스가 신뢰와 위험을 연관시켜 이해해야 한다는 루만의 견해를 받아들이면서 안전 대 위해, 신뢰 대 위험이라는 주제를 통해 현대성 발전의 결과들을 논의하고 있다면, 벡은 근대화의 기초와 근대화의 결과가 대면하는 '재귀적 근대화'의 성격을 논의하고 있다. 또 기든스가 전통과 현대의 불연속성을 강조하면서 근대성 발전의 연장선상에서 후기근대의 위험에 주목하고 있는 반면, 벡은 산업적 현대와 재귀적 현대의 불연속성을 강조하면서 위험사회를 재귀적 현대에 위치시키고 있다. 벡은 위험사회와 하부정치에 관한 이론을, 기든스는 위험과 신뢰의 개념을 근대의 탈전통 상황과 연결시킨 이론을 각각 제시한다.

성찰적 근대화에 대하여, 기든스는 능동적 신뢰를 기반으로 한 '전문가 체계'와 '제도적 성찰성'의 역할을 중점적으로 다루고 있다. 반면에, 벡은 위험사회를 초래한 구조 자체에 더 초점을 맞춘다. 성찰적 근대화의 매체로는 기든스가 과학적 지식이나 전문 지식, 그리고 일상적 지식 같은 다양한 형태의 지식을 들고 있는 반면에 벡은 오히려 비지식, 보이지 않는, 그리고 의도하지 않은 어떤 것들의 고유한 역동성을 매체로 들고 있다. 성찰적 근대화의 결과에 관해서는 기든스는 전통으로부터의 '이탈'을, 반면에 벡은 개인화를 강조한다. 기든스가 현대화의 과정에서 개인들의 성찰성 또는 반성능력이 증대되어 간다는 점을 강조하고 있다면, 벡은 현대화의 산물들이 현대화 과정과 끊임없이 자기 대면하게 된다는 점을 강조하고 있기 때문이다.

한편 사회운동과 관련해서, 하버마스는 저항운동과 퇴각운동, 기든스는 생활정치와 정체성의 정치, 벡의 하부정치 등의 관점에서 모두 새로운 사회운동의 잠재력에 기대하고 있다는 점에서 유사성을 지니고 있다.

그럼 과연 위험사회이론은 한국 사회의 현실을 해명함에 있어 어떤 방식으로 수용될 수 있을까? 무엇보다 한국사회가 갖는 근대성 발전의 특수한 조건들을 밝히는 데서 그 의의를 찾을 수 있을 것이다. 개략적으로 본다면 한국 사회는 단순근대의 위험과 재귀적 근대의 위험이 복합되어 있다. 산업사회의 발달에 따른 산업재해, 실업, 노령화와 같은 산업적 위험들에 대한 안전장치, 즉 사회복지제도가 발달하지 못했을 뿐만 아니라 생태위기 등의 새로운 위험에 대한 감수성 역시 약하다. 즉 한국 사회는 한편으로는 근대성의 자기적용 또는 재귀적 근대화로서 위험사회의 성격을 띠고 있으면서도 다른 한편으로는 근대성의 저 발전 또는 근대성 요소들 간의 불균등 발전으로 인해 산업사회적 위험에서도 벗어나지 못하고 있는 '후진적 위험사회'라고 할 수 있겠다. 그런데 아직 계급불평등이나 복지의 저발전 등 산업사회적 위험을 해결하기에도 벅찬 현실에서 '위험사회'를 극복하기 위한 재귀적 근대화의 과제를 해결하기란 실로 어려워 보인다. 그러나 위험사회이론이 단지 사회현상에 대해 기술만 하는 것이 아니라 일상적 삶의 여러 측면들과 그 같은 삶이 구성되는 방식에 대해 비판적으로 접근한다는 점에 비추어 볼 때, 지구적 생태위기에 대한 문제제기와 함께 이중적 위험에 놓여 있는 한국의 현실파악을 위해, 한국 근대화 과정의 특수성과 지구화의 현실에 대한 구체적이며 심도 있는 논의들이 이루어질 단초를 제공했다는 점에서도 그 의의는 충분하다고 여겨진다.

Ⅲ. 한국사회와 위험구조

1. 파행적 근대화

한국은 지난 30여년에 걸쳐 본격적인 경제발전을 통하여 국내총생산(GDP) 세계 12위에 이를 만큼 고도의 경제성장을 이루었지만, 이것은 우리 사회의 총체적 역량이 오직 경제발전이라는 단일목표에 집중된 결과였고, 이로 인한 부작용은 '위험사회'적 시각에서 볼 때 대단히 짙은 그림자를 드리우고 있다. 최근 약 10여 년간에 발생한 다음의 사고일지는 지금의 한국사회가 얼마나 많은 위험요소들에 둘러싸여 있는지를 단적으로 설명해주고 있다.

신행주대교 붕괴(1992년 7월), 우암상가 아파트 붕괴(1993년 1월), 구포역 열차 전복(1993년 3월), 예비군 부대 폭발사고(1993년 10월), 아시아나 항공기 추락(1993년 7월), 서해 훼리호 침몰(1993년 10월), 성수대교 붕괴(1994년 10월), 충주호 유람선 화재(1994년 10월), 아현동 도시가스 폭발(1994년 12월), 대구 지하철 가스 폭발(1995년 4월), 삼풍 백화점 붕괴(1995년 6월), 고성산불(1996년 4월), KAL기 괌 추락사건(1997년 8월), 씨랜드 화재사건(1999년 6월), 인천호프집화재사건(1999년 10월), 중국항공기 김해 추락사건(2002년 4월), 태풍 루사 피해(2002년 8월), 대구지하철 화재사건(2003년 2월), 여기에 열대야현상, 다이옥신 파동, 광우병, 사스 공포까지 곁들이면, 실로 우리는 '위험의 일상화'에 포위되어 있음을 새삼 느끼게 된다.

한국경제는 최근까지 가능한 모든 자원을 동원하여 총량적 경제성장을 가능한 한 빨리 극대화시키는 방식의 '돌진적 성장'(rush-to growth)을 추구해 왔다고 할 수 있다. 지난 30여 년간에 걸쳐 수출에 의존한 한국 경제의 전개과정은 곧 돌진적 성장의 과정이었다고 해도 과언은 아니다. 1960년에 3,000만 달러를 약간 상회하였던 수출액은 1964년에 1억 달러를 돌파한 데 이어 1971년에는 100억 달러, 1988년에는 500억 달러, 그리고 1995년에는 1,000억 달러를 돌파하는 기록을 쌓아 갔다. 수출에서 차지하는 중화학공업의 비중도 1984년부터는 경공업을 앞지르기 시작하여, 1996년 현재는 총 수출의 70.3%에 달하게 되었다.

이 돌진적 성장은 분명 매우 급속한 산업화를 수반하면서, 지극히 짧은 기간 동안 완전히 산업사회로 이행되는 세계역사상 유례를 찾기 힘든 한강의 기적을 만들어 냈다. 경제의 중심이 2차산업으로 이동되었을 뿐 아니라, 도시화가 진전되었으며, 수출지향적 산업화에 힘입어 한국 사회도 상당히 국제화되었다.

그러나 이 기간 동안 이룩된 경제성장과 산업화의 특징은 (1)불균형 성장, (2)불균등 발전 (3)고압의 정부주도 성장 (4)시민사회의 피폐화가 주를 이루고 있으며 이것은 결국 '파행적 근대화 Limping modernization'에 지나지 않는다. 서구에서 200년이 넘게 진행되어 온 근대화가 (1) 경제적인 수준에서의 지속적인 성장 및 산업화 (2) 정치적인 수준에서의 참여의 확대 및 민주화 (3) 사회적인 수준에서의 합리적인 가치체계의 도입 및 확산이라는 조건을 충족하는 전통적 근대화의 모습을 갖고 있다. 즉 근대화는 경제, 정치, 사회, 문화 등 모든 사회적 측면에서의 상향운동을 의미하며, 이 조건들이 충족되었을 때 근대화는 비로소 성취되었다고 할 수 있을 것이다. 이를 고전적 또는 전통적 근대화라고 한다면, 민주화와 합리화를 결여한 산업화는 기껏해야 '절름발이 근대화'의 궤적을 그리고 있을 뿐이다.

'잘살아 보세'라는 국가주도적 목표가 '개발독재'의 이름으로 정당화되면서, 근대화 추진에 따른 각종의 부작용들은 경제성장과 '조국 근대화를 위해 불가피한 것으로 치부되었다. 노동법의 개악, 체포 및 고문의 합법화, 인권유린 등이 돌진적 성장에 수반되었다. 민주주의를 사실상 부정하는 정치적 억압은 적어도 1990년대 초까지 지속되었으며, 김영삼 정권의 출범이래 더불어 크게 완화되었으나 민주적 절차는 여전히 무시되어 '문민독재'의 권위주의는 여전히 한국의 정치를 지배하고 사회적으로 만연해 있다. 민주주의가 확보되지 못한 조건 속에서 합리적인 가치체계의 도입과 확산은 거의 불가능하였고, 그 자리는 이른바 '군사문화'가 차지하게 되었다. 군사문화와 결합된 돌진적 성장은 군사 작전하듯 '안되면 되게 하라'와 '하면 된다'라는 구호아래 산업화를 집중 '공략'하면서, "대충대충", "빨리빨리"하면서도 결과만 나타나면 된다는 '터보 근대화'의 물신주의 사회를 만들어 내고 있었다.

더 나아가 그 속성상 파시스트적 성격을 지녔던 군사문화는 전근대적 혹은 반 근대적 근대화를 띠는 '폭압적 근대화'으로 이어져, 한국의 근대화가 압축주의, 강제주의, 전체주의적 특성을 갖게 하는 추동요인으로 작용한다. 압축주의는 한국에서 근대화가 성과주의, 외형주의로 추구되었음을 의미하며, 강제주의는 개발독재로 나타났으며, 이것은 시민사회의 이견을 인정하지 않는 전체주의적 특성을 뒷받침 한다. 따라서 폭압적 근대화는 당연히 위험 문제를 경시한다. 경제적 생존논리가 위험에 대한 인식을 압도하고, 식민주의의 연장으로서 근대 과학주의가 국가 엘리트를 매개로 사회 전체를 압도한다. 파시즘은 겉으로는 엄청난 소신과 결단을 피력하지만, 실제로는 대중의 환심을 사기 위한 방책에 골몰한다. 각종 개발 계획이 남발되는 '토목 공화국'은 이렇게 해서 형성되었던 것이다. 한국에서 국가가 주도한 모든 토목 사업의 진정한 문제는 언제나 정치의 문제였으며, '토목 공화국'이 '사고 공화국'으로 전락한 까닭은 바로 이 때문이다. 여기서 지금 이 사회가 안고 있는 가장 큰 사회적 위험의 단초가 제공되고 있는 것이다.

그리고 '건설공화국'지향은 개발지상주의로 이어져 우리사회 곳곳의 생태환경을 파괴하는 결과를 초래하였다. 즉 1960년대 들어 '국가 건설'은 '경제 개발'과 동의어가 되면서, 국토 개발은 댐 건설, 공단 건설, 자연 자원의 개발, 철도 건설 등에 역점을 두었고, 1970년대에는 중화학공업화가 본격적으로 이루어지면서 중화학 산업 기지의 건설, 경부고속도로 건설 등이 추진되었다. 이어 산업화의 심화단계인 1980대에 산업의 재배치를 위한 서해안 개발, 신산업 단지 조성, 수도권 정비 등이 핵심적으로 추진되었고, 산업의 첨단화와 개방화가 가속화하는 1990년대에는 대도시 인근의 대규모 주거지 건설, 고속도로의 확장, 하이테크 단지의 건설, 도심 재개발 등이 역점 사업으로 추진되었다. 1998년 경제 위기 이후에는 경제의 지구화 · 개방화와 더불어 신자유주의가 경제 정책의 기조를 이루면서 국토 개발과 관련해서도 토지 이용의 탈규제화, 시장 기제를 통한 개발, 환경 규제를 위한 경제적 유인책의 확산이 일반화되었다. 요컨대, 한국의 개발주의는 경제 성장을 지배적인 논리와 가치로 설정하는 반면 국토 개발은 이로부터 철저히 분리해 경제적 가치 창출의 도구 내지 수단으로 설정하는 것으로 제도화되어 왔고, 이런 과정은 당연히 국토환경을 피폐화시킬 수밖에 없었다.

성장-개발 지상주의 경제는 건설 혹은 개발에 대한 수요를 끊임없이 만들어내지만, 이는 결국 국토 환경의 경제적 가치만 따지는 것으로, 국토 공간 환경이 고가의 상품으로만 간주되어 왔음을 의미한다. 국토가 끊임없이 파헤쳐지고 개발되어 투기적 거래의 대상이 되는 것은 국토환경의 상품화가 그만큼 과도하게 이루어졌음을 말하는 것이다. 국가가 앞장서 경제 개발을 이끌어 가는 동안 국민들의 의식과 생활양식이 개발주의로 물들어 가는 것은 필연적인 결과일 것이다. 개발전망이 밝은 전국 곳곳에서 벌어지는 부동산 투기, 법규를 교묘하게 피해가는 불법건축물, 주변 경관과 관계없이 시세차익만을 노린 나홀로 건물, 공공장소들의 불법점유 및 불법 변경 등, 이들 모두 개발주의에 물든 우리의 의식 양태를 잘 보여주다. 우리사회에 만연한 개발주의의 성향은 국토환경이 하루가 다르게 훼손되고 오염되는 데서 그 백미를 드러낸다. 특히 도시 인근 지역에서의 무계획적인 난개발은 개발에 따른 단순한 환경파괴에서 그치는 것이 아니라, 지역환경 전반을 유기적으로 해체하고 왜곡시키는 것이다. 즉 난개발이 가지는 중요한 의미는 무질서한 개발 자체보다, 산과 하천이 사라지고 녹지축이 단절되며 추가적인 환경오염이 유발되는 등 생태계 순환의 단절로 표출되는 국토환경의 유기적 파괴에 있다.

결국 이론적으로 보아 전통적 근대화가 가져오는 사회가 위험사회라면, 파행적 근대화가 가져오는 사회는 결코 단순할 수가 없다. 즉 근대화의 조건을 모두 충족시켰다 하더라도 우리가 의도하지 않은 결과로 인해 '안전한' 사회가 가능하지 못하다는 사실에 비추어 볼 때, 한국이 밟아 온 파행적 근대화는 한편으로는 근대화에 따른 위험과 동시에 근대화의 불충분성에 기인한 위험을 동시에 안고 있다. 따라서 이렇게 파행적 근대화가 이루어진 사회의 위험은 당연히 복합적일 수밖에 없으며, 이런 의미에서 한국사회는 돌진적 근대화에 따른 '이중적 위험사회'라 할 수 있다.

2. 부패와 불신의 구조화

위험사회는 순간 순간 엄청난 재난을 불러올 수 있는 상황의 지속성으로 특징된다. 전통적인 위험은 외부적 '환경'에 의해 초래되었기에, 과학적 모델로 측정하고 통제할 수 있었으나, 오늘날은 위험의 환경이 "바로 사회제도의 중심에 내재한 상태"가 되었다. 즉 "과학과 기술 그리고 사회가 어떻게 구성되는가에 따라" 위험이 달라진다는 것이다. 따라서 과학과 기술은 이제 문제 '해결의 원천'이라기보다는 문제 '발생의 원인'이 된다는 의미에서, 위험은 더 이상 기술적 문제만이 아닌 사회제도적, 정치적 문제로 자리하게 되는 것이다. 그러므로 위험의 핵심은 단순한 기술적 결함이 아니고 구조적인 것이다. 세계 여러 곳에서 한국의 건설 회사들은 기술적으로 튼튼하고 훌륭한 건물들을 안전하게 건설할 수 있는 능력이 있음을 입증했다. 그런데 왜 정작 모국에서는 그렇지 못한가? 우리는 여기서 정경유착과 부패를 생각하지 않을 수 없다.

부패방지위원회에서 실시한 『2003년도 부패관련 국민인식도 1차 조사 보고서』에 따르면 한국 국민들 가운데 공직사회가 "거의 또는 별로 부패하지 않았다"는 응답은 21.3%에 불과하다. 반부패국민연대가 2003년에 공공기관, 기업, 시민단체 등 3개 영역의 투명성 관련 설문조사 결과에서도 응답자의 87.9%가 한국사회를 부패한 사회로 인식하고 있는 것으로 나타났다. 국제투명성기구의 2003년 세계 부패 보고서(Global Corruption Report)에서도 이와 상응하게 한국 국민들 중 응답자 84.1%가 개인 및 가족생활에 대해서, 또 86.6%가 문화와 사회적 가치에 대해서 부패가 영향을 미치고 있다고 답한 것으로 나타났는데, 이는 2003년 부패인식지수에서 가장 청렴한 나라로 지목된 핀란드의 경우 각각 14.4%, 46.6%의 응답자만이 부패의 영향을 긍정하고 있는 것과 크게 비교된다. 그야말로 '총체적 부패공화국'(The Republic of Total Corruption)이라는 자조 섞인 평가를 감내할 수밖에 없는 조사결과이다(김거성, 2004: 211).

이 한국사회 부패의 중심에 1순위로 자리하고 있는 것이 정치집단이다. 반부패국민연대의 2003년 공공기관, 기업, 시민단체 투명성인식 설문조사에서 응답자 89.4%가 정치권을 가장 부패한 집단으로 지목하였고, 세계부패보고서의 조사에서도 정치부패가 한국 국민들에게 최우선적인 극복 대상으로 받아들여지고 있는 것으로 나타났다. 정치 분야의 부패를 상징적으로 보여주는 사건은 무엇보다도 '차떼기'이다. 지난 2002년 대통령 선거에서 LG와 이회창 후보 진영에서 불법선거자금으로 수백 억 원의 현금을 트럭 째로 주고받은 데서 나온 이 '차떼기'란 단어는 정치권의 부패를 요약해주는 '부정부패 관련 키워드'가 될 수밖에 없다. 뿐만 아니라 SK와는 지하주차장을 이용하여, 현대자동차와는 승합차로, 또 삼성과는 월간지로 위장한 '책떼기' 수법으로 각각 현금 또는 채권을 주고받기도 하였다. 규모는 작지만 이들은 노무현 후보 진영과도 수십 억에 이르는 선거자금을 주고받은 것으로 나타났다. 돈세탁을 방지하기 위하여 범죄수익은닉의규제및 처벌등에관한법률과 특정금융거래정보의보고및이용등에관한법률 등이 제정되어 2001년 11월 27일부터 시행에 들어갔지만 이처럼 상상을 넘는 고액의 불법 정치자금이 현금으로 준비되고 이동하는 과정에서 이 법률들은 전혀 작동되지 않았다.

이런 결과로 2004년 2월 현재 각종 청탁이나 이권에 개입하거나 불법 정치자금 또는 뇌물 등을 받은 혐의로 구속된 국회의원들이 20여 명에 이른다. 뿐만 아니라 이미 전두환, 노태우 두 전직 대통령들이 구속되었던 바 있으며, 김영삼 김대중 두 전직 대통령의 아들들도 수뢰 등의 혐의로 구속되는 등의 경우에서 볼 수 있는 바와 같이 이들 권력핵심부가 외부적으로는 '사회정화'나 '정의사회구현' 또는 '부패와의 결전' 등의 구호를 제시하였지만 실은 그들 스스로 부패에 깊이 연루되어 있었던 것이다.

그러나 정치부패는 단순히 그 자체만으로 존재하지 않는다. 기업들의 부정과 비리와 함께 꽈리를 틀고 있는 것이다. 따라서 '정경유착(政經癒着)'이야말로 정치부패의 정확한 이름이라고 할 수 있다. 정치권은 소수 재벌을 집중적으로 지원하면서 이들로부터 쉽게 정치자금을 얻는 것이다. 박정희 정권이래 특정 재벌들에 대한 무한대의 자금지원과 세제지원을 통해 경제력을 집중시키는 대신 집권세력은 효과적인 통제수단을 동원하여 정치자금 루트를 확보하였다. 이러한 공생공영의 상호보완적 관계는 혼인동맹을 형성하면서 더욱 고착화된다. 한국 100대 재벌의 딸이 소위 고관 자제에게 시집간 비율은 26%, 100대 재벌의 아들이 고관의 딸과 결혼 한 비율은 33%에 달한다. 정치인과 기업가가 혼인을 통해 인맥을 형성하고 자신들의 이익극대화를 위해 공생하는 부패구조를 심화시켜 나가는 것이다(이은영 · 박원순, 2002: 88).

정경유착을 대표하는 소위 '비자금'(slush fund)은 기업이 분식회계를 통해 정치자금을 조성하는 불법 관행이 자리하고 있기 때문에 가능하다. 지난 1997년 한국에서 이른바 'IMF 외환위기'를 초래한 배경도 마찬가지로 권력과 재벌의 결탁에서 찾을 수 있다. 한국의 재계 서열 14위이던 한보그룹이 당시 여권뿐만 아니라 야권까지 포함한 광범위한 권력층과 유착하여 5조7천억원에 이르는 권력형 금융부정과 특혜대출 비리를 저지르고 부도를 냈던 것이다. 결국 이는 은행 등 금융권의 부실로 이어져 국민들의 세금으로 조성된 이른바 '공적 자금'을 투입해야만 하는 결과를 초래하였으며, 한국경제에 대한 외부의 신용평가에 매우 나쁜 영향을 끼쳐 외환위기로 이어지게 되었다. 즉, 재벌은 이런 부정을 통해 조성되는 자금의 일부를 뇌물과 불법적 정치자금으로 제공하고, 권력은 이러한 비리를 알선 또는 비호해 주는 부패의 네트워크가 존재하고 있었던 것이다.

한편 정경유착과 부패의 고리에는 관료사회도 한몫을 하고 있다. 지방자치의 실시 이후 자율성은 증대되어가지만 이에 맞물려 책임성이 함께 높아지지 못함으로써 단체장이나 지방공무원들이 연루된 부패 사건들도 꼬리를 물고 있다. 2004년 2월 현재 구속된 지방자치단체장들의 숫자만 13명이나 되는 것으로 나타났다. 특히 막강한 인사권을 무기로 진급 청탁 등과 관련하여 또는 각종 인허가, 공사 등의 업무와 관련하여 뇌물을 받아 구속되거나 입건되는 경우가 허다하다. 또한 업자들로부터 현금이나 상품권, 선물 등을 받다가 적발되는 공무원들도 끊이지 않고 있다. 울산시의 한 공무원이 차명계좌를 통해 뇌물로 받은 돈 3억 여 원을 관리해오다가 적발된 것이 대표적인 경우다. 심지어 모 시청의 국장은 시에서 발주하는 교량보수 공사를 수주하게 해달라는 건설회사로부터의 청탁과 더불어 부하직원들이 보는 앞에서 수 천 만원의 뇌물을 쇼핑백으로 받았으며, 다른 직원들도 마찬가지로 뇌물을 수수하였다. 중앙행정기관도 예외는 아니다. 부처별로는 건설교통부가 가장 부패한 부처로 꼽혔으며, 이어 농림 · 국방 · 환경 · 노동부 등의 순으로 청렴도가 낮았다. 청 단위로는 국세청과 검찰청이 부패도가 높은 것으로 조사되었다.

한국에서 발생한 각종사고의 이면에는 이러한 부패가 깊숙이 자리잡고 있는 것도 우리 사회의 속성이다. 삼풍백화점의 경우에는 건물의 신축에서부터 불법으로 옥상에 냉각탑을 설치하기까지 거의 전 과정에서 광범위하게 시청과 구청의 공무원들이 뇌물을 받고 불법을 눈감아 주었다. 공공기관에서 발주하는 대부분의 공사들이 예정가보다 낮은 가격에 낙찰되고, 이 과정에서 업자들에게 리베이트를 받는 일이 비일비재하다. 공사를 수주한 건설사들은 다시 낮은 가격에 재하청을 하므로 최종적으로 공사를 담당하는 하청업체들은 턱없이 부족한 건설비를 보상받기 위해서 자재를 빼돌리거나 규정을 지키지 않고 공사를 하는 탈법을 일삼게 되었다. 결국 공적 자원을 사유화한 결과 체계적으로 부실공사를 할 수밖에 없게 된 것이다.

더 큰 문제는 이런 정경유착의 부패를 발본색원해야 할 사정기관이나 감시해야 할 언론부문 자체의 부패도 결코 만만치 않다는 사실이 한국사회 전반에 걸쳐 자리한 불신이 더욱 심화되는 결과를 낳고 있다. 사법부문의 경우 법조계 내의 부패도 극복되어야 할 문제지만, 국민들은 정경유착 관련자들에게 철저한 처벌을 내리지 않고 있다는 점에 더 무게를 두고 있다. 정치인들과 기업인들, 고위관료 등 권력형 부패와 비리, 부정, 선거법 위반, 반인권적 범죄 등에 연루되었던 자들이 사면을 받아 석방되거나 형 면제와 복권 등의 조처로 다시 제 자리로 돌아간 경우들이 허다하다.

부패를 감시해야할 언론기관들조차도 부패 고리의 한 축을 담당하고 있는 것으로 평가하고 있다. 반부패국민연대의 2003년 공공기관, 기업, 시민단체 투명성인식 설문조사에서 부패한 집단에 대한 결과를 보면 언론의 부패가 정치부패 다음으로 심각한 것으로 받아들여지고 있음이 드러난다. 2002년에는 국세청이 언론사와 그 사주들을 탈세 혐의로 고발하여 일부가 구속되었다.

또한 그 특성상 어느 집단보다도 더 신뢰도가 높아야 할 교육 분야에서도 '촌지' 관행이나 부정입학, 교수 임용과 관련한 비리, 사학재단의 각종 부정, 연구비 착복 등의 부정부패가 여전히 횡행하고 있다. 심지어는 지난 몇 년 동안 충청남도, 충청북도, 경기도 등 교육감들이 각종 부패에 연루되어 구속되고 물러나는 경우도 있었다. 2004년 초에는 제주도에서 교육감 선거에 나온 후보자들이 학교운영위원들에게 돈봉투를 돌렸다가 구속되었는데, 이는 교육감이란 직위가 일부 이권을 노리는 자들에 의해 좌우되고 있는 현실을 드러낸 일이라 할 수 있다. 이를 증명하기라도 하듯 감사원은 2004년 2월 초등학교 교장 18명과 교감 4명이 서울시교육청 간부에게 금품을 주고 인사청탁을 한 사실을 밝혀내고 이들을 해임 등 중징계하도록 통보했다(김거성, 2004: 219).

요약컨대 이중적 위험사회로 나타난 한국은 파행적 근대화와 동시에 등장한 부패의 사슬에 얽혀 끊임없이 연속적인 사고를 경험하고 있다. 이 부패의 중심은 권력과 재벌로 대표되며 이들은 소위 비자금을 매체로 정경유착을 형성한다. 부패의식은 점차 부패의 감시와 고발을 주업무로 하는 언론과 사법 등 사회곳곳으로 확산되면서 국가권력제도에 대한 국민들의 불신 역시 극대화된다. 곧 사회 전반에 걸쳐 부패와 불신의 구조가 심화되고 있는 것이다.

Ⅳ 안전사회를 향하여

1. 근대화성찰

벡에 의하면 이제까지의 근대화는 과학과 기술이 모든 것을 해결해 줄 수 있다는 믿음에 기초해 속도 제일주의로 무분별하게 산업화를 추진해 온 단순 근대화였다. 즉 단순 근대화는 국민 국가를 바탕으로 하여 집단적인 생활 양식을 유지하여 자연의 파괴를 통해 부를 생산 해온 폐쇄적 방식의 근대화였다. 하지만 이제 단순 근대화는 지구화, 개성화, 고용감소, 생태 위기 등의 문제에 의해 심각한 도전을 받아 곳곳에 위험이 도사리고 있는 이른바 위험사회가 도래한 것이다. 1986년 체르노빌 원전 폭발 사고는 과학과 기술의 진보, 대량 생산과 산업현대화가 결코 인간의 행복을 보장해 줄 수 없음을 알게 해 준 계기였다. 곧 고도의 산업화로 인간의 물질생활은 풍요롭게 되었지만 인간 사회는 공해와 생태계의 파괴라는 비싼 대가를 치뤄야만 했기에, 이젠 산업화의 부작용에 눈을 돌려 '위험과 안전'을 중심에 놓고 근본적으로 생각해 볼 때가 되었음을 주장한다. 즉, 생태주의적이고 창의적이며 시민 참여적 '성찰적 근대화'가 필요하다는 것이다(Beck, 1997).

성찰적 근대화는 근대화에 대한 '근대적' 비판이라는 성격을 갖는다. 서구 산업문명의 모순은 근대화의 성공이자 실패라는 이중적 의미에서 창조적 파괴의 결과이다. 여기서 단순 근대화와 성찰적 근대화가 나누어진다. 전통을 근대화하는 것이 단순 근대이고 이 근대를 다시 근대화하는 것이 성찰적 근대화이다. 이러한 의미에서 성찰적 근대화는 '근대의 근대화'라는 재귀적인 성격을 갖는다. 이러한 점에서 성찰적 근대화는 시대진단학으로서 일종의 비판이론에 가깝다(Beck, Giddens & Lash, 1998).

기든스 역시 같은 맥락에서 '성찰적 근대화'를 주창한다. "성찰적 근대화란 근대화의 두 가지 국면을 말한다. 첫번째 국면은 농경 사회를 산업 사회로 바꾸는 것이고, 두번째 국면은 생태적 근대화라고 할 수 있는 것으로 산업화 과정에서 발생한 제반 문제들에 대응하는 근대화라고 할 수 있다"(기든스, 1999: 269). 위험 사회론이나 성찰적 근대화론은 선진 산업사회에 대한 문명 진단이지만 동시에 오늘날 위험한 세계로 치닫고 있는 전인류를 향한 제안이다. 선진국, 후진국을 불문하고 위험은 어느 곳에든 상존하기 때문이다. 기든스는 성찰적 근대화의 원론에서 한걸음 나아가 보다 구체적이고 실천적인 '제3의 길'을 제안하고 있다. 지구온난화 문제나 원자력사용 문제, 유럽연합 문제, 지방분권 문제 등은 좌우 이념 대립의 쟁점이 아닌 새로운 영역이고 따라서 좌우를 넘어선 '적극적 중간(active middle)'이나 '급진적 중도(radical middle)'라는 개념이 진지하게 받아들여져야 한다는 것이다. 기든스에 의하면 전후 복지국가 모델은 '제1의 길'이고, 대처리즘식 자유주의 모델은 '제2의 길'이며, 이 두 노선의 역사적인 실험 결과를 창조적으로 계승하며 절충하자는 것이 바로 '제3의 길'이다(Giddens, 1999).

미국이 주도하는 오늘날의 세계화는 장밋빛 미래의 세계화가 결코 아니다. 세계화는 시장과 자본의 세계화이고 사상·문화의 미국화에 불과할 뿐이다. 미국 주도의 세계화는 신자유주의 이념의 확산 과정에 다름 아닌 시장 만능주의요, 시장 근본주의이다. 이 시장 만능주의의 폐단은 인류가 이미 자본주의의 생성, 발달을 거치면서 경험해 왔다. 고질적인 실업, 빈곤, 빈익빈 부익부, 주기적인 불황 등은 자본주의가 피할 수 없는 고질적인 모순들이며, 자본주의 사회의 근원적 위험들이다. 세계화가 시장 근본주의의 확산이라면, 세계화의 진행은 곧 세계적 수준의 위험 확산이다. 요컨대 일국적 차원에서 위험 사회가 출현했다면 이제는 지구적으로 위험한 세계화가 진행되고 있다. 세계화 시대의 각 국민 국가들은 생태학적인 위기, 이민, 외국인에 대한 배타주의, 범죄, 재정 낭비, 세금 포탈, 인력 수출, 빈곤과 정의, 복지 상태와 연금 제도의 미래 등 범세계적인 문제를 동시에 안고 있다. 단순 근대화와 신자유주의적 세계화가 맞물릴 때는 이런 위험들은 오히려 증폭될 수밖에 없다. 이런 점에서 서구의 위험사회와 차별화 되는 한국의 상황은 더 심각하다고 보여 진다. 즉 '이중 위험사회'적 특징에 신자유주의적 세계화라는 요인까지 복합적으로 얽혀있으므로 '위험사회'의 해결로 제시되는 '성찰적 근대화'도 '이중 위험사회'에서는 결코 단순하지가 않기 때문이다.

한국의 지난 반세기에 걸친 발전이 서구의 근대화를 전범으로 하여 왔다는 점에서 성찰적 근대화는 우리 근대화의 전체모습을 살펴보는 데 유익할 수 있다. 우리의 발전에도 단선적인 팽창적 메커니즘에 의한 자기해체의 위험요소가 사회, 정치, 경제, 문화영역에 깊숙이 내재해 있다는 반성 이상의 성찰은 앞으로 시행착오를 줄여주는 데 그치지 않고 기본적인 발전의 방향, 노선, 전략, 정책에 대한 담론과 실천의 장을 확대시켜 줄 수 있기 때문이다. 그러나 우리사회가 제도적으로나 개인적으로 자기대면을 가능케 하는 성찰적 합리성이 크다고 할 수는 없다. 정부와 민간, 기업과 학교, 그리고 조직과 개인 수준에서 아직도 도구적 합리성이 지배적이다. 또한 수직적 근대화를 통한 초고속형 발전은 매우 압축적인 만큼 전체사회의 여러 부문들 사이의 불균형과 파행성을 몰고 왔다는 점에서 불균등하고 복합적인 성격을 나타내고 있다.

단적으로 지난 반세기에 걸친 삶의 양과 삶의 질 사이에 나타나는 양적 성장과 질적 지체의 딜레마가 이를 잘 반영해 준다. 경제성장에 대한민주주의와 사회복지의 지체, 도시화에 따른 농촌 공동체의 파괴와 집합적 가치의 훼손, 자연파괴로 인한 환경오염과 생태위기의 발생 등이 그 목록이다. 우리사회에 만연되어 있는 집단이기주의, 물질만능주의, 반인륜적 행위, 생명경시풍조 등도 그 표현이다. 이는 그간의 수직적 근대화에 의한 압축적 발전의 모순을 재귀적 발전에 의해 역동적으로 극복해야 할 이유의 근거를 마련해 준다. 과정보다 결과, 내실보다 외형, 안전보다 속도를 중시하는 성과주의. 적당주의. 형식주의. 편법주의가 우리 주변에 만들어져 있다. 이는 한국의 급속하고 파행적인 자본주의적 산업화가 위험사회의 표상이 되어 있음을 가리켜 준다. 따라서 도구적 합리성에 비해 뒤쳐진 실질적 합리성을 신장하기 위한 성찰의 필요성은 대단히 중요한 측면이 아닐 수 없다.

2. 부패의 단절

한국사회는 민주화의 진전에 따라 과거 권위주의적 군사정권 시절보다는 청렴도가 높아지고 있다는 평가를 받고 있으나, 여전히 '차떼기'로 대표되는 대규모 부패나 '돈봉투'로 대표되는 소규모 부패 등 모든 분야에서 세계적인 수준인 것으로 나타나고 있다. 부패방지법이 제정되었고, 이에 따라 부패방지위원회가 조직되어 운영되고 있으며, 또한 동사무소의 소위 '급행료'나 교통경찰에게 건네는 '밥값', 명절 선물 꾸러미 등이 사라지고 있지만 부패문제는 여전히 우리 사회전반 곳곳에 짙은 그림자를 드리우고 있다. 2003년 10월 국제투명성기구가 발표한 부패인식지수(CPI)에서 우리나라는 10.0 만점 기준으로 4.3점을 얻어 조사대상 133개국 가운데 50위에 머무는 것으로 나타났다. 이는 1995년 처음 발표당시 4.29점으로부터 전혀 개선되고 있지 않음을 보여 준다(김거성, 2004: 210-211).

한국사회를 위험사회로 만드는 대표적 요인중 하나인 정경유착과 부패가 지속되면 사회통합은 더 이상 유지하기가 어려워질 것이다. 또한 고도의 전자통신기술로 통합운영되며 동시에 고도로 분업화되어 있는 상황에서 정경유착과 부패로 인한 사고는 사회전체부문의 운영을 마비시킬 위력을 갖고 있다. 그러므로 이제는 부패문제에 대해 과학적이며 체계적인 대응을 통해 과거의 패러다임을 극복하고 새로운 패러다임에 바탕을 둔 반부패전략을 수립, 시행해야 한다.

부패문제가 부패방지법 제정과 부방위 구성, 상설적 특별검사제 도입 또는 고위공직자비리조사처의 설치 등의 '만병통치약'으로 쉽게 해결될 수 있는 것은 아니다. '부패공화국'이라는 오명을 벗으려면 무엇보다도 사회적 합의에 기초하여 제대로 된 반부패시스템의 구축과 이에 대한 실천전략이 요청된다. 사실 지금까지의 반부패대책은 '공허한 구호'에서 시작하여 단발적 조처로 끝나곤 했다. '서정쇄신'이나 '정의사회구현', '윗물맑기운동', '부패와의 결전' 등을 내건 정권 초기의 기세는 일시적으로 반짝 진행되다가 시간이 경과하면 슬그머니 사라져 용두사미 격이 되어버리고 오히려 정권의 핵심이 부패의 핵심이 되는 현상이 계속 반복되어 왔다. 주요 부패 연루자에 대한 사면 등으로 반부패는 공허한 구호가 되어버리고 부패는 생존에 필수적이라는 사회적 공감대가 형성되어 있었다. 결국 기존의 반부패전략은 사회적 합의를 이끌어내는 일에 있어서는 실패를 하였다.

이에 따라 다음과 같은 반부패전략의 기본방향이 요청된다(김거성, 2004 ; 신봉호, 2000, ;이은영 · 박원순, 2002).

첫째, 체계적이며 내실화된 시스템의 구축이다. 부패방지 법제의 형식은 있지만 그 내용은 크게 미흡한 실정이다. 부패방지위원회의 경우 영문 이름 (ICAC)만 홍콩의 염정공서 (廉政公署, ICAC Independent Commission Against Corruption)와 같을 뿐, 피신고자에 대한 조사권도 없으며 업무의 독립성과 인사의 자율성도 뒤떨어진다. GDP 대비 부패방지 예산의 규모는 홍콩의 20분의 1에 불과한 형편이다. 금융정보분석원에도 계좌추적권이 없으며 혐의거래에 대한 보고체계가 갖추어져 있지 못하다. 이제 각종 법률과 제도들을 내실화하며 실제로 그 목표를 달성하고 있는지의 여부에 대한 점검도 실시되어야 한다.

둘째, 사전에 미리 예방을 할 수 있는 제도적 개선이 필요하다. 지금까지의 사후 적발 및 처벌 위주의 부패통제 전략은 근본적으로는 부패유발 환경과 요인 대부분을 방치한다는 문제점이 있으므로, 부패를 사전에 예방하기 위한 업무 절차나 제도, 그리고 의식과 문화의 개혁에 대한 고민과 실천이 시급하다. 행정시스템과 관련해서는 전자정부와 정보공개의 확대, 시민감사청구제 활성화와 주민소송제, 주민소환제의 도입 등 행정 투명성의 증진이 독려되어야 하며, 시민참여의 확대 등도 부패의 사전 예방 차원에서 권장되어야 한다. 특히 공공행정의 투명성과 공정성 제고를 위한 시민 참여 확대 방안으로 시민옴부즈만 제도를 본격적으로 도입, 주민감시를 활성화하여야 한다.

셋째, 공직자들 스스로의 자율적 부패통제 메카니즘의 확보가 요구된다. 소수 사정기관이나 감사기구 등이 다수의 '잠재적 부패행위자'들을 감시하고 통제하는 방식하에서, 대다수의 사회 구성원들은 부패를 방관하는 객체에 머물러 있었다. 그 결과 실제로 부패를 통제하는데 앞장서야 마땅하고 또 가장 효율적으로 부패를 적발해 낼 수 있는 위치를 가진 대부분의 공직자들은 감시의 대상으로 전락하고 말았던 것이다. 이제는 부패방지법을 통해서 공직자들도 부패감시의 주체로 나설 조건을 갖추게 됨으로써, 감시의 객체로서가 아닌 '내부 공익제보자'로서 부패감시의 중심에 나서야 할 것이다.

넷째, 반부패 문화가 확립되어야 한다. 염정공서의 설치법률에는 부패추방을 위한 세가지 과제로 '조사 및 처벌' '예방' '교육'이 규정되어 있는데, 이중 특히 '예방'과 '교육'의 명문화는 부패에 대한 국민적 공감대 형성과 반부패에 대한 사회문화적 의식의 제고가 얼마나 중요한 가를 대변해주고 있다. 이제 사건이 생길 때마다 대책마련에 급급해하는 개별적 사안중심에서 벗어나 평소 국민들의 의식을 바탕으로 한 거시적 차원의 반부패문화 수립에 대해 깊이 인식하고 학교, 사회, 공직, 기업 등의 반부패 교육 체계 구축 등을 포함한 장기적인 전략 마련이 필요하다.

이제는 장기적인 계획에 근거한 세부 실행 프로그램이 마련되어야 한다. 단기적, 일회적 대책 대신 '장기적이며 지속가능한 반부패전략'을 중심으로 반부패를 사회적 합의로 이끌어내어야 한다. 이런 합의에 근거하여 각 분야의 문제점들을 스스로 또 서로 제시하며 이를 극복하기 위한 방안과 과제들을 장단기 실천 계획으로 만들어야 한다. 사안별 부패에 대한 비판과 고발중심에서 벗어나 반부패를 향한 공공 분야와 기업, 시민사회 등의 협력체계가 이루어져야 한다. 서로를 향한 비난과 책임 전가, 그리고 자신을 합리화하는 분위기는 사회적 갈등을 격화시킬 뿐이며 부패 문제의 극복을 위한 실질적인 진전에는 거의 도움이 안된다. 참여와 협력 중심의 부패방지 전략이 필요하다. 이제 하나의 잣대로 자기 분야의 개선을 위해 노력하며 상대 분야와 참여 협력하는 상호 지원의 분위기가 마련되어야 한다.

그리고 이를 실행함에 있어 명심할 점은 과감하고도 총체적인 개혁노선이 필요하다는 점이다. 부패는 많은 경우 체계적이며 전염성이 강하기 때문이다. 따라서 현실적으로 드러난 환부만을 건드려서는 근본적인 해결을 볼 수 없기에 전반적인 부패에 대한 총체적 개혁이 수행되어야 한다.

3. 사회자본의 증진

사회자본(social capital)이란 물질적 자본, 인적자본과 대비되는 용어로, 가장 본질적인 구성요소는 '신뢰(trust)'이다. 후꾸야마 역시 신뢰가 바로 사회적 자본이라고 간주하고 있고, 여러 사회학자들은 "신뢰의 사회구조화"에 많은 관심을 가지고 연구하고 있다. 이보다 앞서 콜맨은 보다 다차원적이고, 분명하게 사회자본을 신뢰와 연관시켜 정의하였다. 그는 물질적 자본이나 인적자본과의 대비를 통해 사회자본을 정의한다. 즉 관찰가능한 물질적 형태로 체화되어 손으로 만질 수 있는 도구, 기계, 생산설비 등을 물질적 자본으로, 개인 안에 체화된 기술이나 지식 등을 인적자본으로, 그리고 사람들 사이의 신뢰 관계에 내재한 것을 사회자본으로 정의하였다.(Coleman, 1988: 102-105)

사회자본의 개념이 본격적으로 재조명 받기 시작한 시기는 1980년대 후반이다. 개인의 사회적 연결망 속에 내재되어 있는 정보, 신뢰, 호혜성의 규범 등이 갖는 경제적 가치에 관심을 기울인 학자들, 곧 콜맨, 부르디외, 퍼트남 등이 '사회자본'이라는 개념의 형성과정에서 중요한 역할을 담당하였다.

한편 후꾸야마는 콜맨의 '사회적 자본' 개념을 토대로 하여 사회. 문화적 신뢰의 수준을 경제구조와 구체적으로 연결시키는 작업을 수행하였다. 대부분의 사회학적 분석들이 작업윤리라는 개인적인 행위동기를 강조했던 것과 달리, 그는 경제활동이 개인적이라기보다는 오히려 집단적으로 이루어진다는 점에 주목하여 '자발적 사회성'(spontaneous sociability)이라는 사회적 덕목에 주목하였던 것이다(Fukuyama, 1995a, 47; 1995b, 91).

실증적인 분석을 위해, 그는 먼저 '사회적 자본'의 크기, 곧 사회의 신뢰구조를 크게 둘로 대별하여 '고신뢰 사회'와 '저신뢰 사회'로 나눈다. 미국, 일본, 독일이 '고신뢰 사회'의 전형적인 보기로 분류되는데, 이러한 사회의 도덕공동체는 경제학적 의미의 '합리적 선택'의 산물이라기보다는 '자발적 사회성'이라는 비합리적 습관의 기반 위에서 성립되며, '저신뢰 사회'의 전형은 중국, 한국, 이탈리아, 프랑스이며, 이들 사회에서는 '가족주의'라는 공통의 사회 · 문화적 요소가 추출될 수 있다고 한다. 곧, 가족주의적인 '저신뢰 사회'는 융통성, 관료제적 요소의 부재, 의사결정의 신속성을 기할 수 있지만 '사회성'의 제한된 범위에서 비롯되는 폐쇄성 때문에 대규모 기업으로의 발전에는 일정한 한계가 있으며, 이를 보완하기 위해 국가로부터의 지원을 활용한다는 것이다(Fukuyama, 1995b: 95-96).

신뢰는 크게 나누어 사적(개인적, 미시적, 사람에 대한) 신뢰와 공적(사회적, 거시적, 제도에 대한) 신뢰의 두가지 차원으로 구분할 수 있다. 사적 신뢰란 우리가 일반적으로 얘기하는 대인적 관계에서의 신뢰로, 가족주의나 내집단 성원들의 관계처럼 선택적인 것이 아니라 확신에 가까운 신뢰를 의미한다. 공적 신뢰란 사회제도내의 제도나 체제 또는 규준 등에 관한 신뢰로, 주로 그것에 대한 형평성, 공정성, 실행성에 대한 믿음이다. 이러한 두 차원의 신뢰는 긴밀한 역동적 관계에 놓여 있다. 사적 신뢰는 공적 신뢰의 필요조건이어서 사적 신뢰의 축적양상에 따라 공적 신뢰의 양상이 결정된다고 볼 수 있는데, 사적 신뢰가 배타적으로 파당화하는 경우에는 공적 신뢰의 기반이 무너지기도 한다. 즉 사적 신뢰의 축적이 초래하는 '고착화효과'(lock-in effect)로 인해, 공적 신뢰의 토대인 경쟁의 원리 그리고 공정한 게임의 룰에 위배되는 경향을 가중시킴으로써 결국은 사회 전체의 비효율성을 초래해 위험사회(risk society)에 이르게 된다(이재혁, 2000).

한국사회의 경우, 근대화를 추진하는 과정에서 사회적 제도의 신뢰와 도덕성의 기반이 되는 '제도의 실패'(system failure)에서 초래된 것이다. 농촌사회에서 산업사회로의 전환은 전통적인 신뢰의 기반 대신, 새로운 유기적인 통합을 가능케 하는 '제도화된 신뢰'와 '도덕성의 확대'를 요구하는 것이었다. 그러나 전통적인 혈연중심의 전통적인 신뢰

규범은 온존되고 오히려 강화된 반면, 공공영역에서 신뢰를 제도화할 수 있는 여지는 급속히 약화되었다.

무엇보다도, 변형된 가족주의의 공리주의적 열정은 자본주의적인 물질주의적 가치와 결합되어 산업화 과정에서 일정한 성과를 낳은 동시에 특수주의적 이해관계를 추구하기 위한 집단 이기주의적 연줄망 원리로 변형되기도 하였고, 근대적 형태의 기업에서조차 가족주의적 소유 및 지배를 위한 운영논리로 활용되어 한국 자본주의의 구조를 왜곡시키는 상황을 만들어 놓기도 하였다. 그리고 그러한 상황은 공공의 게임규칙을 왜곡시키고 성과 지향적인 기능적 합리성을 용인하는 부패의 연결망을 만들어냈다. 뿐만 아니라 변형된 가족주의의 일차적 연대 의식은 서구적인 의미의 개인주의적 보편주의에 입각한 민주주의의 제도를 한국사회에 착근시키기 어렵게 만들기도 하였다. '사적 영역'과 '공적 영역'이 혼재됨으로써 공공윤리가 성숙되기도 어려웠고, 보편 주의적 가치를 전제로 한 근대적 사회제도를 발전시키는 데 있어서도 중요한 장애 요인이 되었던 것이다(고병익, 1996: 355-356).

결국 산업사회로 전환되는 과정에서 민주사회의 기반이 되는 공적(제도적)신뢰의 구축에 실패함으로써, 공적 신뢰의 부족에서 발생하는 위험을 방지하기 위해 혈연, 학연, 지연 등의 연줄망을 동원하는 과정에서 사적 신뢰는 더욱 강화되었고, 그 과정에서 그나마 얼마 안되는 기본적인 공적 신뢰마저 부식시켜 오늘날과 같은 위험사회를 초래하게 된 것이다.

이는 그간 우리 사회가 인적자본과 화폐자본의 개발에는 주력했지만, 사회적 제도의 신뢰와 도덕성이 기반이 되는 '사회자본'의 형성에는 소홀히 해왔기 때문이다. 그러므로 우리사회에서 사회자본을 증진시킨다고 하는 것은 사적 신뢰의 증진이 아니라, 공적, 제도적, 또는 관계적 신뢰를 증진시킴으로써 사적 신뢰와 공적 신뢰의 균형이 이루어지도록 하는 것이라고 할 수 있다(이재열, 1998).

따라서, 한국사회에서 신뢰가 사회자본으로 확충되기 위해서는 사적 네트웍과 제도간의 갭을 좁혀주는 노력이 필요하다. 공적인 신뢰구조의 강화보다 공적신뢰구조에 대한 취약한 사회적 합의기반을 확충하는 것이 우선되어야 한다는 것이다. 강압적이고 강제적인 '법 형식'의 구현은 사적신뢰구조와 제도간의 '갭'을 더욱 넓히고 오히려 연결망적인 네트웍으로의 이전을 지체시키는 방향으로 작동할 가능성이 크다. 따라서, 법 형식에 대한 지원보다 국민들의 '법의식'의 수렴을 통한 사회적 동의(consensus)를 확립해 가는 노력이 더욱 중요하게 된다. 이런 점에서 제도의 속성은 제도적 장치로서의 법 제도만을 의미하는 것이 아니라 법 제도에 대해 사회적 실체(개별 행위자들, 집단, 사회)들이 가지는 '공감대의 수준'을 말하는 것이라고 할 수 있다. 네트웍은 바로 공감의 통로가 되는 것이고, 네트웍을 통해 '공감대의 수준'을 높여 가는 과정이 신뢰형성의 과정이 되며, 이것이 사회자본이 되는 것이다.

우리 사회의 위기는 사회통합을 유지할 수 있는 제도적(공적)신뢰가 결여된 채, 전통적 사회적 자본의 개념인 사적 신뢰의 과잉과 그것의 남용으로 인해 초래된 것이니 만큼, '고신뢰사회'를 만들어가기 위해서는, 공적 또는 제도적 신뢰의 증진 즉 제도에 대한 신뢰를 높여가는 방향으로 우리 사회를 개혁해 나가는 것이 급선무이다. 행위자들이 높은 수준의 '정태적 제도 신뢰'를 갖게 되면, 연줄망에 의존하는 경향도 줄어들게 된다. 우리 사회에 연줄망이 그토록 발달하게 된 것은 연줄을 통하여 환경의 불확실성을 줄이려 하기 때문이다. 만일 제도의 공정성을 믿을 수 있다면, 연줄을 통하여 문제를 해결하고, 자원을 획득하게 되는 기회를 박탈하는 것이다. 이것이 폐쇄적 연줄이 낳는 사회 분열의 위험을 줄이는 방법이다. 예측 가능한 제도와 더불어 공정한 처벌 제도가 사회 전체의 협동을 키울 수 있어 막대한 불신 비용으로부터 벗어날 수 있다. 즉 귀속적 네트웍과 성취적 네트웍, 또는 제도의 동원을 자유롭게 선택할 수 있도록 제도적 지원체계를 확보하는 방향으로 전개되어야 한다.

4. 시민운동의 활성화

현대사회를 진단하는 학자들에게 있어 시민운동의 중요성은 공통적으로 논의되는 주제이다. 하버마스에게는 의사소통 행위의 구조적 왜곡이 사회갈등의 주요 원인이 되므로 오늘날 사회비판의 주된 동력은 생활세계의 식민화에 대한 저항에서 찾아야 한다. 즉 "생활세계와 체계사이의 전선은 오늘의 세계에서 새로운 의미를 획득한다". 이는 새로운 사회운동이라고 불리는 움직임이 삶의 질, 동등권, 자아실현, 의사결정 과정에의 적극적 참여, 인권신장 등에 주로 관심을 가지고 있는 것을 볼 때 그 성격이 한층 분명해진다. 이러한 사회운동을 공통적으로 규정하는 특징은 의사소통의 재활성화에 대한 욕구인 것이다. 원전반대 움직임, 소비자 운동, 신도시 주민들의 청원운동, 공명선거 감시운동 등은 모두 체계의 원리가 생활세계의 기반을 침탈 붕괴시키려는데 대항하는 풀뿌리 저항운동의 생생한 실례들인 것이다(Habermas, 1987).

기든스는 성찰적 근대화 단계에 있어서 시민사회와 시민운동의 중요성을 이야기하면서 구체적으로 6가지 과제를 제시하고 있다. 첫째, 비대한 정부를 줄이고 효율적 정부를 재창출하자는 것이고, 둘째는 시민 사회의 재구성, 셋째는 정부 규제 완화와 민영화를 통해 시장 중심적인 신 혼합 경제를 만들자는 것이다. 넷째는 인적 자원 개발과 위험 사회에 대한 적극적 처방으로 복지 체계를 재편한다는 것이고 다섯째는 환경 친화적인 생산력 구축을 통한 생태적 현대화를, 여섯째는 세계 민주주의를 관철하기 위한 범세계적 관할 체제를 준비하자는 것이다.

기든스가 강조하는 시민사회의 강화, 세계 민주주의는 벡의 세계 시민주의라는 문제의식과 맥락을 같이하고 있다(Giddens, 1998). 벡에 따르면 위험은 국민국가 틀 안에 존재하지만 초국가적인 문제로서의 특성을 지니기 때문에, 초국가적인 수준에서 제기하고 해결하는 정당이 필요하다는 것이다. 바로 초국가적 세계 정당이며, 이런 정당들은 프로그램이나 조직의 면에서 한 국가 내 운동체이자 동시에 세계적인 운동체로 활동을 하는 세계시민 정당이므로 국제적 연대 운동의 성격을 가진다(Beck, 2000). 맑스가 산업자본주의 초기에 "만국의 노동자여 단결하라!"를 외치며 노동자 국제주의를 주창했다면, 자본주의가 고도로 발전된 현재 벡은 위험 세계에 맞서 "만국의 시민단체여 단결하라!"를 역설하고 있는 것이다. 그에게 있어 위험사회의 대안은 '시민 의식의 강화와 국제적 연대'인 것이다.

한국에서도 현재 시민운동이 시민사회의 중심을 이루고 있다. 시민운동은 1987년부터 본격화되면서, 주로 국가 및 정치사회에 대한 '비판적 관여'를 하면서 발전했다. 우리 시민사회의 가장 현저한 특징이 시민운동이다. 시민운동은 시민사회 내에서 일부에 지나지 않지만 시민사회의 존재양식을 대표하며, 시민운동은 소수지만 시민사회의 의제설정을 주도하고, 가시성이 두드러지며, 시민사회의 구조적 변동을 이끈다는 점에서 시민사회의 중심세력으로 자리하고 있다. 한국의 시민단체들은 그 고유업무에 덧붙여 시민운동적 단일의제 하에서 결집하는 형태론적 특징이 있다. 다른 성격의 시민단체들이 전체 사회의 핵심적 의제형성을 위해서 간헐적으로 단일대오를 형성하는 '소용돌이의 운동'은 시민사회에 지속적인 역동성과 건강한 긴장성을 유지시켜 준다. 이런 점에서 우리 시민사회는 자원단체(voluntary), 자선단체(charity), 또는 비영리섹터를 중심으로 이해되고 조직되는 서구의 시민사회와는 상당히 다른 방식, 즉 '시민운동형' 방식으로 이해되고 조직되어 있다.

그러나 바로 이런 특성으로 인해 한국의 시민운동은 나름대로의 취약성을 담고 있기도 한다. 2003년을 기준으로 한국의 시민·사회운동 단체는 2만여개에 달하지만, 극소수의 메이저급 단체를 제외한 대부분의 단체는 그 활동이 매우 부실하다. 활동에 필요한 인력의 부족은 물론 활동조건이 매우 열악하기 때문이다. 이에 따라 전체적인 운동역량은 미약한 수준에 놓여 있는 것이 우리 시민·사회운동의 현실이다. 이러한 현상은 시민·사회운동의 불균형적 성장이 주원인이다. 여론을 환기하는 선전과 폭로 위주의 활동이 주요한 운동방법으로 정착되면서, 운동의 주체인 사람 곧 시민의 발전보다는 법과 제도의 개혁에 자연스럽게 초점이 맞춰졌기 때문이다. 그 결과 메이저급 시민운동단체에는 언론의 적극적인 관심 아래 풍부한 물적·인적 역량과 프로젝트들이 몰리는 반면, 사람과 지역 중심의 풀뿌리 시민단체들은 열악한 환경을 벗어나지 못하고 있는 상황이다.

따라서 앞으로의 시민운동은 우선 삶의 개인주의화에 대응하는 활동을 강화해야 한다. 위험사회 속에서 개인적 삶의 안전을 보증해 주는 고용, 건강, 교육, 환경 등과 관련된 제도적 지원체계에 대한 성찰적 관심과 대안제시를 활발히 할 필요가 있을 것이다. 이것은 곧 시민권을 공고히 하고 시민권의 부조화를 극복하는 주요한 성찰적 기제로 시민운동이 기능해야 함을 의미한다. 제도개선과 권력의 감시에는 많은 노력이 기울여졌지만, 시민적 삶의 개방성, 다원성, 공공성을 신장함과 동시에 윤리적 기초를 공고히 하려는 실천프로그램은 상대적으로 취약했던 것이다. 아울러 시민운동은 '소박한 정치주의'의 틀을 벗어나야 할 것이다. 시민운동의 위치를 정치권력과의 권력게임이라는 차원에서 설정하고 정치적 이슈나 정책에 대한 감시나 투쟁에 모든 운동자원을 동원하기보다는, 권력과 사회운동의 관계에 대해 좀 더 성찰성을 발휘하여, 시민운동의 자율성 확대에 관심을 기울어야 할 것이다. 그러기 위해서는 시민운동에 대한 자기점검을 일상화하고 시민사회 내 활동공간을 의식적으로 확장하려는 노력이 요구된다.

이런 측면에서 향후 한국 시민운동의 방향을 살펴보면, 첫째로, 새로운 시민운동은 권력과의 비판적 거리를 유지하면서 건강한 긴장관계를 유지하는 일이 필수적이다. 이것은 시민단체들 자체가 이익 집단화, 관료제화될 경향의 억제방안 마련과도 연결되는 바, 자기비판 기능을 담당할 제어기구가 상설되어야 한다. 둘째, 환경·여성·주민자치·평화·국제연대 운동 등 부문운동의 활성화, 다양화가 이루어져야 하며, 이를 위해 전문화된 시민운동 단체들의 연대망이 구축되어야 할 것이다. 또한 이와 동시에 담론과 토론문화의 활성화를 창출하고 상호견제와 균형을 유지하며, 당파성과 편향성을 극복하는 일이 시민사회의 각 영역들을 활성화하기 위해 전제되어야 한다. 셋째, 새로운 시민운동은 현재 한국사회에서 난항을 겪으며 진행되고 있는 제도 개혁의 흐름을 진단하고 방향타를 제시할 수 있는 보루로서, 그리고 첨예하게 노정 되고 있는 다양한 이익집단간의 갈등과 지역 및 계급갈등을 중재·해소할 수 있는 대안 및 구체적인 프로그램의 제공역할을 담당해야 한다. 넷째, 새로운 시민운동은 운동의 저변을 확대하는 동시에 참여를 통한 도덕적 합의를 도출하기 위해 시민교육을 적극 활성화하여야 한다. 즉 가족주의적 특수주의의 집단내적 폐쇄성을 극복하고 보편성의 언어가 사회전반에 뿌리를 내리도록 하여, 게임의 규칙과 도덕적 합의를 기반으로 공공성을 확보하고 공·사 영역의 분리와 균형을 유지하려는 시민적 자세를 확립하는데 주요초점을 두어야 할 것이다.

결국 우리의 과제는 한국의 역사적 지형 위에 시민윤리와 시민문화의 씨앗을 발아시키는 일이며, 그것은 사회집단들 내의 '내재적 통합성'과 사회집단들 간의 '자율적 연계'를 통해 '사회적 자본'의 한계를 극복하고, 보편주의적인 도덕 공동체적 연대의식의 확장을 모색하기 위한 선차적인 과제이기도 하다. 그리고 바로 이러한 의미에서 새로운 시민운동은 의식개혁과 재창출의 보루가 되는 동시에 전선구축의 중핵으로 자리잡아야 하는 것이다.

Ⅴ. 맺음말

이제 우리 사회가 가지고 있는 문제를 성찰하고 대안을 모색하는 것은 제한된 전문가만의 문제가 아니라 우리 모두의 문제가 되었다. 지금까지 우리는 경제 성장이라는 단일 목표를 성취하기 위해 자연을 인간 위주로 이용하는 산업화, 도시화라는 개발 사업을 추진해 왔다. 그러나 이제는 지구상에서 인간의 지위를 새로운 자연 개념으로 다시 생각하는, 자연과 인간의 관계를 올바르게 정립하는 생태적 패러다임으로의 전환을 통해 사회 운영 시스템을 성찰하고 대안을 모색해야 한다. 21세기는 20세기의 사회 패러다임과는 근본적으로 다른 새로운 개혁이 요구되는 시대이며, 극단적으로 표현하자면 우리 사회를 유토피아 또는 디스토피아로 구성할 것인가를 우리 스스로 정해야 하는 새로운 오디세이를 준비해야 할 시기인 것이다.

굳이 위험사회와 성찰적 근대화라는 개념을 생각하지 않더라도 이제 우리는 고도성장을 위해 부차적으로 생각해왔던 안전의 패러다임을 전환할 시점에 와 있다. 도시화 · 산업화는 인위재해의 요인을 제공할 뿐만 아니라 자연재해의 가중요인으로도 작용하고 있다. 안전에 대한 우선적인 검토가 없이는 어떠한 인위적 행위도 더 이상 묵인될 수 없는 사회로의 전환이 요구되고 있는 것이다. 우리에게 필요한 것은 삶의 안전을 파괴하는 위험의 진단과 극복에 최선을 다하면서도 21세기의 불확실성을 포용하는 열려진 자기성찰적 태도를 갖고 지속가능한 건전사회 달성이라는 장기적인 전망을 품은 채, 지역에 맞는 적절한 전환프로그램을 실천하는 것이다. 이 실천은 정부가 앞장서서 한다고 해서 성공이 보장되는 것도 아니다. 정부와 기업은 물론이지만 이제는 시민의 역할이 매우 중요한 위치를 차지하고 있다.

이런 측면에서 우리가 추구해야 될 안전하면서도 지속 가능한 건전 사회로, 다음과 같은 사회의 모습을 제시하고자 한다. 첫째로, 무엇보다 인간과 환경이 조화를 이루는 '녹색사회'를 중시한다. 인류가 현재 직면하고 있는 환경문제는 기술적 해결이 제공할 수 있는 과학과 기술의 능력을 이미 넘어섰다는 절박한 인식이 우리에게 필요하다. 환경 친화적인 새로운 지식과 기술을 끊임없이 개발하고, 환경을 중심적으로 고려하는 새로운 발전 패러다임이 긴요한 시대가 되고 있기 때문이다. 둘째, 지속 가능한 건전 사회는 '복지사회'를 추구한다. 복지체제를 통한 사회적 안정망의 구축은 예측 가능한 수준의 위험을 감소시키는데 긴요한 역할을 한다. 예측불가능한 사고와 재난으로 인하여 불안감과 공포감이 확산될 때 사회통합은 위기에 봉착할 수 있다. 이제 복지에의 투자가 사회적 비용의 증가가 아니라, 위험사회에서 안심사회로 전환하여 대중의 삶의 질을 확대하는 중요한 방식으로 생각하여야 할 것이다. 셋째, 지속 가능한 건전 사회는 시민사회의 비판적 능력과 도덕적 힘을 발전의 우선적 에너지로 고려하는 '참여사회'이다. 제3섹터인 시민운동의 잠재력은 매우 크므로, 국가와 기업 중심의 발전을 넘어서기 위해서는 특히 시민사회의 협조가 필요하다. 시민사회는 구패러다임의 발전주체였던 국가와 협력관계를 유지함과 동시에 능동적인 비판자의 위치를 견지해야 할 것이다(임현진, 2000: 17-9 ; 박희, 2001).

위험사회는 위험이 모두 극복된 어떤 유토피아를 지향하는 개념이 아니다. 위험사회의 극복 전망은 위험 인식의 근본적인 전환을 통해 과학적 합리성을 근원적으로 의문시하면서 생태학적 합리성을 추구하는 데서 발견할 수 있다. 위험사회에서의 하부정치 또는 풀뿌리 정치는 위험에 대한 성찰과 위험 감소를 위한 거시적, 미시적 체계의 재구성을 추구해야 한다. 그러므로 한편으로는 국가복지의 확대를 통해 산업적, 자본주의적 위험을 감소시키고, 다른 한편으로는 과학적 합리성에 대한 근원적 의심을 통해 생태학적, 과학 기술적 위험을 근본적으로 억제하는 것이야말로, 한국사회가 지구화된 자본주의사회에서 복합적 위험들을 극복하기 위한 성찰적 현대화의 길이 될 것이다. 이제는 근본적인 사고의 전환이 이루어져야만 된다. 물질적인 성장보다는 삶의 질을 높이는 발전을 추구해야만 하는 것이다. 지금까지 우리가 만들어낸 근대성의 여러 가지 어두운 부분들에 대한 성찰에서부터 시작해야만 안전하고 인간적인 사회를 만들어 가는 단초를 찾을 수 있다. 이런 사회를 이룩할 수 있는 지름길은 '느림의 미학'을 향한 의식전환, 그리고 신뢰할 수 있는 조직과 관행을 만들어 가는 문화적 혁신뿐인 것이다.

참 고 문 헌

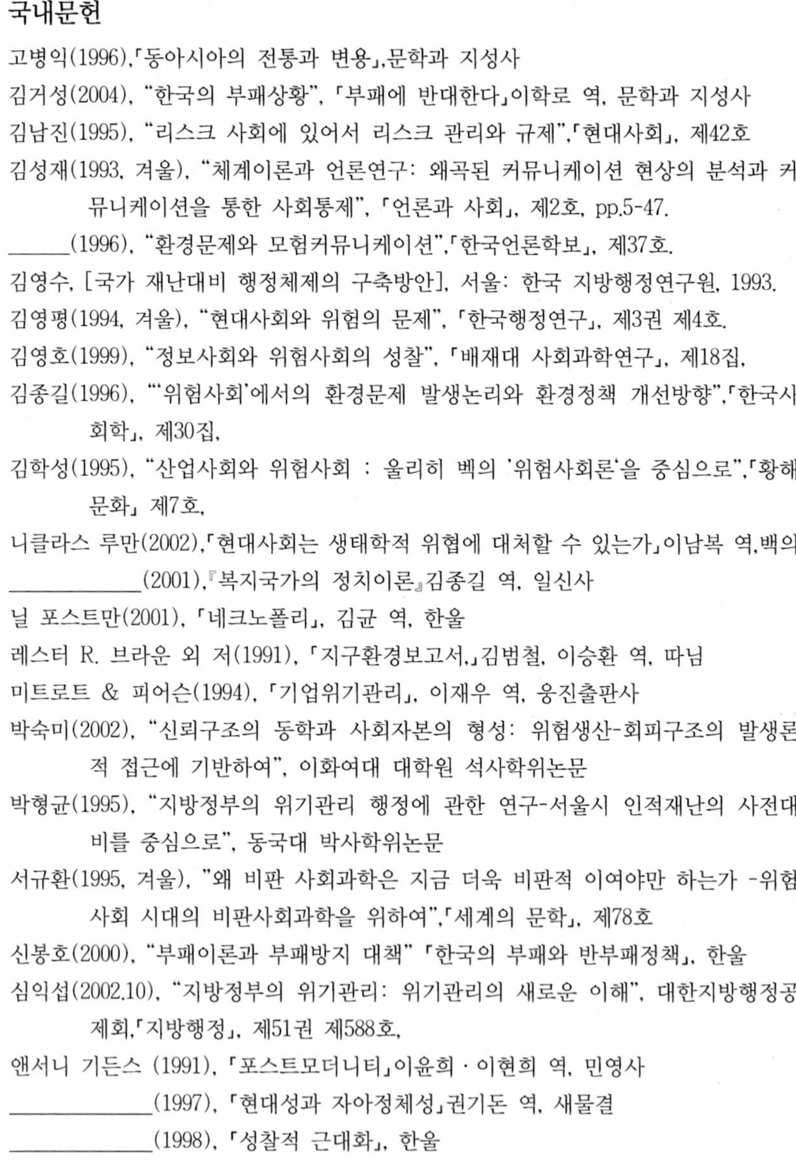

국내문헌

고병익(1996),「동아시아의 전통과 변용」,문학과 지성사

김거성(2004), "한국의 부패상황", 「부패에 반대한다」이학로 역, 문학과 지성사

김남진(1995), "리스크 사회에 있어서 리스크 관리와 규제",「현대사회」, 제42호

김성재(1993, 겨울), "체계이론과 언론연구: 왜곡된 커뮤니케이션 현상의 분석과 커뮤니케이션을 통한 사회통제", 「언론과 사회」, 제2호, pp.5-47.

______(1996), "환경문제와 모험커뮤니케이션",「한국언론학보」, 제37호.

김영수, [국가 재난대비 행정체제의 구축방안], 서울: 한국 지방행정연구원, 1993.

김영평(1994, 겨울), "현대사회와 위험의 문제", 「한국행정연구」, 제3권 제4호.

김영호(1999), "정보사회와 위험사회의 성찰", 「배재대 사회과학연구」, 제18집,

김종길(1996), "'위험사회'에서의 환경문제 발생논리와 환경정책 개선방향",「한국사회학」, 제30집,

김학성(1995), "산업사회와 위험사회 : 울리히 벡의 '위험사회론'을 중심으로",「황해문화」 제7호,

니클라스 루만(2002),「현대사회는 생태학적 위협에 대처할 수 있는가」이남복 역,백의

____________(2001),『복지국가의 정치이론』김종길 역, 일신사

닐 포스트만(2001), 「네크노폴리」, 김균 역, 한울

레스터 R. 브라운 외 저(1991), 「지구환경보고서,」김범철, 이승환 역, 따님

미트로프 & 피어슨(1994), 「기업위기관리」, 이재우 역, 웅진출판사

박숙미(2002), "신뢰구조의 동학과 사회자본의 형성: 위험생산-회피구조의 발생론적 접근에 기반하여", 이화여대 대학원 석사학위논문

박형균(1995), "지방정부의 위기관리 행정에 관한 연구-서울시 인적재난의 사전대비를 중심으로", 동국대 박사학위논문

서규환(1995, 겨울), "왜 비판 사회과학은 지금 더욱 비판적 이여야만 하는가 -위험사회 시대의 비판사회과학을 위하여",「세계의 문학」, 제78호

신봉호(2000), "부패이론과 부패방지 대책" 「한국의 부패와 반부패정책」, 한울

심익섭(2002.10), "지방정부의 위기관리: 위기관리의 새로운 이해", 대한지방행정공제회,「지방행정」, 제51권 제588호,

앤서니 기든스 (1991), 「포스트모더니티」이윤희 · 이현희 역, 민영사

____________(1997), 「현대성과 자아정체성」권기돈 역, 새물결

____________(1998), 「성찰적 근대화」, 한울

_____________(1999), 「제3의길」한상진 · 박찬욱 역, 생각의 나무
앤서니 기든스 · 울리히 벡 · 스콧 래쉬(1998), 「성찰적 근대화」임현진 역, 한울
양종회 · 이시재 공역(1995), 「환경사회학」, 사회비평사
울리히 벡(1997), 「위험시회」 홍성태 역(1997), 새물결
_________(1998), 「정치의 재발견」문순홍 역, 거름
_________(2000), 「지구화의 길」조만영 역, 거름
위르겐 하버마스 (1991), "비판적 사회이론의 과제", 최재현 편, 「현대독일사회학의 흐름」
_______________(1994), 「현대성의 철학적 담론」,이진우 역, 문예출판사
유팔무 · 김호기 엮음(1996), 「시민사회와 시민운동」, 한울
이 연(2003), 「위기관리와 커뮤니케이션」, 학문사
이기홍 · 조재광 · 이강익 옮김(1997), 「지구환경과 사회이론」, 한울아카데미
이상희 편(1992), 「커뮤니케이션과 이데올로기」, 한길사
이은영 · 박원순(2002), 「부패추방 어떻게 하나」,나남
이재열(1998), "대형사고와 위험: 일상화한 비정상성", 「사상」, vol. 38
이재혁(2000), "위험과 신뢰 그리고 외부성: 한국의 시민사회 사례", 「성균관대 사회과학」, 제39권 제2호,
이홍균(2001), "위험사회와 반성적 근대화", 「사회비평」, 제27호,
임동욱(1996), '위험사회와 시민운동의 역할', 「언론연구」 제5집, 중앙대 언론연구소
자크 엘루(1996), 박광덕 역, 「기술의 역사」, 한울.
장경섭(1998), "압축적 근대성과 복합위험사회", 「비교사회 2」
장윤재(2001), "위험사회와 잡종적 접근의 필요성", 「고대문화」, Vol. 53, pp.18-33
전경갑(1994), 「현대사회학의 이론」, 한길사
정규호(1994), "환경문제 심화에 따른 생태적 공동체에 대한 연구", 서울대학교 환경대학원
정태석(1999), "위험사회의 사회이론" 「문화과학 35호」,문화과학사.
최종욱(1994), '현대사회의 위기와 위험사회의 현상학', 최종욱 외, 「현대의 위기와 새로운 사회운동」, 문원
한상진(1998), "왜 위험사회인가?: 한국사회의 자기반성", 「사상」, Vol 38.
한형기(2000), "원자력 관리를 위한 통합적 접근모형-사회 구성주의적 관점",「건국대사회과학연구」, 건국대 사회과학연구소.
헬렌 조페, 박종연, 박해광 역(2002), 「위험사회와 타자의 논리」, 한울
홍성태(1994), "서평: 성찰적 근대화, 현대 위험사회의 환경위기를 극복하는 길", 환경과 생명 창간호(봄)
경상대학교 사회과학연구소 엮음 (2000), 「한국의 부패와 반부패 정책」,한울

외국문헌

Bailey, B. P., Gurak, L. J. & Konstan, J. A.(2002), Trust in Cyberspace, in Ratner, J.(eds.), Human Factors and the Web. New Jersey: Lawrence Erlbaum Associates

Habermas, J.,(1987), The Theory of Communicative Action, vol. 2, Boston: Beacon Press.

____________(1989), The Structural transformation of The Public Sphere, Cambridge: MIT Press.

Fukuyama, F., (1995a), Trust: The Social Virtues and the Creation of Prosperty. New York, Free Press.

____________(1995b), "Confucianism and Domocracy." Journal of Domocracy. April.

Coleman, J. (1988), "Social Capital in the Creation of Human Capital" AJS 94

제13장 지방화시대 도시정체성 정립에 관한 연구

인천의 문화도시 전략을 중심으로

Ⅰ. 머리말

90년대 중반 세계화와 함께 등장한 '지방화'는 한국의 거의 모든 도시들에게 도시의 정체성에 대한 근본적인 물음을 가져 왔고, 이는 곧 자체적인 도시발전전략 수립이라는 과제로 이어졌다. 민선지방정부에게 주어진 이 두 가지 과제를 연결하는 고리는 바로 지역 특유의 '문화 만들기'로부터 찾아졌다. 한국의 거의 모든 도시들이 스스로의 도시적 정체성을 지역문화로부터 찾았고, 그렇게 확인되거나 발굴된 문화적 자원들을 산업화하는 도시전략을 세워나갔다. 도시 속에 숨겨져 있는 이미지를 새롭게 조직하고 그것을 판매하는 이른바 도시정체성 정립에 대한 관심은 이런 현상을 잘 보여주는 것이다. 한국사회의 거의 모든 도시들에서 일종의 붐처럼 일고 있는 이러한 현상은 한마디로 '문화도시 만들기' 운동으로 요약될 수 있다.

문화도시 만들기 운동은 60~80년대 초의 공업화 전략, 80~90년대의 첨단산업화 전략에 이어 나타나는 새로운 도시발전 패러다임에 기초하고 있는데 이 과정에서 새롭게 부각되는 개념이 '문화도시'이다. 도시가 "사람들의 기억과 과거의 창고이며 문화적 전통과 가치들의 저장소"라는 의미를 지닐 때, 이 도시개념에는 경험과학의 척도로는 측정되지 않는 독특한 힘의 내용이 내포되어 있다. 이 독특한 힘에 따라 도시는 시간과 공간에 따라 스스로의 모습을 변화시키며 그 변화과정은 늘 가변적이며 선택적이므로 도시의 이미지와 신화는 정치적으로 배치되며, 이런 의미에서 문화적 차원에서의 도시라는 '문화도시'는 거대한 상징들의 혼합체인 것이다.

문화도시에 대한 관심의 증대는 오늘날 한국의 도시들이 겪고 있는 사회변동의 단면을 보여준다. 전통적으로 한국의 도시 전략은 국가의 국토종합개발계획으로부터 시작되었고 지방정부는 그 세워진 계획을 추진만 하는 역할을 주로 담당해 왔다. 그러나 변화된 지방정치 구도 속에서 이제 도시 전략의 가장 중요한 주체는 민선지방정부가 되었다. 이와 함께 중앙정부 중심으로 추진되어 오던 도시의 산업화 전략 속에서 거의 영향력을 행사치 못했던 시민단체들과 문화단체의 역할도 신장되었다.

이런 배경하에서 각 지역도시는 정체성의 중요성에 대한 인식과 함께 문화도시 만들기에 많은 노력을 경주하고 있으나, 몇몇 도시를 제외하고는 그다지 성공적이지 못하다. 이는 우선 지역정체성을 현실에 바탕하지 않은 먼 역사적 기억에만 의존하여 형성하고자 하는 데 그 원인이 있다. 과거의 경험은 재생산되고 언제나 현재적 관점에서 새롭게 구성되어야 함에도 불구하고, 단순히 고정적으로 기억 속에 존재하는 것으로 다루고 있기 때문이다.

또한 정체성은 여러 분야에서 발현될 수 있다. 따라서 도시문화산업과 문화도시는 그 도시가 가진 자원의 성격에 따라 그리고 그 도시의 이미지와 그로부터 정책적으로 추구되는 특성화 전략에 따라 전혀 다르게 나타난다. 그러므로 도시의 정체성정립은 해당도시의 역사, 문화, 경관, 산업 등과 같이 지역에 토착적이며 지역주민의 수요와 부합되는 분야 등이 고려되어야 할 것 이다. 즉 도시는 정체성확립을 위한 의도적 노력을 계속하되, 그 지역이 갖는 문화적 유산, 공간, 산업적 특정, 주기적 의례 등 다방면의 자원을 동원하여 지역이미지를 안정화시키고 강화시킬 필요가 있다. 이에 따라 고려되어야 할 분야들은 다음과 같다(계기숙 외, 2001: 24)..

분 야	내 용
역사정체성	역사적사실, 역사의 현장. 역사적 인물, 유적
문학정체성	민속, 축제, 문학, 연극, 영화, 미술, 음악, 무용, 음식
경관정체성	미관, 자연경관, 도심경관, 구조물, 환경운동, 체험과 이미지
산업정체성	관광, 첨단산업, 수공업, 농산물, 제3차산업

도시를 하나의 '이미지'로 바라보자는 것은 이제 일종의 슬로건이 되어 있다. 도시를 새롭게 바라보자는 운동은 한 도시를 있는 그대로 인식하는 단계를 넘어서서 '보이지 않는 어떤 것'들에 대한 강렬한 추구로 이어지고 있다. 각 지방자치단체의 특성화전략과 지역활성화전략 속에서 역사적 자원, 문화적 자원, 경관적 자원 및 산업적 자원까지 문화적 이미지와 결합되어, '산업'으로 각광받기 시작하면서 나타난 이런 변화들은 이제 거의 모든 도시들의 가장 긴요한 정책목표가 되고 있다. 물론 지역 이미지를 구축하겠다는 발상은 대단히 진보적이고 미래지향적인 구조를 형성하지만 그러나 한편으로는 도시의 이미지가 지역주민들의 삶과 동떨어진 형태로 성립할 가능성이 높다는 것을 말해주기도 한다. 이런 의미에서 문화도시 만들기 전략은 우선 각 도시의 이미지와 도시문화에 대한 연구가 철저히 이루어져야 되며 이어 구성원들의 삶의 질 향상과 반드시 결합되어야 한다.

요컨대 한국의 도시는 정체성정립의 현실화 노력을 다양하게 펼치고 있으며, 특히 지방자치제는 이러한 도시전략의 기점이 되고 있고, 그 노력의 기저에는 도시의 특성을 문화적 측면에서 바라보면서 집단적 정체성을 확인하고 궁극적으로는 그것을 상품화하겠다는 전략이 담겨져 있다. 여기서 중요한 것은 각 도시별로 보다 명확하고 구체적인 특성화 전략을 지녀야 한다는 것이다. 즉 구성원들이 특정지역의 상징이나 목표에 대해서 정체감을 확립시킬 수 있는 전략체계가 명확히 드러나야 한다. 만약 그렇지 않다면 도시의 문화만들기 노력은 현실적으로 구성원들에게 아무런 의미와 영향력을 줄 수 없는 공허한 구호에 그쳐 버릴 것이다.

본 연구는 이러한 문제의식을 배경으로 인천의 문화도시 만들기 전략분석을 통해 인천의 정체성 정립방안 모색 마련을 목표로 한다. 이를 위해 논문은 우선 각 지역공동체의 문화도시 만들기 전략을 이론적으로 살펴보고, 이에 성공을 거둔 국내·외 도시들의 실천적인 전략을 알아 본 후 인천 도시의 현 이미지 실태를 진단해 본다. 다음 구체적으로 인천의 문화도시 만들기 전략을 역사적 자원, 관광, 축제, 도시공간, 그리고 도시마케팅 부문을 중심으로 진단한 후 이를 평가하고 방향을 제시하는 순서로 전개된다.

Ⅱ. 도시정체성 정립의 제 전략

1) CI 전략

CI는 Corporate Identity의 약어로 '기업이미지 통일화 작업'을 뜻한다. 즉 기업이 외부에 대해 특유한 이미지를 주고 내부에 대해서는 통일적인 기업이념과 경영방침을 명확하게 하려는 기업전략의 하나이다. 기업의 이미지를 구성하는 제 요소를 정비·보완·강화함으로써 기업의 실상이 사회 및 소비자집단에 정확히 투영되게 하여 좋은 기업이미지를 형성시키고, 내부적으로는 사원의 의식개혁과 단결을 도모하는 경영전략이다.

이 CI 전략에서의 Identity를 지역 Identity에 적용하면, 자치단체 내지는 지역에 있어서 CI는 City Identity, 또는 Community Identity로서 지역 이미지전략을 의미한다고 할 수 있다. 그 내용으로는 지역자체에서 첫째, 지역의 현재 모습은 무엇인가 둘째, 지역의 바람직한 모습은 무엇인가 셋째, 이를 위한 지역개혁방안은 무엇인가에 대한 인식과 넷째, 그것을 제3자에게 인식시키는 일련의 커뮤니케이션 전략이 된다.

일반적으로 '지역이미지'란 특정 지역에 대해 사람들의 마음속에 떠오르는 像·形態를 의미한다. 다시 말하면 지역이미지라는 것은 지역이 사람들에게 전하는 심상, 사람들에게 인상지우고 싶은 지역의 좋음과 특정 개성 또는 독자성이라고 할 수 있다.

그러므로 자치단체가 CI전략에 주목하게 되는 우선적인 이유는 무엇보다 자치단체의 이미지상승 소망에 기인한다. 기업이 이미지상승을 고려한 로고나 마크의 변경 등으로 여러 매체를 이용하여 이미지향상에 성공하고 있듯이, 자치단체 역시 조직의 활성화와 지역의 이미지향상을 위해 도입하게 하는 계기가 되고 있다.

또한 주민의 생활수준도 향상하여 주민의 가치관의 다양화가 현저해지면서, 행정주체로서의 지방자치단체는 이러한 주민의 요망에 대응하여 자기 지역에 대한 개성이 무엇인가를 발견하고 무엇을 필요로 하는가를 인식하고 이에 대한 시책수립 방법으로 CI 전략에 주목하고 있다.

그리고 광범위한 영역에 걸친 각종 시책을 정비하기 위해 전체의 방향을 부여하는 소위 지역경영이념이 점점 필요하게 되면서, 자치단체가 자신의 Identity를 정확하게 인식하는 것이 중요하고, 이 시점에서 지역 CI전략이 요청되고 있다.

마지막으로 급변하는 사회환경에 대처하기 위해 조직의 재평가, 직원 의식 개혁 그리고 전체 조직의 활성화 요구가 강해지면서, 지방자치단체는 그 조직의 목적, 행동양식을 명확하게 하고, 그 구성원인 공무원의 동기부여를 이끌어 내어 그 조직을 활성화시키려는 기대 때문에 지방자치단체가 CI전략에 관심을 갖게 되는 것이다.

지방자치단체가 지역이미지를 구축해 나가려 할 때 그 실현 대상으로는 대체로 다음과 같은 것이 있을 수 있다. ①지역의 장기종합계획 및 기본구상 ②문장 ③지방자치단체의 꽃, 새, 나무 ④ 시민헌장 ⑤행정의 문화화 ⑥경관행정. 거리의 경관도 커뮤니티 아이덴티티를 구성하는 중요한 요소이다. 특히 경관의 정비는 행정만으로 가능한 것이 아니라, 지역주민, 기업 등의 폭넓은 협력이 필요하며, 이러한 경관행정은 완성품은 경관도 물론이거니와 그 과정 또한 CI전략으로서의 위치를 부여할 수 있을 것이다.

2) 문화산업전략

90년대 이후에 등장한 새로운 지역발전전략으로서의 문화산업전략은 세계화와 지방화의 결합을 그 배경으로 하고 있다. 즉 냉전체제 와해, 시장개방, 자본-노동의 세계화, 환경운동, 전자기술 발전 및 정보화 등의 세계적 흐름과 민주주의 신장과 지방 자치제라는 국내적 조건이 상호 결합되어 있다. 이러한 배경 속에서 문화산업전략은 이전의 공업화전략과 첨단산업화전략과 궤를 같이하면서 변화발전하고 있다. 1960년대부터 80년대 초까지 한국의 도시들은 대부분 기업유치와 공단조성을 통한 공업화 패러다임을 기본적인 발전전략으로 삼았다. 이 시기에 대표적인 공업도시로 성장한 도시들이 수도권과 영남권 중심의 서울과 수원 그리고 포항, 울산, 창원, 마산 등이다. 이 도시들은 수출드라이브정책에 힘입어 대규모 공업도시로 성장하였으나, 이러한 공업화전략은 외형적으로 도시성장을 가져왔지만 그 폐해도 만만치 않았다. 특히 80년대 중반 이후 환경문제가 중요한 가치로 인식되기 시작하면서 도시발전전략은 이른바 첨단산업화 패러다임으로 전환한다.(원도연, 2000: 43) 그러나 정치적 의미에서 출발한 첨단산업화 전략은 자본의 적극적인 투자가 뒷받침되지 못하고 국가정책의 일관성마저 결여되면서 그 실질적인 효과가 대단히 제한적일 수밖에 없었다. 그 속에서 1996년 민선지방정부의 출범은 다시 한번 도시발전 패러다임의 중대한 전환을 가져왔다.

지방자치제가 본격적으로 출발하면서 각급 지자체들이 구사하는 지역발전 프로젝트들의 내용은 첫째, 현재의 자원과 조건을 그대로 활용하거나 개선하여 지역발전을 도모하는 기초발전 전략 둘째, 지역 나름대로의 독특한 전략을 구사하여 지역소득을 높이고 주민들의 삶의 질을 높이는 특성화 발전 전략 셋째, 1960년대 이후 우리나라의 중앙 및 지방 관료들이 계속 강조해 온 제조업 중심의 발전전략 등 크게 세 가지로 대별된다(김영정, 2000).

〈표 1〉 지역특성화 발전전략의 유형과 내용

<table>
<tr><th>내 용</th><th colspan="3">내 용</th></tr>
<tr><td>기초발전전략</td><td colspan="3">· 지역정보화 시업(지역 정보통신 인프라 및 시스템)
· 행정개혁(법령 정비와 제도개선)</td></tr>
<tr><td rowspan="6">지역
특성화
발전
전략</td><td rowspan="2">Intelligence polis 건설</td><td>지역전통산업재활성화</td><td>문화유산산업</td></tr>
<tr><td>테크노풀 건설</td><td>첨단 정보통신산업
신산업, 벤처기술 육성</td></tr>
<tr><td rowspan="2">Art polis 건설</td><td>지역문화산업 특화</td><td>문화특구 조성 이벤트 산업(축제 등)</td></tr>
<tr><td>관광/레저 단지 개발</td><td>디즈니랜드 형의
레저단지개발</td></tr>
<tr><td rowspan="2">Eco-polis 건설</td><td>Sun City 개발</td><td>리타이먼트 커뮤니티
퇴직자 마을 등</td></tr>
<tr><td>환경도시 건설</td><td>습지보호/도시의
공원화 걷고 싶은 거리</td></tr>
<tr><td>제조업
중심전략</td><td colspan="3">· 대단위 공장건설
· 대규모 공장유치</td></tr>
</table>

· 자료: 김영정(2000)

이중 도시 특성화전략이 바로 도시발전 패러다임의 최종단계인 문화산업전략을 포괄하는 개념이다. 21세기의 미래형도시들이 추구하는 지역특성화 전략은 다시 ①Intelligence Polis ②Art Polis ③Eco-polis로 구분된다. 이 특성화발전전략은 지역이 추진하면서 다른 도시들과 구별되는 특수한 전략을 구상 · 실천함으로써 지역의 활성화와 경쟁력을 동시에 높이는 사업이 된다.

특히 Art Polis의 도시특성화 이미지 전략은 그 도시가 지향하는 일종의 도시모델이다. 예컨대 '축제의 도시', '영화의 도시' 등의 이미지 전략이 문화도시의 모델이 되며, 도시문화산업의 내용을 규정할 수 있다. 이러한 도시특성화 전략에 의해 영향을 받은 도시문화산업은 다양한 유형의 전략적 수익모델을 창출하면서 그 내용을 결정짓는다. 또 이 과정에서 구축되는 문화도시의 인프라는 도시문화사업과 서로 영향을 주고받으면서 발전한다. 결국 도시문화산업의 발전은 시민의 삶의 질이라는 요소와 연결되어진다.

도시문화산업은 내용적인 측면에서 크게 다섯 가지 영역으로 구분된다(원도연, 2000: 91-93). 첫째, 이벤트 산업은 일반적인 도시축제와 그 밖의 다양한 이벤트들로 구성된다. 여기에는 도시의 전통축제로부터 과학엑스포와 같은 첨단축제 또는 비엔날레와 영화제 같은 순수예술축제 등이 포함된다. 이 산업들은 기본적으로 도시의 이미지를 제고하고 도시 특산품을 홍보하는 역할을 갖는다. 이 산업의 성패는 시민들의 참여와 지지에 달려 있다. 둘째, 문화유산사업은 가장 전통적인 형태의 도시문화산업으로서 잘 보존된 도시의 역사와 전통을 최대한으로 드러냄으로써 관광자원화하는 방식이다. 문화유산을 활용한 관광산업, 박물관 산업 또는 전통문화의 거리 혹은 특구조성산업 등이 여기에 속한다. 이른바 도시정체성요소와 가장 긴밀하게 연관 되는 산업이다. 이 사업의 전제는 도시의 역사와 전통이 물리적인 형태로 잘 보존되어 있어야 한다는 것이다. 셋째, 기존의 문화적 자원에 기대지 않고 새로운 형태와 내용으로 문화산업을 기획하는 경우로, 대부분의 관광레저산업이 여기에 속하며 구체적으로는 태마파크산업이나 자연경관을 활용한 휴양산업,

경마, 경륜, 카지노 등의 오락산업, 컨벤션 산업 등이 있다. 이러한 산업은 유치경쟁자체도 심하지만 이후 대규모의 투자와 국가의 정책지원이 필요하다. 넷째, 정책적 문화산업이다. 기존의 문화적 자원이 빈약하거나 상품화가 어려운 도시들이 주로 시도하는 산업으로 영상산업, 게임산업, 애니메이션 산업 등이었다. 이들 산업은 최근 한국의 거의 모든 도시에서 시도되고 있는데 이것이 정상적으로 발전하기 위해서는 다양한 문화적 컨텐츠와 탄탄한 문화적 기초가 세워져야 한다는 점에서 오히려 가장 중장기적인 구상 속에서 실현되어야 한다. 마지막으로 도시가 자체적인 캐릭터를 통해 높아진 이미지를 다시 상품화하는 것도 도시문화산업의 범주 가운데 하나이다. 이는 결국 도시의 이미지를 판매하는 것으로 단기적으로 성과를 거둘 수는 없으나 대단히 잠재력이 높은 산업이다. 이것을 표로 나타내면 다음과 같다.

〈표 2〉 도시문화산업의 내용적 구성과 특징

내 용	사업형태	내 용
이벤트 산업	· 전통문화축제 진흥 · 엑스포 · 비엔날레 · 영화제 등	① 도시의 이미지 제고와 도시 특산품 홍보 ② 도시의 문화적 자원을 최대한 활용 ③ 시민적 참여와 지지가 관건
문화유산 산업	· 문화유산 관광산업 · 박물관 산업 · 전통문화특구 개발산업	① 도시의 역사와 전통을 최대한으로 활용 ② 도시의 정체성 구축을 위한 프로젝트 ③ 시민의 개발욕구와 갈등 가능성
관광레저 산업	· 테마파크/휴양산업 · 경마/경륜/카지노 산업 · 컨벤션 산업 · 스포츠 산업	① 즉각적인 수익창출 모델 ② 대규모 투자와 국가의 정책적 지원이 필요 ③ 도시간 경쟁의 심화
정책적 문화산업	· 콘텐츠 산업 · 영상/게임산업 · 애니메이션산업	① 맥락적으로 첨단산업화 전략에 위치 ② 벤처산업 육성전략과 연계 ③ 궁극적으로 문화도시로서의 내용 확보
상품판매 산업	· 자체 캐릭터 산업 · 브랜드 활용 상품판매	① 자체의 역사적·문화적(이미지) 자원이 관건 ② 단기적인 수익모델은 아니나 커다란 잠재력

자료: 원도연(2000: 92)

3) 장소마케팅전략

장소마케팅은 1980년대에 최초로 유럽 도시 관련 문헌에 등장하면서, 지역경제발전과 관련된 장소판촉과 민관합동을 장려함으로써 지역경제를 회생시키기 위한 전략개념으로 사용되기도 하지만, 보다 총체적인 도시마케팅 개념은 다음과 같다. '도시마케팅은 도시지역 내에 있는 사회복지를 위한 모든 측면들을 판촉하는 것을 의미한다. 전통적인 도시계획이 지향하던 공급지향적 접근보다는 수요지향적 접근이 요구되며, 개발계획에 있어서 보다 유연적 접근을 꾀해야 한다. 특히 바람직하지 않은 것에 대한 대응보다는 바람직한 것을 사전에 추구해 나가야 한다'(Fretter, 1995). 결국 장소마케팅은 특정 자치단체가 자신의 특성을 살리는 정책을 펴고, 그 이미지를 부각하여 홍보함으로써 관광객 등의 고객을 유치하는 전략으로 정의할 수 있다.

이런 의미에서의 장소마케팅 개념은 우리에게 다소 생소한 편이나, 지방자치제의 도입과 더불어 지자체가 스스로를 판촉해야 하는 상황에 이르러, 각 지자체들이 경영마인드를 가져야 하는 지금, 지역의 이미지를 재구성하고 지역경제를 활성화시키기 위한 지자체들의 장소마케팅은 앞으로 본격화될 전망이다.

우선 장소마케팅 전략의 주요 초점은 수요지향적이라는 점이다. 전통적인 도시계획법이 '공급지향적'임에 비해, 도시마케팅 전략은 훨씬 '수요지향적'이어서, 소비자의 입장에서 도시활성화의 방향을 고려할 수 있으므로, 적합한 도시이미지의 형성과 표출이 가능하며, 도시에 부정적 이미지를 주는 환경들을 제거할 수 있다.

장소마케팅 과정에서 도시공간은 도시이미지를 제고시키고 지역 경제를 활성화하는 방향으로 재편되어 간다. 장소마케팅 전략이 도시공간을 그들 나름대로의 이해관계에 따라 재편하고자 하는 가운데, 공공공간이 양적인 측면에서 확대되는 것은 물론 특히 질적인 측면에서 풍부하고 다양한 삶을 영위할 수 있도록 재구성될 수 있다. 소비를 촉진하려는 자본의 전략에 따라 도시공간이 급속하게 소비공간화되는 것은 사실이지만, 다른 한편으로는 문화와 예술을 향유할 수 있는 공간이 늘어나 도시에서 일상을 영위하는 사람들이나 관광객들은 다양한 삶을 즐기고 또 전통적 도시공간에서나 느낄 수 있었던 상징적 풍요로움을 만끽할 수 있게 된다.

요컨대 장소마케팅은 도시이미지에 영향을 미치는 한편, 공간 적으로 실질적인 영향을 준다. 도시이미지를 제고시키려는 정책들은 대중들이 이용할 수 있는 공공 공간의 확대를 가져오며, 상품으로서의 도시공간은 대중들이 소비하기 좋은 공간으로 조직된다. 즉 공공공간의 재구조화는 주민들의 일상생활의 재구조화 뿐만 아니라 그들의 삶의 질에 실질적인 영향을 미치는데, 이러한 도시공간은 장소마케팅을 통하여 자본주의적 공간으로 적극적으로 개발되어 간다. 자본에게 유리하게 개발된 공간과 그러한 과정에서 배제된 공간과의 불균등 발전은 피할 수 없는 일이다. 도시 기업가주의가 지리적 불균등 발전을 심화시킨다 하더라도, 치열한 경쟁적 관계 속에서 각 도시들은 생존전략으로서 장소 마케팅을 적극 사용하지 않을 수 없다. 도시를 판매하는 것은 매력적인 도시이미지를 창조하는 것에 크게 의존한다. 도시이미지의 조화로운 생산은 사회적 연대감, 대중적 자부심, 장소에 대한 충성을 이끌어내는 데 도움을 줄 것이다.

Ⅲ. 국내외 도시정체성 정립실태

1) 국내도시

문화도시의 유형은 그 도시의 문화적 특정과 이에 따른 문화 도시 만들기 전략이 무엇이냐에 따라서 결정될 수 있으며, 이 요소들을 조합해 볼 때 일반적으로 한국 도시들은 다음과 같이 구분 가능하다. 첫째 전통을 고수하는 '문화유산 관광형 도시'로서, 경주가 좋은 예이며 이러한 도시들은 문화유산의 원형보존을 기본으로 하여 전통도시의 이미지를 강화하는 전략을 구사한다. 둘째, '현대적 문화개발 도시'로 이 도시들의 기본 전략은 휴양도시의 이미지를 강화하는 한편 문화장르의 특성화를 통한 차별화를 꾀하면서 오락 레저산업의 육성과 문화자원의 축제화 그리고 축제산업의 육성 등을 주요사업으로 하고 있다. 셋째, '전통－현대 혼합형 도시'로 이 도시들에서는 전통문화특구 조성사업과 첨단문화사업의 프로젝트가 동시에 진행된다. 여기서는 현재 일반적인 한국도시들이 주로 택하고 있는 두 번째와 세 번째 유형을 중심으로 살펴보고자 한다.

우선 '현대적 문화개발도시' 유형으로 춘천, 부천. 과천 및 대전 등의 도시가 여기에 속하는 것으로 볼 수 있다. 춘천의 가장 중요한 문화적 자원은 자연환경으로, 이에 기반한 춘천의 대표적 도시이미지는 '호반의 도시'로서의 휴양도시였다. 여기에 막국수와 닭갈비라는 음식문화 심지어는 대중가요 '소양강 처녀'가 춘천의 이미지를 선도했다. 그러나 민선 자치시대를 기점으로 춘천의 이미지는 변화하고 있다. 상당한 기간동안 춘천을 기반으로 자생적으로 성장해 온 인형극이나 마임 등이 민선 자치단체의 문화전략 및 행정력과 결합되면서 춘천의 이미지는 다분히 문화적인 도시전략으로 바뀌게 되었다. 그 결과 춘천은 '문화의 도시'라는 좀더 진전된 이미지로 변화되었고, '살기 좋은 도시' 또는 '축제의 도시'라는 도시적 목표에 접근하고 있다.

부천은 '21세기 문화도시 부천'을 도시의 구호로 내세우면서 어느 도시보다 특화된 문화도시 만들기 전략과 일관된 추진력을 갖고 있다. 부천은 만화산업에 주목했고, 이 만화산업과 이미지를 같이 하는 영화제를 기획하여 국제적행사인 부천 국제 판타스틱영화제를 성공적으로 만들어 냄으로써 문화도시로서의 형식과 내용을 갖추어 가고 있다. 이를 중심으로 부천은 국제판타스틱영화제, 애니메이션페스티발, 부천만화정보센터축제 및 필하모니오케스트라와 복사골예술제 등 5대 문화사업을 운영하고 있다. 부천의 문화전략은 일단 무엇보다도 특성화에 초점이 맞추어져 있다. 영화제는 판타스틱영화제이고 만화산업은 출판만화에 초점을 두고 있으며 애니메이션 페스티벌은 이 국제 대학애니메이션 페스티벌로 범위를 특화시켰다. 부천의 특화전략은 여전히 진행 중이긴 하지만 수도권을 보완하는 신도시로 급부상한 부천이 선택한 전략이 '21세기 문화도시'의 전략이라는 점에서 문화산업 또는 도시발전의 측면에서 세밀하게 관찰될 필요가 있는 도시임에 틀림없다.

1986년 수도권의 신도시로 급부상한 과천은 98년 과천 국제 마당극 대잔치로 명성을 쌓으면서, 국립현대미술관, 서울랜드, 서울대공원 등을 주축으로 한 문화적 특정을 자랑하고 있다. 더불어 과천 경마장은 수도권 내에서 가장 커다란 규모의 레저산업으로 번창하고 있는데 나름대로의 이와 같은 문화도시 만들기 전략에 힘입어, 인구 7만여 명의 과천은 '나의 마음 나의 도시(My Heart, My City)'라는 구호를 내걸고, 도시를 판매하고 있다.

'첨단과학의 도시'라는 구호를 내걸고 있는 대전 역시 상대적으로 독특한 도시이미지와 발전전략을 보여주는 도시이다. 대전시는 이전의 역사와 전통에서 도시의 문화적 발전전략을 찾기보다는, 첨단과학과 행정이라는 아이템으로 도시발전의 목표를 설정했다. 대전시를 상징하는 문화적 이벤트는 역시 과학 엑스포이고 과학공원은 그 공간적 결과라고 할 수 있다. 대전시 캐릭터인 '한꿈이'가 이를 잘 대변해주는데, 이것은 미래의 세계에서 날아온 큰 꿈을 가진 어린왕자를 귀엽고 깜찍한 모습으로 형상화하여 '과학'과 '미래'라는 대전의 이미지를 상징하고 있다. 여기에는 21세기 세계 초일류 과학기술도시를 지향하는 대전의 비전이 담겨 있으며 이러한 비전은 대전의 자랑이라 할 수 있는 KIST의 이미지와도 잘 연결되어 있다. 또한 정부종합 청사가 들어와 있는 행정의 중심도시라는 점도 대전의 도시적 특성을 보여준다. 결과적으로 대전이 택하고 있는 도시전략은 역시 전통과 역사에 기대지 않은 현대적 지향성의 도시발전전략을 보여 준다.

이상 한국의 현대적 문화산업 개발형 도시들로 꼽은 춘천, 부천, 대전의 문화적 자원과 특성을 표로 정리해보면 다음과 같다.

〈표 3〉 현대적 문화산업 개발형문도시들의 문화적 자원과 특성

구 분	춘 천	부 천	대 전
도시상징	·휴양도시	·만화/영화	·중부권 행정도시
유형화된 자원	·소양강 등 자연자원 ·소양강 처녀 ·막국수와 닭갈비 ·인형극제와 마임축제	·신흥 계획도시 ·영화제의 도시 ·만화산업 전략육성도시 ·복사골예술제와 부천국제판타스틱영화제	·첨단과학도시 ·행정 교통의 중심지 ·대전부르스 ·엑스포과학공원 ·유성온천
무형화된 자원(이미지)	·문화의 도시 -축제와 살기 좋은 도시	·문화의 도시 -만화산업의 메카	·과학 행정도시 -문화적 발전목표 없음

한편 대표적인 전통-현대 혼합형 도시들의 문화적 자원과 특성은 다음과 같다.

〈표 4〉는 이 대표적인 전통-현대 혼합형 도시들의 문화적 자원과 특성을 정리한 것이다.

〈표 4〉 전통 현대 혼합형 도시들의 문화적 자원과 특성

구 분	전 주	대 구	수 원
도시상징	·예향의 고장	·섬유패션도시	·화 성
유형화된 자원	·후백제의 도읍과 이성계의 본향 ·조선시대의 유적들 ·비빔밥 등 음식자원 ·풍남제와 전주국제영화제	·팔공산 등 자연자원 ·경상감영 등 전통도시 ·일제시대와 저항의 역사 ·영남권 공업의 거점도시 ·달구벌 축제와 밀라노 프로젝트(섬유)	·수원화성(정조임금) ·수원갈비 등 음식자원 ·서울 근교의 전통도시 ·수원화성문화제와 정조대왕 능행차 연시 ·수원 시향
무형화된 자원(이미지)	·전통과 예술의 고장 ·전통의 현대적 계승	·정치적 성공 ·내부적 저발전	·과거와 미래가 공존하는 도시

먼저 전주는 역사와 전통을 갖고 있는 도시로, 후백제 견훤의 왕도였고, 조선 이씨 왕가의 본향이었다. 그런 까닭에 전주에는 곳곳에 역사적 유적들이 남아 있고 또한 농경문화의 영향을 받아 비빔밥 등으로 대표되는 '맛의 고장'이며, 또 전통문화의 맥이 면면히 이어져 오는 '멋의 고장'이기도 하다. 그동안 전주는 산업화 과정에서 가장 많이 침체되고 소외된 도시였지만, 한편으로는 전통과 예향의 고장이라는 자부심을 버리지 않았던 도시였다. 그럼에도 불구하고 전주의 전통은 지금의 도시 속에서 쉽게 발견되지 않는다. '전통의 현대적 계승'이라는 전주의 문화적 목표는 전주가 안고 있는 가능성과 한계를 동시에 보여준다.

대구 역시 한국의 전통도시로서 팔공산 등 자연자원과 '사과의 도시', 그리고 섬유산업의 도시라는 이미지와 상징을 갖고 있었지만, 어느 것 하나 대구의 대표상징으로 확고하게 굳어지지는 못했다. 한편 대구는 정치적으로는 박정희 정권과 제5공화국을 거치면서 'TK의 본산'이라는 정치적 상징을 얻었으나, 경제적 측면에서는 섬유산업의 급속한 성장과 침체 속에서 혼란을 겪었다. 대구를 상징하는 섬유산업은 한때 공업화시대를 선도한 성장산업이었으나 어느새 가장 대표적인 사양산업이라는 평가를 받으면서, 대구에게 가장 큰 고민을 안겨 주었다. 그러다 지방자치시대 이후 대구는 자신의 발전모델을 바로 그동안 사양화산업으로 치부되어온 섬유산업으로부터 찾았다. 사양화된 섬유산업의 개념을 개인들의 개성과 표현의 즐거움과 결합시켜 첨단산업으로 바꾸는 프로그램이 대구의 경제적 목표이자 문화적 목표가 되고 있다. 여기에 '아름다움과 품위'라는 도시구호를 정하고, 도시 마스코트로 패션이(Fashiony)를 정하면서, 대구는 섬유패션산업이라는 도시적 이미지를 강화하고 있다. 즉 대구시는 문화전략 아이템을 우선 섬유패션산업으로 잡고, 그 목표를 사양화된 섬유사업의 도시에서 '패션의 도시'로 바꾸겠다는 문화산업 전략으로 설정하고 있는 것이다.

한편 수원은 성곽을 거의 원형 그대로 유지하고 있는 보기 드문 성곽도시로 전통도시들 가운데 가장 강력한 전통 문화의 자원을 가지고 있는 셈이다. 그러나 수원의 강점은 오히려 전통도시로서의 면모에 머무르지 않는다는 데 있다. 수원시 홈페이지에는 "우리 수원은 세계문화유산 '화성'과 효와 개혁정신이 어우러진 우리나라 최초의 계획된 도시로서, 역사와 문화가 살아 숨쉬는 도시이자 또한 미래의 주역인 차세대 인재를 키우는 교육도시, IT, BT 등 지식산업이 집중된 첨단 산업도시이기도 합니다."라고 소개되어 있다. 즉 수원의 문화적 지향은 오히려 현대지향적이다. 우선 수원은 급속히 팽창한 수도권이 주축도시인 까닭에 인구변동이 극심했고 그 과정에서 자연스럽게 토박이 도시인구의 비중이 줄면서 외부인구의 급속한 유입이 이루어졌다. 이러한 인구변동은 결과적으로 정서적이고 문화적인 측면에서 수원의 전통성을 크게 약화시키는 계기가 되었다. 또 서울과의 물리적인 거리라는 측면도 수원의 문화적 취향을 좌우하는 요소가 되었다. 이같은 도시의 문화적 분위기는 수원을 전통문화보다는 현대적이고 좀 더 도회적인 문화에 가깝게 변화시켰다. 수원은 도시의 문화적 인프라가 뛰어나고 생활문화적인 측면에서 강점을 갖고 있다. 그러나 지난 79년 복원된 수원의 '화성'이 1997년 유네스코 지정 세계문화유산으로 등록되면서 수원의 전통성은 새삼스럽게 주목받기 시작했다. 수원시로서는 이 도시가 갖는 전통성이 커다란 자원이 된다는 사실을 새롭게 인식했고, 도시의 문화전략 속에 도시의 전통과 역사를 결합시켰다. 물론 여기에는 수원 화성이 많은 관광객들이 찾는 다는 문화산업으로서의 가치도 적극적으로 평가되었다. 이런 과정을 통해서 수원의 캐치프레이즈는 '과거와 미래가 공존하는 도시'가 되었다.

2) 외국도시

① 영국 버밍엄

버밍엄은 영국 내에서도 두 번째 인구가 많은 도시로 지역경제 기반은 자동차와 전기부문 제조업이었다. 그러나 경제 불황과 고용기반의 재구조화로 인해 1970년대 이후부터 경제위기와 함께 기업이 떠나는 등 산업도시로서의 이미지에 타격을 입었다.

이러한 실추된 도시 이미지 제고사업을 위한 사업재원을 확보하기 위해 시정부는 공공회사를 이용하였고, 사업 건설비용 측면에서는 민간자본을 끌어들였다. 결과적으로 버밍엄의 장소 마케팅을 위한 이미지 제고 계획에 포함된 재정지출의 반 이상은 시정부가 직접 보조를 했으며 나머지는 민간부문이 담당하였다.

이에 따라. 버밍엄 시정부는 산업구조 고도화를 위한 새로운 전략적 도구로 '장소마케팅'을 도입하였으며, 그중에서도 서비스 부문의 투자 육성을 성장지향적 전략의 핵심으로 삼아, 관광객유치 전략을 통해 도시 경제기반을 넓히고자 하였다. 따라서 이의 성공을 위해서는 국가적 · 국제적 이미지 제고가 우선적으로 필요하다는 인식하에서, 중심상업지구 내에 민간투자를 유인할 수 있는 매력적인 여건조성을 목표로, 다음의 4가지 지역 이미지 제고 전략을 수립하였다. ①최대 3,700명 수용이 가능한 국제컨벤션센터 설립 지원 ②국제적 스포츠센터로 12,000명을 수용할 수 있는 국제 실내경기장 건설 지원 ③하이얏트호텔 설립 지원 ④레저공간의 토지개발을 위한 브린들리 계획(Brindley Plan)에 재정 지원.

이 계획은 버밍엄 시정부의 경비과다 등 다소 부정적인 시각이 있었지만 건설 사업으로 인한 고용측면에서 큰 효과가 있었다. 결국, 버밍엄은 심각한 경제후퇴기에 도시 내 국제센터들을 설립함으로써 실질적인 지역경제 활성화에 영향을 미쳤다. 국제시설들은 지역 이미지를 제고시키는 동시에 장소마케팅으로서의 효과적인 역할을 수행하였다. 이로 인해 버밍엄은 기업교역의 중심, 국제적인 모임장소로 지역 이미지를 개선할 수 있었으며, 주요한 스포츠와 오락행사들은 버밍엄의 위상을 강화시켰다.

② 뉴욕주 사례

뉴욕주는 이미지 개선작업이 본격적으로 시작된 1977년경에는 불경기였고, 국내외 상황도 좋지 않아, 전반적으로 열악한 상황이었다. 따라서 뉴욕주의 도시홍보정책은 우선적으로 경기 회복을 위해 시작되었다. 뉴욕은 지역 대표 상징물을 통해 이미지를 전환한 경우로서 1970년대 범죄와 경제불황으로 허덕이던 뉴욕시의 이미지를 뉴욕지역 사과의 신선하고 풍성한 이미지를 심볼로 선정하여 대내적으로는 단합과 내부 결속을, 대외적으로는 신선함과 풍성함을 표방하였다. "I LOVE NEW YORK Campaign"의 우선적 목표는 지역경제회복을 위해 특히 관광산업의 성장을 북돋우는 것이었다. 뉴욕주를 상징하는 이미지로 "Big Apple"을 사용하고, 홍보물에 Big Apple을 사용하여 뉴욕주를 홍보하고, 특히 도시관광 진흥 캠페인을 실천한 결과, 뉴욕주의 도시의 이미지는 크게 개선하였다. 이 캠페인은 관광산업의 성장 이외에도 뉴욕주 전체에 대한 이미지를 개선하여, 뉴욕에 대한 전 세계인들의 인식을 달리하게 된 중요한 계기가 되었다. 결과적으로 뉴욕주민들의 마음속에는 주민으로서의 자부심과 도시에 대한 애정이 쌓여 있게 하였다. 주민 스스로 I LOVE NEW YORK이라는 말에 자부심을 가지며 'I♥NY'가 새겨진 티셔츠를 당당하게 입고 거리를 활보하는 일이 자랑스럽게 여기게 되었다. 더구나 지난 2001년 911사태는 오히려 미국인뿐 아니라, 전 세계 시민들에게까지 뉴욕에 대한 애정과 관심을 확대시키는 계기가 되어 본 캠페인은 전 세계인에 대한 뉴욕사랑 캠페인이 되었고 로고 또한 'I♥NY more than ever'로 바뀌어 광고할 정도였다. 이렇게 뉴욕주민들의 자부심을 심어준 것은 비단 이러한 캠페인뿐만 아니라, 이러한 것을 뒷받침해줄 경제·문화·관광 자원에도 크게 기인하고 있다. 즉, 뉴욕은 세계 무역·금융의 중심지인 UN 본부가 있어 각종 회의참석이나 업무협의가 열리고 있다. "I LOVE NEW YORK Campaign"은 특히 지역 경제의 활성화-특히 관광산업의 성장-에 기여하였으며 또한 뉴욕주 전체에 대한 이미지를 긍정적으로 마케팅 한 점에서 높게 평가되고 있다. 이러한 평가는 뉴욕 주민 내부뿐만 아니라 객관적으로도 찬사를 받고 있다. 예를 들어 'I♥NY'라는 로고는 2000년' 세계적으로 가장 최고의 로고 중 하나'로 선정되기도 하였다.

③ 글래스고우

글래스고우시는 조선업과 공학기술 같은 산업의 성장과 함께 이미 19세기에 부상되었고, 20세기 초에는 광역도시권으로 부각되면서 인구 150만 명 규모의 대도시로 번성하였다. 그러나 제2차 세계대전 이후 많은 산업이 쇠락하면서 경제적 쇠퇴에 직면하게 되었다. 인구는 감소하고 실업률이 높아지는 사회문제가 발생되었다. 또한 '질 낮은 주택, 투쟁적 노동력, 산업적 특성과 관련된 빈약한 이미지'가 글래스고우시 이미지를 형성 하였다.

글래스고우시의 도시 이미지 개선을 위한 노력은 특히 중앙 정부 차원에서 경제구조 고도화를 위해 설립된 '지역개발청'에 의해 이루어졌으며, 홍보주체와 관련하여서는 의원, 관료, 기업 등이 함께 참여한 민관합동이라는 점이다.

우선 빈약한 도시 이미지를 개선하고자 1980년 초 이래 글래스고우시는 지역경제 활성화 작업에 착수하였다. 1983년 새 박물관 건립계획이 완성되었고, 연례예술축제인 'Mayfest'가 시작되었다. 또한 1985년에는 도심지 부흥의 목적으로 전람회와 회의센터가 개관되었다. 이러한 글래스고우의 경제부흥을 위한 노력은 '글래스고우는 훨씬 좋다'라는 표어의 정착과 함께, 1990년 유럽의 문화도시로 지정되면서, 주목을 받게 되었다. 물론 1990년 문화의 해 (the Year of Culture) 이전에 글래스고우의 입지는 버밍엄과 맨체스터 같은 다른 주요 지방산업도 시의 입지와 비슷했을 것으로 추정되고 있다. 그러나 다양한 문화사업을 통하여 글래스고우의 인지도가 높아지고 도시 이미지가 크게 개선되었으며, 이런 식의 이미지 변화는 경기회복의 전제조건으로 간주되었다.

④ 싱가포르

싱가포르는 19세기 이후 동남아시아의 중계 자유무역항으로 일찍 번영되어왔으나, 중계항으로서 싱가포르가 차지하는 비중은 감소되었고, 1969년대 후반 이후 시도된 공업화에도 불구하고, 정상적인 공업도시로서의 이미지역시 축소되고 있는 실정이다. 이에 싱가포르 정부는 관광산업을 포함한 서비스산업에 집중한 도시 이미지 제고작업에 착수하였다. 싱가포르는 경제개발 초기부터 국제 서비스업부분에 대하여 자국기업보다는 외국기업 투자에 전적으로 의존하고 있다. 따라서 싱가포르 정부는 이미 1960년대 후반부터 외국자본 투자환경 개선을 통하여 선진 외국기업 내지는 금융기관 유치에 적극적으로 나섰다. 특히 경제개발청(EEB)의 적극적 유치전략과 각종 우대정책이 결정적 역할을 하였다. 관광분야에 있어서도, 싱가포르 관광청은 'Tourism Unlimited'전략 즉 '정부의 무한한 책임'을 추진하여 관광지 및 관광관련 산업을 창출하고자 노력하였다 (계기석, 2001: 72~73). 우선 기업환경과 관련하여 싱가포르정부는 자국을 세계기업의 거점지역으로 하기 위해 인적·지적 자원육성, 과학기술 혁신 네트워크 구축, 효율적 자원배분을 통하여 정부가 세계경쟁이 가능한 기업을 육성하며, 특히 제조업과 서비스업의 발전을 도모하였다. 구체적으로 첨단 제조업과 국제 비즈니스의 허브로 도약하기 위한 인프라를 구축하였다. 즉, 세계 수준의 통신 및 금융 인프라를 확충하고 one-stop 서비스를 제공함은 물론 다국적기업들을 유치하기 위해 기업규제를 과감히 철폐하였다. 특히 「Industry 21」을 수립하여, 전자, 생명공학, 교육, 의료, 통신산업 등을 중점 육성산업으로 선정하고 이를 위해 연구개발, 디자인, 고부가 물류시스템 구축 등을 통하여 다국적기업의 유치환경 개선을 추진하고 있다.

또한 싱가포르정부는 관광측면과 관련하여 다양한 마케팅 전략을 수립 하였는바, 'Live It Up in Singapore'라는 캠페인과 함께 다음과 같은 독특한 마케팅 전략을 전개하고 있다(계기석, 2001: 73~74). 위와 같은 기업유치 측면과 관광측면에서 수행한 싱가포르 정부의 노력으로 싱가포르의 도시 이미지는 크게 개선되어 경쟁력 있는 다국적 기업의 유치는 물론 관광산업이 크게 활성화되었다. 결과적으로 칼텍스, 필립스 등 2,500여 개 외국기업들의 지역본부가 싱가포르에 소재하였으며, 특히 세계적 컴퓨터 주변기기 등의 생산기지로 부상하였다. 또한 무역, 정부규제, 외국인투자

분야 등에서 세계 1~2위를 차지함으로써, 싱가포르는 첨단 제조업과 국제비즈니스의 허브로 도약하였으며, 동시에 싱가포르는 물동량 9.1억 톤의 세계적 무역항이 되었다.

Ⅳ. 인천의 도시정체성 실태

인천시는 동북아 관문도시 인천이라는 비전하에 '살기 좋은 도시 인천'이라는 하위비전을 제시하고 있으나, 실제 인천시민들이 느끼는 인천이미지는 부정적으로 나타나고 있으며, 미래 비전과 상당한 괴리를 보이고 있다. 이는 인천시민을 대상으로 인천이미지에 대한 여러 조사가 있어 왔는데, 그 결과가 한결같이 부정적 이미지가 높게 나온 것으로도 알 수 있다.

우선 1999년에 실시된 청소년대상의 설문조사를 살펴보자. 황해문화 창간 5주년 기념으로 실시된 인천청소년 사회의식조사에서 인천은 상징이 부재하는 도시, 역사가 없는 도시로 평가되고 있다. 우선 상징부재와 관련해서 인천청소년들에게 '인천' 하면 가장 먼저 떠오르는 단어는 무엇인가라는 질문에 '바다'(30.8%)를 비롯 '항구도시'(17.4%) '무역항'(1.0%) '짠물'(0.9%) 영종도(0.9%) 등 바다와 직·간접적으로 연관을 갖는 응답이 67.8%였다. 그러나 문제는 인천의 바다가 인천시민의 삶과 연결되어 나타나지 못하고 있다는 데 있다. 즉 항도라면 항구를 느끼고 항구를 살아가는 부분이 주민들의 삶과 밀접하게 연결되어 나타나야함이 당연함에도 불구하고, 인천시민들의 일상의 삶 속에는 바다는 그림자조차 없고, 외지인들에게도 인천바다는 그저 생선회를 먹기 위해 가는 정도지 진정 바다를 보기 위해 가는 곳은 아닌 실정이다.

한편 역사부재와 관련하여서는 더욱 심각한 결과를 보여주었다. '역사 속의 인물 중 인천을 대표하는 인물'을 설문한 결과 맥아더가 20.3%로 가장 높았고, 비류가 4.3%, 김활란 여사가 3.3%, 강재구 소령이 2.7%, 장면 전총리가 2.6%였다. 인천의 많은 지성들이 맥아더라는 이데올로기적 상징을 무너뜨리고자 상당한 노력을 기울여왔지만, 아직도 인천을 대표하는 인물을 인천청소년들이 맥아더라고 서슴지 않고 언급한다는 사실은 매우 부끄러운 역사의식뿐 아니라 인천의 상징부재를 여실히 드러내고 있다(서규환, 1998: 177).

이러한 부정적 이미지는 해반문화사랑회(1999)의 인천지역 엘리트를 대상으로 한 의식조사에서도 그대로 이어지고 있다. 인천지역 엘리트들이 인천지역에 대해 갖는 지배적인 이미지는 빈곤시대의 빈약한 문화와 열악한 교육여건, 공해와 혼잡, 그리고 '짠물'이라는 이미지와 밀접한 관계가 있는 전통적인 공업도시 그 자체이다. 물론 미디어밸리, 송도신도시, 영종 국제공항 등과 같은 첨단 산업, 미래의 인천 등과 같은 긍정적인 것을 연상하기도 하나, 전반적으로 "혼란스럽고, 삭막하고 메마르고 이기적인 공업도시"의 이미지가 전반적이다. 이러한 부정적 이미지는 특히 생활여건에 대한 인식에 근거하는 바, 주택 및 편의시설, 자연환경 및 교육여건, 보건의료 서비스 및 여가여건 등 일상생활과 직접 관련된 여건에 대해 부정적인 평가를 보이고 있다. 결과적으로 인천지역 엘리트들조차 인천에 대하여 별다른 긍지를 갖고 있지 않으며, 상당수가 여건만 충족되면 인천지역을 떠날 마음을 갖고 있음이 이 조사에서 나타나고 있다.

인천시민 문화수요조사(2002)에서도 상황은 마찬가지이다. 평소 인천에 대한 자긍심 부족 및 공동체 의식의 상실은, '혼잡하고, 지저분하며, 무질서하고, 불편하고, 시대에 뒤떨어져 있으며, 침체되어 있고, 우중충한' 도시이미지에서 비롯되고 있음을 보여주고 있다. 한편 이 문화수요조사에 따르면, 향후 인천광역시의 모습에 대해 '환경해양도시'로 지향한다는 의견이 가장 많고, '문화도시, 국제물류도시, 첨단산업도시' 지향이 각각 차례로 나타나고 있다. 이로써 인천시민들이 생각하는 인천의 대표적 특징은 청소년대상 조사에서와 마찬가지로 바다로서의 '해양도시'에 대한 인식이 지대하고 있음을 알 수 있다. 바로 이러한 측면에서 본 수요조사는 인천지역의 특수성과 장점을 충분히 부각하여 새로운 문화도시 이미지를 제고시키는 문화정책적 차원에서의 도시통합전략 강화에 대한 필요성과 이를 위한 인천시의 역할을 강조하고 있다.

이윤희의 조사(2002)도 인천시민들이 지역 환경에 대해 갖고 있는 이미지는 대체로 부정적 경향이 매우 높음을 보여주고 있으며, 이러한 부정적인 이미지는 낮은 지역정체성으로 연결되어 나타나고 있다. 즉, 애향심, 자부심, 친밀감, 유대감, 지역문제 관심도 및 참여도, 역사에 대한 관심, 문화유산에 대한 관심도 등을 항목으로 지역정체성에 대한 설문결과, 인천시민의 경우 전체 평균(3.5)보다 낮은 3.15로 나타났다. 특히 인천의 역사 및 문화유산에 대한 관심도가 매우 낮게 나타났으며, 지역 문제에 대한 참여도 역시 다른 영역들에 비해 극히 저조한 것으로 조사되었다.

전영우의 '인천시민이 갖고 있는 인천의 이미지에 대한 연구'(2002)에서는 인천이라는 도시가 매우 혼잡한 도시라는 인식이 가장 높은 부정적인 점수를 갖는 것으로 나타났다. 두 번째로 부정적인 항목은 청결도로 인천의 환경은 매우 열악하며, 공업도시로서 매우 삭막하며 지저분한 도시로 인식하고 있으며, 이어서 인천은 무질서한 도시, 다음으로는 침체되어 있는 도시로서의 인식 등 대부분의 연령층에서 고르게 인천에 대한 이미지가 부정적인 것으로 나타나고 있다.

한편 최근 2년간 언론에 비친 인천의 도시이미지 역시 전반적으로는 부정적으로 비추어지고 있다. 다만 경제적 측면에서는 미래지향적이며 긍정적인 이미지를 보이고 있으나 이외의 다른 측면 즉 문화적·사회적·환경적 이미지는 경제적 이미지와 너무나 큰 격차를 보인다. 즉, 경제적 측면은 인천시의 야심찬 Tri-Port 계획을 핵심으로 인천공항의 개항, 경제특구지정, 송도의 IT산업 단지화 등 긍정적 이미지가 부각되는 반면, 문화·사회·환경적 측면에서의 인천의 도시이미지는 매우 부정적으로 비추어지고 있다(김번욱·윤면상, 2003: 40-41).

〈표 5〉 언론에 나타난 인천지역 이미지 종합

구 분	언론에 나타난 인천의 이미지
경제적 이미지	·"제2의 개항을 꿈꾸는 인천의 트라이 포트 계획"(동아일보 2001. 4. 24) ·"인천공항, 송도신도시 등 경인집중개발 5개 권역 특화"(중앙일보 2002. 2. 22) ·"인천공항의 동북아 허브 공항 도약 가능성"(동아일보 2001. 4. 28) ·"송도 앞바다에 신항만 건설"(동아일보 2001. 8. 25)
문화적 이미지	·"볼 것 없는 인천"(조선일보 2002. 2. 25)
환경적 이미지	·"인천 갯벌 사라진지"(중앙일보 2001. 10. 26) ·"인천 등 수도권 3곳 공기에 다이옥신 검출: (중앙일보 2001. 8 25) ·"환경부 25개 도시 소음 조사: 인천·대전·춘전·합격점"(동아일보 2001. 10. 8)
사회적 이미지	·"중국 붐과 함께 주목받는 인천차이나타운"(조선일보 2002. 2. 18) ·"지자체·중국도시 경제 교류 본격화"(중앙일보 2002. 2. 18) ·"지방 공기업 절반이 적자, 손실액 서울·대구·인천 순(동아일보 2001. 5. 1)

* 자료: 김번욱 윤면상 (2003: 42)

V. 인천의 도시정체성 정립전략

1) 기본방향

인천광역시는 인천의 미래발전계획에서 인천지역발전비전을 제시하고 있는데 그 목표는 "시민과 함께 하는 동북아의 관문도시 인천"이다. 여기에는 수도권을 배후에 두고 있으며 동시에 국제공항과 항만을 갖고 있는 서해안의 핵심도시라는 점이 담겨 있다. 그런데 도시정체성 정립의 측면에서 보면 인천이 갖는 이러한 지리적, 경제적 특성뿐 아니라 도시 공간 및 사회적 특성까지 포함하여 인천이라는 도시의 문화적 과제를 도출하고, 이에 맞는 문화전략을 구사할 필요가 있다.

〈표 6〉 인천광역시의 특성과 문화적 과제

구 분	특 성	문화적 과제
지리적 특성	· 조수간만의 차로 인해 갯벌이 발달한 리아스식 해안과 풍치가 뛰어난 다도해와 연안 해상임. · 계양산, 철마산, 문학산과 같은 구릉성 산지가 도시를 구회하며 하전의 발달은 적음. · 서울에 인접한 수도권의 관문항으로 연안과 도서를 연결하는 연안교통과 황해의 중심으로 중국대륙과 최단거리에 위치함. · 해안지역은 대부분 매립지이거나 매립가능한 지역임.	· 풍부한 해양관광 자원과 교통 및 교역상 유리한 입지 · 동북아 중핵도시로 발전하고 있는 중
경제적 특성	· 중공업 위주의 임해형 산업도시에서 정보통신 산업으로의 전환을 모색 중 · 서울 의존적 유통구조 · 항만과 제조업이 지금까지 도시 성장을 주도 · 인천국제공항의 개항으로 도시성격의 변화가 진행중	· 서울의 문화유산을 활용하면서 문화 자족성 확대 · 국제적 문화교류 확대
사회적 특성	· 6대도시 중 가장 높은 인구증가율을 보임 · 유입인구의 비율이 월등히 높음 · 인구 및 사회계층의 복합성 미 다양성존재 · 개항도시로서 근대문물의 유입·전달 통로임 · 북한주민 및 문화의 유입 및 교류 통로임 · 융합문화 혹은 다문화 공존 도시로서 특성	· 개방적이고 첨단적인 퓨전문화 개발 · 노동자 문화활동 지원 · 통일시대에 대비한 남북문화 교류의 다양한 실험 · 근대개항문화유산의 보존 및 관광자원화
도시 공간적 특성	· 도시의 정치 문화적 중심 공간 부재 · 서울 지향적 동서축 도시구조임(전철, 도로) · 도시기능혼재로 인한 도시구조의 복잡성(도심공단) · 전쟁기념물의 과다로 어두운 도시 이미지	· 문화주거 중심 공간의 설정 · 이전공장부지의 문화자원화 및 상징적 공장의 문화적리모델링 · 도시이미지의 전면적 재검토

*자료: 인천광역시(2003: 57)

인천의 문화적 과제는 문화적 정체성 확립과 국제문화도시로의 성장을 위한 잠재적 역량인 동시에 당면과제인데, 이를 기초로 인천 문화환경의 강점과 약점, 그리고 기회요인과 위협요인에 대한 분석, 즉 SWOT 분석은 다음과 같다.

〈표 7〉 인천 문화환경의 SWOT 분석

강철	· 전통문화유산 보유 · 근대개항문화유산 보유 · 해양문화 보존 욕구 · 시민들의 높은 문화욕구	기회	· 동북아 관문도시로 다문화 공존 · 경제자유구역을 중심 문화산업 발달 가능성 · 국제문화교류 기회확대
약점	· 전통문화유산 보유 · 근대개항문화유산 보유 · 해양문화 보존 욕구 · 시민들의 높은 문화욕구	위협	· 문화적 구심점 결여 · 지역의 문화적 불균형 · 서울에 의존적인 문화향수실태

이를 바탕으로 한 인천 문화도시 만들기 전략의 개요는 다음과 같다.

우선 추진단계는 제1단계(2003-2004), 제2단계(2005-2007), 제3단계(2008-2012) 등으로 구분된다. 1단계는 문화도시만들기의 기반조성에 해당되는 시기로 종합발전계획 추진을 위한 제도 등을 확립하고 단기사업을 착수하며, 중기계획을 수립하여 추진하는 시기이다. 2단계는 기반조성을 완료하여 운영하고, 중기사업을 완료하는 단계이고, 3단계는 급속하게 변화하는 사회문화적, 도시환경 변화를 고려하여 중기이상의 계획을 완료하고, 새로운 변화상황에 맞게 사업계획을 수정 변경하여 추진하게 되며, 중기사업을 완료하여 사업성과를 가시화 하는 단계이다.

이 전략의 핵심 분야는 크게 4가지로 구성되어 있다. 첫째, 역사적 문화유산을 이용한 전통과 현대의 조화이다. 우선 강화 등에 역사문화촌을 조성하는 등 문화유산을 개발하고, 근대건축물을 복원하여, 역사의 계승 및 관광자원으로서의 위상을 제고시킨다. 둘째, 동북아의 관문도시로서의 전통을 확고히 하고, 나아가 동북아 3개국 도시 간의 문화교류의 거점으로 활용한다. 셋째, 첨단문화산업도시 이미지를 조성하고, 여기에 해양도시의 이미지를 활용하여 국제문화도시로서의 이미지 정립을 꾀하며, 넷째 시민중심의 문화도시를 건설한다.

〈표 8〉 문화도시만들기 단계별 주요목표와 사업

구 분	특 성	문화적 과제
제1단계 ('03~'04)	· 문화예술발전 기본계획 수립 · 국제문화도시 구현을 위한 투자계획 확정 · 국제문화도시 조성을 위한 법적, 제도적 기반 조성 · 단기 핵심사업의 실행계획 수립 착수 · 시민들의 참여 및 민간추진기구 · 협의체 구성 · 사업추진을 위한 행정지원체계 확립 · 비예산사업 활성화를 위한 기반 조성	· 기본계획 연구 및 실행계획 수립 · 인천문화재단의 설립 · 문화예산 확대를 위한 장기전략 및 근거 마련 · 관련 조례, 행정추진기구, 시민참여 및 평가기구 제도화 · 문화예술 및 문화유산 대한 지표조사 · 주요 근대문화유산 보존 활용계획 수립 · 문화정보지원센터 · 문화복지지원단 설립 · 문화시설의 평가 · 운영체계 개편 · 첨단문화산업 사업별 타당성 조사 · 문화축제의 평가 및 축제개발기구 · 생활문화프로그램의 개발 보급
제2단계 ('05~'07)	· 핵심사업의 1단계 완성 · 기존 문화시설 운영의 활성화 · 참여적 프로그램의 개발 및 정착 · 장기 투자사업의 기본계획 수립 및 착수 · 각종 관련 기구의 운영 정상화 · 자발적, 제도적 시민 참여제도 정착 · 전문 인력의 육성	· 역사문화특구 조성 · 문화시설 간 연계체계 확립 · 소규모 문화 공간 · 창작스튜디오 설치 · 시립미술관 · 테마박물관 건립 · 인천메세나협의회 구성 · 전문 인력의 현장 배치 및 활용 · 문화재단 · 문화정보지원센터 본격 운영 · 문화환경의 조성 및 개선 · 드라마촬영장 · 디지털음향아카이브 · amusement park 건립 착수 · 대표축제 · 록페스티발 · 아트마켓 개최
제3단계 ('08~'12)	· 대규모 투자사업 완성 및 수익창출 · 국제문화도시 기반조성 · 이미지 정착 · 시민들의 자발적 · 창의적 문화활동 · 문화적 가치 확립 · 첨단 · 지식문화산업도시로의 전환 · 문화예술단체 · 시설의 운영활성화	· 대규모 문화시설 · 첨단문화산업시설 조성 완료 및 수익창출 · 록음악기념관 조성 · 국제문화행사의 국제적 위상 제고 · 소규모 · 자발적 문화활동 확대 · 전문문화예술단체 정착

*자료: 인천광역시(2003: 122)

〈표 9〉 핵심전략사업의 체계

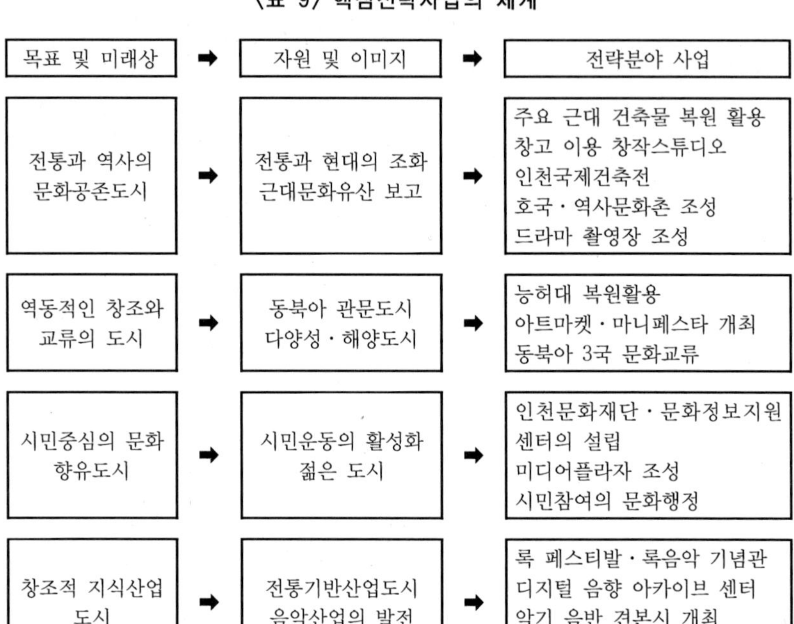

목표 및 미래상	자원 및 이미지	전략분야 사업
전통과 역사의 문화공존도시	전통과 현대의 조화 근대문화유산 보고	주요 근대 건축물 복원 활용 창고 이용 창작스튜디오 인천국제건축전 호국·역사문화촌 조성 드라마 촬영장 조성
역동적인 창조와 교류의 도시	동북아 관문도시 다양성·해양도시	능허대 복원활용 아트마켓·마니페스타 개최 동북아 3국 문화교류
시민중심의 문화향유도시	시민운동의 활성화 젊은 도시	인천문화재단·문화정보지원센터의 설립 미디어플라자 조성 시민참여의 문화행정
창조적 지식산업도시	전통기반산업도시 음악산업의 발전	록 페스티발·록음악 기념관 디지털 음향 아카이브 센터 악기 음반 견본시 개최 음악관련 예술단체의 육성

*자료: 인천광역시(2003)

2) 문화도시만들기 전략

① 역사적 문화자원 이미지 강화

문화유적의 보존은 훼손된 유적지를 발굴·재현하며 현상이 유지되고 있는 문화재는 제대로 보존하는 것을 의미한다. 문화재의 보존은 현상의 보존·유지라는 소극적 측면과 아울러 훌륭한 문화유산으로 재현·복원하되 관광자원으로 제대로 자리매김하여 여러 관광객이 보고 즐기며 역사적인 의미를 배우는 산 교육의 장으로서도 적극적으로 개발될 필요가 있다. 문화재의 개발은 본래 기능을 잘 유지하도록 주변 시설과 지원 기능을 개발하는데 중점을 두어야 할 것이다.

사실 문화유적은 그 시대의 역사성과 의미를 제대로 나타내도록 과거의 원형을 살려서 현상 그대로 보존되어야 하나, 시간이 흐름에 따라 변화되기도 하므로 변형된 문화유적을 최대한 원형을 살려서 복원하는 것이 큰 과제이다. 그런데 이 복원의 목적 가운데 하나가 관광자원으로서의 활용이라는 측면이 있으므로, 문화유적의 보존과 개발의 양면성이 바로 여기에 나타난 다. 즉 복원이 갖는 본래의 취지와 역사성을 훼손시키면서까지 상업화되어서는 안 될 것이며 문화유적이 갖는 과거의 실상과 의미를 유지하되, 그것의 현재적 의미부여를 통해 현재의 문화와 관광에 기여하도록 하는 균형점을 찾는 것이 중요하다.

이런 의미에서 인천이 갖고 있는 역사문화자원과 관련된 사업의 현황을 조사·파악하고 이 사업의 구성을 새롭게 조직함으로써 보다 효율적으로 지역활성화를 이끌 수 있도록 할 필요가 있다. 인천시는 역사문화자원 중 역사적·예술적 가치가 크다고 인정되는 것을 그 중요도와 보존가치에 따라 문화재로 지정하여 보존하고 있다. 이에 근거하여 인천시에는 2003년 4월 현재 국가지정문화재 56건, 시지정문화재 116건 등 모두 172건이 문화재로 지정되어 있으며 그 종류도 해양유적, 국방유적, 선사유적 등 다양한 부문의 문화자원이 자리하고 있다. 갯벌을 중심으로 환경생태적으로 뛰어난 해양자원이 있으며, 근대문화를 느낄 수 있는 이국적 건축물, 강화의 고대 고인돌 유산과 신라시대의 첨성대 등의 문화유산, 초지진을 비롯한 국방유적 등 다양한 문화적 유산들이 있으므로, 이들의 보존 및 활용을 통해 인천만의 고유한 문화적 특성을 발굴하고 문화적 정체성을 정립시킬 수 있는 중요한 지점 중 하나이다.

이를 위해 인천의 권역별 특성에 따른 역사로드의 조성계획이 중장기정책으로 세워질 필요가 있다. 이는 곧 인천에 대한 올바른 인식을 바탕으로 자신이 살고 있는 고장에 대한 자긍심을 고취시킴으로써 지역정체성 확립에 기여한다는 인식에 기초하고 있다.

〈표 10〉 인천역사로드 예시

명 칭	대상지 및 루트	비 고
비류와 미추홀 로드	인천도호부 일대와 문학산	
부영역사 로드	부평도호부 일대와 계양산	
개항과 근대문화 로드	중구청 일대와 월미도 및 인천항	
해상역사 탐방 로드	능허대－월미도 영종진-강화도일대	
고인돌 로드	강화도 고인돌과 시내지역 고인돌	
국난극복 로드	영종진, 항몽과 병인양요 유적	

구체적으로 가능한 전략을 살펴보자면, 우선 강화도의 참성단을 예로 들 수 있다. 단군이 하늘에 제사를 지내던 곳이었다고 하는 참성단은 남한 내에서는 단군과 관련된 유일한 유적으로써, 민족통합에 대한 단군의 역할을 중시해 볼 때, 동서화합 내지는 남북통일 즉 민족의 통합과 관련한 장소로서의 역사적 이미지가 강하게 부각되는 곳이다. 그러므로 일단 참성단을 원형대로 복원한 후 원래의 기능인 국가적 차원의 제천의식이 거행되도록 할 필요가 있으며, 아울러 현재 10월 3일 개천절을 전후하여 시행되고 있는 군차원의 참성단축제를 시전체가 참여하는 방향으로 격상시켜 타도시와 차별화된 역사적 이미지를 구축시켜야 한다. 요컨대 참성단 축제는 강화를 포함한 인천의 역사와 문화를 널리 홍보함으로써 지역민의 문화적 자긍심을 고취시킴은 물론 관광객 유치를 위한 이벤트로서의 가치가 대단히 높다.

또한 비류백제의 근거지이자 생활근거지였던 백제 우물터의 복원과 주변백제문화거리의 관광지로서의 조성이 요청된다. 비류백제는 일본의 건축과도 밀접한 관계에 있으므로 일본인 관광객에 홍보하는 것도 고려할 수 있다. 그리고 월미도에 있는 과거 조선조에 있던 행궁터를 복원하는 것이 필요하다. 행궁은 왕이 지방 여행시 머물며 국사를 논하던 곳으로 현재 인천 내륙에 위치한 의미있는 유적지라 할 수 있다.

한편 인천의 구도심의 역사문화자원은 여타지역에서는 전혀 찾아 볼 수 없는 고유한 가치를 지닌 것으로, 이에 대한 활성화 방안의 필요성은 대단히 높다. 사실 인천의 경우에는 고대의 전통문화유산보다는 현대생활과 밀접한 근대문화유산에 중점을 두는 문화전략이 더 필요하다. 이런 측면에서 이 구도심지역은 80년대 이후 지속적으로 경제활동이 침체되거나 쇠퇴과정을 겪고 있으나 월미지역과 조계지역을 비롯한 다양한 역사문화자원이 풍부하게 위치하고 있기 때문에 중앙정부차원에서도 이를 활용하기 위해 관광특구로 지정하고 있을 정도이다(이왕기 · 이현식 · 허소영, 2002). 중구청 일대 근대건축물 군락지의 문화적 가치는 국제성과 개방성을 표방하는 우리나라 근대문화의 수용 및 발신지이며, 현재 우리들의 문화적 정체성을 형성해 온 근대화과정에서 파생된 경제적 사회적 문화적 증거물이기도 하다. 이 근대문화유산의 이미지강화작업은 우선 만국공원의 복원과 대불호텔의 복원에서 비롯되어야 한다. 만국공원은 인천의 개방성과 세계화의 상징지구로 조성될 필요가 있으며, 대불호텔은 인천이 이미 19세기에 국제도시로서의 역할을 수행했다는 증거로 국내최초의 서구식 호텔의 복원이 될 것이다.

② 도시문화자원의 활성화

- *1. 관광*

인천은 옹진군, 강화 등의 편입으로 해양자원과 역사유적지 등 문화적 관광자원을 풍부하게 보유하게 되었으며, 수도권의 막대한 잠재 수요력을 확보하고 있어 관광산업이 비약적으로 발전할 수 있는 절호의 기회를 맞이하고 있다. 그러나 현재 인천은 관광컨텐츠는 물론 관광수용시설도 부족하고 서비스 품질이나 관광객 환대분위기 역시 수준이하라는 것이 여행업계의 일반적인 평가이다.

〈표 11〉 여행상품구성시 고려요인에 대한 인천에 대한 평가

요 인	주요내용	인천지역에 대한 평가
매력물	-볼거리, 체험거리, 즐길거리, 먹거리	매우 열악함 경쟁력 없음
	-지역적 독특성, 타지역과의 차별성	
	-관광지의 주변 환경 이미지	
	-관광지로서의 홍보, 대중적 인지도	
가 격	-동일한 일정, 상대적으로 저렴한 비용추구	평이함 경쟁력 약함
	-숙박요금	
접근성	-공항⇔숙소⇔공항 간	가능성 있음 유도전략 필요
	-빠르고 쾌적한 이동환경 중요함	
	-시간적 거리라 중요함	
	-환승과정이 없는 곳	
관광 수용시설	-숙박시설: 가격, 등급, 우치, 서비스, 안전	취약함 경쟁력 약함
	-편의시설: 화장실 등 관광편의시설 수준	
	-숙소주면의 유흥, 쇼핑, 음식점 등 소비시설 입지 여부	
서비스 질	-관광 후 만족도에 큰 영향을 끼침	비교적 미흡 경쟁력 약함
	-특히 호텔과 음식점 서비스 질이 중요	
	-깔끔한 분위기, 종업원의 친절성, 국제매너, 외국어 서비스 등	
환대분위기 및 마인드	-관광산업에 대한 지역민의 긍정적 태도와 성숙한 환대문화	미흡함 경쟁력 약함
	-관광업체들의 전문적인 비즈니스 마인드	

*자료: 심진범, 김돈호(2003)

그러므로 신공항 및 경인운하 건설, 송도 신도시 개발과, 동북아 경제권 교역 중심 도시로의 도약에 박차를 가하고 있는 지금, 이에 발맞추어 관광 및 레저에 대한 전략개발이 시급히 요구되고 있다.

인천의 지역 고유의 관광자원 개발 방안으로는 해양자원에 인공시설을 가미한 해양 리조트 시설 및 해양을 주제로 한 테마파크 개발에 주안점을 두어야 한다. 여기에 강화를 포함하여 해양관광과 역사 유적관광을 동시

에 즐길 수 있는 관광패키지 테마상품을 만들면 인천지역고유의 특성을 잘 부각시킬 수 있는 차별화 상품으로 부상할 것이다. 즉 해양의 특성을 살려 테마파크 및 복합관광자원단지를 개발하면 인천만의 독특한 이미지가 가미된 수도권 최고의 휴양 관광단지로 조성될 수 있을 것이다.

해양관광자원의 개발은 다음의 4가지 측면에서 개발되는 것이 바람직할 것이다(김홍섭, 1997). 첫째, 육지와 가까운 지역에 위치한 해역에는 수변관광 및 Marina 관광, 리조트 기능을 개발하고 확대할 필요가 있다. 수변공원과 수변공연장 그리고 전문 테마 거리를 조성하고 일정 지역에 마리나 시설을 설치하여 해상 스키나, 유람보트 및 선상 카페를 설립하는 방안도 고려할 수 있다. 둘째는 근해도서와 해양공간의 개발이다. 유인도는 섬 주민들과 환경 요인들을 고려하여 개발하는 것이 바람직하고 무인도는 특정 테마와 개성을 살려서 개발하도록 한다. 셋째, 국내 관광지나 항만과 연계시켜 중, 단거리 크루즈 및 해양 관광의 개발이 필요하다. 넷째 장거리 해양권역을 포함하는 국제적인 관광기능의 확보가 필요하다. 중국의 주요 항만도시와 홍콩, 마카오 대만 등과 싱가포르, 말레이시아 등 동남아시아 국가들, 그리고 일본의 북큐슈우, 후쿠오카, 고베, 호카이도 및 러시아의 극동항을 연결함으로써 범동아시아 권역의 국제 크루즈의 개발이 필요하다.

한편 주요 공원들을 특성에 맞게 특정주제를 내포하는 이벤트장으로서 또는 상징공원으로 특화시키는 것이 필요하며, 특정 거리들을 신세대의 거리, 전통의 거리, 화랑의 거리 등으로 특화시켜 개발하는 것도 바람직할 것이다. 특히 인천을 수도권의 차별화된 관광지로 이미지 지우기 위해, 인천에 시네마타운이나, 연극전용거리를 조성하는 것을 적극 고려할 필요가 있다. 부산의 국제 영화제와 병행하여 인천에 국제 연극제를 도입, 개최하는 것도 고려해 볼 필요가 있다고 본다.

또한 인천의 차이나타운은 세계 주요 도시들에 있는 특유한 문화의 공간이지만 한국에서는 인천만이 유일하게 갖고 있으므로, 차이나타운을 제대로 조성하여 내·외국 관광객을 유치하는 것도 바람직하다. 그리고 수도권에는 바다를 주제로 한 교육 및 훈련의 장이 부족하므로, 해변이나 섬을 청소년의 수련장, 야영장으로 개발할 필요가 있으며 주말의 도시인에게 농촌과 고향을 주제로 한 관광농원을 개발하여 관광상품화 하는 것도 바람직할 것이다.

〈표 12〉 인천의 관광개발 전략

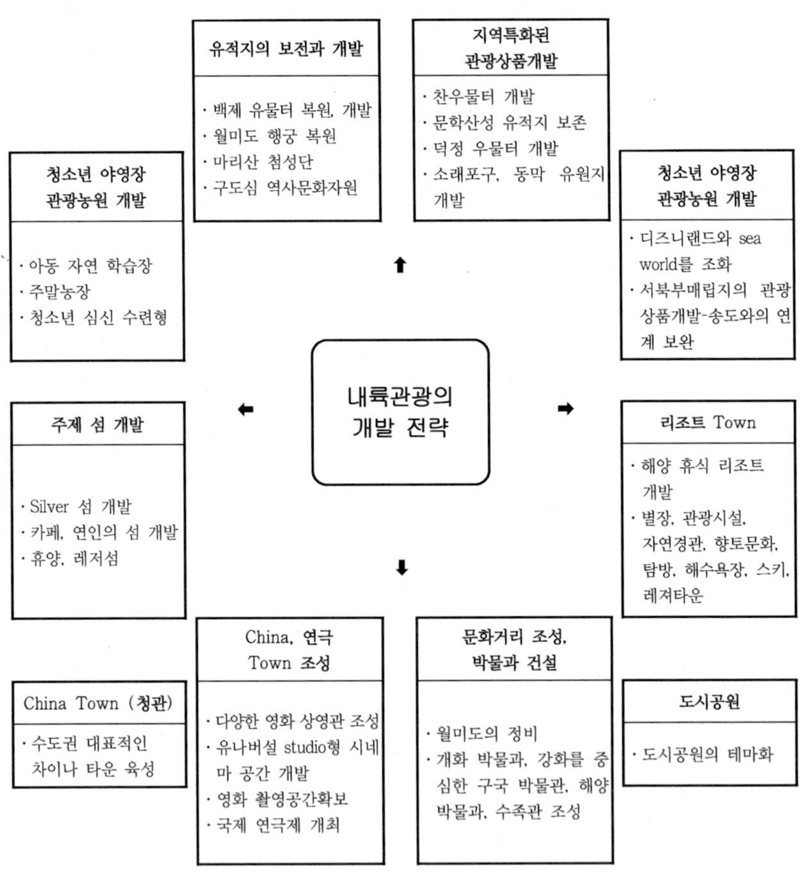

* 자료: 김홍섭 (1997: 214)

- *2. 축제*

지역문화축제란 문화제 · 예술제 · 민속예술경연대회 · 민속예술제 등 지역에서 개최되는 모든 문화행사 일반을 지칭하는 것으로, 우리나라의 지역문화축제 유형은 일반적으로 향토축제, 지방문화제, 종합예술제의 형태를 띤다.

현재 국내에서 가장 활발하게 추진되고 있는 지역축제는 지역의 각종 문화자원을 이용한 문화산업으로서의 이벤트축제이다. 이벤트 축제의 특징은 기존 축제의 가장 큰 기능이었던 지역 화합 차원을 위한 지역민위주의 행사이기보다는, 외부 관광객을 대상으로 하여 지역경기 활성화의 촉매적 역할을 담당하는 것이다.

문화도시만들기 전략으로서의 '도시축제'는 위에서 언급한 전통적인 향토축제와 최근의 현대적 이벤트성 축제 모두를 가리킨다. 전통적인 일상생활과 밀접한 관계를 갖으며 지역주민의 정신적 통합체 역할을 함과 동시에 지역의 경제활성화와 도시이미지 홍보로도 활용되는 측면을 고루 갖는다. 이런 의미에서 축제는 도시문화산업의 가장 적극적인 현장이자 그 도시가 지니고 있는 문화적 자원 및 잠재력이 그대로 드러나는 도시문화의 표상으로서, 그 도시의 특성과 문화적인 성격 즉 도시정체성을 단적으로 보여준다.

현재 인천에서 행해지는 축제는 상당히 많다. 이중 주요 축제를 살펴보면 다음과 같다.

구 분	내 용
예술축제	제물포예술제, 황해예술제, 국제 클라운마임축제, 세계춤축제
문화축제	심청축제, 월미평화한마당
자연자원활용축제	바다축제, 벚꽃축제
전통축제	은유탈출, 서해안풍어제, 부평풍물축제

그러나 인천시민들은 인천을 대표할 만한 축제가 없다고 생각한다. 인천시(2003 문화예술중장기종합발전계획)의 설문조사에 따르면 인천을 상징할 수 있는 축제가 무엇인가를 묻는 항목에서 가장 많은 응답자가 '인천시민의 날(26.4%)'을 선택하였다. 인천 시민의 날 행사는 축제라기보다 행사의 성격이 강하기 때문에 이는 인천을 상징하는 문화예술축제가 없다는 것으로 해석되어도 무방할 것이다. 축제에 대한 시민들의 무관심과 실망을 반영하는 결과이기도 하다.

따라서 그동안 진행되어 왔던 인천의 제축제에 대한 정확한 평가를 바탕으로 새로운 축제모델이 제시될 필요가 있으며, 설문응답에 나타난 축제에 대한 시민의 의식과 요구사항을 중심으로 살펴 본 인천 대표축제의 개발틀은 다음과 같다.

〈표 13〉 축제에 대한 시민의 의식과 대표축제 개발의 틀

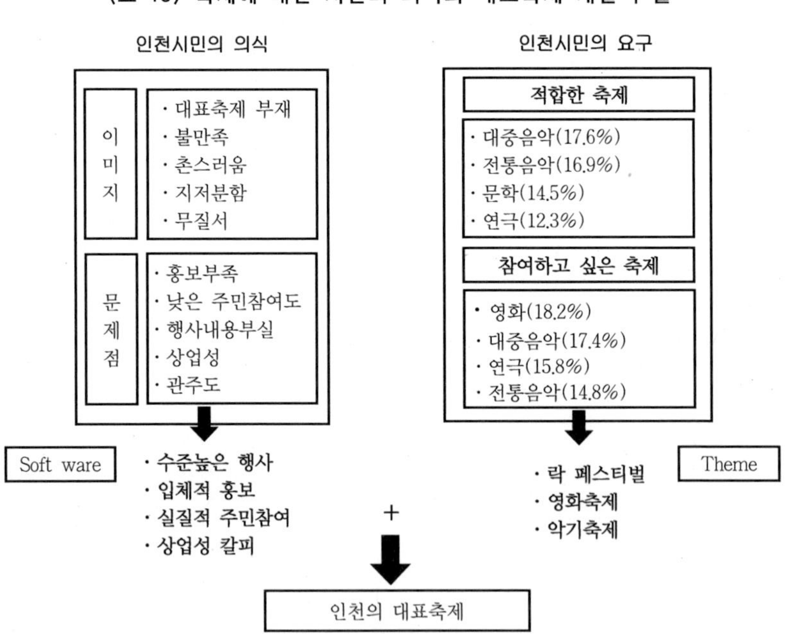

* 자료: 인천광역시(2003: 116)

새로운 문화축제의 개발을 위해서는 먼저 기존 축제에 대한 분석이 필요하다. 우선 시민들이 가장 잘 알고 있는 인천시민의 날 행사를 관주도에서 시민들의 자발적 참여모형으로 전환시키고, 그 성격 또한 '인천시민문화예술제' 정도의 축제모형으로 승화시킬 필요가 있다. 축제 아이템도 민간에 공모하는 방안도 시도되어야 할 것이다. '인천세계춤축제'의 경우는 춤이라는 컨셉이 과연 인천의 문화적 정체성과 얼마나 부합되는가하는 부분부터 새롭게 정리해 볼 필요가 있으며, 대표적 축제로 알려진 '부평풍물축제'는 비교적 시민들의 호응도는 높았으나, 광역시의 모습을 하고 있는 거대도시 인천을 대표하는 축제인가는 의문시된다.

인천을 대표할 수 있는 축제모델로서는 '해양축제'를 들 수 있겠다. 인천의 문화와 직결되는 특성 중 하나가 바다라는 점을 감안할 때, 바다라는 관광자원을 개발하여 이를 문화적으로 연결시켜주는 해양축제를 개발한다면 인천의 도시정체성 정립에 큰 기여를 할 것이다. 더욱이 이 해양축제가 특정 기간만 반짝하는 의도적 행사로 그치지 않고 샌프란시스코의 Fisherman's wharf처럼 일상생활 속에서 자연스럽게 벌어지는 관광차원에서의 축제가 된다면 문화적 활력 증진에도 크게 기여할 것이다.

한편 월미도는 한국 근대사의 영욕을 함께 담고 있는 역사적 현장이자 교육의 장으로써, 이곳을 남북은 물론 전쟁의 고통을 아는 세계인들이 모여 평화를 추구하는 국제적 평화축제의 터로 만드는 작업 역시 매우 긴요하다고 여겨진다.

'인천국제악기축제' 역시 중요한 비중을 갖는 새로운 축제 모델이다. 이는 우선 중추적인 향토기업이자 대한민국을 대표하는 양대 악기 제조사인 삼익악기와 영창악기가 인천에 위치하고 있다는 점과 인천시민의 문화수요조사 분석결과, 시민들의 17.4%가 대중음악 축제를, 14.8%가 전통음악 축제를 선호하고 있는 것으로 나타나고 있다는 점에서 개발필요의 의미는 충분하다 할 것이다.

인천의 대표적인 축제개발을 위해서는 우선 전국 및 세계에서 벌어지는 대표적인 축제에 대한 연구가 선행되어야 하며 최소한 수회에 걸친 시민사회와의 토론을 거쳐 축제의 컨셉을 마련해야 한다. 다른 도시축제가 성공을 거두고 있는 것에 강박을 느껴 조급하게 할 것이 아니라, 개방적이며 전향적인 사고를 견지하고 다양한 연구와 실험에 기초하여 여유를 갖고 인천의 새로운 대표축제 개발모델 정착에 노력해야 할 것이다.

③ 도시공간의 재배치

현재 인천의 도시구조는 도시성장에 큰 장애요소를 제공하고 있다. 우선 경인고속도로와 경인전철 두 교통로는 도시를 관통함으로써 도시를 양분하는 결과를 가져왔고, 경인고속도로 주변에는 많던 공업지대가 폐쇄 혹은 이전하면서 고밀도의 공동주택이 들어서고 이로 인해 공장과 주택이 엉켜있는 도시문제가 나타났다.

도시기능면에서는 첨단산업보다 제조업이 발달하여 도시경쟁력이 약화될 우려가 있으며, 전통적으로 도시성장을 주도하던 항만 및 항만관련시설이 도심과 인접하여 도시중추관련시설의 기능의 발전을 위축시키고 여러 교통문제를 야기하여 역시 도심형성의 장애요소로 등장하고 있다.

향후 인천의 도시구조는 지역간, 중심지간 통합적 공간구조로 재현되어야 할 것이다. 통합성 결여라는 측면은 원활한 교통소통의 동선체계 취약도 한 원인이다. 현재의 도로체계는 도시기능을 분리시키는 방향으로 작용하고 있다. 주요 중심지를 연결하는 간선도로 및 외곽순화도로를 개설하고 불필요한 통과교통을 감소시키는 동시에 대중교통과 지하철에 의한 접근성을 제고시켜야 한다. 신공항과 송도신도시로 연결된 간선도로도 서울과의 연결성만 강조할 것이 아니라 인천시내 간선도로망 및 수도권 전체의 광역 교통망 체계와 연계시켜 개발해 나가야 할 것이다.

인천시의 해결해야 할 중요한 구조적인 문제점이 토지이용의 비효율성 문제이다. 또한 무질서한 개발사업으로 도시공간구조가 불균형하게 성장하고 있어 도시기능의 재배치가 요구된다.

국제화 중추도시로서 인천시의 세계최대의 국제공항과 서해안 최대의 국제항만시설, 그리고 송도의 지식정보산업단지 건설로 물류의 중심도시, 첨단산업도시로 성장할 가능성이 매우 높다. 이와 관련하여 인천시 도시구조 재편의 방향을 정리하면 다음과 같다.(김대영, 2003: 39-31)

먼저 네트워크형 도시구조를 창출해야 한다. 네트워크형 도시구조는 잠재적으로 상호보완적인 기능을 갖고 있는 둘 또는 이상의 센터들이 협력관계를 형성할 때 이루어질 수 있다. 센터들은 상호간의 협력적 관계에 의해 수반되는 상호보완성, 지식 및 정보의 교환 등 시너지의 수혜자가 된다. 네트워크형 도시구조는 중심지간 수직적 위계관계보다는 도시의 다양한 특성과 전문성, 상호보완적 역할에 의한 수평적 연관관계를 강조한다(Batten, 1995, 315).

기존의 산업단지와 송도신도시에 들어설 지식정보산업단지를 유기적으로 연결하여 지역간 체계적인 발전과 창출이 필요하다. 이를 위해 지역간(센터 간) 네트워크 강화와 유기적인 연결이 필요하다. 각 센터를 연결하는 기간교통로와 초고속통신망이 인천시 자체적으로 운영될 수 있는 기반이 마련되어야 한다. 우선 인천시의 교통과 통신망에 대한 체계적인 계획과 검토가 필요하다.

둘째는 개발지정구역의 설정이다. 공항과 연결되는 검단을 중심으로 한 서북부지역과 송도지역을 '개발지정구역'으로 지정한다. 국제적 기능을 갖춘 세계도시로의 성장을 위해 국제기능 특화지역 조성과 각 지역 생활권 중심 센터의 기능강화가 필요하다. 특히 검단을 중심으로 한 서북부지역에는 고층아파트 중심의 고밀도 주거지보다는 주변의 자연환경을 고려한 환경 친화적인 전원주택단지를 조성함으로써 국제적인 주거단지로 계획하는 것이 필요하다.

셋째, 인천시 도시재활성화를 위한 발전축을 조성하는 것이다. 도심부의 재개발을 통한 업무·상업의 도심기능강화와 기존 시가지의 정비를 통하여 주거지 내의 공업용지의 조정과 토지이용에 있어서 용도의 혼재로 제 기능이 미약한 지역의 적정 활용을 위한 조정의 필요성이 대두된다.

넷째, 생활권 중심지 개발이 이루어져야 한다. 기존 주거지는 재개발, 재건축, 재활성화 등을 통하여 배후 주거지역의 환경을 개선하고, 주요 역세권을 중심으로 주거지의 상업 및 업무, 생활편의 서비스의 중심지로 특화한다. 각 생활권 중심지를 생산, 소비, 유통의 중심지로 성장시켜 주민들의 소비와 복지향상에 기여하도록 한다.

이런 기본원칙 하에서 좀 더 체계적인 도시구조 운영전략을 구체적으로 살펴보면 다음과 같다. 우선 국제지향적 특화지구의 조성이 필요하다. 세계지향적 특화지구를 인천시의 송도 서북부에 조성하여 인천시의 세계도시 위상과 경쟁력을 강화한다. 이를 위해 국제도시 기능의 필수요건인 인프라구축의 조성과 국제화 전략의 지역거점을 마련하여 외국인 주거지역, 외국인 학교, 외국대학의 분교, 외교단지 등을 유치한다. 송도 신도시의 경우는 비즈니스 중심의 국제업무타운을 입지시키고, 서북부 지역은 외국인을 위한 국제 외교단지를 유치한다.

다음, 인천시에 권역별로 지구 및 생활권 중심지를 확보하고 이를 중심으로 기능별 공간 배분을 효율화한다. 기존의 중심지를 특별개발지구로 지정하여 체계적인 개발을 유도하고 적정 기능배분으로 지구 및 생활권의 안정적인 중심지로 정비한다. 인천시의 남·북부 지역간 통합을 유도하는 남북간 방향의 주요 간선도로를 건설하고, 유기적인 대중교통체계를 확립한다. 간선도로의 체계적인 정비와 순환도로의 건설을 인천시의 공간적 통합을 위해 매우 필요한 개발수단이라고 할 수 있다. 인천시에 입지한 사양산업을 과감히 척결하고 산업의 공동화를 막기 위한 수단으로 기존의 공업 지역을 중심으로 첨단 도시형 아파트공장을 과감히 수용한다.

그리고 인천시의 주축을 이루는 도로를 테마별로 개성 있는 특화거리로 정비·조성한다. 이면도로 역시 각 태마에 맞게 공원화하여 인천시의 상징성을 부각할 수 있도록 유도함으로써 국제·정보타운의 지역연계 및 성장효과를 강화·확산시키는 통로로서의 역할을 하게 한다. 구체적으로는 남북개발축을 '국제화의 상징거리'로 삼아 국제 업무타운의 기능과 직·간접적으로 관련된 국제화를 상징하는 업무가로 유도·개발하고, 기존의 동서축은 인천시 '지방화·문화의 전통거리'의 특화장소로 선형 개발한다. 남북축과 동서축이 만나는 기점에 해당하는 주안지역은 인천시 전지역의 공간적 중심지점에 해당한다. 따라서 주안역 주변에 강력한 역세권을 조성하고 이를 바탕으로 고밀 역세권 상업·업무지구로 개발한다.

마지막으로 지역생활권 중심의 개발이 이루어져야 한다. 지역생활권 중심으로 주민의 삶의 질을 향상시키는 정책이 필요하다. 대규모 택지개발에 의해 새로이 개발된 지역은 지역주민의 정주성 및 지역의식을 고양할 수 있는 문화적 구심점이 없다. 현재의 지역생활권을 강화시키는 방향으로 운영전략을 추진하여야 한다. 신개발지에 대한 무리한 투자를 지양하고 현 도시구조의 재활성화를 통해 안정적으로 운영하는 전략을 추구해야 한다. 관주도형 개발방식에서 과감히 탈피하여 지역주민들이 그들의 필요에 의해 주도적으로 환경을 개선하는 주민주도 형의 개발방식을 도입하여 한다(김대영, 2003: 33).

④ 도시마케팅

현재 인천시의 마케팅 관련 조직은 조직 구조, 인원, 전문성 등에서 도시마케팅을 실시할 여건을 갖추지 못하고 있으며, 실제적인 도시마케팅 활동의 실시도 못하고 있는 실정이다. 이는 우선 인천시가 도시마케팅의 중요성에 대하여 인식이 부족하고 이와 함께 예산도 부족함에 기인하는 것으로 볼 수 있다.

그러나 인천은 동북아 중심도시 건설 추진, 물류·금융·관광 분야 개발 계획 추진, 중국 및 동남아와의 교류증가, 그리고 정부의 지방화·분권화 정책 추진 등으로 인해 도시마케팅 실시를 위한 좋은 기회를 맞고 있다. 물론 여러 극복 요인들이 존재는 하고 있으나, 인천시가 전략적인 차원에서 보다 본격적인 도시마케팅을 도입하는 경우 다양한 측면에서 큰 수익을 얻을 수 있을 것으로 판단된다. 무엇보다 지역경제 활성화에 상당한 기여를 할 것이며, 도시정체성 증대 및 이에 따른 시민의식 강화, 문화의 개방화, 다양성 증대, 사회 질서 확립 등에도 긍정적인 효과를 기대할 수 있다.

〈표 14〉 인천 도시마케팅 여건에 대한 SWOT 분석

강 점	약 점
· 동북아 중심도시 건설 비전설정 및 제시 · 동북아 중심도시로서의 입지적 강점 · 공항, 항만 등 인프라 소유 · 다양한 관광 · 문화유산 보유 · 최초의 개항지로서의 역사성 보유 · 수도권 관문도시로서 광대한 배후지 보유 · 다양한 산업 분야 보유	· 불분명한 인천의 정체성 · 도시마케팅 추진 의지 부족 · 마케팅관련 행정조직의 취약성 · 도시마케팅 관련 전문 능력 부족 · 마케팅 관련 예산의 부족 · 시민들의 부정적인 도시 이미지 · 만족스럽지 못한 기업 환경
기회요인	위협요인
· 동북아 중심도시 건설 계획 추진 중 · 관광 단지 개발 계획(용의 · 무의 등) · 레저 · 스포츠 부문 활성화 계획 · 중국 및 동남아와의 교류 증가 · 정부의 지방화 · 분권화 정책	· 도시마케팅의 전략적 중요성에 대한 인식 부족 · 기업 및 민간의 참여 의지 부족 · 도시마케팅 관련 예산 확보의 어려움 · 도시 간 경쟁 과열

*자료: 김번욱 윤면상 (2003: 60)

도시 마케팅전략은 단순히 도시다움을 표현하는 것이 아니고, 더 나아가 상품화하여 경쟁력 있는 기업유치 등 지역경제 활성화에도 기여하여야 한다. 특히, 기업 환경의 개선을 중점으로 한 경제자유지역의 장점을 부각하여 경쟁력 있는 외국기업의 유치가 핵심사업으로 대두되고 있다. 송도신도시 개발과 관련되어 있는 미국 게일사와 모건스탠리사를 통한 해외마케팅 강화와 함께 GM대우 Technology본사, GM아 · 태본부 등의 인천 유치가 관련 산업 및 프로젝트별로 주요 마케팅 대상으로 부각되고 있다.

프로젝트별 투자유치계획을 살펴보면, 우선 IT, BT 및 물류 분야 투자유치대상지역은 특히 송도신도시 2·4공구이며, 투자 유치부문은 IT 부문에 아시아지역 판매본부, 설계 및 연구 시설, 종합시설 등이며, BT 부문은 주요 시험시설 유치를 추진한다. 추진방향은 첨단 지식산업의 세계화 전진기지로 소프트웨어 사업을 기반으로 하고 고부가가치의 지식산업을 유치하고, R&D 중심의 IT산업 클러스터 확보로 국내외 첨단기업이 공존하여 시너지 효과를 창출하고자 한다.

관광·호텔 및 레저 분야 투자유치 대상지역은 특히 영종·용유지역, 청라지구, 강화지역이며, 투자유치부문은 오락시설 및 호텔 등을 유치 추진한다. 한편 교육 및 국제금융 등 분야의 투자유치 대상지역은 송도신도시 2공구 내이며, 투자유치부문은 정보통신·생물산업·국제교류 부문 관련학과가 될 것이다.

항만·공항·물류분야의 추진방향은 중국시장과 세계시장을 연결하는 세계 주요물류기업을 항만·공항주변에 유치하고, 동북아 물류 Hub를 지향하는 종합물류체계를 구축하고자 한다. 주요대상업종으로는 우선 물류산업단지에는 네트워크 및 통신 기기, 반도체 및 관련부품, 메카트로닉스, 반도체, 전자부품산업, 컴퓨터 소프트웨어 산업, Industry Park, Business Park, 항공기 및 부품산업, 우편·운송, 화물서비스 등을 중점으로 입주할 필요가 있다.

마케팅 활동 강화방안으로는 이미 인천시와 자매결연을 맺은 도시들과의 교류를 지속적으로 확대할 필요가 있다. 이외에도 도시 간 스포츠, 문화이벤트를 실질적인 비즈니스 기회로 활용할 수 있다. 예를 들어 인천지역 프로축구팀, 문화공연팀, 투자상담팀을 합동으로 월드컵 참여국가에 파견하여 수출마케팅을 전개하거나, 또한 한류열풍의 확산, 우수 공연작품의 해외진출 활성화를 통해 문화·관광 인천의 이미지를 수립할 수 있다(김번욱·윤면상, 2003: 78).

인천 경제설명회를 개최하여 인천경제의 역동적 미래에 대해 홍보할 필요가 있다. 이를 위해 '해외 투자유치 로드쇼'를 추진할 필요가 있으며, 이때 투자유치 종합설명회 및 타켓사업 개별 상담회를 개최하면서, 투자분야, 투자환경, 투자인센티브 등에 대한 상세한 설명이 따라야 할 것이다. 이를 위해 투자관련 환경 등에 관한 홍보물을 정비하여, 영상 홍보물, 브로셔 등 PR자료의 제 정비 추진과 국내·외 미디어 등을 통한 홍보를 병행 실시한다. 또한 투자유치 대상별 세분화·전문화된 설명회 프로그램을 개발하고, 통합 투자유치설명회 개최 방안을 검토하며, 대상별 설명회의 정례화 추진 등이 필요하다.

현재 인천의 관심사는 경제개발구역에 대한 외국인 투자 유치에 집중되어있으나 균형적인 도시개발 차원에서 본다면, '제조업 도시'라는 특성과 기반이 도외시 될 수 없다. 그러므로 인천시는 인천이 전통적인 "제조업 도시"라는 특성을 살리되 고부가가치 생산을 지향하는 "미래형 산업도시"로서의 개발 전략 또한 반드시 고려될 필요성이 있다. 그러나 이러한 고부가가치형 산업으로의 전환을 위해서는 대내외적인 경제 여건의 변화와 이에 따른 전략적 지원 방안 또한 수반되어야 하는 것이다. 따라서 인천시는 이들 전통 제조업 분야가 원활하게 미래형으로 전환할 수 있도록 지원하는 정책의 마련과 동시에 이를 촉진시킬 수 있는 마케팅 전략의 마련이 요구된다고 할 수 있다. 사실 현재 진행 중인 인천지역 기업들의 산업 클러스터 전략에 대한 모색도 이와 유사한 맥락에 근거를 두고 있다. 이러한 사례는 싱가포르의 도시 마케팅 전략에서 잘 드러나고 있는데, 싱가포르의 경우 지식기반형 산업으로의 전환과 함께 전통 제조업 분야를 고부가가치형으로 전환시키는 노력을 병행하고 있다.

사실 인천의 기존 산업 분야는 향후 인천 지역에 진출할 외국기업들과의 기업간 상호 작용을 할 수 있는 필수적 자원이다. 또한 많은 중국 기업들이 인천지역에 소재한 기업들과 다양한 교류를 원하고 있다는 사실이 간과되어서는 안된다. 따라서 인천시에서는 이들 인천 지역 제조 기업들이

기업 간 국제 협력, 국제 교류, 해외 시장 개척 등 기조 산업의 지원과 육성에 도움을 줄 수 있는 마케팅 전략의 개발과 이에 대한 적극적 실행을 고려해야 한다.

이상 살펴 본 인천의 문화도시만들기 전략은 기본적으로 도시이미지 제고에 그 초점을 맞추고 있는 것이며, 이러한 도시이미지 제고전략은 산재해 있는 도시 매력성을 독특화・구체화시킴으로서 도시의 유인 능력을 제고시킴에 목적이 있다. 이는 곧 인천의 이미지를 보다 긍정적인 것으로 전환시킬 수 있는 전략의 모색이며, 나아가 관광객 유인 및 외국인 투자 유치나 기존 산업에 대한 마케팅에도 상당한 기여를 할 것으로 생각된다. 그러나 이를 위해서는 실질적인 도시여건과 환경개선의 수반이 필수적인데, 이에는 다음과 같은 요소들까지 포함하여 복합적인 양상을 띠고 있다. ①도시명, 슬로건, 로고송 등의 언어적 요소, ②심볼(CI), 컬러, 로고, 그래픽 모티브 등의 시각적 요소, ③관광자원・상품, 지역특산품, 캐릭터 상품 등의 제품(Product), ④홍보 프로그램 등 홍보요소, ⑤지역축제, 메가 이벤트, 개방성, 향토성 등의 축제・이벤트 및 지역문화 브랜드 등으로 구성되어 있다.

그러므로 도시정체성과 관련된 도시이미지 형성을 위해서는 사실상 이러한 제반 요소들이 상호 중첩적으로 작동되어야 할 것이다. 도시 이미지 제고 전략은 이러한 다양한 도시이미지 형성요소를 조화시켜 지역의 지명도를 제고시켜야 하는 것이기 때문에, 전문적 연구와 조사가 전제되고, 이에 대한 지역주민들의 충분한 공감대가 형성되어야 한다. 그러므로 충분한 연구와 검토를 거쳐서, 향후 인천에 대한 부정적・소극적 이미지 개선, 긍정적 이미지 강화, 경제 활성화 그리고 국제적 위상제고를 위해 우선 인천의 대표성과 정체성에 기초한 대표 이미지를 선정해야 할 것이며, 이의 기초작업으로 뉴욕의 'I♥NY'나 서울시의 ' HI! Seoul', 과천의 'My Heart, My City'와 같은 인천 고유의 브랜드 개발이 필요하리라 여겨진다.

〈표 15〉 도시 이미지 형성요소

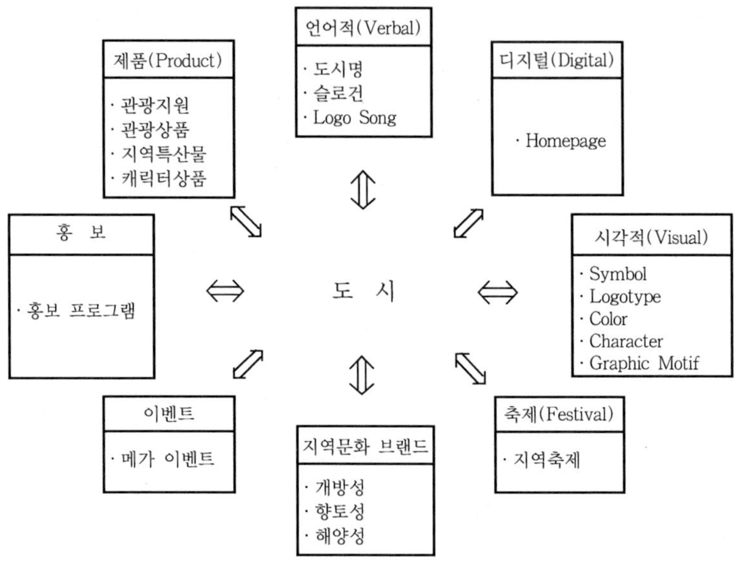

*자료: 강성권(2003: 58)

Ⅵ. 맺음말

도시정체성 정립은 궁극적으로 도시이미지 구축의 문제일 만큼 이미지는 이제 미래도시의 중요한 특징 가운데 하나가 되었고, 오늘날의 도시들은 보다 나은 그리고 자신들만의 이미지를 구축하기 위한 치열한 경쟁 속으로 들어가 있다. 현대의 도시는 하나의 '이미지'로 받아들여지고 있으며 그것은 곧 한 도시의 정서적 측면만이 아니라 구조적인 변화까지를 포괄하는 실천적인 내용과 의미가 담겨져 있다. 전통적인 의미에서 도시의 상징은 그 도시가 겪어온 전통과 역사 속에서 형성되었으나 보다 현대적인 의미에서 도시는 상징과 이미지에 의해서 새롭게 창조되고 있다. 그리고 도시의 문화적 상징과 이미지 역시 끊임없이 변동하고 재창조되는데, 세계화의 진전이 가져다준 결과 오늘 우리의 도시는 기존의 전통적 경계를 넘어 서로 다른 국민성과 문화가 유입되면서 문화적 의미들이 서로 겨루고 넘나드는 격투장이 되었다(Ewen 1996: 98). 동시에 지방화의 물결로 각 도시들은 정체성 마련과 특성화된 경쟁력 확보를 위한 이미지 마련에도 무한경쟁을 시작할 수밖에 없게 되었다.

'문화의 시대', '지방의 시대'를 맞으면서 새로운 도시정체성을 필요로 하고 있는 것은 인천 역시 예외가 될 수 없다. 그런데 이미지로 표현되는 도시의 문화적 상징과 정체성은 끊임없이 스스로를 변화시키고 발전시킨다. 이런 점에서 다양한 요소들로 형성되는 이미지가 우선 그 구성 요소들의 계속되는 변화 모습을 반영함은 물론이고, 특히 무엇보다도 구성원 모두를 대표하고 만족시키는 것으로 창출되기란 대단히 어려운 작업임에 틀림없다. 따라서 지역정체성의 가장 보편화된 표현이 되어야 하는 도시상징과 이미지는 무엇보다 그 주체가 시민이라는 점이 강조되어야 한다. 즉 도시의 이미지가 지역정체성으로 자리 잡을 수 있느냐 하는 문제의 한 축은 궁극적으로 구성원들의 삶터인 시민사회에게 달려 있다. 이런 점에서 이미지를 만들어 가는 작업이 자치단체의 일방적인 계몽을 통해서는 그 한계가 너무나 뚜렷하므로 한 도시의 이미지를 창조하는 작업은 대단히 중층적이고 복합적인 프로젝트를 필요로 할 수밖에 없는 것이다.

이렇게 어려운 작업에도 불구하고 본문에서 살펴 본 인천의 문화도시 만들기 전략들이 결국 어떤 도시 이미지로 귀착되어야 할 것인가에 대한 고민은 여전히 남아 있다. 19세기 말 개항과 더불어 근대도시로 등장한 인천이 과연 '문화의 격투장' 속에서, 도시 간 '무한경쟁체제' 속에서 어떻게 스스로를 갱신시켜야 할 것인가, 급격한 전환의 과정에서 어떻게 도시를 재기획할 것인가는 여전히 중요한 우리의 화두임에 틀림없다.

사실 현재 인천을 둘러싼 외부조건들은 대단히 중요한 의미를 담고 있다. 우선 동북아 허브공항을 지향하는 인천국제공항의 개항은, 1883년의 개항에 버금가는 폭발력과 의미를 갖고 있다. 중국과의 관계 회복 및 중국의 급속한 성장, 중국 동북3성과 인천과의 관계, 북한과의 교역 확대 등은 인천의 기능과 역할을 한껏 강화시켜주는 요인들이다. 또한 인천은 우리나라 유일의 대규모 공항과 항만을 갖고 있는 도시이며, 동시에 지식기반 산업화를 지향하는 도시라 할 수 있다.

지금 인천을 둘러싼 지정학적 여건은 인천에 유리하게 급속한 변화를 겪고 있고, 시민들의 참여와 의식도 높아지고 있다. 한 세기 전의 외세의 요구에 의한 수동적인 개항에 이어, 이제 인천은 긍정적인 제2의 개항기를 맞이하고 있다. 동시에 '베드타운' '관문도시' '공업도시' 쯤으로 인식되었던 인천을 '문화적'으로 개선하고 정체성을 확립하자는 노력들이 여기저기에서 활발히 나타나고 있다.

그 어느 때보다도 긍정적인 여건이 마련되어 있는 상황에서 인천의 도시정체성의 이미지는 개방성과 포용성 즉 열린 도시로 귀결되어야 할 것이다. 도시의 탄생부터 인천은 안팎으로 열려 있을 때 비로소 그 가치를 드러냈다.

인천은 한국에선 거의 유일하게 다면사회로 출발한 도시이다. 여러 이질적인 것들이 합쳐져 이른바 혼혈사회를 형성해 왔다. 다중정체성(multi-subjectivity)과 잡종성(hybridity)에 기초한 내외로의 소통과 교류, 이것이 인천의 존재 기반이었다. 즉, 드나듦, 넘나듦, 주고받음 그리고 섞임. 이것이 인천을 특징 짓는 결정적인 요인이 되었고 이제 이 도시의 정체성을 규정하는 요소가 되고 있고, 이것이 또한 새로운 세기 인천의 큰 장점으로 기능할 것으로 기대된다.

이제 인천은 문화 간 융합, 다문화 공존이 강조되고 있는 21세기 세방화

(glocalization) 시대를 맞아, 기존의 이종혼합의 특징에 기초하여, 역동적이고 미래지향적인 이미지를 창출함과 동시에, 다방면의 문화도시 만들기 전략을 지역적 특성에 맞게 잘 개발함으로써, 궁극적으로 창조적 국제문화도시, 다문화공존 융합도시로의 발전을 향한 노력이 그 어느 때보다도 절실한 시점을 맞고 있는 것이다.

참 고 문 헌

강성권. "부산의 세계도시 브랜드화 전략." 「부산발전포럼」, 2003

경기개발연구원. "경기도내 지역·산업브랜드 제고를 통한 특화산업 육성방안 기초연구: 지역 브랜드 현황과 발전전략을 중심으로." 2001.

계기석. 「지방화시대의 도시정체성 확립 방안연구」. 서울: 국토연구원, 2001-19

계기석. 「도시마케팅과 월드컵 개회」. 서울: 국토연구원, 2002.

계기석. "월드컵 개최 효과의 극대화를 위한 도시마케팅 전략." 「월드컵 이후의 국민적 과제」. 서울: 경제사회연구회, 2002.

계기석 외, "도시정체성과 도시발전", 「도시정보」 4월호, 서울: 대한국토도 시계획학회, 001.

계기석·천현숙, 「커뮤니티중심의 주거환경정비연구」, 안양: 국토연구원, 2000.

구동호, "대도시 공간·환경의 재구조화와 삶의 질 - 장소마케팅을 중심으로" 사회과학연구.

김대영, "인천시 공간구조의 특성변화와 체계적 도시구조 운영방향" 한국지역지리학회지 제9권 제1호, 2003.

김번욱·윤면상, 「인천도시 마케팅 강화방안」 인천발전연구원, 2003.

김영정 "지역정보화와 지역발전의 과제" 「정보화와 지역발전」 지역사회학편, 한울, 2000.

김한배, 「우리 도시의 얼굴찾기: 한국도시의 경관변천과 정체성연구」, 서울: 태림문화사, 1997.

김홍섭, "지역관광자원의 개발과 진흥전략" 「지역사회개발연구」 22집 1호, 1997.

노대명. "생활환경의 현황과 과제." 「인천지역의 이해 - 정치, 행정, 사회 운동」. 인천: 인하대학교 출판부, 1998.

모성은, "지역의 이미지 제고전략." 「지방자치」, 1999.

삼성경제연구소, 「도시 어메니티의 개선과 기업의 대응」, 2003.

삼성경제연구소, 「세계도시 경쟁력 비교」, 1997.

서울시정개발연구원. "경쟁하는 아시아의 도시." 「사정연 번역자료 16」.

심진범·김돈호, 「인천지역 단체외래관광객 유치증진 방안」 인천발전연구원, 2003.

심진범, "인천시 구도심 장소마케팅 전략 연구." 「인천발전연구원 연구보고서」, 2002-07.

원도연, "도시문화와 도시문화산업전략에 관한 연구" 고대 대학원 사회학과 박사학위논문, 2000.

유재윤·전영효, 「도시문화산업의 육성방안」, 안양: 국토연구원. 2000.

이영민, 「인천 구도심 활성화의 필요성과 정비방향」.

이영민, "인천의 포스트 월드컵 발전방향과 전망." 「Post-월드컵, 인천은 무엇을 할 것인가?」, 인천광역시, 2002. 7. pp.9~22.

이왕기·이현식·허소영, 「구도심 역사문화자원 및 활성화관련 사업조사·연구」 인천발전연구원, 2002.

이윤희, "인천 시민의 지역 정체성에 대한 연구" 「인천학 연구」, 2002년 창간호.

이종규, 「서울시 문화관광상품 마케팅 방안」. 서울시정개발연구원, 2002.

이은진, "지역정체성과 공동체의식". www.kyungmnam.ac.kr.2000.

인천광역시, 「인천미래발전계획」, 2002.

인천광역시, 「인천시민생활 및 의식조사보고서」, 2002.

인천광역시, 「문화예술 종합발전계획」, 2003.

인천대학교 인천학 연구원, 「인천학 연구」, 2002년 창간호. 2002.

인천발전연구원, 「인천재발견(상, 하)」, 2001.

전영우, "인천시민이 갖고 있는 인천의 이미지에 대한 연구: 연령별 차이점을 중심으로." 「인천학 연구」, 2002년 창간호.

조용준, "도시정체성의 실현과 경관", 정근식·이종범 편저, 「문화도시만들기」, 서울: 경인문화사, 2000.

(재)청주시문화산업진흥재단, 「세계 일류도시 행복한 청주를 위한 도시마케팅 사례연구와 실천전략 방안」, 2002.

최막중, "도시 마케팅 전략과 과제." 「국토」. 국토연구원, 1998.

최혜경, "지역활성화를 위한 CI 전략에 관한 연구" 경성대학교 대학원 석사학위논문, 1997.

필립 코틀러 지음, 이종영/구동모 번역. 「내고장 마케팅, 지방자치시대의 투자, 산업, 관광 유치 방법」. 삼영사, 1997.

한영주, "서울시 국제경쟁력 강화전략." 「국가 경쟁력 강화를 위한 국토 및 서울시

발전전략」. 서울: 국토연구원/서울시립대학교, 2002.

한영주 · 이무용, "서울 2002년 월드컵과 도시마케팅." 「도시문제」, 36권, 2001. 9.

해반문화사랑회, "열려있는 땅. 인천" 「인천지역 엘리트 정주의식 조사보고서」, 1999.

황기원, "도시의 정체성과 쾌적성", 「지방화시대의 도시정체성회복과 조경의 과제를 위한 세미나」, 한국조경학회, 1995.

Avrafam E.,"Cities and their news media images." Cities, vol. 17, no.5, 2000.

Ashworth, G. J. & Voogd, H., "Marketing the City: Concepts, Processes and Dutch Applications".

Town Planning Review 59(1), 1998.

Bailey J.T.,"Marketing Cities in the 1980s and beyond." American Economics Development Council in Hall T and Hubbard P., 1998 'The Entrepreneurial city' eds. J. Wiley and Sons

Barr, B. M. & Waters, N. M. & Fairbairn, K.J., "The Application of Cluster Analysis to Entrepreneurial Perception of Regional Economic Environments". Environment and Planning A V. 12, 1980.

Bennett R. and Krebs G.,'Local Economic Development Partnerships: An Analysis of policy networks In EC-LEDA Local Employment Development Strategies' Regional Studies, vol 28.2, 1994.

Bradley A., Hall T., Harrison M.,'Selling Cities: Promoting New Images for Meetings Tourism, Cities, vol- 19, 2002.

Chevrant Breton M.,'Selling the World City: a comparison of promotional strategies in Paris and London' European Planning Studies, vol. 5, no.2, 1997.

Economic Review Committee (of Singapor Government), New Challenges, Fresh Goals Towards a Dynamic Global City. Singapor 2002.

Fretter A. D.,'Place Marketing: a local authority perspective' in Kearns G and Philo C(eds) 'Selling Places: The City as Cultural, Capital, Past and Present'eds. Pergamon, Oxford, 1993.

Go M. F., and Govers R.,'Integrated quality management for tourist destinations: a European perspective on achieving competitiveness', Tourism Management, 21, 2000.

Gold J. R.Stephen V and Ward, V (1997): 'Place Promotion: The use of Publicity and Marketing to Sell Towns and Regions', New York, 1997.

Hanefors M,'The Locals-Local Knowledge, Participation, and Identity' in Mossberg H(eds) 'Evaluation of Events: Scandinavian Experiences', 2000.

Longhi C.,Networks, Collective Learning and Technology Development in Innovative High Technology Regions: The case of Sophia Antipolis' Regional Studies, vol. 33. 4., 1999.

MacKinnon D.,Phelps A. N., 'Regional governance and foreign direct investment: the dynamics of institutional change in Wales and North East England; Geoforum, vol. 32, 2001.

McGill R,'Viewpoint: Urban Management in Developing Countries' Cities. vol. 15 no. 6. 1998. pp.463~471.

Metaxas T.,'Place Marketing as a tool for Local Economic Development and City's planning and Regional Development, Volos., 2001.

Raco M.,'Assessing community participation In local economic development lessons from the new urban policyl' Political Geography, vol. 19, 2000.

Raco M., Flint J.,'Communities, places and institutional relations: assessing the role of area-based Community representation in local governance Political Geography. vol. 20., 2000.

Rodriquez Pose A., Tomaney J., Klink J.,'Local empowerment through the economic restructuring in Brazil: the case of the greater ABC region' Geoforum, vol. 32. 2001.

Russo P. A.,'The 'vicious Circle' of tourism development in heritage cities' Annuals of Tourism Research. vol. 29. 2002.

Simpson F., Chapman M.,'Comparison of urban governance and planning policy: East looking West' Cities, vol. 16, 1999.

Van Klink H., A., 'Regional Competition, City marketing and strategic urban networks' in P. C Cheshire and I. R. Gordon (eds) Territorial Competition in an integrating Europe: Local impart and public policy, 1995.

Wong C.,'The Relationship Between Quality of Life and Local Economic Development: An Empirical Study of Local Authority Areas in England' Cities, vol. 18., 2000.

Wong C.,'Determining Factors for Local Economic Development: 'The Perception of Practitioners in the North West and Eastern Regions of the UK', Regional Studies, vol. 32. 8, 1998.

제14장 지역사회복지운동의 현황과 과제

Ⅰ. 머리말

지역사회복지운동이 최근 들어 크게 성장하고 있다. 1980년말 의료보장개혁운동을 시작으로 본격적인 사회복지운동이 시작된 이후, 지방자치실시와 시민사회의 확장으로 인해 지역사회복지 운동은 새롭게 조명을 받고 있으며, 다양한 활동을 전개하고 있다. 즉, 민주화의 진전과 지방자치제의 정착으로 지역사회의 중요성이 대두되고, 지역사회의 생활영역문제가 중심이슈로 부각되었고, 또한 지역사회에서 사회적 약자에 대한 관심과 권리보장문제가 지역현안으로 대두되면서 지역사회복지운동이 활성화되고 있는 것이다.

이런 가운데 1999년 제1회 전국대회 이후, 성장을 거듭하고 있는 지방의제21은, 지역사회복지운동의 큰 전환점으로 자리하면서 관심의 대상이 되고 있다. 지방의제21은 환경, 복지, 문화 등의 다양한 영역의 의제를 중심으로 지방정부, 기업, 시민의 세 주체가 상호 협력체계를 구축하여 지속가능한 사회(sustainable society)의 건설을 목표로 하고 있다. 즉 지방의제21은 공동체 의식을 토대로 지역사회 구성원 모두의 참여와 협동으로 이루어 가는 지역사회개발운동이자 지역의 사회적 경제적 조건을 향상시키기 위한 지역복지운동으로, 현재 전국협의회를 통해 지방의제21 네트워크 기구 구성 등 공통사안별 협력과 연대사업을 활발히 전개하고 있다.

본 논문은 현 단계에서의 지역복지운동이 갖는 의미를 인천의제21을 중심으로 살펴본다는 목표 하에, 우선 지역복지운동과 지방의제에 관한 기본적 논의들을 살펴본 후, 인천의제21이 수립되어 실천에 이르기까지의 전개과정과 이와 함께 나타난 한계를 짚어본다. 이어서 지역복지운동 전반에 걸친 활성화 방안을 제시하고자 한다.

Ⅱ. 이론적 배경

1. 지역복지운동

1) 지역복지운동의 개념

지역사회복지란 지역사회주민들의 조직화란 전략을 통해 문제해결능력의 강화라는 목표를 지니고 있으며, 주민들의 공동체형성을 통한 지역사회의 삶의 질을 끊임없이 향상시키려는 주체적 노력의 과정이다. 따라서 지역사회복지운동은 지역사회문제들을 해결하기 위해 지역사회의 변화 또는 지역사회의 역량강화를 통해 지역사회주민의 욕구충족과 사회연대의식의 고취, 지역공동체 형성이라는 목표로 전개되는 조직적인 운동이라 할 수 있다. 곧 사회구성원의 삶의 질을 높이기 위한 목적의식적이고 조직적인 집합적 활동이며, 사회복지 수요자뿐만 아니라 사회복지실무자나 전문가, 넓게는 지역사회 주민들이 주체적인 참여와 행동을 통하여 사회복지의 목표 달성을 위해 의도적으로 추진해 가는 지역사회복지실천이라 할 수 있다.

1990년대 이후에 본격적으로 대두된 지역사회복지운동은 다음과 같은 두 가지 형태로 전개되어 왔다(김성기, 2002). 하나는 1997년 말 외환위기를 계기로 본격적으로 자활운동과 실업극복운동을 전개하기 시작한 지역사회주민운동의 활성화이다. 도시 빈곤층에 대한 탈 빈곤사업으로서 전개된 생산공동체운동은 1997년 생활보호법의 개정으로 자활지원센터로 제도화되기 시작하였다. 그 이후 2000년에 국민기초생활보장법이 시행되면서 본격적으로 자활후견기관이 확대 설치 · 운영되어 자활운동은 공적 전달체계에 대부분 편입되었다. 실업극복운동은 외환위기 이후 전국 각 지역의 풀뿌리 주민운동단체, 노동단체, 여성단체, 종교계 등이 참여하였으며, 저소득 실직자들을 대상으로 긴급구호, 일자리 창출, 생계지원사업들을 전개하였다. 이미 빈곤계층의 탈 빈곤화를 위한 노력을 전개하기 시작했던 지역사회주민운동은 외환위기후 자활운동과 실업극복운동에 적극적으로 참여하여 전자는 공식적인 서비스 전달체계로 편입되었으며, 후자는 저소득. 실업계층에 대한 직접서비스지원사업을 민간차원에서 진행하고 있다.

또 다른 하나는, 지역사회복지운동단체의 설립과 활동이다. 지역사회복지운동단체는 지역사회주민운동에 뿌리를 두고 있으며, 정부에 독립성을 갖는 민간의 자주적 조직으로서 저소득층에 대한 직접서비스 기능뿐만 아니라 지역사회복지정책의 개발, 사회행동 등의 다양한 복지기능을 수행하는 지역사회운동조직이라고 할 수 있다.

결론적으로 1990년대 이후 한국의 지역사회복지운동은 지역사회복지라는 용어에 운동을 조합한 것으로 지역사회복지 발전을 목표로 하는 사회운동적 노력으로서, 지역사회복지실천의 중요한 영역으로 발전하고 있는 모습을 보이고 있다.

2) 지역복지운동의 의의

지역사회복지실천으로서 지역사회복지운동이 가지고 있는 의의에 대해 살펴보면 다음과 같다(오정수 · 류진석, 2004).

첫째, 지역사회복지운동은 지역사회주민의 주체성과 역량을 강화하고, 지역사회의 문제해결 주체로서 지역사회의 역할을 강조하고 지역공동체성을 함양시킴으로써 지역사회의 역량을 강화시키는 데 있으며, 지역사회주민의 의식화와 주체적인 참여 확대 그리고 지역사회주민간 연대의식을 높이는 지역사회의 민주적 실천과정을 의미한다.

둘째, 지역사회복지운동은 주민 참여의 활성화에 의해 복지권리의식과 시민의식을 배양하는 사회권 확립운동이다. 지역사회복지운동이 추구하는 목표는 지역사회주민의 복지권리를 확보하고 시민의식을 고취시킴으로써 지역사회의 통합을 추진하는 데 있으며, 특히 사회적 약자의 생존권의 보장에 초점을 두고 있어 사회권의 확립과 밀접히 관련되어 있다.

셋째, 지역사회복지운동의 주된 관심사가 지역사회주민의 삶과 관련된 생활영역에 두고 있기 때문에 지역사회복지의 확산과 발전을 위한 생활운동으로서 의미를 가지고 있다. 지역복지 운동은 지역공동체 운동으로서의 속성을 지닌 것이기 때문에 단순히 복지적 욕구뿐만 니라 지역사회 전반의 삶을 높이는 생활운동이며, 주민운동이라 할 수 있다.

넷째, 지역사회복지운동은 지역사회의 다양한 자원 활용 및 관련조직 간의 유기적인 협력이 이루어지는 동원운동이다. 지역사회복지운동의 조직화 방식 및 활동내용은 주민 참여 외에 지역사회의 다양한 자원 활용을 통해 문제 해결을 도모하고 있다. 또한 지역사회복지운동은 지역사회 관련조직 간의 연대와 협력이 이루어지며, 자치단체에 대항적인 활동으로 구체화되거나 협력관계를 구축하면서 활동이 전개되기도 한다.

2. 지방의제21

1) 지방의제21의 추진배경

1992년 6월 세계 179개국 정상들이 브라질 리우에 모여 유엔환경개발회의 (UNCED)를 개최하였다. 일명 리우회의라고 불리는 이 회의에서 참석자들은 지속가능한 개발을 지구환경보호를 위한 기본이념으로 받아들이면서, 생물다양성 협약, 기후변화 협약의 서명, 산림원칙 성명, 리우환경개발선언, 의제21(Agenda 21)의 채택 등 5가지 부문에서 주요한 성과를 이끌어 냈다.

이 중 의제21은 21세기의 지구환경보전 실천강령으로서, 환경적으로 건전하고 지속 가능한 발전 (ESSD: Environmentally Sound and Sustainable Development)을 실현하기 위해 모든 국가와 집단간에 상호 협력체계를 구축하여 정책방향과 목표를 설정하고 정책적인 수단과 방법을 강구하여 실행할 것을 유도하는 지침서이다. 이는 전문과 40개의 장 그리고 4개 부문의 세부실천계획(사회. 경제, 자원보전 및 관리, 주요그룹 역할강화, 이행수단)으로 나뉘어 규정되어 있다.

특히 의제21은 지속가능한 개발을 위한 지방자치단체의 역할을 강조하면서 '지방의제21'의 중요성을 부각시키고 있다. 의제21의 제28장은 지구환경보전을 위한 지방정부의 역할을 규정하고 그 중요성을 강조하고 있는 부분으로서, 그 내용을 보면 "지방정부는 경제 · 사회 · 환경의 조직을 구성 · 운영 · 유지하고, 지역환경정책과 규제방안을 수립하며, 국가적 · 광역적 환경정책의 수행을 도우며, 지속가능한 발전을 촉진시키기 위해 주민을 교육시키고 동원하며 책임을 지우는 역할을 수행해야 한다"고 되어 있다. 그리고 환경보전을 위한 지방정부의 주도적인 역할을 위하여 지방정부는 주민, 단체, 기업 등과의 협의에 의한 합의를 거쳐 지방의제21

을 도출할 것을 권장하고 있다(심문보, 2004).

따라서 지방의제21은 바로 이 의제21의 구현을 위한 지방정부차원의 행동계획이며, 실천지침이라 할 수 있다. 지방의제21은 지방정부로 하여금 환경의제들을 통합할 수 있는 틀을 갖출 수 있도록 해주며, 지방정부와 지역사회로 하여금 바람직한 미래로 향하는 적절한 지역적 수단을 개발할 수 있도록 한다. 이것은 환경과 경제 그리고 사회의 요소를 조화시킬 수 있는 것이다. 지방의제21은 지역 수준에서 지속가능발전을 실현하기 위해 행동을 실행하는 파트너십의 적용에 관한 것이다.

지방의제21은 세계화와 지방화의 시대에 있어서 각 지역사회가 세계 속의 지역으로 자리잡을 수 있는 방향을 제시해 줄 것이며, 환경의식뿐만 아니라 모든 면에서 앞서가는 선진시민이 되도록 하는 시민행동지침서의 역할을 부여받고 있다. 그리고 지방의제21은 지역사회 각계각층의 이해와 동의를 토대로 주민합의에 의해 도출되고, 주민의 자발적 참여에 의해 실천되는 방향으로 나아감으로써, 자치시대를 맞이하여 민주시민의 의식과 역량을 한층 끌어올리는데 기여할 것이다(정응호, 2003). 즉 지방의제21은 그 작성과정에서 자방자치단체뿐만 아니라 지역주민, 시민. 환경단체, 기업 등 지역구성원 모두가 참여할 수 있어야 하며, 그 지역만의 특성을 살린 지역환경 보전뿐만 아니라, 지구환경보전을 위한 기본적인 방향과 각각의 행동원칙을 포함시키는 것이 필요하다.

요약하면, 지방의제21의 원칙과 정신을 구성하는 핵심요소로는 지속가능한 발전의 실현, 계획의 실천성, 지역구성원의 자발적 참여와 동반자 관계 등을 들 수 있다.

2) 지방의제21의 주요특징

인구증가, 도시화, 대량소비 등으로 생활환경이 급격하게 저하될 것으로 예측되는 상황에서, 환경을 보존하면서도 지속가능한 개발을 통하여 환경친화적 도시로 발전하면서 지역주민의 복리를 증진시키기 위한 체계적이고 합리적인 계획으로서의 지역의제21은 다음과 같은 특징을 지닌다(유해숙, 2004 ; 심문보, 2004 ; 윤경준, 2003).

첫째, 지속적 개발이 가능한 사회의 실현을 목표라 하는 사회운동으로서의 성격을 지니고 있다. 지방의제21은 지속가능발전의 실현을 지향하는 시민주도의 지역차원에서의 환경보존운동이다. 지방의제21은 수립과정에서 지역사회의 주요단체들이 폭넓게 참여하여 토론과 합의라는 민주적인 절차를 거쳐야 한다.

둘째, 구체적인 행동지침을 나타내는 행동계획 수립으로, 계획의 실천성을 중요한 요소로 삼는다. 즉 지방의제21은 지역구성원 모두의 실천을 유도하는 구체적인 행동계획이어야 한다는 것이다. 지방의제21에는 각 프로그램별로 행동의 기초, 목표, 행동, 실시수단의 4단계가 시사되어있다. 이와 같이 지방의제21에서는 지속적으로 발전가능한 사회의 실현을 위한 행동의 기초로서 지역의 현황과 과제를 파악한 뒤, 그 해결을 위한 대책의 목표를 제시하고, 목표를 달성하기 위해 실제로 행할 수 있는 행동지침을 서술하며, 그 실행을 위한 현실적인 수단이 강구되어야 한다. 이러한 성격의 지방의제21의 작성에서는 지방자치단체의 주도적인 역할이 필요하고, 실천계획의 목표가 가능한한 예측 가능한 수치로 나타나야 한다.

셋째, 지방의제21은 보고서로서의 성격도 지닌다. 지역사회에서의 토론과 합의내용이 보고서로서 작성되어 해당지역의 지속가능한 개발을 달성하기 위한 분야별 비전과 행동지침이 알기 쉽게 기록되어 있어야 한다. 또한 매년도 행동계획의 달성도를 체크하여 그 목표를 수정한다.

넷째, 지방의제21은 지역구성원의 자발적인 참여를 통해 작성되고 실천되는 것으로서, 구성원간 협력협정의 의미를 지닌다. 지역의 현안문제를 시민이 계획하고 스스로 실천하는 시민사회운동이다. 지역사회의 주요단체들이 폭넓게 참여하여 토론과 합의 과정을 거치므로, 지방의제21은 지방자치 단체가 지역주민과 합의를 형성해 가는 과정을 강조한다. 지방의제21은 원칙적으로는 지방정부가 주체가 되어 작성하지만, 지방정부, 시민단체, 지역기업 등이 공동으로 구성한 '3자협의체'와 같은 조직에 의해 작성하는 것이 바람직하다. 이를 위해 행정기관의 각부서와 지방의회, 교육기관은 물론 민간부문의 지역주민, 시민단체, 종교단체, 노동자단체, 기업, 전문가 등의 참여가 요구되고, 이들 의견을 수렴하는 과정을 통해 작성되는 것이 중요하다.

3) 지방의제21의 추진현황

국제환경지자체협의회(ICLEI) 자료에 따르면, 2001년 현재 전 세계적으로 113개국에서 6천 4백 개 이상의 지방자치 단체가 지방의제 21을 수립하였거나 작성 중에 있다. 이중 유럽은 5,300여개 도시에서 지방의제21을 수립함으로써 가장 높은 참여율을 보이고 있으며, 아시아에서는 호주(176개)와 한국(172개), 일본(110개)의 순으로 지방자치단체가 지방의제21을 수립 또는 작성 중에 있는 것으로 조사되었다. 또한 이 조사결과에 따르면, 전 세계 18개국 2,640개의 지자체에서 지방의제21을 국가적 차원의 조직적인 사회운동으로 추진하고 있으며, 2001년 말 현재, 지방의제21이 기획 실천단계에 이른 곳은 61% 수준이고, 다양한 이해당사자 그룹이 참여하고 있는 곳은 73%에 이른다. 그리고 59%의 지자체에서는 지방의제21이 시정관리시스템(Municipal System)에 유기적으로 통합되어 있다(문태훈, 2002).

2003년 6월 현재, 한국은 16개 광역자치단체가 작성을 모두 완료하였고, 기초자치단체인 시, 군, 구로 점차 확산되어감으로써, 지방의제21이 전국적으로 활성화되는 기대감을 갖게 하고 있다. 248개의 지방자치단체 중 73%인 183개 지방자치단체가 지방의제21을 수립했으며, 21%인 51개 지방자치단체가 지방의제21을 추진 중에 있어 94%의 자방자치단체가 지방의제21을 추진하고 있다(지방의제21 전국협의회, www.la21.or.kr).

우리나라 지방의제21의 작성이 전체 지자체의 94%에 이르는 외형적 추진실적과, 지역 민간단체가 열의를 갖고 참여하는 가장 큰 이유는 1995년부터 때마침 실시된 민선 지방자치체와 7-80년대부터 쌓여진 민주화운동 그룹의 축적된 역량이 지역시민단체의 결성 붐으로 이어진 추세에 힘입은바 크다 하겠다. 즉, 지방자치체의 실시로 인해 형성된 '지방화' 라고 하는 새로운 외부적 조건과 각 지역에서 활동하는 시민단체 활동가들이 '지방의제21' 운동방식을 전 세계가 함께하는 새로운 21세기형 운동으로 이해하고 적극 참여하려는 내부적 요인이 잘 맞아 떨어져 단시일 내에 비교적 큰 조직성과를 보인 것으로 분석된다.

Ⅲ. 인천의제21

1. 수립기: 의제의 작성과 성립(97-99.5)

인천광역시는 1993년 9월 인천의 환경 문제에 적극 대처하기 위해 시의 주관하에 4개 분과 27개 시민 단체가 참여한 가운데 '깨끗한 인천 만들기 시민협의회'를 창립하고, 이를 통해 1995년에는 우리나라 최초의 도시환경선언인 '그린인천21'을 발표하였다. 그러나 그린인천21은 인천시가 중심이 되어 물 절약 캠페인 수준 정도로 진행됨에 따라, 그 취지에 비해 형식적인 선언에 그치고 구체적인 실천 방안이 미흡하고 리우회의의 정신과는 거리가 멀다는 NGO들의 문제 제기에 직면하게 된다. 이를 계기로 '인천환경의제21추진협의회'가 조직되었는데, 이 협의회는 지역주민의 삶과 관련된 다양한 문제를 다루어야 한다는 의견에 따라 '환경'이라는 단어를 삭제하고 '인천의제21추진협의회'로 바뀌었고, 이들의 노력으로 1997년 인천의제21이 수립되었다(오수길, 2003: 15).

'인천의제21추진협의회'라는 정책협의 시스템이 구축되자 의제21에 비판적이었던 시민단체와 기업도 이 기구에 참여했다. 정책협의 구성에 비판적인 태도를 보였던 시민단체는 이 협의 시스템에서 자신들의 이슈를 논의할 수 있을 것으로 판단했다. 또한 이들은 의제 실행시 의제를 통해 정책에 필요한 정보에 용이하게 접근할 수 있으며 행정과 예산의 지원을 받을 수 있다고 판단했기 때문에 인천의제21이라는 협력시스템에 참여하고자 했다. 한편 기업도 인천의제21이 자신들의 의견을 정책에 반영할 수 있는 기회가 될 수 있으며, 한편으로는 지역에 기업의 투명성의 이미지를 제고할 수 있을 것이라는 계산하에 의제에 참여했다. 추진협의회에는 인천시 사회각계각층의 200여명이 참여하여, 9개 분과로 구성되었다. 각 분과는 시민단체가 간사단체로 참여하여 주도적인 역할을 했다. 인천의제21을 형성하고 추진한 주도적인 단체는 '인천경제정의실천시민연합'(인천경실련)과 '인천환경운동연합'(인천환경련)이었다.

인천경실련은 인천 지역사회에서 경제정의를 실현하기 위한 평화적 시민운동을 전개함으로써 민주주의 국가의 기틀을 마련한다는 기치를 내걸고 1992년에 창립된 시민단체로, 인천의제21을 가장 먼저 추진하였다(www.icccej.org). 경실련은 지방의제21에 대한 학습과 조직내부의 논의를 통해 지방의제21을 구성하기로 결정하였다. 경실련은 의제21의 설립의 추진을 위해서 지역의 영향력있는 환경단체인 환경련과 명망가 단체인 목요회와 연합하게 된다.

한편 인천환경련은 "인천시민의 힘을 모아 환경문제 해결"을 모색하려는 목적으로 1994년에 창립되어, 갯벌과 철새 보전, 녹지 보전 및 탐사, 하천살리기, 굴업도 핵폐기장 건설 저지, 영흥화력발전소 건설반대운동 등 인천지역의 환경 운동 분야의 운동을 주도해 왔다(http: //incheon.-

kfem.or.kr).

의제가 작성되자 '인천의제21실천협의회설치 및 운영조례'가 제정되었고(1999년 2월22일), 이 조례제정으로 인천의제21은 예산을 확보하고 안정성을 구축하기에 이르렀다. 수립기의 전개과정은 〈표 1〉과 같다.

〈표 1〉 인천의제 수립기 전개과정

시 기	소시기 구분	주요 활동
수립기 (97.3-99.5)	인천의제21 태동	인천경실련 인천환경련 등 시민단체 인천의제21 추진요구
		인천 환경의제21추진협의회 구성
		의제위원 구성
	의제의 토대구축	의제21작성계획서 확정
		분과 간사단체 선정
		총괄조정위원회 구성
	의제선정	각 분과 의제를 위한 정책토론회 개최
		인천의제21-살기 좋고 활기찬 인천만들기 선포
		인천의제21실천협의회설치 및 운영에 관한 조례제정

(참조: 유해숙, 2004)

하지만 인천의제21에 관한 조례는 사무국운영 실무진에 시민 측의 참여를 명시하지 않았으며, 지원부서를 환경부서로 명시하고 있다는 점에서 향후 인천의제21은 자신의 위상과 역할이 제한되는 태생적 한계를 안고 출발했다. 인천의제21에서 규정하고 있는 실천 내용 가운데 인천광역시가 해야 할 일로 정한 155개 항목 중에서 환경 관련 부서의 일은 70개 항이며 나머지는 다른 부서의 일이었지만, 시정부가 타부서의 참여 및 확인 · 평가 · 조정에 있어 제 역할을 수행하지 못했다(박영복, 1999). 기업부문의 참여를 보더라도, 전반적으로 개인적인 참여 수준은 높았다고 하더라도 기업 전반에 걸친 전파력은 미흡하였는데, 이는 인천광역시에서도 개별 기업들의 참여를 유도하기보다는 기업 부문의 실천 과제를 상공회의소에 요청하는 수준이었다는데서 그 일단을 발견할 수 있다.

사실 시의회, 시공무원, 그리고 기업은 의제21의 출범에 대해 긍정적인 것만은 아니었다. 시민단체들은 대체적으로 인천의제21의 설치를 적극적으로 제안하고 추진했으나, 시와 기업이 소극적으로 참여함에 따라, 인천의제21은 상설기구로서 제도화되었고, 시민운동의 전문성이 높았음에도 불구하고, 집합행동능력은 낮고, 조직구조 역시 분산적이었다.

2. 실천기

수립기를 통해 의제의 방향과 실천계획이 수립되자 이에 기반하여 '인천의제21실천협의회'(이하 실천협의회)가 창립되었다. 실천협의회는 5개 분과를 중심으로 지역문제에 대한 논의와 시범사업들을 시행했다. 실천협의회에 초기의 사업운영 방식은 직접사업과 공모사업이었으며, 실천기의 기본조직 및 사업분야는 〈표 2〉와 같다.

〈표 2〉 인천의제21 실천기의 전개과정

<table>
<tr><td rowspan="15">실천기
(99.6-2003.8)</td><td rowspan="3">실천의 토대구축</td><td>인천의제21실천협의회 창립</td></tr>
<tr><td>홍보자료준비 활동</td></tr>
<tr><td>의제실천평가 기획준비단 구성</td></tr>
<tr><td rowspan="9">각 분과
사업 활동 개시</td><td>시민환경교육</td></tr>
<tr><td>시민바다되찾기운동착수(물생태도시분과)</td></tr>
<tr><td>장/만수천, 승기천살리기 운동개진</td></tr>
<tr><td>보행환경조성사업</td></tr>
<tr><td>에너지절략, 재활용 교육사업</td></tr>
<tr><td>청소년의제21실천모임 결성</td></tr>
<tr><td>문화의집 활성화 운동</td></tr>
<tr><td>기초의제21추진</td></tr>
<tr><td>조직의재정비</td><td>기존5분과-6분과로 조정</td></tr>
<tr><td rowspan="2">의제분과와
단위의 확장</td><td>의제분과 확대 추진: 경제분과의 제 구성</td></tr>
<tr><td>기초의제 활성화에 주력</td></tr>
</table>

(참조: 유해숙, 2004)

분과위원회는 방만한 운영 문제가 제기되어 최초 9개 분과를 5개 분과로 축소되었다가, 2003년에 6개 분과로 재조정되었다. 각 분과는 15-20명의 시민, 기업, 인천시 관계자의 토론을 통해 구체적인 사업과 실천방안을 모색한 가운데, 〈표 3〉에서 나타나듯, 각 분과는 다양한 사업을 수행하면서 소기의 성과를 거두었다.

〈표 3〉 인천의제21 2002년 각 분과별 주요활동

분 과	사업명	주요활동
홍보 · 교육	시민 · 기업 · 인천시가 함께 하는 환경교육	-인천의제21 시민참여기회제공 -다른 기관과 공동 사업전개 -시민참여 의식 고취 활동
에너지 · 폐기물	자연에너지 및 에너지 절약 알리기	-초등학생 에너지 교육 -자연에너지 선진도시 및 시범단지 견학 · 적용방안 제시 -풍력 · 태양에너지 시설 설치 확대요구
물 · 생태.도시	인천시민 바다되찾기	-국내외 타도시의 해안개방 및 이용 실태조사 -바다되찾기 각종 시민행동 행사개최 -송도신도시 철조망 모니터링 철거 및 이용방안 시민토론회 개최 -청소년 갯벌 가치 홍보 및 지킴이 운용
대기 · 교통	교통 문화 및 보행환경 개선사업	-보행거리 선정 및 보행환경 만족도 조사 -보행환경 개선 사례 및 현황 조사 -차 없는 거리 지정을 위한 기초조사
문화 · 복지	문화의 집 활성화를 위한 조사 및 문화포럼	-문화욕구와 문화의 집 필요성 조사 -타도시의 문화의 집 운영 우수사례 조사 · 문화의 집 운영 소프트웨어 개발 -조사홍보 활동 및 각종 문화포럼 대안개발 정책제시 -기존 문화정책의 보완 방안강구 및 문화자원봉사단 연계 활용방안 모색 · 활성화방안 도출

(참조: 인천의제21실천협의회 www.iagenda21.or.kr)

이후 인천의제21은 점차 몇 가지 점에서 보다 심화, 확장되었는데, 우선 2002년에 기초의제 활성화에 중점을 두어 의제21의 시스템이 풀뿌리 단위로 확산되기 시작했다는 점이다. 그 결과 계양구와 남구에서 기초의제를 수립했으며, 2003년 현재 서구와 남동구가 의제를 준비하고 있다. 또한 운동과정에서 의제는 범위와 구성원의 측면에서도 확장되었다. 그동안 환경위주에 치중했던 의제는 복지와 문화 분야는 물론, 경제분야도 추진되고 있는 바, 이는 그동안 의제21의 아젠다가 확장되고 있다는 점뿐만 아니라 지역복지운동 주체자의 3축 중 가장 미진했던 기업의 참여가 강화되는 것이라고 할 수 있다.

기업의 경우 의제21수립기에는 3축 중 가장 미온적인 참여를 보이며 정책협의체가 형성되는 것에 대해 부정적인 반응을 보였다. 또한 의제에 대한 인식도 낮은 수준이었기 때문에 참여가 미진했다. 그러나 실천기에 들어오면서 의제의 경험을 통해 자신들의 의견을 제시하고 정책형성에 관여할 수 있음을 인식하면서 보다 적극적으로 참여하는 기업이 늘어났다. 기업은 의제를 통해 기업의 사회공헌에 대한 이미지를 홍보할 수 있다고 판단하게 되었다. 무엇보다도 기업의 의제에 대한 관심이 증가된 주된 원인으로 시민운동에 대한 태도가 전환되었음을 들 수 있다. 기업은 자신들의 이익관철을 하는데 시민단체와 협력하는 것이 유리하다는 판단하에 의제21에 참여하면서, 시민단체를 하나의 파트너로 인정하게 되었다.

시정부는 작성기에 의제21을 중요한 기구로 보지 않았기 때문에 적극적으로 참여하지 않았으나, 실천기를 경유하면서 의제21에 적극적으로 참여하고자 했다. 시정부는 정책의 입안 및 집행에 효과적인 기구가 될 수 있다고 점차 인식했기 때문이다.

그러나 수립기에 비해 시민단체의 영향력은 축소되었는데, 이는 의제21이 개별 시민의 자격으로 참여를 허용한 것에 그 근본적인 원인이 있다고 파악된다. 결과적으로 시민단체의 동원 능력은 매우 낮을 수밖에 없었으며, 이에 따라 실천2기에 의제21의 기초단위를 강화하고 마을의제도 추진하는 성과도 있었으나 실천수준은 전국에서 기초의제 추진 성과가 가장 낮을 정도로 저조했다. 결국 실천기의 시민사회의 영향력은 동원능력이 있는 시민단체의 불참, 개별적인 시민참여, 시민단체의 내부 분열 등으로 그 힘이 증대될 수 없었다.

결론적으로 지역복지운동으로서의 인천의제21은 그 실천기에 들어 운동주체인 시와 기업 그리고 시민단체간의 협력적 파트너십이 구축되었다고 할 수 있다. 물론 권력관계의 측면에서 볼 때, 작성기와 비교할 때 다소 약화된 측면이 있긴 하나, 실천기에도 여전히 시민단체가 의제를 주도하고는 있다. 그러나 이해관계의 측면에서 볼 때, 의제에 참여한 시민단체, 행정부, 기업 모두 의제21에 대한 이해관계의 공유 가능성은 대단히 높은 것으로 보여진다. 곧 인천의제21은 시정부와 시민사회 그리고 기업의 협력적 파트너십의 구축을 통해, 협력적 아젠다를 축으로 공동의 이해관계를 조성함으로써, 협의와 토론을 통한 지역복지운동의 정착단계에 진입하고 있다고 이해된다.

3. 한계와 문제점

인천의제21의 우선적인 한계는, 협력적 파트너십 형성에 있어서 시민단체가 조직적으로 참여하지 못하고 개인 자격으로 참여함으로써 시민운동의 권력을 극대화시키지 못한데 있다. 특히 시민운동의 동원능력이 약했기 때문에 인천의제21에서 제기되는 아젠다는 시정부와 일치되는 것에만 한정될 수 밖에 없었다. 이러한 개별적 참여는 조직적인 집합행동에 제약을 가져옴으로써, 의제에서 논의된 사안들이 정책과 연결되어 집행되는 데는 한계가 있었으며, 심지어 인천의제21에서 결정된 사안조차 무시되는 경우까지 발생하기도 했다. 이로 인해 재정, 교육, 복지 등 높은 수준의 정책 아젠다로 그 논의의 폭이 확장될 수 없었고, 시민사회가 역동적으로 조직화될 수도 없었기에, 결과적으로 시민사회의 다양한 세력들이 참여하여 폭넓은 아젠다를 형성할 수 없었다.

이는 한편 의제의 전체를 총괄하는 사무국이 부재하는 원인이 되기도 했다. 시민단체가 사무국의 활동에 적극적으로 나서, 시민참여를 더욱 확대하는 바람직한 모습을 보여주고 있는 타 지역의 사례를 볼 때, 앞으로 인천의제21은 시민사회의 권력을 증대할 수 있는 조직화 방안의 모색이 우선되어야 할 것이다.

파트너십의 유형과 관련한 참여전략 측면에서, 시는 〈표 4〉에 나타나듯이 기본적으로 상향식 전략을 채택하고 있는 것으로 분석되나, 일부사안에서는 Yes..but 전략을 택하는 것으로 나타났다(오수길, 2003: 12). Yes..but 전략은 지방정부가 상향식 전략을 택하고 있으나, 참여과정에 맡기기 어렵거나 그 전략을 바로 수행할 수 없는 데서 발생한다. 해안도로변 철책 철거, 만수천 복개 공사, 소래해양생태공원 운영 등을 둘러싸고 시와 인천의제21 실천협의회 간의 갈등 속에서 시가 택한 전략이 대표적 케이스라 하겠다.

그러므로 이를 해결하기 위해서는 현재의 개별적 참여의 수준에서 벗어나 시민조직의 역량과 참여를 강화시켜야 한다. 영향력있는 시민단체가 잠재적 동원능력의 조직화를 통해 의제에 참여하여야만 시민들의 의견을 보다 폭넓게 반영할 수가 있을 것이다.

의제21의 시민조직은 행정의 동반자로서 정책협의를 할 수 있는 권력을 증대시켜야만 한다. 우선 자원과 역량을 개발하고 정책결정에 영향력을 미칠 수 있는 전문성을 갖추어야 한다. 정책대안 제시와 목표달성에 필요한 역량과 전문기술을 갖추어야 한다. 시민단체가 집합적 행동을 효과적으로 하기 위해서는 이슈를 제기하고 관철할 수 있는 동원능력이 있어야 한다. 이를 위해서는 우선 시민단체의 내부 의견 조율, 특히 실천단위의 현장실천가들의 입지 강화와 동원능력이 있는 시민단체의 참여, 더 나아가 노동조합 등 기타 단체들과 연대하는 방안도 적극 모색되어야 할 것이다.

〈표 4〉 인천의제21의 기본성격분석

의제 명칭		인천의제21
주무부서		환경 녹지국 환경보존과
배 경	도시구분	광역자치단체
	환경행정	1국 4과 14담당
	시정지표	환경도시
	재정자립도	높 음
	산업구조	3차〉2차〉1차
	NGO역량	중 간
	환경상태	열 악
제기자		NGO
예 산		정부지원
근 거		환경기본조례, 구성조례
체 계	수립단계	대상별
	실천단계	대상별(축소)
구 성	수립단계	NGO, 전문가, 공무원
	실천단계	NGO, 전문가, 공무원
추진방식		NGO주도(간사단체)
파트너십유형		공조파트너십
참여전략		상향식전략, Yes....but 전략
문제점		실무집중력 저하
극복방안		분과연계/기업의제추진
참여정도·방법	정 부	환경관련부서-보통/기타부서-소극적
	기 업	소극적(상공회의소)
	NGO	적극적
	시 민	만인위원회
상호작용	빈 도	높 음
	협 력	보 통
	갈 등	높 음
	광역-기초	보 통

(자료: 오수길, 2003)

4. 개선방안

인천의제21의 태생적 한계는 의제21자체가 시민사회의 욕구로부터 자발적으로 발생한 것이 아니라 정부로부터 시민사회에 부과된 이슈라는 점이다. 그러기에 시민들은 지방의제21의 개념과 의의에 대해서 충분한 내용을 파악하지 못한 실정이다. 따라서 지방의제21에 대한 교육과 홍보가 우선되어야 할 것이다. 우선 지역 언론매체를 이용한 시민캠페인, 반상회, 정기 간행물 등을 활용하여 홍보를 하고, 청소년층을 대상으로 인터넷을 이용한 지방의제21 홍보 전략도 마련하도록 한다. 인터넷을 통한 홍보에 있어서 가장 중요한 것은 신속성이다. 따라서 내실 있는 홍보정보를 신속하게 전달할 수 있는 인적, 물적 기반을 체계적으로 갖추어야 할 것이다. 이와 함께 다양한 시민의견이 제시되고 전달될 수 있는 상향식 의사전달체계가 마련되어야 할 것이다. 예로서 민원모니터제도, 시민감사청구, 시민의견조사, 시민제안제도, 자원봉사 등의 다양한 형태가 지역 정서에 맞게끔 고려될 수 있을 것이다.

그리고 이슈 선정시 시민사회의 다양한 참여를 유도하기 위한 복지적 이슈에 대한 논의를 보다 강화할 필요가 있다. 이런 점에서 의제21은 환경아젠다에만 국한하지 말고 지역의 시민사회 욕구에 기반한 다양한 아젠다가 의제에 포함될 수 있도록 노력해야 하며, 앞으로 풀뿌리들의 참여를 증대해야 한다.

무엇보다도 지방의제21의 성공 여부는 각 실천주체의 적극적인 역할이 적절히 조화되는 데 달려 있다. 따라서 각 실천주체의 역할이 재정립되어야 하는 바, 이들의 역할을 적절히 조화시키는 것은 자치단체의 역할이다. 지역복지운동이 의지와 목표를 관철시키기 위한 지역복지운동의 권력을 증대시키는 요인은 조직구조, 전문성, 집합적 행동인데, 이중에서도 집합적 행동이 지역복지운동 권력의 핵심요인임이 밝혀졌다. 반면 인천의제21에 참여한 지역복지운동 진영은 개별적인 참여와 조직구조에 기반하지 않은 속성 그리고 의제21의 운영에 정부로부터 특정한 재원을 받고 있다는 점이 집합적 행동을 제약하였다.

따라서 인천의제21의 지역복지운동은 정치권에 대한 영향력을 증대할 수 있는 방안을 모색해야 할 것이다. 정부의 정책형성의 구조, 과정, 논리에 대해 이해할 뿐 아니라 정책협의위원회 등에 참여하여 정책협의 경험을 증진시켜야 할 것이다. 더 나아가 정부내부의 사회복지 관련 부문들과 연계하고 특히 향후 공무원 노조 등과 연대하는 방안도 고민해야 할 것이다.

한편 인천의제21 실천협의회나 환경감시단을 통해 지속적으로 행동계획 실천여부를 모니터 해야 할 것이다. 즉 모든 분야의 시책에 대한 환경영향을 조사하고 부정적 영향을 저감시키기 위한 적절한 조치를 취해야한다. 모니터링을 제대로 수행하기 위해 여러 형태의 점검표, 즉 행동목표별, 추진주체별, 행동계획별 달성도를 점검할 수 있는 점검표를 만들고 적절히 관리할 필요가 있다. 지역의 지속가능성 지표중심의 평가방법을 개발할 필요가 있을 것이다. 또한 향후 평가원칙, 평가요소, 평가기준, 평가항목, 평가지표로 이어지는 종합적인 지방의제21 평가시스템이 개발되어야 할 것이다.

Ⅳ. 지역복지운동의 과제와 전략

지역사회복지운동은 사회적 약자의 권리 보장과 분배 정의의 실현에 있으며, 지역사회 변화를 주도하고 지역사회주민의 역량 강화를 통해 지역공동체 형성을 목표로 하고 있다. 이러한 지역사회복지운동의 과제를 살펴보면 다음과 같다(이인재, 2004 ; 오정수·류진석, 2004 ; 심창학, 2001).

지역복지운동의 과제는 크게 4가지 차원에서 모색해 보았다. 지역문제

해결의 주체로서 지역사회 변화와 주민조직화 과제, 지역복지 공동 아젠다 개발과 영역의 확대, 지역복지 활동가 조직화와 연대활동 강화 그리고 지역복지 교육훈련과 지역복지 연구활동의 변화와 확대가 그것이다.

1. 민간영역의 적극적 참여

지역사회주민들이 복지활동에 주체적으로 참여하는 것이다. 지역주민들의 삶의 질을 높이는 길은 다른 사람들에 의해 주어지지 않는다는 점에서 지역사회복지에 있어 주민들의 적극적이고 주체적인 참여는 모든 것에 우선하는 기본적인 것이라 할 수 있다. 지역사회조직화 과정에서 운동의 성과를 높이기 위해서는 지역주민의 적극적인 참여를 유도할 수 있는 다양한 프로그램과 전략을 개발해야 하며, 지역사회활동가를 비롯한 사회복지전문가와 실무자의 결합과 연계활동을 강화해야 한다.

지역복지활동가는 '개인이 활동하는 환경으로서의 지역사회'의 관점에서 지역사회 문제에 개입해야 한다. 무엇보다 자신이 살아가는 지역사회, 활동하는 지역사회에 대한 전문가가 되어야 한다. 지역사회복지운동이 지역에서 뿌리를 내리고 지역사회복지의 변화를 주도하기 위해서는 복지에 대한 지역사회주민의 인식 전환과 대중적 지지기반을 확보해야 한다. 전반적인 사회개혁운동과의 상호연관성을 확보하고 신뢰받고 지속적인 프로그램의 전개, 지역의 시민사회운동과의 결합은 대중적 기반 확충에 있어 필수적이다.

지역사회 역할의 재발견은 현재 우리 사회가 처해 있는 심각한 지방소외 현실의 근본적인 변화에서 출발해야 한다. 우리사회의 경우 복지제공의 주체로서의 지역사회의 역할을 재고하는 차원이 아니라 붕괴되고 있는 지역사회 재건을 위한 지역사회의 정체성 회복이 검토되어야 한다. 이를 위해서는 국가발전전략차원에서 지역사회 발전의 주제가 다루어져야 하며, 지역사회 차원에서는 지역주민들에 의한 지역사회 능력강화가 모색되어야 한다.

사회복지의 구현을 위해서는 지역사회에서 활동하는 여러 시민사회 영역과의 보다 개방적이고 발전적 관계 구성이 필요하다. 사회복지 과제의 구현은 사회복지계의 힘만으로는 어렵다. 지역사회의 다양한 활동 영역과의 연대활동을 통한 긍정적 영향의 상호 침투가 이루어질 때 복지과제의 실현이 가능해 질 것이다. 지방분권의 흐름은 지역차원의 생활정치의 차원을 한 단계 높일 것이며, 그런 의미에서 사회복지계의 지역사회의 공공영역과 민간영역에의 적극적 참여와 주도가 요구되고 있다.

2. 아젠다 개발 및 활동영역 확대

현재 지역복지 운동단체 연대모임이 지향하고 있는 공동의 아젠다 개발이 더욱 탄력을 받아야 할 것이다. 지방자치단체 복지정책 및 복지예산 분석 및 평가/감시 그리고 예산 만들기를 공동 과제로 설정할 수 있다. 즉 지방자치단체 복지정책 분석 및 과제 제시, 예산 편성과정 추적 및 적극적 요구, 지방자치단체 사회복지 표준 분석 및 평가틀 제시 등을 고려할 수 있다. 또 하나는 지방의회 의정감시활동 및 조례 제·개정 건의활동이다. 지방 의회의 입법, 예·결산 심의, 지자체에 대한 행정사무감사 기능 등 의정감시활동 및 모니터링을 생각할 수 있다.

한편 복지의 정의도 확대하여 전통적 의미의 좁은 범주를 넘어서서 지역사회 환경, 주택, 교육, 교통 등 지역주민들의 삶의 질을 향상시킬 수 있는 모든 영역에 관심을 두어야 한다. 현재 지역사회복지관 중심의 단편적이고 미시적으로 이루어지고 있는 지역복지활동의 지평을 넓혀야 한다. 지역 자활활동, 지역 빈민운동, 지역 실업극복운동, 협동조합운동, 기타 지역운동영역으로 지역복지활동의 장을 확대해야 한다. 지역복지

활동 영역 확대에는 가상공간을 활용한 지역복지 활동 등 지역복지 벤처 조직의 활동도 고려되어야 한다. 정보통신기술의 발전을 지역복지활동에 활용하는 방안이 활발하게 모색되고 있다. 지역복지 활동가들은 지역사회 컴퓨터 네트워크의 가동과 전자 상거래의 확대에 대비해야 하며, 정보통신 기술을 활용할 수 있는 인적 인프라 구축에 관심을 기울여야 할 것이다.

3. 지역복지운동 네트워크 강화

지역사회복지운동의 정착 및 확대를 위해서는 지자체와 시민운동 간의 협력 그리고 지역사회복지관련 조직 간의 네트워크 구축이 절실히 요구된다. 또한 지역사회복지운동의 전문역량을 강화해야 한다. 복지문제를 비롯한 지역사회문제 해결과정은 전문성과 결합될 때 보다 유효할 수 있다. 지역복지운동의 전개과정에서 지역복지활동가는 조직가, 조정 역할, 리더의 역할을 수행할 수 있을 것이다. 그리고 성공적인 활동을 위해서는 지역별, 전국적 활동가의 조직화가 모색되어야 한다.

한편 성공적인 지역복지활동을 위해서는 지역운동단체들과의 연대활동이 필수적이다. 사회복지 전공, 비전공을 고려하지 말고 복지활동을 수행하고 있는 다양한 실천주체들, 주민자조조직, 교회 등 비영리조직, 지역실업극복단체 등과 연대하여 지역사회 문제 해결에 나서야 한다. 우리 사회에서 지역사회를 이해하고 지역사회 문제해결의 주체역할은 전통적 의미의 사회복지활동가들 보다 기존의 지역활동가들이 담당하고 있는 경우가 더 일반적이다. 이들과 연대하여 지역사회를 변화시키는데 적극 참여해야 한다.

4. 지역복지 교육훈련 강화

이상에 살펴 본 다양한 활동이 가능하기 위해서는 지역복지 교육 및 훈련 강화가 필수적이며, 대학의 지역복지 교육의 근본적 개선이 필요하다. 한마디로 실천 현장에 근거한 지역복지 교육이 이루어져야 한다. 더이상 교실에서만 이루어지는 이론 교육으로는 변화하는 지역사회의 다양한 요구에 부응할 수가 없다. 지역사회 활동가들과의 정기적인 교류, 팀작업, '실천적인 전문가' '전문적인 실천가'를 목표로 현장에 뿌리를 둔 교육훈련 프로그램을 마련해야 한다.

그리고 지역복지활동가들을 대상으로 한 정기적인 교육훈련이 마련되어야 한다. 활동가 대상 교육훈련은 학계와 실천현장, 지역실천현장 연구/교육기관 등과 협동작업을 통해 마련되어야 한다. 풀뿌리 운동조직 교육훈련 프로그램 연구, 풀뿌리조직 지도자 대상의 집단중심적 지도력 개발 프로그램 사례연구는 활동가 대상 교육훈련 프로그램 준비에 참고할 수 있을 것이다.

또 하나의 변화는 연구활동에서 이루어져야 한다. 그 동안 단편적이고 일반론적인 관점에서 주로 연구되어 오던 지역복지 연구 동향을 실천활동 지향적으로 변화시키며, 다양한 연구 주제들이 다루어져야 한다. 우리나라 지역복지의 역사, 지역복지 모형, 전략, 전술, 지도력 개발, 풀뿌리집단, 이익집단 활동, 지역사회 협의체, 지역주민들의 권한강화와 지역복지활동가들의 권한강화, 지역복지 실천가의 조직화, 지역사회 근로연계복지제공기관 역할 등의 연구 주제들이 심도 있게 다루어져야 한다.

V. 맺음말

지역사회란 지역을 단위로 공동체 정신에 의해서 주민들의 기본욕구를 충족시키는 기본적인 사회단위이다. 지역사회복지의 발전은 지역공동체의 문제에 대해 주민들이 자율적으로 참여하고 이를 해결하기 위한 통합된 노력을 통하여 이룩될 수 있는 것이다. 이를 위해서는 활동적이고 주체적인 자주시민 정신이 요구되며 지역사회의 공동의 유대와 관심, 이해관계를 대변해 주는 시민조직이 활성화 되어야 한다. 이러한 자율적인 시민조직의 활동역량의 강화는 지역사회의 권력구조에 영향을 미쳐서 지역사회 구성원들의 다양한 이해관계를 '공동체적 공동선'의 실현이라는 목표에 통합할 수 있는 정책결정을 내릴 수 있도록 하게 된다.

80년대 후반 이후에 우리 지역사회에는 지역사회 공동체의 의식을 대변하는 많은 시민조직들이 탄생하여 활동하고 있다. 그동안 많은 노력을 통하여 지역사회의 잠재적인 선의를 개발하여 재정적 자원과 인적자원을 활용하여 지역사회가 안고 있는 여러 가지 사회문제들을 예방하거나 해결하는데 있어서 많은 공헌을 하였다. 그리고 앞으로 전체지역사회 수준에서 지역이 안고 있는 해결되어야 할 사회문제를 고발하고 이를 해결하기 위한 지역공동체적인 노력을 이끌어 내는데 더 큰 관심과 노력을 기울어야 할 것이다. 지역사회복지의 향상이 의제21만을 통해서 이루어질 수 있는 것이 결코 아니기 때문이다. 실제로 의제21은 자연생태계 복원과 보전, 도시 생태공원 조성의 주민참여, 녹색교통 및 에너지 절약 운동등과 같은 환경부문에서 토론과 협의를 통해 일정한 성과를 나타내고 있다. 그러나 지역사회의 복지부문은 너무나 다양하게 표출되고 있는 것이 현실이다.

따라서 지역사회복지관이나 지역사회복지협의회 등을 중심으로 한 연합조직들은 사회복지증진을 위한 다양한 형태의 주민참여를 직접 실천하는 조직으로서 역할 뿐만 아니라 주민참여를 격려하고 조직화하는 중간조직으로서의 역할을 수행함으로써 지역복지운동의 또 한축을 담당해야 할 것이다. 지역사회복지기관은 주민들에게 직접적으로 서비스를 제공하는 서비스 제공자의 역할에 만족하기보다, 복지취약계층 대변자로서의 역할에 대해서 좀더 많은 관심과 노력을 경주해야 할 것이다. 그리고 이러한 사회복지기관들의 노력은 개별적인 복지기관의 단위에서 실천되기보다는 각 직능별, 사업별, 연합체나 사회복지의회 등에 의해서 실천되어질 필요가 있다.

참 고 문 헌

김규환(2003). 거버넌스로서 지방의제21의 추진체계에 관한 연구, 한국거버넌스학회 10권.

김성기(2002). 1990년대이후 지역복지운동단체의 성격연구, 성공회대 석사학위논문

문태훈(2002). Rio회의 이후 10년, 한국의 지방의제21에 대한 평가, 제6회 지방의제21 정책포럼 발표논문.

박영복(1999). 인천의제21 실천계획의 문제점과 대책, 한국환경사회정책연구소 세미나 발표논문.

송정부(2000). '지역사회복지협의회의 역할과 과제' 한국사회복지학회 2000년 추계학술대회 발표논문.

심문보(2004). '지방의제21의 운영활성화 방안에 관한 연구' 한국토지행정학회보 11권1호.

심창학(2001). 지역복지운동의 현황과 과제, 연세사회복지연구 Vol. 6-7.

오수길(2003). '파트너십 거버넌스의 가능성과 한계' 한국행정논집 15권2호.

오정수 · 류진석(2004). 지역사회복지론, 학지사.

유해숙(2004). '지역복지운동의 거버넌스 유형연구' 가톨릭대학 박사학위논문.

윤경준(2003), 지방의제21에 있어 주요집단의 참여유형에 관한 비교연구, 한국행정학보 37권2호.

은재식(2003). "우리복지시민연합 사례," 한국지역사회복지학회 2003년 춘계학술대회 자료집, 한국지역복지운동의 경험과 비전.

이인재(2004). 한국지역복지실천론, 나눔출판사.

인천광역시(2002). 인천광역시 사회복지 발전방안.

정응호(2003). 지방의제21의 효율적 운영방안에 관한 연구, 한국환경과학회지 12권4호.

차명제(2002). '한국의 지방의제21과 지역NGOs의 역할' 2002년 한국NGO학회 세미나발표논문.

최일섭(1995), '지역복지 실천을 위한 사회복지관의 역할과 기능',지역복지의 이론과 실제, 서울: 동인,

최일섭, 류진석(1996), 지역사회복지론, 서울대학교 출판부.

Kaminstein, D. S. (1995). "A Resource Mobilization Analysis of a Failed Environmental Protest," Journal of Community Practice, 2(2).

Kauffman, S. (1995). "Conflict and Conflict Resolution in Citizen Participation Program: A Case Study of the Lipari Landfill Superfund Site," Journal of Community Practice, 2(2).

Kline, M., Dolgon, C. & Dresser, L. (2000). "The Politics of Knowledge in Theory and Practice: Collective Research and Political Action in a Grassroots Community Organization," Journal of Community Practice, 8(2).

Mary N. L. (1994). "Social Work, Economic Conversion, and Community Practice: Where Are the Social Workers" Journal of Community Practice, 1(4).

Robinson, B., & Hanna, M. G. (1994). "Lesson for Academics from Grassroots Community Organizing: A Case Study - The Industrial Areas Foundation," Journal of Community Practice, 1(4).

Rothman, J. (2000). "Collaborative Self-Help Community Development: When Is the Strategy Warranted" Journal of Community Practice, 7(2).

Selman, P,.(1998). "A Real Local Agenda for the 21st Century?" Town & Country Planning. 67(1).

제15장 정보격차 해소와 정보복지

Ⅰ. 머리말

'정보화 시대(information age)'로 빠르게 진입하면서, 많은 미래학자들은 정보화를 평등의 의미와 연결시켜, 정보화의 진전이 시간·공간적 제약을 극복하고 누구나 쉽게 정보를 얻게 하여 지식의 보편화를 확산시킴으로써 개인, 국가, 지역, 산업간 정보불평등을 줄일 것으로 내다보았다. 그러나 최근에 정보화의 진전이 처음 예상했던 정보민주주의의 실현보다는 오히려 사회적 격차를 더욱 심화시킨다는 주장이 제기되면서, 정보불평등-정보격차 현상이 심각한 문제의 하나로 부각되기 시작하였다. 무엇보다 철저한 시장원리에 의해 작동되는 자본주의체제 하에서 정보격차는 사회경제적 불평등의 새로운 요인으로 작용할 가능성이 매우 크기 때문이다.

현재 정보화 진행 초기 단계에 있는 우리사회는 정보격차가 고착화된 상태까지는 아니더라도, 정보통신기기 소유의 측면에서의 격차는 분명히 존재하며, 학력 소득 등의 사회경제적 요인에 따른 상대적 정보격차 역시 심각한 상태로 진행되고 있는 것으로 진단되고 있다. 특히 최근에 와서 급격히 증가하고 있는 컴퓨터통신과 인터넷 이용자수가 대부분 상업적 통신망을 중심으로 확대되고 있기 때문에, 사회경제적 능력이 뒤지는 개인이나 계층의 경우, 정보기기에의 접근은 물론 정보 활용에 뒤떨어지면서 그 격차는 더욱 커질 것으로 판단된다.

정보산업이 갖는 자본집약적 특성으로 인해 정보의 상업화가 점차 심화되고 있는 상황에서 사회경제적 능력이 취약한 개인, 집단 또는 계층들은, 정보에 대한 접근과 활용을 제한 받게 된다. 그러므로 각종 정보기술, 정보통신네트워크 데이터베이스 등과 같은 새로운 사회자원의 점유 및 이용 기회에 있어서의 차이로 인한 정보격차의 현실은, 기존의 산업사회가 초래한 사회경제적 불평등을 더욱 심화시키거나 새로운 유형의 불평등 생산으로 연결될 수밖에 없을 것이다.

정보격차가 새로운 사회문제로 부각되면서, 정보화가 비교적 빠르게 진행되고 있는 선진국을 비롯해 국제기구 및 지역협력기구를 중심으로, 이에 대한 논의가 활발하게 진행되고 있으며, 우리나라 또한 정보불평등 해소를 위한 정책적 관심을 기울여 오고 있다. 그러나 정보격차 문제의 심각성에 대한 정부의 인식수준은 대단히 낮은 것으로 보인다. 정보격차 해소를 위한 정책적 노력에서 우리보다 훨씬 앞서 나가고 있는 미국의 경우, 93년 「국가정보기반」(NII) 계획에서 보편적 서비스의 확대를 명시한 이래 정보화 정책 중 정보격차 해소에 점차 비중을 강화해오고 있으나, 정보격차는 여전히 존재하고, 시간이 흐를수록 오히려 심화되고 있는 실정이다. 이런 점에서, 정보격차 해소의 우선적 주체인 정부는 정보산업 육성과 국가경쟁력 강화라는 목표 못지 않게 정보격차해소를 중요한 기본 목표로 설정해야 한다는 인식의 제고와 함께, 보다 적극적인 대책 마련에 나서야 할 시점에 이른 것이다.

이상과 같은 문제의식 하에서, 본고는 우리 사회의 정보화에 따른 정보격차의 실태와 그 사회적 함의를 살펴본 후, 이에 대한 정책과제를 제시함을 그 목적으로 한다.

Ⅱ. 정보격차의 이론적 배경

1. 정보격차의 개념

최근 IT연구분야에서 '정보격차'(digital divide)가 중요한 연구대상으로 떠오르고 있지만, 아직 그 개념이 제대로 정립되지 않은 채, '정보불평등'(information inequality) 등의 개념과 유사하게 사용되고 있다. 정보불평등은 '정보'라는 차원에서의 불평등을 가리키는데, 즉 '정보라는 희소자원이 불균등하게 배분되는 현상, 혹은 정보의 불균등 배분이 구조적 수준에서 제도화되어 나타나는 현상'이라고 개념화할 수 있을 것이다. 정보화 사회에서는 지식과 정보가 새로운 그리고 중요한 희소자원으로 부각되고 있다. 특히 정보화사회에서 '정보'는 정보통신 기술 발달의 결과로 등장한 디지털적 특성으로 인해 그 가치가 새롭게 부각되면서 부, 권력, 위세와 더불어 사회불평등의 한 차원으로 자리를 차지할 수 있게 되었다. 이러한 불균등 배분은 구조적 수준에서 제도화되는 특성을 갖는다.

사회불평등의 다른 차원인 부의 불평등이 소득격차라는 현상으로 나타나듯이, 정보불평등은 정보격차라는 현상으로 나타난다는 점에서, '정보격차'는 정보불평등의 하위개념으로 자리한다. 정보불평등이 추상도가 높은 개념임에 비하여, 정보격차는 경험세계에서 확인 가능한(추상도가 상대적으로 낮은) 보다 구체적인 개념이다. 따라서 정보격차는 정보불평등 현상을 구체적 현실에서 확인할 수 있는 경험적 지표로 사용할 수 있는 개념이다(염명배, 2003).

'정보격차'라는 용어가 정책적 측면에서 보편화된 것은 1995년 미국 상무성 산하 NTIA(National Telecommunications and Information Administration)에 의해 작성된 보고서부터이다. 즉 정보격차 해소를 위한 최초의 보고서인 "Falling Though the Net: A Survey of the Have Nots in Rural and Urban America"에서 정보격차는 새로운 기술에 접근할 수 있는 사람과 그렇지 못한 사람간의 단절로 정의되고 있다. 이후 이 개념은 학자마다 다양하게 정의되고 있는데 현재 해외 및 국내문헌에서 언급된 바 있는 정보격차 개념 몇 가지를 정리하면 다음과 같다.

〈표 1〉 정보격차개념 정의 구분

구 분	개념정의	비 고
NTIA, 1999	새로운 기술에 접근할 수 있는 사람과 그렇지 못한 사람간의 단절	미 국
OECD, 2001	정보통신기술에 접속하고 다양하게 인터넷을 이용할 수 있는 기회가 개인간, 가계간, 기업간, 또는 지역간에 상이하게 나타나는 사회경제적 격차	국제기구
Campaine, 2001	최신 정보기술에 접속할 수 있는 사람들과 그렇지 못한 사람들간에 존재하는 감지된 격차	국외학자
Norris, 2001	인종, 성별, 계층간 격차에 의한 정보보유층(information haves)과 정보미보유층(information have-nots)간의 격차	국외학자
서이종, 2000	정보에 대한 접근과 활용에 있어서 사회적으로 격차가 나타난다는 의미	국내학자
조정문, 2001	디지털정보 혹은 디지털 경제에 접근하여 이를 이용하는 집단이 있는 반면 그렇지 못한 집단이 존재하는 상황	국내학자
정보격차 해소에 관한 법률, 2000	경제적, 지역적, 신체적 또는 사회적 여건으로 인하여 정보통신망을 통한 정보통신서비스에 접근하거나 이용할 수 있는 기회에 있어서의 차이	법 률

이를 요약하면 일반적으로 정보격차란 "'정보보유층(information haves)'/'정보풍요층(information rich)'/'정보이익 집단(information advantaged)'과 '정보미보유층(information have-nots)'/'정보빈곤층(information-poor)'/'정보불이익 집단(information disadvmtaged)'으로 분리되는(separated)

현상 또는 이들 계층 간의 격차(gap)"로 정의할 수 있다.

그러나 정보통신망과 정보통신서비스가 점점 고도화되고 있는 시점에서 정보격차에 대한 개념도 보다 확대될 필요가 있다고 보여진다. 즉 기존의 정보기기 및 정보인프라에 더하여 정보활용능력과 정보이용패턴에 있어서의 격차를 포괄하는 방향으로 확장되어야 할 것이다

이런 배경 속에서 최근 미국이나 유럽에서는, 정보를 가진 자와 못가진 자를 의미하는 이분법적인 '정보격차'라는 용어보다는 정보기회(Digital Opportunity) 혹은 정보참여(Digital Inclusion)라는 용어가 더 선호되고 있다. '정보기회'란 상대적으로 혜택을 덜 받고 있는 사회계층이 정보기술에 대한 지식을 얻어 사회내의 다른 계층과 평등하게 될 수 있는 기회를 말하며(Kuttan & Peters, 2003), '정보참여'는 모든 시민이 디지털 경제사회에 포함(inclusion)되어야 한다는 점을 강조하고 있다는 점에서, 기존의 정보격차 개념보다 진일보되었다는 평가를 받고 있다. 즉 정보기술에 접근하여 그것을 이용하는 사람과 이용하지 못하는 사람과의 차이도 여전히 중요하지만, 정보기술을 이용하는 사람 내에서 그것을 생산적으로 활용하여 정보기술이 제공하는 잠재력을 최대한 실현하는 사람과 정보기술을 소비적으로 활용함으로써 그것이 제공하는 기회를 제대로 실현하지 못하는 사람과의 격차가 더 중요하게 되었다.

결국 정보격차란 정보통신기기 및 서비스에 대한 접근(access)과 이를 다룰 수 있는 이용능력(skills)의 차이는 물론 정보통신기기 및 서비스의 생산적인 활용수준의 차이로 정의할 수 있다.

2. 발생요인

정보격차 또는 정보불평등의 발생 원인을 밝히고 있는 주장들은 다음과 같다. 우선 사회경제의 불평등한 구조로 인해 정보불평등이 발생한다는 주

장이다(Golding & Murdock, 1993). 1980년대의 영국사례를 분석하고, 컴퓨터의 보급이 시장메커니즘에 의존하기 때문에 뉴미디어에의 접근은 지불능력에 따라 결정된다고 주장했다. 컴퓨터는 여전히 저소득층에게는 값비싼 기기이며, 운영비와 통신비용도 적지 않다. 따라서 그들은 저소득층이 컴퓨터를 구입하고 컴퓨터 통신을 활용하기는 경제적으로 어렵다고 주장한다. 이들이 지적하는 정보격차 발생의 다른 요인은 뉴미디어 산업의 특성에서 비롯된다. 뉴미디어에는 기업들의 대규모 투자가 요구되는데 단기간에 이익을 창출하기 위해 기업들은 고소득층을 대상으로 하는 사업에 경쟁적으로 참가하게 되고, 많은 수의 저소득층이 이 시장에서 배제된다는 것이다. 이 관점은 산업자본의 집중화와 결부되어 설명 가능하다. 정보사회에서의 정보는 디지털 형태로 변형되어 조직·저장·유통되는데, 이를 위해서 부담해야 하는 정보공급자의 비용은 대단히 크다. 이러한 투자비용과 투자에 대한 이윤을 가급적 단기간에 회수하기 위해서 정보공급자는 정보를 유료화 할뿐만 아니라 기존의 경제체제를 바탕으로 비용부담 능력이 있거나 소비수요가 높은 대상이나 계층 또는 지역에 경쟁적으로 참여하여 서비스를 제공하게 된다. 이러한 공급자의 실리적 편향성으로 인해 지방보다는 도시 지역에 그리고 저소득보다는 고소득 계층에 첨단 정보 서비스가 제공되어, 결과적으로 시장논리에 따라 이들 취약 계층 및 지역이 그 혜택으로부터 배제되어지는 정보격차의 잠재성이 일차적으로 존재하게 된다.

다음은 확산론적 분석이다. 대중적 인쇄매체를 통해 쏟아지는 각종 정보는 교육수준이 높고, 사회경제적 지위가 높은 수용자들에게 더욱 큰 효과를 가져다줌으로써 정보격차는 점점 확대된다는 점과 새로운 기술이 등장하는 시간적 간격이 점점 좁아지면서 한 사회 내 정보격차도 증가하게 된다는 점을 강조하고 있다(Tichenor, Donohue & Olien, 1970; Rogers, 1986). 이 관점은 정보의 상품화 특성과 결합하여 더 큰 설명력을 갖는다. 전통적으로 정보와 지식은 사람들에게 널리 알리는 것으로 공공재적 개념이 강하였으나, 정보화의 진전에 따라 정보가 사유재로서의 보다 광범위한 법적 권리를 획득하게 되었다. 심지어 공공자료도 정보처리와 가공을 거쳐 상품화되고 있으며 도서관과 같은 공공기관이 담당하던 정보수집과 배포가 상업화된 정보사업가의 영역이 되어가고 있다(황혜선, 1999: 283). 이러한 정보의 상품화와 함께 정보통신 테크놀로지의 급속한 교체 속도는 정보자원의 구입 또는 이용의 비용부담을 가중시켜 정보격차를 야기하는 또 하나의 요인으로 작용한다. 또한 새로운 기법과 기술의 수용효과에 있어서의 차이가 기존의 정보 격차가 줄기도 전에 다시 새로운 정보격차를 생성하거나 확대하는 원인이 되고 있다.

세번째로는 사회구조와 매체의 특성을 함께 고려하면서 정보격차의 발생을 설명하려는 입장이 있다. PC나 컴퓨터 네트워크의 불평등한 확산을 설명하기 위해서는 수용자의 지불능력과 더불어 교육수준이나 직업을 고려해야 한다고 주장하였다(윤영민, 1998). PC나 컴퓨터네트워크는 TV나 비디오에 비해 정보기능을 많이 갖고 있기 때문에 그것들의 확산은 수용자의 문화적 능력과 기능적 욕구에 의해 크게 영향을 받게 된다. 그런데 수용자의 문화적 능력과 기능적 욕구는 주로 사회학적 변수에 의해 결정되기 때문에 PC와 컴퓨터 네트워크의 확산, 혹은 그것들로 인한 정보격차에 대한 설명에는 교육수준, 직업 등과 같은 사회학적 변수가 반드시 포함되어야 한다는 것이다. 정보기술, 정보통신네트워크, 데이터베이스 등의 정보자원을 이용하기 위해서는 이에 대한 비용을 부담할 수 있는 경제적 능력이 요구되므로, 컴퓨터 단말기와 모뎀과 같은 하드웨어와 소프트웨어의 소유뿐만 아니라 업그레이드 등의 유지 및 정보통신서비스 사용 등에 대한 비용부담이 이용자의 경제적 능력에 따라 정보자원에 접근하는 기회에 있어서의 차이를 발생시키게 된다. 또한 첨단 정보기술은 그 사용에 있어서 커뮤니케이션 적응력(Communication competence)과 컴퓨터 해득력(computer literacy) 등을 요구하는데, 이러한 능력에 있어서의 차이가 곧 정보격차를 초래하고 있다는 것이다.

3. 낙관론과 비관론

정보격차의 확대여부에 대해서는 서로 대립되는 낙관적, 비관적 견해가 양립하고 있다. 낙관론자들은 인터넷의 발달이 사회간, 사회내에서의 전통적 정보불평등을 완화시켜 줄 것이라고 믿는 반면, 비관론자들은 디지털 기술이 현재의 정보격차를 더욱 강화하고 악화시킬 것이라고 주장한다.

가. 정보격차가 축소될 것이라는 낙관적 견해 -*normalization* thesis

초기의 많은 정보사회 예찬론자들은 정보격차 문제를 정보화가 진전되면 자연스럽게 해결될 것으로 보아, 심각한 사회문제로 인식하지 못했다. 이들은 인터넷 관련 하드웨어, 소프트웨어, 서비스의 비용이 하락하고, 인터넷 접속기술이 단순화되고, Web에서 대량의 online 홈 엔터테인먼트와 저렴한 통신이 가능하게 됨에 따라 인터넷 보급률이 90%대 이상으로 확대되어 오늘날 TV와도 같이 거의 모든 사람들이 이용하게 되는 이른바 '정규화'(normalization) 패턴을 보일 것이라고 주장하고 있다(Norris, 2001: 70-76).

이런 입장을 대표하는 학자들로는 정보기술의 도입으로 전혀 새로운 사회가 등장할 것이라고 보는 네그로폰트(Negroponte), 정보의 생성과 보급에 기초한 경제 시대에 살고 있음을 강조하는 네이스비트(Naisbitt), 정보의 접근성 여부에 따라 기존의 권력관계에 엄청난 변화가 일고 있음을 강조하는 토플러(Toffler), 현재 수많은 정보가 쏟아지고 있기 때문에 정보의 접근보다는 정보의 홍수로 인해 발생되는 심리적 불안감인 정보불안이 문제라는 워만(Wurman) 등을 들 수 있다.

이 낙관적인 견해에 따르면 초기에 디지털 신기술을 이용한 그룹은 자원, 기술, 지식 면에서 단기적으로는 우위를 점하지만 장기적으로는 이 사회에서 모든 사람이 이 기술을 이용함에 따라 보급수준이 포화점에 이르게 됨으로써, 기술확산 초기에는 일시적으로 사회적 불평등이 커지는 것처럼 보일지 모르지만, 장기적으로는 정규화되어 초기 이용자의 우위는 점차 소멸되고 정보격차는 궁극적으로 축소된다는 것이다. 그러므로 정보격차 해소를 위한 정부개입이나 규제의 필요성이 감소하게 된다(Norris, 2001: 70).

이들의 입장을 좀 더 구체적으로 설명한 것이 신기술 보급의 S모형에 의한 확산가설이다. S모형에 의하면 보급 초기에는 엘리트들만이 수용하여 기술의 수용과 확산이 느리지만, 성숙단계가 되면 다수가 기술을 수용하게 되어 기술 확산이 급속하게 이루어지고, 대부분이 수용하게 되는 시점에는 기술 확산 속도는 늦으나 포화상태로서 누구나 이용하게 되는 단계가 된다고 한다.

〈그림 1〉 정보통신기기의 보급과정(미국)

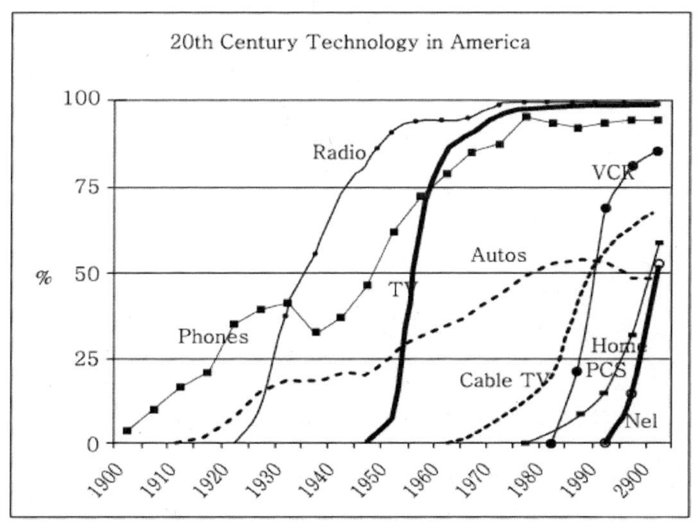

자료: US Census Bureau: Statistical Abstract of the US. 1999. Historical Statistics of the US.

따라서 이들은 인터넷 역시 현재는 보급률이 낮지만 급속한 속도로 확산되고 있기 때문에 언젠가는 누구나 이용하는 보편적인 매체가 될 것으로 생각한다. 즉 확산 초기에는 사회 각 집단간 격차가 존재하나 시간이 지나면서 전화나 TV처럼 누구나(90-95%) 이용할 수 있게 될 것이므로 다음과 같은 확산 모델이 적합하다고 주장한다.

〈그림 2〉 인터넷 보급 및 활용의 확산 모델

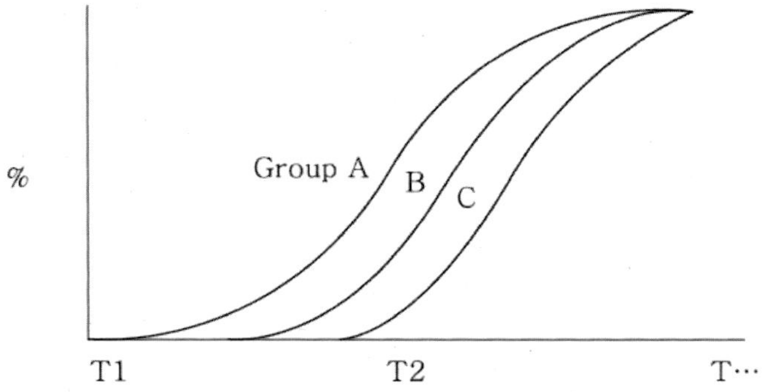

%
Group A
B
C
T1
T2
T…

* 집단 A는 초기수용자, 집단 B는 중기수용자, 집단 C는 후기 수용자

나. 정보격차가 확대될 것이라는 비관적 견해
-*stratification* theory

한편, 정보사회를 비관적으로 보는 사람들은, 신기술의 적용은 경제적 이득을 보다 강화함으로써 부유층은 더욱 부유하게 소외계층은 더욱 낙후되게 할 것이기 때문에 정보격차는 더욱 확대될 것이라고 주장한다. 즉 전통적 형태의 정보통신기술(ICT)에 네트워크로 잘 연결되어 있는 그룹은 디지털 경제에서도 선두를 유지함으로써 사회계층간 격차는 더욱 확대된다는 것이다. 교육수준과 사회적 지위가 높은 계층은 혁신기술에 유연하게 적응하는 데 요구되는 핵심적인 재정·정보자원에 접근하기 쉬울 뿐 아니라 이들이 성공적으로 새로운 기술을 습득하게 되면 또

다시 경제적 이득을 얻게 되므로 결과적으로 '부익부 빈익빈' 현상이 확대될 것이라는 것이다(Schiller, 1996; Loader, 1998; Wresch, 1996; Perelman, 1998). 더욱이 신기술이 현저한 생산성 이득을 창출한다면, 장기적으로 후기 수용자는 항상 S-곡선의 초반부에 위치하게 되어 사회격차는 확대됨으로써, 기술확산 과정이 '계층화'(stratification) 형태를 취한다고 본다. 따라서 이를 해소하기 위해서는 반드시 성공적인 정부의 개입이 필요하다는 것이다.

정보사회의 정보격차 확대 가능성은 우선 인터넷으로 대변되는 디지털 매체의 특성에서 그 원인을 찾을 수 있다. 라디오, TV, 전화 등의 전통적인 매체는 크기, 가격, 질 등의 차이에도 불구하고 제공하는 서비스의 질은 동일하나, 인터넷은 끊임없이 진화하는 매체이므로 인터넷 접속과 사용에서의 계층화는 불가피한 것처럼 보인다.

정보통신기기의 이용능력 차이로 인한 정보격차도 무시할 수 없다. 아무리 쉽게 이용할 수 있는 정보통신기기가 개발된다 하더라도 새로운 정보통신기기와 서비스를 이용하기 위해서는 일정 수준의 이용능력이 요구된다. 따라서 학력 수준이 낮거나 정보통신관련 교육 기회를 얻지 못한 노인, 비취업자 등은 정보접근의 사각지대가 될 수도 있다. 그리고 신체적 불편 때문에 정보통신기기와 서비스를 이용할 수 없는 집단 역시 이들의 접근성을 배려하는 기기와 서비스가 제공되지 않는다면 정보 취약집단으로 남을 수밖에 없다. 위와 같은 인터넷의 매체적 특성 이외에도, 현재 진행되고 있는 정치·경제적 상황 가운데도 정보격차를 확대시킬 수 있는 요인들이 많이 있다. 특히 시장경쟁원리와 민영화로 대변되는 신자유주의의 확대와, 정보통신기술의 도입으로 인한 빈부격차 확대를 들 수 있다. 따라서 이런 상황에서는 다음의 〈그림 3〉과 같은 계층화모델이 인터넷 접근 및 활용에는 적절한 모델인 것처럼 보인다.

〈그림 3〉 인터넷 보급 및 활용의 계층화 모델

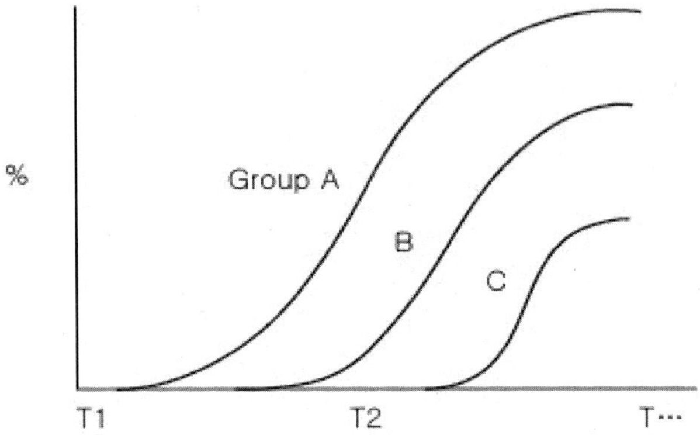

* 집단 A는 초기수용자, 집단 B는 중기수용자, 집단 C는 후기 수용자임

Ⅲ. 정보격자와 사회구조

1. 정보격차 현황

정보문화센터의 정보생활실태에 관한 조사연구(2000)에서 나타난 정보격차의 현황은 다음과 같다. 〈표 1〉은 11개의 변수 군을 4개의 부문으로 나누어 각 집단별로 정보불평등지수를 살펴본 것인데, 4부문은 ①정보인식지수(정보사회의 이해와 수용 정도), ②정보 접근지수(통신망과 네트워크에의 접근성과 정보기기 보유 여부), ③정보역량지수(컴퓨터 이용능력), ④정보이용지수(컴퓨터와 인터넷 사용 정도)이다. 〈표 2〉는 가장 우수한 집단의 값을 100으로 하고 비교집단의 수치를 상대화하여 불평등지수를 계산한 결과이다(유지열, 2002; 이동수, 2002; 송호근, 2002).

〈표 2〉 집단별 정보격차의 현황(2000. 4.)

구 분	인식지수	접근지수	역량지수	이용지수	불평등지수
남 자	100.0	100.0	100.0	100.0	100.0
여 자	86.4	78.0	81.2	55.8	80.9
격차*	13.6	22.0	18.8	44.2	19.1
10대	100.0	100.0	100.0	100.0	100.0
20대	95.7	101.5	83.9	110.5	93.4
30대	81.4	81.9	45.6	46.8	65.7
40대	71.0	77.8	25.1	27.5	52.1
50대 이상	49.3	47.4	8.7	8.6	30.9
격 차	50.7	54.1	91.3	101.8	69.1
중졸이하	44.1	32.6	4.3	4.4	25.7
고 졸	72.9	59.6	39.9	37.7	56.6
대졸 이상	100.0	100.0	100.0	100.0	100.0
격 차	55.9	67.4	95.7	95.6	74.3
농·임·어업	44.9	32.6	8.1	5.1	25.3
자영업	63.0	57.4	23.8	19.3	49.5
블루컬러	66.4	55.7	34.7	27.4	49.0
화이트켈러	94.2	88.4	77.0	74.3	84.9
주 부	55.2	41.5	20.0	5.9	35.0
중고생	89.7	73.4	84.7	55.4	81.3
대학생	100.0	100.0	100.0	100.0	100
무직·기타	68.5	60.3	46.8	48.5	57.1
격 차	55.1	67.4	91.9	94.9	74.7
1백만원미만	68.5	48.9	49.4	62.6	57.8
1백-2백만원미만	83.2	66.6	71.5	62.7	74.5
2백-3백만원미만	94.5	84.5	88.0	86.9	89.7
3백-4백만원미만	100.0	100.0	100.0	100.0	100.0
4백만원이상	92.7	106.3	100.0	109.5	99.2
격 차	31.5	57.5	50.6	46.9	42.2
대도시	100.0	100.0	100.0	100.0	100.0
중소도시	94.7	94.3	96.0	93.4	94.9
읍면도시	84.7	75.6	89.0	84.0	83.9
격 차	15.3	24.4	11.0	16.0	16.1

출처: 유지열(2002), 한국정보문화센터(2000: 209-218).
* 최대값과 최소값 간의 차이를 의미함.

첫째, 성별 격차의 경우, 전체 남성을 100으로 할 때 여성은 80.9로서 두 집단간 격차는 예상보다 낮은 수준을 보여주고 있는 가운데, 정보이용지수에 있어서는 44.2의 격차를 보여 성별에 있어서 정보이용 격차가 가장 심한 것으로 나타났다.

둘째, 연령별 격차의 경우, 연령이 높을수록 정보화 수준이 저조한 것으로 나타났다. 특히, 40대 이상의 경우는 10대에 비하여 절반 정도의 수준에 불과하여 연령별 집단 간의 격차가 매우 심함(69.1)을 보여 주고 있으며, 부문별로는 정보역량이나 이용에 있어서 연령별 집단 간의 격차 정도가 심한 것으로 나타났다. 즉 인식지수는 50.7, 접근지수는 54.1의 격차를 보이나 역량은 91.3, 이용은 101.8 등으로 역량과 이용지수에 있어서는 그 격차가 90 이상으로 현격하게 나타나고 있다.

셋째, 교육수준별 격차의 경우, 대졸 이상을 100으로 할 때 고졸은 56.6으로 대졸 이상의 절반 정도 수준이고, 중졸 이하는 25.7로서 1/4수준에 불과하여 교육수준에 따라 격차가 큰 것으로 나타났다. 모든 부문에 있어서 전반적으로 심한 격차를 보이고 있으며, 특히 정보인식과 정보에 대한 접근보다는 역량 및 이용에 있어서 현저한 정보격차가 존재하는 것으로 나타났는데, 인식 및 접근지수에 있어서 각각 55.9와 67.4의 격차를 보이는 반면, 역량 및 이용지수의 격차는 각각 95.7과 95.6으로 나타났다.

넷째, 직업별 격차의 경우, 대학생을 100으로 할 때 농·임·어업종사자는 25.3 주부는 35.0, 자영업자는 43.5, 블루컬러는 49.0 등으로 각각의 집단 모두 대학생의 절반 수준에도 못 미치는 것으로 나타난 반면, 화이트컬러 및 중고생 집단은 80 이상의 수준을 지니는 것으로 나타났다.

다섯째, 소득별 격차의 경우, 소득이 낮을수록 모든 부문에서 대체로 지수가 낮게 나타났으며, 정보에 대한 접근과 역량 부문에서 1백만 원 미만의 소득집단이 기준이 되는 3백-4백만 원 미만 소득계층의 절반 수준에도 못 미치는 것으로 나타났다.

마지막으로, 지역규모별 격차의 경우, 지역규모에 따른 정보격차가 존재하지 않는 것은 아니지만 다른 기준별 집단에 비해 가장 작은 것으로 나타났으며, 특히 정보접근 부문에서 대도시지역에 비해 읍면지역이 75.6으로 전체 지수들 가운데 가장 낮은 수준을 보이고 있다.

지금까지 살펴본 집단별 정보격차의 내용을 전체적으로 종합하여 불평등지수의 격차값이 큰 순서에 따라 정리하면 〈표 3〉과 같다(송호근, 2002). 집단별 정보격차의 수준에 있어서는 직업, 교육수준, 연령, 소득, 성별, 지역규모 순으로 나타나며, 성별 및 지역규모별 집단간의 격차에 비해 직업, 교육수준, 연령, 소득에 따른 격차가 매우 심각함을 보여준다. 특히, 직업·교육수준·연령에 따른 집단의 부문별 격차값 가운데 최소값(연령별 인식 부문의 격차값 50.7)이 소득·성·지역규모에 따른 집단의 거의 모든 부문별 격차값보다(소득별 접근 부문의 격차값 57.5를 제외) 큰 것으로 나타났다. 또한 부문별 격차에 있어서 이용 부문이 거의 모든 집단에서 공통적으로 크게 나타난 반면, 불평등지수의 격차가 큰 직업별, 교육수준별, 연령별 집단의 경우에는 역량 부문에서의 격차가 크고, 상대적으로 불평등지수의 격차가 작은 소득별, 성별, 지역규모별 집단의 경우에는 접근 부문에서의 격차가 큰 것으로 나타났다.

〈표 3〉 위치, 집단별 지수 격차 현황

구 분	불평등지수	인식지수	접근지수	역량지수	이용지수
직업별	74.7	55.1	67.4	91.9	94.9
교육수준별	74.3	55.9	67.4	95.7	95.6
연령별	69.1	50.7	54.1	91.3	101.8
소득별	42.2	31.5	57.5	50.6	46.9
성 별	19.1	13.6	22.0	18.8	44.2
지역규모별	16.1	15.3	24.4	11.0	16.0

■ 부분은 해당 집단의 불평등지수 격차값보다 부문별 격차값이 큰 부문임.

우리 사회의 정보격차 실태에 관한 분석을 통해 파악된 사항은, 집단 및 계층별 정보격차가 실제로 존재하며, 이러한 격차의 정도가 정보화의 진전에 따라 지금까지는 완화되기보다는 오히려 심화되고 있다는 점이다. 특히, 우리 사회의 정보격차 실현은, 컴퓨터, PC통신, 인터넷 등의 전자정보매체 이용이 사회 전반에 걸쳐 보편화되어가고 있는 반면, 학력과 직업 그리고 연령에 따른 집단간의 정보격차가 급격히 심화되고 있는 것으로 나타났다. 물론 정보사회에서 야기될 수 있는 정보격차와 같은 정보화 역기능의 문제에 대한 국가 및 사회적 차원의 인식과 관심이 전무하였던 것은 아니지만, 정보격차의 급속한 심화와 그에 대한 대응전략이 적극적으로 논의 및 구체화되지 않고 미온적이고 선언적인 차원에 안주하여 왔음을 이 분석 결과가 대변하고 있다.

2. 정보격차의 사회적 함의

우리가 정보격차에 관심을 갖는 이유는 향후 정보사회가 고도화됨에 따라 정보격차가 사회적 자원배분의 중요 요소로 작용하면서 사회적 불평등을 초래하기 때문이다. 초기의 미약한 차이는 점차 기술의 발전속도에 따라 더욱 심화됨으로써 종국에는 사회불평등이 된다. 특히, 정보격차는 사회구성원들의 연령, 성, 지역은 물론 학력이나 경제적 능력 등의 사회경제적 배경에 따라 격차의 정도가 크게 나타나기 때문에 개인적인 차원의 문제임과 동시에 사회구조적 차원의 문제라고 할 수 있다. 나아가 정보사회에 있어서 정보격차의 심각성은 그것이 단순한 불평등 요인이 아니라 다른 사회적 불평등 요소와 연계되어 상호 상승작용을 일으킴으로써 사회불평등을 증폭시키고, 사회갈등을 심화시키는 핵심적 문제요인으로 자리한다는 데 있다. 구조화된 정보격차와 관련하여 확대되거나 강화되는 다양한 사회문제의 영역을 살펴보면 다음과 같다.

〈표 4〉 정보불평등 관련 사회문제

		정보불평등 영역			
		지역별	계층별	성 별	학력별 연령별
정보불평등 차원	정보접근 격차	지역차별	민주주의문제 빈민/범죄문제	여성문제	세대문제 교육불평등
	정보활용 격차	엘리트편중 지역주의	취업기회제한 노동/빈민/범죄문제	여성문제 가족문제	세대문제 교육불평등 엘리트문제

정보격차가 비록 개인적인 수용이나 적응의 문제에서 출발하지만 구조적인 문제로 나아가는 것은 정보격차가 정보접근 및 활용능력을 줄이고 정보를 활용하는 생활습관을 만들지 못함으로써 교육을 받을 수 있는 기회나 직업을 가질 수 있는 기회, 다양한 문화생활의 기회 등 여러 삶의 기회를 제약하고, 그를 통해 삶 자체를 제약하기 때문이다(서이종, 2001). 즉 정보사회에서 정보격차는 취업기회와 교육기회 및 생활기회를 제약함으로써 구조적으로 경제적 불평등과 교육·문화적 불평등으로 확대되어 전이된다. 정보사회 초기에는 경제적 불평등과 교육·문화적 불평등이 정보불평등을 형성하는데, 정보사회가 고도화됨에 따라 정보불평등은 경제적 불평등과 교육·문화적 불평등을 확대·재생산시키게 되며, 이 불평등은 다시 정보불평등과 구조적으로 얽히게 되는데, 이러한 복합적인 인과관계를 통하여 다시 정보격차 자체가 '확대재생산'되는 '재귀적(recursive)', '상호의존적(interdependent)' 악순환이 유발되는 것이다(서이종, 2001: 21-22).

따라서 정보사회의 정보격차는 기존의 불평등에 정보불평등 요인을 추가하여 기존 사회문제를 심화시키는 한편, 사회문제의 공론화 과정에 있어서도 불평등 정도를 심화시킴으로써 사회갈등을 확대하게 된다.

특히 정보사회는 공론화의 속도가 빠르고 범위가 대단히 넓다는 특징으로 인해 각종 사회문제가 쉽사리 사회갈등으로 표출되므로, 정보의 불균형은 산업사회에서의 부의 편차로 인한 불평등 양상을 그대로 지속할 뿐 아니라, 오히려 부의 불균형보다 더욱 심하게 사회를 고착화시킴에 있어 핵심적으로 작용할 것이다.

〈그림 4〉 정보격차의 악순환 구조

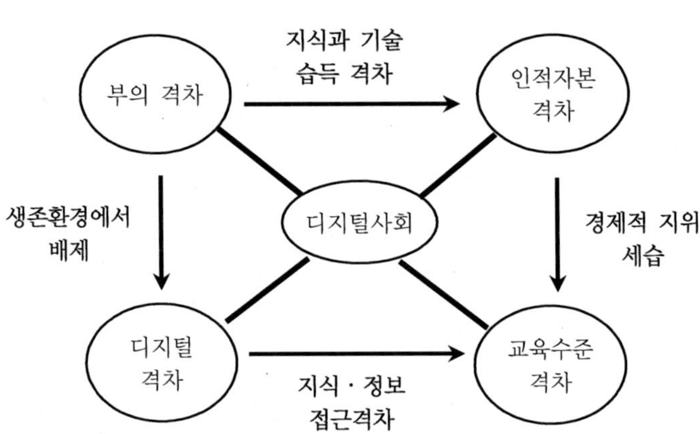

결국, 정보격차는 필연적으로 사회구조적 결과를 잉태하여 경제적 불평등과 교육 · 문화적 불평등이라는 문제를 초래하여, 사회발전과 사회통합을 저해하는 가장 중요한 사회불평등 요인으로 작용할 것이다. 따라서 정보사회가 고도화됨에 따라 사회적 형평성이나 삶의 질 향상이라는 유토피아적 기대는 사라지고 오히려 정보격차가 경제적 불평등과 교육 · 문화적 불평등을 확대 재생산시키는 적극적인 역할을 수행하게 되는 것이다.

Ⅳ. 각국의 정보격차 해소 정책

1. 미 국

미국 정부는 정보격차 해소 정책을 보편적 서비스의 연장선에서 다른 국가보다 주도적으로 나서고 있다. 이미 지난 1991년부터 저소득지역 주민들이 저렴하게 인터넷을 이용할 수 있는 프로그램을 시작한 이래, 이 부분에 대한 꾸준한 투자를 통해, 인터넷 사용이 취약한 지역에 1000개 지역정보센터를 구축하고 있는 중이다. 미국은 2000년 당시 클린턴 대통령이 국회 국정연설에서 공식적으로 「정보 격차해소」를 표명하였고, 지난 대선에서도 각 후보들이 주요 공약사항으로 내세울 만큼 정부의 의지가 확고하다.

2001년부터는 저소득층 가정에 컴퓨터와 인터넷 접속환경을 저렴하게 제공할 수 있도록 5000만 달러를 별도로 지원하고 있으며, 1996년 The Telecommunication Act를 개정하여 학교와 도서관 및 농촌의료기관의 초고속 정보통신비를 20~90% 정도 지원하는 「E-Rate」 프로그램에 대한 법적 근거를 마련해 시행하고 있다. 이와 함께 지역 센터 역할을 하는 도서관이나 학교 등에 컴퓨터를 기부하는 기업체에 대해 컴퓨터 가격의 30~50% 정도 세제혜택을 부여해 줄 예정이다. 한편 정보격차 관련정보를 제공하는 포털 사이트(www.digitaldividenetwork.org)를 운영하여 다양한 정보들을 제공하고 있다.

2. 일 본

일본의 정보격차 해소를 위한 노력은 전 국민의 정보화 교육으로 집약된다. 정보화는 특정집단을 위한 것이 아니라 생활에 필요한 기초 기능이라는 인식 하에 직업과 연령, 지역을 불문하고 전 국민의 정보화 능력을 함양하는 데 역량을 집중하고 있다. 2000년 일본정부는 「IT보급국민운동본부」를 신설하고 전국 3000개 이상의 우체국과 지방자치 단체, 상공회의소 등에 정보화 교육장을 만들고 4만여 명의 강사를 확보해 고령자와 실업자를 중심으로 정보화 교육을 실시하고, 학교에 설치된 교육장도 일반에게 공개, 교직원과 학부모들을 중심으로 정보화 교육을 펼치고 있다.

또한 정부는 지방의 기초행정구역에 3000여 개의 교육장을 설치하면서 그 비용은 중앙정부가 대부분 전액 지원하여, 지방자치단체의 참여를 유도해 내고 있다.

3. 영 국

영국은 정보격차를 실업, 저임금, 범죄, 빈곤 등의 사회문제와 동일한 차원에서 인식하여 사회적 배제(social exclusion)의 대상으로 파악하고 범국가적인 차원에서 해소방안을 마련하고 있다. 이에 따라 전국 93%의 고등교육기관과 62%의 초·중등 교육기관을 정보통신 인프라로 상호 연결하고 모든 학생들로 하여금 인터넷을 비롯한 각종 정보통신기술을 학습할 수 있도록 지원하고 있다. 또한 도시 내 슬럼지역을 비롯한 열악한 환경 속에 있는 사람들을 위해 주민회관, 도서관 혹은 별도의 교육센터를 설립하여 지역 주민들에게 인터넷 접근 및 정보화 학습의 기회를 제공하고 있다. 또한 저소득 가정에 대한 컴퓨터 보급 확대를 위해 별도의 예산을 책정, 10만 대 이상을 공급하기로 했으며 3년간 무료 부품교체 및 수리 서비스도 제공할 계획이다. 이러한 노력은 2000년 9월 발표된 UK Online(www.ukonline.gov.uk)에 제시되어 있듯이, '보편적 접근'이라는 목표를 달성하여 영국을 세계에서 가장 앞선 지식경제국가로 만들겠다는 영국정부의 의지에서 출발하고 있으며, 이를 위해 영국 정부는 무려 1조 원에 가까운 예산을 투입하고 있는 실정이다.

4. 기타 국가들

이외에도 스웨덴, 호주, 싱가포르, 캐나다 등도 정보격차 해소에 적극 나서고 있다. 스웨덴은 '모두가 참여하는 정보사회'를 가장 먼저 건설하겠다는 목표하에 'Computer for All' 사업을 통해 1999년 현재 성인(15-88세)의 67%가 가정에서 컴퓨터를 이용하고 있다.

호주는 정보경제 구현을 위한 실천전략의 최우선 과제로 정보격차 해소를 설정하여, 1999년 마련된 'A Strategic Framework for the Information Economy'의 10가지 추진과제 중 첫째 항목으로 모든 호주인의 정보화수단 접근 환경조성을 제시하여 추진하고 있다. 이에 따라 노인, 저소득층, 장애인, 농어촌 주민 등에게 위성을 통한 종합정보통신망(ISDN) 서비스를 이용할 수 있도록 필요한 장비도입비 등을 정부차원에서 지원하고 있다.

싱가포르는 월소득이 2000달러 이하인 3만 저소득 가정을 대상으로 재활용 PC 및 무료 인터넷접속과 기본교육을 제공하는 「e-celebration 싱가포르」 사업을 추진하고 있다. 캐나다도 정보격차 해소를 위해 연방정부의 비전과 계획이 담긴 보고서를 1999년 발표하였다. 이에 담긴 구체적인 사업으로는 지역접근센터 구축을 위한 Community Access program과 민간비영리단체지원을 위한 Volnet(The Voluntary Sector Network Support Program), 재활용PC를 학교에 보급하기 위한 Computer for School 그리고 모든 공공도서관의 인터넷 접속환경 구축을 위한 Libray Net 등의 프로그램을 제시하여 운영하고 있다.

Ⅴ. 정보복지를 향안 정보격차 해소방안

1. 정보와 복지사회

선진국가들의 정보화 추진에 있어서 실용주의적 정책과 공동체적 복지를 향하는 인본주의·공리주의적 정책의 병행은 정보화에 따른 사회경제적 불평등과 자본주의적 병리를 최소화하고 경제성장의 지속과 사회복지의 실현, 즉 바람직한 정보사회의 구현을 위한 노력의 일환으로 설명될 수 있다. 이러한 노력 가운데에서도 특히 정보격차라는 새로운 불평등구조를 해소하려는 노력이 지향하는 궁극적인 목표가 '정보복지사회(information-ased welfare society)'의 구현이다. 바로 정보화시대에서 모든 구성원들이 정보접근의 보편성(universality)을 토대로 생활친화적인 정보활용과 주체적인 정보향유를 보장받으면서, 개개인의 창조력과 공동체의 복리를 최대한 실현시킬 수 있는 사회의 정착인 것이다.

정보복지사회의 실현을 위해서는 인간욕구에 부응하는 인간중심의 정보네트워크의 건설, 절차적 기회의 보장과 공개적 접근 및 참여기회가 공되는 사회적 형평성의 제고, 정부 및 민간부문의 생산성과 창의성의 극대화가 확보되는 사회적 효율성의 실현 등이 정보화정책을 통해 구체화되어야되어야만 한다. 특히 심각한 정보격차의 해소를 가능하도록 하기 위해서는 다음과 같이 정보자원의 접근성, 공평성(nondiscrimination), 다양성 등의 확보 노력이 요구된다.

첫째, 보편적 접근(universal access)이 보장되어야 한다. 즉 정보복지의 우선적 치인 보편적 서비스가 확고히 자리함으로써, 정보의 자유로운 흐름이 확보되고 모든 사회구성 원에게 정보통신 인프라에의 평등한 접근 기회가 제공되어야 한다. '누구나 쉽게, 그리고 경제적 부담을 느끼지 않고'라는 의미의 보편적 서비스 개념은 초기에는 접근기회의 확대에 초점을 두었으나, 통신산업 환경이 급변하면서 새로운 의미를 띠게 되었다. 즉 기존의 정의는 (1)이용능력에 의하여 차별받지 않도록 수혜자를 확장하고, (2)초고속통신망 등 최신 정보통신 서비스를 대상에 추가하며, (3)정보통신시장이 경쟁상황으로 변함으로써 이에 맞도록 정책을 재조정한다는 측면으로 확장되어야 할 필요가 있다(한국전산원, 2000). 그러므로 이러한 정보복지적 가치가 제대로 확립되기 위해서는, 누구나 정보인프라를 통해서 모든 개인과 기관 그리고 데이터베이스와 같은 정보원과의 연결이 가능하여야 하며, 기본적인 정보서비스에 대한 접근비용이 대부분의 사회구성원이 지불 가능한 범위 내에 있어야 한다. 또한 앞의 실태분석에서 파악된 바와 같이 정보역량에 있어서의 집단 간 격차가 급격하게 심화되고 있는 우리 현실에서, 사회구성원들이 정보를 이용할 수 있는 능력(information literacy)을 지닐 수 있도록 하여야 하며, 특히 기본적인 정보에 대한 단절현상을 방지하기 위해서라도 취약계층의 정보역량을 강화하려는 정책적 노력이 있어야 한다.

둘째, 회적 신분의 차이, 정보능력 및 경제적 능력의 결핍 등으로 인해 정보이용과 교환에 제한을 받지 말아야 한다. 사회적 신분, 경제적 수준, 정보능력에 상관없이 원하는 사람은 누구나 정보의 교환과 정치·경제·사회적 활동에 완전하게 참여 할 수 있어야 한다. 정보기기와 정보통신서비스의 비용지불 능력이 없는 사람들을 위해서 공공기관이나 공적 시설 내에 정보서비스가 제공되어야 하며, 정보능력의 습득을 위한 공적인 교육시설과 교육프로그램이 충분히 제공되고 누구에게나 개방되어야 한다.

셋째, 러 측면에서의 다양성 확보를 통해 사회구성원들에게 풍부하고 다양한 정보를 제공함이 정보복지사회 구현의 또 다른 중요한 측면이다. 즉 정보접근을 가능케 하는 매체의 다양성, 공적 대화에 참여할 수 있는 수단의 다양성, 사회참여에 필요한 기술과 교육을 획득할 수 있는 기회의 다양성, 정치·경제·사회문제에 관한 다양한 관점과 의사표현을 장려하는 자유로운 정보환경 등과 같은 점에서 다양성을 확보해야 한다. 정보격차를 해소할 뿐만 아니라 궁극적으로는 인간 중심적이고 효율적인 민주주의 정보사회를 구현하는 데 초점이 맞추어져야 한다.

2. 정책과제

정보격차 해소를 위한 우리나라의 주요 정책목표 및 과제는 다음과 같다(한국전산원, 2000; 정보통신부, 1999; 이동수, 2002; 송호근, 2002; 조정문, 2001).

첫째, 정보통신 기반 구축과 관련한 것으로, 초고속 정보통신망의 조기 구축과, 1인 1PC 환경 조성사업이다. 초고속 정보통신망은 본래 2010에 구축 완료할 계획이었으나 그 계획을 2005년까지 앞당겨 완성한다는 계획이다. 총 소요예산 40조 원의 76%인 30조 원이 2001-2005년 3단계 업에 집중되고 있으며, 그중에서 97%가 민간투자에 의존할 계획으로 되어 있는데 최근 경제적 여건이 크게 악화되어 예산확보의 실현 가능성 여부가 불투명한 실정이다. 1인 1PC 환경 구현 사업은, 저가형 인터넷 PC의 보급과 중고 PC의 재활용을 통한 컴퓨터 보급 확대, 정보교육센터 및 인터넷 플라자 설치, 저소득층 학생에 대한 PC 무료 보급 및 인터넷 서비스 무료 사용 지원, 초중고 교실 및 교사에게 PC 보급 및 학내 전산망 설치, 고등학교 과정까지 컴퓨터 실용교육 완료 사업 등으로 구성된다. 이 사업의 실현을 위해서는 학교 인프라 구축과 정보화 선도교사의 양성이 전제가 되기 때문에 예산 확보가 관건이다.

둘째로, 정보접근 및 이용환경 강화와 관련한 것으로 이는 국민 누구나 터넷에 접속할 수 있는 환경의 조성을 의미한다. 정보이용 환경 조성사업은 정보통신 서비스 이용료 감면을 통한 보편적 서비스 제공의 확대와, 장애인을 위한 정보기기 및 소프트웨어 개발 지원 확대로 구성된다. 초고속통신망의 경우 심신장애인, 국가유공자, 생활보호대상자, 농어민후계자, 초·중·고생에 대한 감면 계획이 잡혀 있다. 인터넷 이용이 널리 확산되고 있는 추세를 감안한다면 정보통신 서비스 이용료 감면은 더욱 넓게 확대되어야 할 것이다. 초고속망이 제공되어 빠르게 인터넷을 이용할 수 있는 환경이 조성되어 있어도, 통신요금을 지불할 능력이 없으면 인터넷에 접속할 수 없다. 따라서 보편적 서비스의 대상을 기존의 전화에서 인터넷으로 한 단계 높이는 것은 물론 더 나아가 모든 국민이 인터넷을 이용할 수 있도록 각종 지원책을 제공함으로써 차별 없는 통신서비스가 구현되도록 해야 한다.

이를 위해 민간부문의 폭넓은 자발적 참여를 유도하고 경우에 따라서는 세제 감면 등 인센티브 제공을 통해 민간 부문이 정보격차에 적극적으로 동참하도록 유도하는 미국의 정보격차 해소 정책을 참고할 필요가 있다. 정보격차가 주로 저소득직업군, 저학력자, 고령자의 문제라는 것은 이들이 정보매체를 활용할 의욕이 있어도 경제적 능력이 없다는 점과도 관련된다. 인터넷 접속비용과 초고속통신망의 사용료, 전화접속료, 데이터베이스사용료 등을 감당할 수 없다면 아무리 좋은 교육을 제공한다고 할지라도 불평등지수는 쉽게 작아지지 않는다. 그러므로 주변계층을 대상으로 정보매체의 이용가격을 낮춰주는 방안을 강구하는 것이 필요하다. 일정 계층에게는 정부가 정보 활용을 위한 보조금을 주는 방법과, 무료로 활용할 수 있는 접속사이트와 포탈사이트를 개설하여 사용하도록 하는 방법을 생각할 수 있겠다. 특히, 65세의 고령자와 국민기초생활보장법의 대상자, 동사무소에 등록되어 있는 저소득층에게는 공공사이트 접속에 필요한 모든 비용을 면제해주어 정보 활용의 비용이 생활 자체를 위협하지 않도록 배려하는 정책이 필요하다.

한편, 장애인을 위한 단말기, 소프트웨어, 키보드 등의 개발과 개발과제

지원을 더욱 확대시켜야 한다. 이들은 정상인이 사용하는 정보기기와 소프트웨어를 이용하는 데 어려움이 있기 때문에 장애 종류별로 욕구충족에 부응하는 사업을 세분화시켜야 할 것이다.

셋째로, 정보 이용능력 제고사업인 바, 이는 모든 국민이 기본적인 정보활용능력을 습득하게 함으로써 실질적으로 정보이용에 있어 불평등을 제거하는 것을 의미한다. 이 부문은 장애인, 여성, 군 장병, 저소득층 자녀에 대한 정보화교육과 소년 보호시설 컴퓨터 교육으로 구성된다. 차별 없는 인터넷 접속환경 조성은 인터넷 이용에 있어 기회의 평등을 보장해 주는 것이지만, 취약계층이 실제 인터넷을 이용하도록 하는 결과의 평등까지 보장해 주지는 못한다. 많은 가정주부들이 집에 컴퓨터와 ADSL 등 훌륭한 인터넷 접속 환경을 갖추고도 이를 이용하지 못하는 것도 결국은 개인적으로 정보이용능력을 확보하지 못했기 때문이다. 따라서 실질적으로 정보격차를 해소하기 위해서는 단순히 인터넷 이용환경을 조성하는 것에서 한걸음 더 나아가 취약계층의 정보활용능력을 높이는 것이 필요하다.

우선 여성과 관련하여서는, 정보 선진국에서는 성별 정보격차가 거의 해소되었음에 비해 우리는 아직 상당한 격차가 존재하고 있다. 성별 격차해소를 위해서는, 여성 정보화 교육도 중요하지만 어렸을 때부터 여자 어린이로 하여금 뉴미디어에 익숙한 환경을 조성한다든지 여성에게 유용한 컨텐츠를 개발하는 노력 등이 병행되어야 할 것으로 보인다.

컴퓨터 보급률이 늘어나면 인식지수와 접근지수는 현재보다 줄어들겠지만, 역량지수와 이용지수는 단기간에 줄어들지 않는다. 그러므로 공교육에 정보화교육을 필수과목으로 채택하여 청소년의 정보역량과 활용도를 높이는 한편, 평생교육체제를 도입하여 주부와 고령자를 상대로 역량을 높이는 방안이 필요하다. 이를 위해 대학과 전문대학 졸업자 중 정보교육 담당요원들을 선발하여 각 동단위에 배치하거나, 공익요원 제도를 정보교육요원으로 전환하는 것도 바람직할 것이다. 이밖에, 군 장병 정보화 교육을 위해 정보화 교육장을 건설하고, 저소득층 자녀 정보화 교육을 위해 무료 컴퓨터 교육을 실시하며, 소년 보호시설에 PC 및 전용선을 설치하고 컴퓨터 교육을 시켜서 원만한 사회복귀를 유도한다는 정책이 진행 중이다.

넷째, 정보생활화운동 사업은 정보화 관련 시민단체의 주도로 내고장 PC 보내기 운동, PC 재활용 운동, 컴퓨터 및 인터넷 학습 운동, 홈페이지 및 이메일 ID 갖기 운동 등을 전개하고, 다른 한편 주부 인터넷 챔피언 대회를 매년 개최하여 여성들의 정보화에 대한 관심을 제고시키는 등으로 이루어져 있다.

사회적 지위가 낮은 농어민, 생산직 노동자 등의 직업군은 정보화로부터 소외되어 있다. 이들은 직업특성상 정보매체를 활용할 필요성을 그다지 느끼지 않는 계층이다. 저학력자와 고령자들도 마찬가지이다. 저학력자들의 직업은 정보화와 거리가 먼 것이 대부분일 것이기 때문에 정보매체의 이용도가 지극히 낮을 것이다. 그러나 이들을 이런 상태로 방치한다면, 정보빈자의 굴레를 벗어나지 못할 것이며, 정보화가 성숙되면 될수록, 그리고 정보화가 경제활동의 핵심적 수단이 되면 될수록 빈곤의 악순환에 빠질 우려가 많다. 그러므로 이들에게 정보접근의 기회를 확대하고 정기적인 정보교육을 통해 정보의 생활화에 동참할 수 있는 여건 조성에 정책관심을 가져야 할 것이다. 농어촌을 중심으로 마을회관에 정보교육장을 신설하고 컴퓨터를 설치 운영하는 체제를 가동하는 것이 좋다. 농한기와 겨울철을 이용하여 이들에게 집중적인 교육프로그램을 가동한다면, 주변계층으로서의 불이익을 어느 정도는 해소할 수 있다. 마찬가지로, 고령자의 경우 주민자치제도를 활용하여 주민정보화실 또는 위에서 언급한 정보교육장을 마을마다 개설하고 이들을 대상으로 정보화 교육을 무료로 제공하는 것이 바람직하다. 현재 주민자치센터가 각 읍면동 단위로 개설 중에 있으므로, 이를 정보교육의 센터로 활용하는 것을 생각해 볼 수 있다.

이와 더불어 수요자 맞춤형 컨텐츠의 개발 역시 중요할 것이다. 즉, 여성, 빈곤층, 농어민, 고령자 등 각 정보소외계층의 일상생활 지역정보, 주택정보, 물물교환정보, 가사정보, 평생교육정보 등- 혹은 경제활동-취업정보, 재교육정보 등-에 직접적으로 도움이 되는 다양한 컨텐츠의 개발이 필요할 것이다. 2002년부터 장애인, 노인을 위한 컨텐츠 30종을 개발, 서비스 중인데, 향후 매년 10종 이상의 취약계층을 컨텐츠를 지속적으로 개발, 보급하고 모바일 컨텐츠도 제공하는 등 서비스의 다양화가 이루어져야 할 것이다. 이를 기반으로 취약계층 컨텐츠제공 사이트인 도움나라(www. itall.or.kr)를 취약계층 관련 종합정보서비스 사이트로 발전시켜 나가야 한다(최두진·김지희, 2004: 36). 또한 뉴미디어에 대한 거부감을 줄이기 위하여, 정보기기에 익숙하지 않은 사람도 그 기기를 쉽게 사용할 수 있도록 컴퓨터나 소프트웨어 사용을 단순화하는 기술적 노력도 병행되어야 할 것이다.

한편 정보격차 문제는 다른 복지문제들과 달리 정부만의 과제도 아니고 정부의 힘만으로 해결할 수도 없는 문제이다. 따라서 정부는 정보화를 촉진함에 있어서 민간부문의 역량을 활용하였듯이, 정보격차 문제해결에 있어서도 민간 시민사회와의 협력을 강화해 야 한다. 요즘 취약계층에 대한 정보화 교육에 있어서 민간기관이 교육을 담당하고 정부가 이를 보조하는 형태의 협력방식은 매우 효과적인 예라고 할 수 있다. 더 나아가 정부는 정보인프라 구축, 정보접근센터 설치, 정보이용교육 등 취약계층의 정보활용을 촉진하여 시장을 확대하려는 민간기업의 노력에 대해 각종 지원시책을 강구하여 지원할 필요가 있다.

또한 자발적인 정보화시민운동을 활성화하는 것이 중요하다. 정보소외계층 스스로 정보이용과 활용이 필요하다는 동기부여를 유도하고 정보활용을 생활화하는 새로운 생활양식을 만들어 낼 필요가 있는 것이다. 이러한 시민운동을 통해 정보불평등을 해소하는 데 기여할뿐 아니라 사회적 갈등으로 깨어진 사회적 신뢰 및 유대를 복원하는 데 적극 기여할 수 있다. 이는 바로 경제적 기술적 유연성에 대비한 사회적 연대 및 유대를 복원 하는 길일 것이다.

Ⅵ. 맺음말

정보의 격차는 기술적인 문제가 아니라 사회적인 문제이며, 정보통신 기술의 발달 자체로 해결될 수 있는 문제만은 아닌 것이다. 정보화의 진전과 더불어 정보격차를 억제하기 위한 전략이 확실하게 수반되지 않을 경우 정보불평등이 심화될 가능성은 더욱 높아진다(Rogers, 1986).

즉, 정보네트워크 이용에 있어서 차이의 결과가 단순한 정보격차의 문제 자체로 그치는 것이 아니라 정보 부자(haves)와 정보 빈자(have-nots) 간 사회경제적 불평등으로 확대될 수 있다. 따라서 정보화를 통한 보다 바람직한 미래 사회를 구현하기 위해서는 현재의 계급·계층 간 사회경제적 격차가 정보 또는 정보통신기기에 대한 접근기회는 물론 접근 활용의 격차로 이어지는 연결고리를 차단하는 정책적 노력이 요구된다. 더욱이 급속히 진행되는 정보화 과정은 기존의 사회경제적 격차로 초래되는 정보격차가 줄어들기도 전에 또 다른 새로운 정보격차를 야기하게 될 것이다. 결국 기존의 사회경제적 격차는 정보격차를 낳고 정보격차는 다시 사회경제적 불평등을 낳는 악순환을 초래하게 된다. 세계 각국이 정보불평등 해소를 위해 제시하고 있는 중요한 정책들은 '정보복지'에 그 초점을 두고 있다. 지식정보사회가 되면서 정보활용도가 국가경쟁력을 평가하는 중요한 척도가 되면서 정보평등 정도가 복지국가를 평가하는 중요한 기준이 되고 있는 것이다.

2005년이 되면 전 세계 인구 중 10억 명 이상이 인터넷을 이용할 것으로 예상하고 있다. 이렇게 되면 수년 내 인터넷을 이용해 다양한 정보에 접근할 줄 모르는 사람은 정보의 소외 계층으로 전락하고 말 것이며, 이를 사전에 해결하지 못하는 국가는 정보불평등 국가로 불려지는 것은 물론 복지국가로 나아가는 길목에 큰 차질을 빚게 되기에, 각

국가들은 정보격차 해소에 주력하고 있는 것이다. 정보취약계층의 존재는 정보사회 구현의 걸림돌로서, 국가의 효율성을 저해하는 원인으로 자리할 것이기 때문이다. 전자정부, 전자민주주의 전자상거래, 원격교육, 원격근무 그리고 원격진료와 같은 정보사회를 실현하기 위해선 정보소외 계층이 사라져야 제대로 된 정보평등사회를 이룩할 수 있다. 정보화 취약계층이 경제적, 신체적, 지역적 조건에 제약을 받지 않고 보다 많은 정보에 손쉽게 접근하고 생산적으로 활용할 수 있어야만 계층간 지역간 사회적 통합이 실현가능 한 것이다.

그러나 정보격차 문제가 사회복지 차원에서만 중요성을 갖는 것은 아니다. 정보격차 문제를 보다 깊이 들여다보면, 정보격차 해소가 국가경쟁력 측면에서 갖는 전략적 중요성을 발견할 수 있다. 지식정보사회로의 이행기에 개인, 기업, 국가의 경쟁력을 높이는 방법 중 하나는 그 전환비용을 줄이는 것이다. 예컨대 개인의 입장에서는 수요가 줄어드는 산업사회형 직업에서 고부가가치의 지식사회형 직업으로 빨리 전환하지 못하면 실업이라는 비용을 지불해야 할 수도 있다. 기업도 산업사회형 경영방식을 지식사회형으로 조기에 전환하지 못하면 퇴출되거나 막대한 경제적 손실을 입을 수밖에 없다. 마찬가지로 국가도 지식정보사회로의 이행이 지연되면 될수록 많은 비용을 부담해야 한다.

정보격차는 바로 국가적 차원에서 지식정보사회로의 이행을 지연시키는 대표적인 요인이기 때문에 이를 해소하는 것이 전환비용을 줄이는 가장 효과적인 방법이 될 수 있다. 정보화를 아무리 열심히 추진한다고 하더라도 취약계층이 존재하는 한 그 사회는 지식정보부문과 전통부문으로 이원화될 수밖에 없고, 그에 따라 국가 전체적으로 불필요한 비용이 증가하게 된다. 개별기관이 정보시스템을 구축할 때, 모든 관계자가 이를 사용할 수 있도록 사용자 교육을 실시하듯이, 국가적으로도 정보화 추진은 정보화의 사각지대를 해소하려는 노력과 반드시 병행되어야 소기의 성과를 거둘 수 있다. 이런 점에서 보면, 정보격차 해소를 위한 예산은 사회취약계층을 지원하기 위한 '비용'이 아니라 지식정보사회로의 전환비용을 줄이기 위한 '투자'로서의 성격을 더 강하게 갖는다. 따라서 정부는 정보격차 문제에 접근함에 있어 사회병폐를 해결하려는 소극적 자세 보다 미래의 이익을 극대화하려는 적극적인 전략적 자세를 견지해야 할 것이다.

참 고 문 헌

강상현, 1997. *정보통신혁명과 한국사회*, 한나래.

강정인, 1998. *세계화, 정보화, 그리고 민주주의*, 문학과 지성사.

강현두(역), 1990. 현대자본주의와 정보지배논리, 나남.

강홍렬 외, 2002. *정보격차에 대한 사회경제적 함의*. 정보통신정책연구원.

권기헌, 1997. *정보사회의 논리* 서울: 나남출판.

권태환, 조형제(편), 1997. *정보사회의 이해*, 미래미디어.

권태환, 조형제, 한상진(편), *2000. 정보사회의 이해*, 미래 M&B.

김문조 · 김종길, 2002. "정보격차의 이론적 · 정책적 재고" *한국사회학* 第36집 4호.

도준호 외, 2000. *인터넷의 사회. 문화적 영향 연구*, 정보통신정책연구원.

배규환, 임창규, 1998. "한국 5대 도시의 정보화수준과 정보격차", 한국언론학회, 한국사회학회(편), *정보화시대의 미디어와 문화*, 세계사.

서이종, 2001. "디지털 정보격차의 구조화와 사회문제화," 한국정보사회학회, *정보와 사회*, 2호.

서이종, 1998. *지식. 정보사회학*, 서울대학교 출판부.

송호근(편), 2001. *세계화와 복지국가: 사회정책의 대전환*, 나남.

송호근(편), 2002. "정보복지와 복지정책" http: //www.snu.ac.kr.안청시 외, 2000. *사회적 자본과 민주주의*, 박영사.

염명배, 2003. "디지털 디바이드와 디지털 지니계수, *재정론집*, 한국재정 · 공공경제학회, 18집 1호.

유지열, 2002. "우리나라의 정보격차에 관한 지수접근연구," *한국사회학*, 36집 1호.

윤영민, 1998. "전자적 시민사회의 형성," 한국언론학회, 한국사회학회(편), *정보화시대의 미디어와 문화*, 세계사.

이동수, 2002. "정보화에 따른 한국사회의 정보격차 실태와 정책과제" http: //www.tkpa.or.kr.

이상민, 2000. *디지털격차와 극복*, 삼성경제연구소.

정보통신부, 2001. *정보격차 해소에 관한 법률*.

정인억 외, 2001. *세계정보격차 현황 및 해소를 위한 정책방안 연구*, KISDI.

조정문, 2001. *정보격차 현황 및 정책의 발전 방향*, 한국전산원.

최두진 외, 1996. *멀티미디어시대의 정보격차 해소방안에 관한 연구*, 한국정보문화센터.

최두진·김지희, 2004. *정보격차패러다임의 전환과 생산적 정보활용 방안*, 한국정보문화진흥원.

한국전산원, 2000. 2000 *국가정보화백서*.

한국정보문화센터, 1996. 국*민생활정보화 의식 및 실태조사*.

한국정보문화센터, 1997. *정보사회 인식 및 실태조사*.

한국정보문화센터, 1998. *국민 정보화인식 및 정보생활 실태조사*.

한국정보문화센터, 2000. 2000 *정보생활 실태 및 정보화 인식 조사*.

황주성, 김상욱 외, 2001. *인터넷의 정치·사회적 파급효과 및 대응방안 연구*, 정보통신정책연구원.

황혜선, 1999. "정보격차의 요인과 정보격차 해소를 위한 정책적 원칙." *한국도서관정보학회지* 제30권 제4호: 279-297.

Castelles, Manuel, 1989. *The Information City: Information Technology, Economic Restructuring and the Urban-Regional Process*, New York: Blackwell.

Castelles, Manuel, 1996. *The Rise of Network Society*, New York: Blackwell.

CamPaine, Benjamin M. (ed), 2001. *The Digital Divide: Facing a Crisis or creating a Myth?* MIT Press.

Esping-Andersen, Goesta, 1990. *Three World of Welfare Capitalism*, London: Polity Press.

Firestone, C. M & J. R. Schement. (1995). *Toward an Information Bill of Rights and Responsibility*(ed.). Washington, D.C.: The Aspen Institute.

Fligstein, Neil, 1999. "Is Globalization the Cause of the Crisis of Welfare States?" Center for Culture, *Organization and Politics Working Paper 1999-2002*, University of California, Berkeley.

Golding, P and G. Murdock. 1993. "계급과 소득분배에 따른 정보불평등현상" *정보사회정치경제학*. 김승현 편역. 나남.

Habermas, Juergen, 1981. *The Theory of Communicative Action*, Boston: Beacon Press.

Jones, Steven G. 1997. *Virtual Culture: Identity & Communication in Cybersociety*,

Thousand Oaks, CA: Sage Publications Inc.

Kahin, Brian and E.J. Wilson, 1997. *NII Initiatives: Visions and Policy Design*, Cambridge: MIT Press.

Kitchin, Rob, 1998. *Cyberspace: The World in the Wire*, New York: John Wiley & Sons.

Kuttan, A & L. peters, 2003. *From Digital Divide to Digital Opportunity*, The Scarecrow press.

Loader, Brian D.(ed) 1998. *Cyberspace Divide: Equality, Agency and Policy in the Information Society*. London & New York: Routledge.

Norris, 2001, *Digital Divide*

Marshall, T.H 1965, "Citizenship and Social Class," in *Class, Citizenship, and Social Development*, Garden City, N.Y.: Anchor Books.

OECD, 2001. *Understanding the Digital Divide*.

Perelman Michael. 1998. *Class Warfare in the Information Age*. New York: St. Martin's Press.

Pierson, Paul(ed), 2001. *The New Politics of Welfare State*, Oxford: Oxford University press.

Pierson, Paul and F. Casteles(eds.), 2000. *The Welfare States: Reader*, Cambridge: Polity Press.

Phaller, Alfred, Ian Gough, and Goeran Therbon, 1991. *Can the Welfare States Compete?* Houndmills, Hampshire: Macmillan.

Rheingold, Howard, 1993. *The Visual Community: Homesteading on the Electronic Frontier*, Reading, MA: Addison-Wesley.

Rogers, E. (1986). *The New Media in Society: Communication Technology*. New York: The Free Press. 김영석 역, 1988. 현대사회와 뉴미디어. 서울: 나남.

Stephens, Evelye Huber and John D. Stephens, *2001. Development and Crisis of the Welfare State*, Chicago: The University of Chicago Press.

Shiller, Herbert, 1966. Information Inequality: *The Deepening Social Crisis in America*, New York, London: Routledge & Kegan Paul.

Wresh, William. 1996. *Disconnected: Haves and Have-Nots in the Information Age*. New Brunswick, New Jersey.

• 저자 •

유문무 • 약 력 •

유문무는 고려대학교에서 사회학박사 학위를 받고 현재 인천대학교에서 강의 중이다.

• 주요논저 •

『현대사회의 구조와 변동』(공저), 『인천학의 원근법』(공저), 『사회학이론의 형성』(공역), 등의 저서를 비롯하여 다수의 연구논문들이 있으며, 사회문제론과 안전사회학 및 복지국가론 등에 관심을 갖고 연구 중이다.

현대자본주의와 한국의 사회복지

• 초판 인쇄 2006년 9월 30일
• 초판 발행 2006년 9월 30일

• 지 은 이 유문무
• 펴 낸 이 채종준
• 펴 낸 곳 한국학술정보㈜
경기도 파주시 교하읍 문발리 526-2
파주출판문화정보산업단지
전화 031) 908-3181(대표) · 팩스 031) 908-3189
홈페이지 http://www.kstudy.com
e-mail(출판사업부) publish@kstudy.com
• 등 록 제일산-115호(2000. 6. 19)
• 가 격 43,000원

ISBN 89-534-5200-7 93330 (Paper Book)
89-534-5201-5 98330 (e-Book)